中国非洲研究院文库·学术著作

冷战后非洲之角武装冲突研究

张梦颖◎著

中国社会科学出版社

图书在版编目(CIP)数据

冷战后非洲之角武装冲突研究 / 张梦颖著 . —北京：中国社会科学出版社，2021.9

(中国非洲研究院文库 . 学术著作)

ISBN 978 - 7 - 5203 - 8792 - 7

Ⅰ.①冷… Ⅱ.①张… Ⅲ.①国际争端—研究—非洲—现代 Ⅳ.①D815.9

中国版本图书馆 CIP 数据核字(2021)第 149503 号

出 版 人	赵剑英	
责任编辑	陈雅慧	
责任校对	王 斐	
责任印制	戴 宽	

出 版	中国社会科学出版社	
社 址	北京鼓楼西大街甲 158 号	
邮 编	100720	
网 址	http://www.csspw.cn	
发 行 部	010 - 84083685	
门 市 部	010 - 84029450	
经 销	新华书店及其他书店	

印 刷	北京明恒达印务有限公司	
装 订	廊坊市广阳区广增装订厂	
版 次	2021 年 9 月第 1 版	
印 次	2021 年 9 月第 1 次印刷	

开 本	710×1000 1/16	
印 张	18	
字 数	300 千字	
定 价	108.00 元	

目　录

导　言

第一节　选题背景与研究意义

一　选题背景与问题的提出

近年来，受整体国际形势变化的影响，非洲之角的和平与安全形势稳中有变，但武装冲突及其连锁反应——海盗问题、难民问题、恐怖袭击和极端主义组织发展依然阻碍该地区和平的可持续发展。2020 年发布的全球和平指数排名[①]显示，在世界上 163 个列入调查的国家和地区中，非洲之角国家和平指数整体排名较低，其中苏丹位列第 153、索马里位列第 158、南苏丹位列第 160，属于世界上安全形势最为严峻的地区。2020 年全球恐怖主义指数排名[②]也显示，非洲之角的索马里、南苏丹、肯尼亚、苏丹和埃塞俄比亚等国家遭受恐怖主义袭击的频度较高。2020 年德国海德堡国际冲突研究所（HIIK）发布的《2019 年冲突晴雨表》（*Conflict Barometer 2019*）显示，非洲之角地区仍然是撒哈拉以南非洲重大武装冲突的主要集中地区之一，其中非洲之角地区重大武装冲突包括埃塞俄比亚的族群间冲突、苏丹的族群间冲突和达尔富尔冲突、"青年党"（al-Shabaab）对索马里和肯尼亚的武装袭击，以及南苏丹的族群间冲突和反政府武装等。[③]

[①] Institute for Economics & Peace, *Global Peace Index 2020：Measuring Peace in a Complex World*, Sydney, June 2020, pp. 8 – 9, https：//www. visionofhumanity. org/wp – content/uploads/2020/10/GPI_ 2020_ web. pdf.

[②] Institute for Economics & Peace, *Global Terrorism Index 2020：Measuring the Impact of Terrorism*, Sydney, November 2020, p. 8, https：//visionofhumanity. org/wp – content/uploads/2020/11/GTI – 2020 – web – 1. pdf.

[③] Heidelberg Institute for International Conflict Research, *Conflict Barometer 2019*, https：//hi-ik. de/conflict – barometer/current – version/? lang = en/.

　　第二次世界大战结束以来，相比于国家的内部战争来说，世界范围内
国际战争或国家间战争数量急剧下降。① 冷战结束后，撒哈拉以南非洲国
家内部武装冲突数量出现了先急剧上升继而明显下降的趋势。② 但非洲之
角地区国家的内战和国家间战争数量在冷战期间和冷战后都保持了显著增
长。在冷战结束后的约 30 年中，武装冲突仍然是限制非洲之角国家政治、
经济和社会发展的主要障碍之一。③ 自冷战结束到进入 21 世纪以来，一些
非洲之角国家依然遭受武装冲突的严重困扰，主要包括国家间战争、内
战、区域内跨界干涉和国际军事干涉，以及由此产生的海盗和恐怖主义袭
击等连锁反应。冷战后非洲之角的武装冲突涉及政府、民族主义团体、宗
教团体、族群等主体参与者，且发生在不同层次上，包括国家、地区、全
球等层次，主要典型的武装冲突事件包括埃塞俄比亚—厄立特里亚战争、
索马里内战、苏丹内战等。

　　冷战时期美苏在非洲之角地区展开的意识形态对抗对非洲之角国家影
响深远，与此同时期进行的去殖民化运动也在外部势力的刺激下迅速进
行。1989 年东欧剧变、1991 年苏联解体，冷战的结束曾被弗朗西斯·福
山（Francis Fukuyama）称作"历史的终结"和美国领导的西方自由民主
的"胜利"④；塞缪尔·亨廷顿的"第三波民主化浪潮"也在 20 世纪 90
年代初到达包括非洲之角在内的撒哈拉以南非洲⑤，然而这一时期非洲国
家乃至世界范围内的武装冲突的数量并没有因为照搬"西式民主"而骤然
下降。面对非洲之角武装冲突爆发的复杂性，西方国家对解决后冷战时期
非洲之角武装冲突的要求与日俱增。这也导致西方国家一系列打着民主旗
号、推行人道主义干涉以及履行"保护的责任"的行为不断出现，引发了
国际社会巨大争议。2001 年"9·11"事件之后，美国在全球范围内掀起
反恐战争，将非洲之角视作打击恐怖主义的重点区域，并声称对受恐怖主

---

　　① 胡文秀：《外国内部武装冲突与和平解决》，中国社会科学出版社 2014 年版，第 3 页。

　　② ［美］斯科特·斯特劳斯：《大战终结：撒哈拉以南非洲政治暴力变化的模式》，王学军
译，《西亚非洲》2013 年第 6 期。

　　③ 李新烽、邓延庭、张梦颖：《非洲安全的晴雨表和观测站》，《中国社会科学报》2019 年
12 月 12 日国际月刊第 5 版。

　　④ Francis Fukuyama, *The End of History and the Last Man*, Tampa：Free Press, 1992.

　　⑤ Samuel P. Huntington, *The Third Wave*：Democratization in the Late Twentieth Century, Norman：
University of Oklahoma Press, 1993.

义困扰的国家的直接军事干预（包括直接入侵）将有利于维护"自由民主世界"的安全和利益，这令非洲之角国家的主权面临严峻挑战，非洲在全球权力结构中的"边缘地位"仍然没有改变。2011 年"阿拉伯之春"运动爆发，西亚北非政局剧烈变动，作为阿拉伯半岛的战略周边，非洲之角国家在中东政治和军事战略部署中的地位逐渐上升。中东国家通过"港口政治"在非洲之角红海沿岸展开激烈的军事同盟"争夺"，迫使非洲之角国家"选边站队"，改变了非洲之角地区国家间权力的平衡。

近十年来，非洲之角已成为世界上军事化程度最高的地区之一。非洲之角地缘政治竞争日趋激烈。自美国总统特朗普上台以来，单边主义、贸易保护主义不断发展，美国安全战略开始向本国倾斜，对外反恐力量逐步收缩，国际安全框架发生巨大变化。曾被美国视作"全球反恐战争"先行地——非洲之角的战略地位迅速下降。一直以来，特朗普政府忽视与非洲国家的关系，特朗普本人多次发表对非洲的过激言论，并在移民问题上多次把矛头指向非洲。2018 年 12 月，特朗普政府发布美国"新非洲战略"，该对非政策奉行"美国优先"原则，以保护美国在非洲的国家利益、遏制中国和俄罗斯在非洲影响力为战略目的。① 美国对非政策的不稳定性和偏激行为对非洲之角安全局势产生不利影响。与此同时，欧洲民粹主义、民族主义不断涌现，难民问题使欧洲政治和社会安全挑战增多。以美国为首的西方国家在非洲之角影响力的减弱也给恐怖主义和极端主义组织势力抬头提供了机会。仅 2020 年 1 月上旬，索马里"青年党"就在肯尼亚发动多起恐怖袭击。1 月 2 日，肯尼亚拉姆县的 3 名乘客被"青年党"杀害；1 月 5 日，多名美军在拉姆县遭到"青年党"袭击，多架美方飞机和多辆车被摧毁；1 月 13 日，"青年党"在肯尼亚加里萨地区杀害 3 名当地教师并绑架了 1 名教师。索马里"青年党"是与"基地"组织有关联的极端组织，近年来在索马里及其邻国多次发动恐怖袭击。非洲之角恐怖袭击出现了跨边境和跨区域、频率高、恐怖分子本土化的发展趋势。

2018 年下半年，非洲之角迎来了区域和平与政治发展的新曙光，标志

---

① Steve Herman, "Sweeping Change to US Policy for Africa Announced", VOA, December 13, 2018, https://www.voanews.com/a/sweeping-change-to-us-policy-for-africa-announced-/4699693.html.

就是 2018 年 7 月埃塞俄比亚与厄立特里亚恢复邦交关系和同年 9 月吉布提与厄立特里亚关系缓和，美国驻非洲外交官蒂博尔·纳吉（Tibor Nagy）称赞非洲之角成为"非洲之希望"①。沙特和阿联酋在促成埃厄关系和吉厄关系新进展方面发挥了重要推手作用。联合国秘书长古特雷斯高度评价了海湾国家的调解作用，并称赞非洲之角国家领导人的高瞻远瞩和政治智慧将为非洲之角谱写和平发展的新篇章。② 另外，英国、法国、俄罗斯和日本等国家在非洲之角的军事存在也日渐增多。在普京领导下，俄罗斯近年来对非洲外交政策愈加重视，正加紧重回非洲的步伐。俄罗斯在非洲之角积极同区域国家开展政治、经贸和安全事务的联系，并取得了显著成果，它还不断加强在非洲之角红海海域的长期军事存在。非洲之角成为新的全球大国区域竞争的竞技场。

与此同时，包括非洲之角国家在内的非洲国家连同国际社会都在共同努力探索预防、调解和解决冲突爆发的手段，为实现非洲持续和平、解决非洲暴力频发问题的根源加强合作。近年来，非盟及非洲国家在落实非盟《2063 年议程》和 2020 年"消弭非洲枪声"倡议方面做出了巨大贡献。③但是，作为非洲大陆武装冲突爆发最为集中的非洲之角，其和平与安全发展形势依然脆弱，地区集体安全制度发展仍存在限制，因此寻找出一条"非洲方式解决非洲问题"的冲突解决道路，提高非洲之角国家安全治理能力才是预防和解决冲突的关键所在。

本书将主要围绕冷战后非洲之角武装冲突特点、演化趋势和解决手段开展相关研究，并试图回答冷战期间非洲之角安全形势对冷战后非洲之角武装冲突有何影响？冷战后非洲之角武装冲突如何发展？当前非洲之角安全局势如何？造成了哪些连锁反应？为什么冷战后非洲之角武装冲突频发？域外势力在其中扮演了怎样的角色？如何运用非洲传统冲突解决手段

---

① Michele Kelemen, "U. S. Diplomat to Africa Says the Horn of Africa is Now Full of Hope after Peace Deal", November 16, 2018, https: //www. npr. org/2018/11/16/668737648/u - s - diplomat - to - africa - says - the - horn - of - africa - is - now - full - of - hope - after - peace - d.

② Abdel Aziz Aluwaisheg, "Gulf Nations can Help Harness Horn of Africa's 'Wind of Hope'", Arab News, September 17, 2018, http: //www. arabnews. com/node/1373411.

③ 中华人民共和国常驻联合国代表团：《吴海涛大使在"消弭非洲枪声——联合国与区域组织合作"高级别公开辩论会上的发言》，中华人民共和国外交部网站，2019 年 2 月 27 日，https: //www. fmprc. gov. cn/ce/ceun/chn/hyyfy/t1642880. htm.

预防和避免未来非洲之角武装冲突的爆发或升级？

二 相关概念界定

(一) 非洲之角区域和国别

非洲之角（Horn of Africa）地处非洲东北部、亚丁湾南岸，狭义上包括吉布提、厄立特里亚、埃塞俄比亚和索马里4个国家，广义上还包括肯尼亚、苏丹、南苏丹和乌干达[①]，区域人口总数超过2亿[②]，2019年区域人口数预计为2.7亿左右[③]，区域面积超521万平方公里[④]。因为在地图上形状酷似公牛的犄角，非洲之角由此得名[⑤]。非洲学者认为[⑥]，因该区域特殊的地理位置和地缘政治的重要性——紧邻红海和曼德海峡，其安全稳定状况可为整个非洲大陆安全预警吹响"号角"[⑦]。《大英百科全书》将非洲之角定义为由索马里、吉布提、厄立特里亚和埃塞俄比亚组成的地区，即狭义非洲之角。有关广义非洲之角或"大非洲之角"（the Greater Horn of Africa）的定义，学界尚存在争议，有观点认为，广义非洲之角包括6个国家，即狭义非洲之角的4个国家，再加上苏丹和南苏丹；另有观点表示，广义非洲之角应该包括8个国家，即把肯尼亚和乌干达也纳入该区域，这种划分也是非洲之角次区域组织"政府间发展组织"（IGAD，简称"伊加特"）所采纳的定义。英国剑桥大学非洲研究中心学者克里斯托弗·克拉彭（Christopher Clapham）提出，任何有关区域的定义都不能完全脱离周边国家的影响力，对非洲之角的狭义或广义定义仅仅是研究的框架和

[①] 另一说为卢旺达，参见 Christopher Clapham, *The Horn of Africa：State Formation and Decay*, London：Hurst & Company, 2017, p. 3.

[②] Kidane Mengisteab, *The Horn of Africa*, Cambridge：Polity Press, 2013, p. 9.

[③] TANA Forum, "Information of HOA Countries", IPSS, 2019, www. tanaforum. org.

[④] Osman Babikir et al., "Agricultural Systems in IGAD Region—A Socio-Economic Review", in *Agroecology*, edited by Vytautas Pilipavičius, 2015, https：//www. intechopen. com/books/agroecology/agricultural – systems – in – igad – region – a – socio – economic – review.

[⑤] 李新烽、邓延庭、张梦颖：《非洲安全的晴雨表和观测站》，《中国社会科学报》2019 年12 月12 日国际月刊第5 版。

[⑥] 参见作者 2019 年6 月采访中国非洲研究院非洲英语国家访华团成员——尼日利亚拉各斯大学尼中发展研究院院长奥卢费米·萨布（Olufemi Saibu）的笔录。

[⑦] 非洲之角的"角"，英文单词为"Horn"，中文被译作牛羊等动物的角、喇叭、号角等，此处为一词多义、一语双关。

手段，应该为研究任务和研究目的服务。① 因此，鉴于冷战后非洲之角武装冲突爆发的集中区域及其连锁反应所波及的范围，本书将非洲之角定义为八国并采纳克拉彭的建议，将研究对象和案例分析集中在吉布提、厄立特里亚、埃塞俄比亚、索马里、苏丹、南苏丹6个国家，以及与这6个国家安全形势紧密相连的两个邻国肯尼亚和乌干达。非洲之角八国除了都是伊加特成员国以外，还是其他次区域组织的成员，例如，吉布提、厄立特里亚、埃塞俄比亚、肯尼亚、苏丹和乌干达都是东南非共同市场（COME-SA）成员，吉布提、厄立特里亚、索马里和苏丹是萨赫勒—撒哈拉国家共同体（CEN-SAD）成员，肯尼亚、南苏丹和乌干达还是东非共同体（EAC）成员。

（二）武装冲突的定义

武装冲突（armed conflict）的复杂性和动态演化对武装冲突概念的定义和分类提出了巨大挑战。根据中国《法学大辞典》的定义，"武装冲突"主要指敌对双方或各方的武装争斗；根据冲突的主体，可分为国家之间（国家与国家之间、政府与反政府武装团体之间）的武装冲突，和国内敌对团体之间（一国国内反政府武装团体相互之间）的武装冲突；根据冲突的性质，亦可分为构成战争状态的武装冲突（战争），和不构成战争状态的实际武装冲突。② 一般认为，只有当武装冲突达到了一定的规模和程度，并持续了相当长的时间，才称为战争。③ 战争可依据冲突各方地位被划分为国际（国家间）战争和国内战争（内战）两种。④ 但是国际法视域下的战争与军事层面的战争存在显著区别。军事层面的战争既包括国家之间的战争，也包括非国家间的战争，强调事实状态；而国际法视域下的战争不仅强调武装冲突的事实状态，更强调产生交战权利和义务及中立权利和义务的法律状态。⑤ 夏尔·卢梭曾从国际法角度出发，对战争的法律概念进行了定义，强调战争属于国家间行为，认为战争与内战或对造反者、

① Christopher Clapham, *The Horn of Africa: State Formation and Decay*, pp. 3 – 4.
② 邹瑜等编：《法学大辞典》，中国政法大学出版社1991年版，第869页。
③ 黄亚英等编：《国际法》，清华大学出版社2008年版，第220—221页。
④ 邹瑜等编：《法学大辞典》，中国政法大学出版社1991年版，第1165页。
⑤ 邢广梅：《国际武装冲突法及其相关概念辨析》，《西安政治学院学报》2008年第21卷第2期。

叛乱分子或海盗的武装行动不同，战争即国家间的武装斗争。① 但这种解释存在局限性，显然已不适用于现代军事层面对战争的定义。

根据《斯德哥尔摩国际和平研究所 2018 年年鉴》（*SIPRI Yearbook 2018*）定义，在国际法框架下，武装冲突发生在两个或以上国家间，或是发生在一国政府同一个或多个非政府武装组织之间。其中，暴力强度和冲突参与组织数量的最低水平是衡量国家间武装冲突的两大基本标准。西方学者认为，这两大基本标准又由冲突持续时间、暴力行为、军事行动频率、使用武器性质、平民流离失所数量、反对派武装控制领土以及伤亡人数（死亡、受伤、流离失所者）等指标数据组成，需要针对案例对指标数据进行逐一分析，方能界定是否属于国家间武装冲突。并且，国内武装冲突面临着国家内部政治暴力或紧张形势畸变的问题，对于国内武装冲突的阈值范围界定也面临挑战。②

武装冲突爆发还会触发人道主义法。根据国际人道主义法的划分，武装冲突分为国际性武装冲突（international armed conflict），即国家之间的武装冲突，和非国际性武装冲突（non-international armed conflict），包括民族解放运动和内战。③ 例如，吉布提、埃塞俄比亚、肯尼亚、苏丹、南苏丹和乌干达都是《关于保护国际武装冲突受害者的 1949 年日内瓦公约第一附加议定书》和《关于保护非国际武装冲突受害者的 1949 年日内瓦公约第二附加议定书》的缔约国。根据规定，"参与国际性或非国际性武装冲突各方选择战争方法或手段的权利并非毫无限制，禁止使用造成多余伤害或不必要痛苦的武器或战争手段"④。随着恐怖主义和极端组织的迅速发展，恐怖主义势力逐渐获得了超越国家的武装力量，并且占据了本国甚至超越本国的领土，建立起类国家的政权，直接在其控制领土上实施政策性的反人类活动同时对第三国发动恐怖袭击，这类武装冲突已不能被现有的国际人道主义

---

① ［法］夏尔·卢梭：《武装冲突法》，张凝等译，中国对外翻译出版公司1987年版，第1—2 页。

② SIPRI, *SIPRI Yearbook 2018*（中文版），Oxford：Oxford University Press，2018，pp. 24 – 25.

③ Dapo Akande，"Chapter 3 Classification of Armed Conflicts：Relevant Legal Concepts"，in *International Law and the Classification of Conflicts*，edited by E. Wilmshurst，Oxford：Oxford University Press，2012.

④ SIPRI, *SIPRI Yearbook 2018*（中文版），pp. 399 – 400.

法规制。并且，国内武装冲突存在蔓延至周边邻国、造成重大国际影响的风险。例如，交战一方或各方存在外国的军队、武装团体或存在武器转让和训练等其他形式的武装干预。① 因此，国际法学者安东尼奥·卡塞斯（Antonio Cassese）对国际性武装冲突概念进行了扩大解释，称其为国际化武装冲突或带有国际性因素的武装冲突（internationalized armed conflict）。②

随着20世纪80年代末冷战接近尾声，国家与国家之间战争的次数逐渐减少，非正规武装冲突成为世界秩序面临的最主要挑战。在这一时期，西方学者和战略专家纷纷对来自非国家行为者的暴力威胁进行概念化，将这种处于劣势的、组织分散化却善于调整战略策略的非正规武装冲突，称作"第四代战争"（fourth-generation warfare）、"低烈度冲突"（low-intensity conflicts）、"小规模战争"（small wars）、"持久社会冲突"（protracted social conflicts）、"新战争"（new wars）或"不对称冲突"（asymmetric conflicts）。不对称冲突是指国家行为者与非国家行为者之间，一方实力较强而另一方权力资源稀缺，双方对抗战略截然不同的武装冲突。不对称冲突概念的使用在20世纪90年代末达到了顶峰，并在近年来又重新在安全战略领域获得重视。这一概念被指代恐怖袭击、叛军轰炸、核扩散等造成对抗方无法"公平竞争"或"偏离规范"的武装冲突，有别于有明确的交战前线的传统武装冲突，即对称冲突，被用以描述参与武装冲突的交战双方法律地位不同、权力不平衡或战略战术迥然不同。③

鉴于冷战后武装冲突所呈现出的新特点与新趋势，学界对武装冲突概念的界定早已超越国际法的传统规制。瑞典乌普萨拉大学的"乌普萨拉冲突数据项目"（Uppsala Conflict Data Program）基于社会科学研究对武装冲突定义如下：武装冲突是指冲突双方因争执、对立而发生的军事冲突，其中冲突双方中至少一方为国家行为者，并在一年内至少造成25人死亡，④

---

① SIPRI, *SIPRI Yearbook 2018*（中文版），p. 25.

② 王楚乔：《武装冲突的主体及分类——读卡塞斯著〈国际法〉有感》，《社会科学》2016年第2期。

③ Christofer Berglund, Emil Aslan Souleimanov, "What is (not) Asymmetric Conflict? From Conceptual Stretching to Conceptual Structuring", *Dynamics of Asymmetric Conflict*, Vol. 13, No. 1, 2020, pp. 87 – 89.

④ UNDP, "The UCDP Armed Conflict Definition", www. undp. org/content/dam/norway/img/sdg – 16 – oslo – 2016.

而美国密歇根大学学者大卫·辛格（David Singer）领导的战争相关性项目（Correlates of War）则将武装冲突死亡人数的下限定为 1000 人。[1] "乌普萨拉冲突数据项目"还根据冲突的烈度进一步细化，将武装冲突分为两类：第一类为小型武装冲突，特指每年至少造成 25 人但不到 1000 人死亡的冲突；第二类为战争，即每年至少有 1000 人死于战斗。[2] 中国学者则根据武装冲突的现实复杂性，对武装冲突概念及其构成采取了灵活性处理的方式，对死亡数量进行了模糊化处理。一般认为，除了国家之外，武装冲突主体还包括国家联盟、国际组织、政党、团体、民族等非国家行为体；冲突形式有正规战、游击战、武装叛乱、恐怖袭击、大国入侵占领、武装组织抵抗和越境袭击；为区别于暴力犯罪和其他类型的政治暴力，武装冲突行为必须是冲突双方反复持续采取有组织的暴力方式，并造成一定数量的人员伤亡。[3] 这也是本书所采用的武装冲突定义。

（三）非洲方式解决非洲问题

"非洲方式解决非洲问题"（ASAP）的概念是由加纳经济学家乔治·阿耶提（George Ayittey）最先提出的，以回应国际社会对索马里危机的干涉行为，后被广泛应用于非洲政治、经济、社会等各个领域，但这一概念主要还是被运用于解决非洲和平与安全问题。[4] "非洲方式解决非洲问题"概念的提出不仅呼应了泛非主义思想的价值观，更成为非盟的重要行为准则。[5] 非盟及其 55 个成员国共同拥护"非洲方式解决非洲问题"原则，致力于实现自主维护和平与安全以防止外部干涉。[6] 受西方学术理论的长期

---

[1]　Mirjam E. Soril, Nils Petter Gleditsch, Havard Strand, "Why is there so much Conflict in the Middle East?" *Journal of Conflict Resolution*, Vol. 49, No. 1, February 2005, p. 148.

[2]　Lotta Themnér, Peter Wallensteen, "Armed Conflicts, 1946 – 2012", *Journal of Peace Research*, Vol. 50, No. 4, p. 520.

[3]　唐永胜、刘东哲、陈晓东：《冷战后全球武装冲突的特点及演变》，《现代国际关系》2008 年第 8 期。

[4]　Serekebrhan Fiquremarian, "African Solutions to African Problems", Institute for Security Studies, September 18, 2008, https://issafrica.org/iss – today/african – solutions – to – african – problems.

[5]　Remofiloe Lobakeng, "African Solutions to African Problems: A Viable Solution Towards a United, prosperous and peaceful Africa?" an occasional paper of the Institute for Global Dialogue (IGD) associated with the University of South Africa, October 2017, https://www.igd.org.za/send/3 – occasional – papers/606 – african – solutions – to – african – problems – a – viable – solution – towards – a – united – prosperous – and – peaceful – africa.

[6]　Comfort Ero, "The Problems with 'African Solutions'", December 2, 2013, http://blog.crisisgroup.org/africa/2013/12/02/the – problems – with – african – solutions/.

影响，目前非洲学者多使用西方国际关系理论，如现实主义、自由主义、新自由主义和巴里·布赞的"地区安全复合体"理论等，作为研究非洲之角和平与安全的理论框架和研究方法，有关非洲传统冲突解决机制的研究依然薄弱。但是以"欧洲中心论"为基础的西方国际关系理论在非洲之角安全问题上表现出严重不适用性和理论缺陷，"民主和平论"（democratic peace theory）等一批不适合非洲国家国情的西式理论在非洲之角接连碰壁，于是加强非洲学界对"非洲方式解决非洲问题"理论研究的呼声高涨。但现在有关"非洲方式解决非洲问题"的研究主要存在两个侧重点：一是认为"非洲方式"是非洲人自己解决问题的办法，强调冲突解决的主体是非洲人而非域外势力；二是认为"非洲方式"是非洲自己独创的冲突解决办法，强调冲突解决的途径或方法是非洲的，非洲传统冲突解决机制就是非洲独有的传统智慧结晶。

三 选题研究意义

在此背景下，本书开展冷战后非洲之角武装冲突研究具有重要的理论和实践意义，有利于全面了解和认识当前非洲之角和平与安全建设所面临的挑战和问题。

第一，本书将打破西方冲突理论的固有偏见并弥补现有冲突理论的不足。有别于西方学者对非洲之角武装冲突研究侧重强调内生性因素占主导的偏见和局限性，笔者将呈现冷战后该区域武装冲突内部原因与外部原因之间的紧密关系和共同作用。虽然冷战后非洲之角仍然是一个充满冲突的次区域，但其边界争端不断、经济发展落后都与早期西方殖民统治和后期域外大国长期的军事介入有着深刻联系。族群矛盾、环境退化、经济和资源管理不善、恐怖主义袭击频发、跨国犯罪、难民问题等传统和非传统安全问题都是该区域内因和外因共同作用的结果。因此受多重因素影响，非洲之角区域武装冲突频发且冲突时间长、冲突解决较困难，包括苏丹第二次内战、南苏丹内战、索马里内战、阿卜耶伊和达尔富尔地区冲突等都是冷战后该区域的典型武装冲突案例。

第二，本书将突出非洲之角国家内部武装冲突解决手段对冲突管理理论的贡献。长期以来，西方大国和国际组织一直在非洲之角冲突管理中扮演着重要角色，甚至是主导作用，无论是联合国还是美国、欧盟等都一味强调用军事手段维和，但并没有有效减少非洲之角武装冲突爆发的几率，甚至还加重了区域内冲突局势，造成了极端主义的产生。相比于外部介入，非洲之角一直在不断努力提高内部管理水平，增强非洲方式解决非洲问题的能力。非洲之角国家面临众多国内发展问题，这些问题极有可能破坏国家内部和平与稳定，包括因内战和内部冲突而流离失所的人数不断增加、缺乏维护法制的政府等。非洲之角国家和人民，以及区域和次区域组织都正在努力加强非洲之角国家法制建设、民主体制建设，以及区域一体化建设等。① 非洲学界也日益重视传统冲突管理机制在现代冲突管理中的适用性，传统机制中的长老调解等方式不仅有力地补充了现代冲突管理的政治和法律手段以恢复社会和谐和稳定，而且更有利于非洲的可持续发展与和平。

第三，本书体现了中国对非洲方式解决非洲问题的高度重视。不同于西方国家对非洲之角的军事干预，中国重视同非洲在安全领域的合作与建设性参与，支持非洲以自己的方式解决安全问题。习近平主席曾多次在国际场合论述了有关总体国家安全观的内容，强调通过国际合作或国际机制来维护共同安全，其中谈及加强与非洲在安全领域合作的内容就有多处，强调中国不仅要加大对非洲的帮扶，更支持非洲国家提高自主维和与维稳的能力，以非洲方式解决非洲问题，中非早已成为休戚与共的命运共同体。② 随着近年来中国"一带一路"倡议的实施，越来越多的中资企业和人员赴非投资、旅游、工作，其中东非和非洲之角国家成为重要目的地。2015 年 12 月，中非合作论坛约翰内斯堡峰会开幕式上，习近平主席提到中非将做强和夯实"五大支柱"，其中就强调中非在安全上要守望相助，要着力实施包括和平与安全在内的中非"十大合作计划"③。2018 年 9 月，习近平在中非合作论坛北京峰会上提出"八大行动"，中国将密切同非洲国家配合，实施和平安全行动，支持中非开展和

① TANA Forum Secretariat, "TANA Papers 2019: A Collection of Policy Briefs", IPSS, Addis Ababa University, 2019.
② 中共中央党史和文献研究院编：《习近平关于总体国家安全观论述摘编》，中央文献出版社 2018 年版，第 228—241 页。
③ 习近平：《共同开启中非合作共赢、共同发展的新时代》，载于《习近平谈治国理政》（第二卷），外文出版社 2019 年版。

平安全与维和维稳合作。① 中国已在苏丹和南苏丹问题、亚丁湾护航等方面取得了一定成果，有力维持了非洲之角地区的发展和稳定，为实现非洲之角的和平与安全做出了贡献。在未来，中国同非洲之角国家间安全合作还有很大空间，加紧彼此安全事务的密切合作不仅有利于非洲之角的和平与安全，也是中非共同打造中非命运共同体的重要表现。

第二节　国内外研究现状综述

针对冷战后撒哈拉以南非洲安全问题，特别是非洲地区安全和非洲之角武装冲突情况，国内外学者进行了一定研究。其中，西方和非洲学者有关冷战后非洲和非洲之角冲突的研究开始较早、著述相对丰富且研究成果成体系化发展。国外开展非洲武装冲突和安全问题研究的主要机构数量众多，除了联合国等相关国际组织外，主要的智库和研究机构包括美国和平研究所、德国海德堡国际冲突研究所、澳大利亚经济与和平研究所、荷兰研究所、斯德哥尔摩国际和平研究所、挪威奥斯陆国际和平研究所等，另外非洲国家比较有代表性的安全研究机构和智库，包括非洲发展战略研究中心、南非安全研究协会、埃塞俄比亚的斯亚贝巴大学和平与安全研究所、肯尼亚非洲政策研究所等；主要数据库包括乌普萨拉冲突数据项目、战争相关性项目、武装冲突地点和事件数据项目（ACLED）、政体 IV（Polity IV）项目、国家脆弱指数和矩阵（State Fragility Index and Matrix）、境内流离失所监测中心（IDMC）、经济学人智库（Economist Intelligence U-nit）等；主要学术期刊包括《国际组织》（*International Organization*）、《国际安全》（*International Security*）、《冲突解决期刊》（*Journal of Conflict Reso-lution*）、《安全对话》（*Security Dialogue*）、《和平研究期刊》（*Journal of Peace Research*）、《恐怖主义和政治暴力》（*Terrorism and Political Violence*）、《冲突管理和和平学》（*Conflict Management and Peace Science*）、《安全研究》（*Security Studies*）、《法律与冲突解决期刊》（*Journal of Law and Con-flict Resolution*）等。这些期刊都收录过有关非洲安全问题的学术论文，另

---

① 习近平：《携手共命运同心促发展——在2018年中非合作论坛北京峰会开幕式上的主旨讲话》，人民出版社2018年版。

外专门聚焦非洲安全问题的期刊也有不少，其中最具代表性的要数《非洲安全》（*African Security*）。

国内对非安全学术研究机构主要包括中国社会科学院西亚非洲研究所、中国国际问题研究院、中国现代国际关系研究院、上海国际问题研究院等，学术刊物主要有《世界经济与政治》《西亚非洲》《国际问题研究》《国际安全研究》等。还应注意到，随着近年来大数据和机器学习在国际关系研究领域的发展，国内研究机构也愈加重视大数据在安全研究领域的应用，例如，清华大学国际关系数据与计算实验室的大数据国际冲突预测、国内政治动荡预测、国际反恐预警系统等在研项目，对外经济贸易大学大数据国际关系研究中心（IBDIR）定期发布和出版的"国际安全研究开源大数据"集等，但其中针对非洲之角的有关研究项目数量有限。

一　国外学术研究梳理

国外相关文献资料和学术成果较为丰富，研究主题主要围绕以下三个方面开展：冲突理论研究、冲突管理研究、冲突地区和国别研究。

（一）冲突理论研究

西方的冲突理论属于社会学流派，形成于 20 世纪 50 年代中后期，并被广泛应用到政治社会学、种族关系等冲突研究，该学派源自马克思、韦伯等有关冲突的思想认识。卡尔·马克思认为，社会冲突的显著表现就是暴力革命、武装斗争。马克思主义的战争根源理论强烈反驳了关于战争爆发起因的研究理论，强调实际经济条件起着决定性的作用，而经济和政治因素是冲突和战争产生的基本动因和主要根源，经济问题是战争爆发的根源，阐明了社会和经济运动在战争中的根本作用，是唯物主义战争观的一种具体体现。[①] 马克斯·韦伯的冲突理论强调，冲突的出现与政治权威的合法性密切相关，被统治者如果怀疑政治权威的合法性，则很可能会寻求冲突来解决问题。[②]

随着后冷战时期非传统安全问题的不断涌现，西方安全理论研究由

---

① 张伊宁等编：《中外关于马克思、恩格斯、列宁、斯大林军事理论研究》，重庆出版社2007 年版，第 27—30 页。

② ［德］马克斯·韦伯：《经济与社会》（上卷），林荣远译，商务印书馆 1997 年版，第238—282 页。

传统安全理论向非传统安全理论拓展，出现了诸多研究流派，其中英国学派的主要代表人物巴里·布赞提出的"地区安全复合体"理论被广泛应用到非洲之角武装冲突研究当中。巴里·布赞和奥利·维夫认为，冷战结束彻底改变了国际安全的整体模式，地区安全的独立性构成了新的国际安全关系模式，因此他们在新安全论基础上，打破了新现实主义"极性"思想和全球主义"核心区—边缘区"理论的全球层面的分析方法，通过聚焦地区层面，布赞提出了"地区安全复合体"的理论框架。地区安全复合体理论的核心，是基于威胁近距离传播的影响要大于远距离传播的影响，因此地区内根据安全相互依赖原则组成的群体，被称作安全复合体。该理论强调非洲国家间安全态势的特征并不显著，相反，非洲是处于国家、政权、反叛运动之间的复杂混合体，说明非洲安全的关注点在国内，即次国家层面。非洲之角因地区国家间尚未形成充分的安全互动关联，被布赞视作预备地区安全复合体。① 但布赞的理论存在局限性，非洲之角是否属于预备地区安全复合体仍有待商榷，特别是随着非盟"和平与安全架构"的建立，非洲之角国家间以及同其他区域间的安全互动正在逐步增多。而且布赞"地区安全复合体"理论忽视了在海洋安全领域的适用性。海洋安全不仅可以在区域内也可跨越任何安全复合体的传统边界，将不同行为体聚集在一起。另外，布赞将西方社会与恐怖主义分子之间的冲突视作"零和博弈"。这种冷战思维又一次用简单化的方式将恐怖主义、极端组织视为"他者"，忽视了恐怖主义和极端主义在非洲发展的根源和现状。②

　　保罗·科利尔（Paul Collier）曾多次通过实证研究和定量方法，对包括部分非洲国家在内的全球极端贫困或"脆弱"国家内战爆发的原因进行经济学分析③，还对冲突后内战国家的国际军事干预政策——冲突后援助、国际维和、远程安全保障和军费缩减——进行成本—收益分析，并提出了

---

① ［英］巴里·布赞、［丹］奥利·维夫：《地区安全复合体与国际安全结构》，潘忠岐等译，上海人民出版社 2009 年版，第 3—247 页。

② Hussein Solomon, *Terrorism and Counter-Terrorism in Africa: Fighting Insurgency from Al-Shabaab, Ansar Dine and Boko Haram*, Basingstoke: Palgrave Macmillan, 2015, pp. 12 – 19.

③ Paul Collier, Anke Hoeffer, "On Economic Causes of Civil War", *Oxford Economic Papers*, 50, 1998.

"共同治理"的建议。① 科利尔强调预防是应对安全问题最正确的方式，但冷战后人类社会未能对安全危机加以重视，国际社会在面对冲突危机时战略政策始终摇摆不定，这也导致索马里无政府状态持续数十年，从而造成权力的真空，为恐怖主义和极端组织的发展提供了可乘之机。② 亚历克斯·德 - 瓦尔（Alex de Waal）认为，金钱的流向是判断冲突爆发后民众如何选边站队的重要指标。民众与领导者间如果存在族群、宗教等集体身份认同则"租金"要价降低，如果没有集体因素，领导者就得支付更高"租金"或采取暴力措施。一旦政治精英掌控"租金"，民众就依赖于精英，政治"市场化"就形成了。③ 李峻石认为，族群与宗教差异不是导致冲突爆发的主要原因，争夺有限资源才是根本原因，从而驳斥了学界对族群与宗教差异导致冷战后非洲乃至世界范围内战争和危机频发的观点。④ 整体来看，现有的冲突理论主要强调内生性，忽视了外部因素以及内外因素共同作用对冲突的影响。

（二）冲突管理研究

威廉·扎特曼（William Zartman）指出，非洲在冲突管理方面的一些传统解决办法在殖民时期以前建立和平方面赢得了声誉。在当代，这些风俗习惯可以为处理现代冲突提供新的视角。在后冷战时期，非洲仍在经历更大程度的冲突。国际和次区域地区积极参与非洲维和行动，但它们的努力在非洲冲突管理方面并不是完全有效。扎特曼的研究以南非、索马里、加纳等非洲国家的传统冲突解决方案为对象，指出传统方法和现代方法都值得进一步研究，以更好地提高两者在非洲冲突管理中的契合度。⑤ 詹姆斯·亨茨（James Hentz）的研究探讨了 21 世纪撒哈拉以南非洲地区所面临的安全问

① Paul Collier, "International Political Economy：Some African Applications", *Journal of African Economies*, Volume 17, AERC Supplement 1, 2008.

② Christopher Adam, Paul Collier, Lisa Chauvet, Haavard Hegre, "The Security Challenge in Conflict-Prone Countries", Copenhagen Consensus 2008 Conflicts Challenge Paper; Paul Collier, *Wars, Guns and Votes：Democracy in Dangerous Places*, Harper Collins e-books, 2009.

③ Alex de Waal, *The Real Politics of the Horn of Africa：Money, War and the Business of Power*, Cambridge：Polity Press, 2015.

④ ［德］李峻石：《何故为敌：族群与宗教冲突论纲》，吴秀杰译，社会科学文献出版社 2017 年版。

⑤ I. William Zartman edited, *Traditional Cures for Modern Conflicts*, London：Lynne Rienner Publishers Inc., 2000.

题。自冷战结束以来，非洲大陆各国就面临着许多共同挑战，特别是 21
世纪头几年更是安全问题频出。2005 年的数据显示，161 个国家中有 31
个国家存在严重冲突的危险，这其中有 17 个国家来自非洲；联合国在非
洲的维和部队比在其他洲的部队都要多，截至 2006 年，75% 的联合国维
和部队驻扎在非洲；自冷战结束以来，联合国共开展了 19 次维和行动，
而其中 10 次行动是在非洲开展的。在 21 世纪之交时，全世界 14 起重大冲
突事件中有 7 起发生在非洲。自 1960 年以来，不少于 32 个非洲国家遭遇
过至少一起非分裂主义国内冲突，非洲成了世界武装冲突的"老巢"。[①]

　　莫顿·多依奇（Morton Deutsch）等的研究为理解和管理人际、种族
间、组织间和国际各种冲突事件提供了社会心理基础和理论基石。第二次
世界大战后，冲突解决才逐渐成为一门学科，因此其实践与理论间的关系
较为松散。多依奇等的研究旨在将理论概念与实践联系起来，用理论解释
冲突概念及其意义，并针对具体问题提出建设性冲突管理的方法。暴力冲
突给冲突双方造成了严重的伤害（羞辱、毁坏财产、酷刑、殴打、强奸、
谋杀），而冲突双方可能还不得不在一个地方工作与生活，这在内战、民
族和宗教冲突、帮派战争，甚至家庭纠纷中也都会发生。[②] 日赞娜·卡茨
（Zsuzsanna Kacsó）的研究以选举暴力为例子，通过分析冲突解决机制的实
现条件，确立了结构性预防选举暴力的方法，以及建立了结构性预防选举
暴力的场景。卡茨认为，选举不能被视作一个单一的事件，而是应将选举
看做连续的或是一个周期事件。选举暴力，作为政治暴力的一个分支，是
极其普遍的世界现象，世界上有一半的国家和地区深受选举暴力的困扰。
欧盟一项观察数据显示，在 1993 年至 2012 年 8 月全球范围内的选举中，
亚洲地区的 90% 选举遭到了暴力破坏，其次，非洲 77.5% 的地区出现了
选举暴力，美洲 50% 的地区和欧洲 50% 的地区都出现了选举暴力，中东
37.5% 的地区遭到了选举暴力。只有大洋洲是唯一没有在观察时间范围内
遭受选举期间暴力破坏的地区。该研究表明，通过场景建立可以有效预防
与选举相关的结构性暴力冲突。[③]

---

　　① James J. Hentz edited, *Routledge Handbook of Africa Security*, Abingdon: Routledge, 2014.

　　② Morton Deutsch, Peter T. Coleman, Eric C. Marcus edited, *The Handbook of Conflict Resolution: Theory and Practice (Second Edition)*, San Francisco: Jossey-Bass A Wiley Imprint, 2006.

　　③ Zsuzsanna Kacsó, *Civilian Conflict Management: The Role of Scenario Building in the Structural Prevention of Electoral Violence*, Cambridge: Cambridge Scholars Publishing, 2014.

阿里·艾哈迈德（Ahmed）详细介绍了"非洲方式解决非洲问题"的来源和意义，通过介绍索马里传统谚语展现了索马里传统方式是如何处理冲突与危机的，并从哲学角度、中非智慧中寻找"非洲方式解决非洲问题"的有力例证。[①] 非洲传统民族中存在非常丰富的处理争端和冲突的方式方法，像埃塞俄比亚奥罗莫族的盖达体系[②]就在阶级间有着严格的权力转移机制，卢旺达的盖卡卡法庭[③]在调解 1994 年种族大屠杀犯罪者和受害者关系的过程中发挥了重要作用，索马里的赫尔习惯法体系[④]确保了民声能够被听见和谈得以实现。阿里·穆萨·伊耶也曾探讨赫尔习惯法对于重新恢复非洲自己的政治和法律体制的政治哲学启示。[⑤] 阿德因卡·阿贾依等（Adeyinka Ajayi）的研究探讨了在传统的非洲社会中冲突解决模式或机制的运用。该研究主要对约鲁巴人、尼日利亚的伊博族和南非的庞多族等多个非洲传统社会中的冲突案例进行分析，并指出非洲传统社会的冲突解决方式为有关各方提供了互动的机会，促进各方达成共识，重建社会桥梁和制定社会规范。而西方世界更加重视由国王法庭、人民主持的司法系统等来解决争议和实现公平分配。该研究认为，传统的冲突解决技术如调解、裁决、和解、谈判等以及过去非洲人使用的交叉询问法，在后冲突时代，要比现代方法更好，更能实现和平共处与和谐的美好前景。[⑥]

伊丽莎白·施密特（Elizabeth Schmidt）围绕非殖民化时期（1956—1975 年）、冷战时期（1945—1991 年）、国家崩溃时期（1991—2001 年）和反恐战争时期（2001—2010 年）非洲外部政治和军事干预的情况进行了编年体整理。施密特认为在前两个时期，非洲的域外干涉主要是跨洲干涉，主要是来自美苏等超级大国以及前殖民地宗主国的干涉。而在国家崩

① Ali Jimale Ahmed, "African Solutions for African Problems: Limning the Contours of a New Form of Connectivity", http://www.warscapes.com/opinion/african – solutions – african – problems, February 6, 2018.
② 盖达体系，即"Gada system"，意思是阶级体系。
③ 卢旺达民间社区司法的一种，盖卡卡（Gacaca）是卢旺达语里的一种草，意指人们围坐在草地上讨论或裁决与社区利益相关的事宜。
④ geedka xeerka，其中 geedka 指一种树，xeerka 指索马里的赫尔习惯法，又译 xeer。
⑤ 阿里·穆萨·伊耶：《非洲新的政治挑战——再论非洲内生式民主体制》，杨桃译，《国际社会科学杂志》（中文版）2016 年第 4 期。
⑥ Adeyinka Theresa Ajayi, Lateef Oluwafemi Buhari, "Methods of Conflict Resolution in African Traditional Society", *African Research Review*, Vol. 8（2）, Serial No. 33, April, 2014.

溃时期，非洲受到的域外干涉主要来自洲内。非洲国家政府，有时在西方国家的默许下，支持周边国家军阀、独裁者和政见不同者上台，并为控制周边国家资源而战。国际反恐战争就像冷战一样，外国军事力量在非洲大陆上"各显神通"，并为专制政府提供了外部援助。在每个时期里，外部势力改变了非洲国家内部斗争力度，扩大了本土冲突态势并给非洲民众带来了毁灭性的影响。① 小约瑟夫·奈和戴维·韦尔奇在阐释冷战后全球冲突与合作时，从理论角度对冲突管理和冲突解决手段进行了归纳和总结，以便于厘清冲突与合作产生的条件；对管理冲突和促进合作的两个重要手段——国际法和国际组织进行了深入分析，以联合国集体安全制度为例，解释了联合国预防外交思想和维和部队在非洲维和行动中的成与败，以及集体安全、维持和平与建设和平之间的区别；分析了冷战后武装冲突的整体模式与趋势，其中冷战后国家间战争数量减少、规模下降是主要趋势，但是冷战后世界范围内共发生约 7 起国家间武装冲突，其中 3 起爆发在非洲之角国家；冷战结束后，国内冲突或内战数量占世界范围内武装冲突数量的首位，其主要分为族群战争或群体战争以及革命战争；并吸收了现实主义、建构主义、世界主义和国家道义主义等理论对干涉、自决、人道主义干涉和"保护的责任"进行了界定和利弊分析。② 总之，部分国外学者虽然开始关注非洲传统冲突管理手段的发展潜力和积极作用，但对非洲之角地区冲突管理的传统手段和具体应用缺乏系统梳理。

（三）冲突地区和国别研究

国外学者有关非洲之角冲突的地区和国别研究，更多强调内部因素在武装冲突中的重要作用。赛斯·卡普兰在有关"脆弱国家"的研究中，将索马里和"索马里兰共和国"③ 作为探讨非洲民主化进程及其进程中矛盾与冲突的典型案例。卡普兰认为，脆弱国家对国际安全和周边国家安全构成威胁，并阻碍国内发展，且缺乏法制极易导致动荡跨境发展，影响周边

① Elizabeth Schmidt, *Foreign Intervention in Africa：From the Cold War to the War on Terror*, New York：Cambridge University Press，2013.

② ［美］小约瑟夫·奈、［加拿大］戴维·韦尔奇：《理解全球冲突与合作：理论与历史》（第十版），张小明译，上海人民出版社 2018 年版。

③ 曾是英国殖民地的索马里兰位于索马里西北部，1991 年索马里分离主义派别建立"索马里兰共和国"，尚未得到国际社会承认。

国家安全环境，为恐怖主义、武器扩散等提供了天然的避难所。尽管笔者不认同卡普兰将"索马里兰共和国"视作相较于索马里更民主的观点，但他间接指出了索马里之所以成为西方眼中的"失败国家"，是西式民主与索马里"宗族国家"（clan-states）传统剧烈冲突所导致的。族群决策和习惯法（xeer）是管理索马里族内部行为的主要准则，"宗族国家"独立于威斯特伐利亚体系所谓的"现代国家"，且伊斯兰教义在索马里也要从属于宗族主义。① 瑞迪·博瑞克戴普（Redie Bereketeab）认为，国家与民族（此处指国族）间的不协调，即国家不能反映国族需求，是国内冲突和危机的根源，其中索马里陷入无政府状态和苏丹南北方分裂就是最好的例证。② 迈克尔·沃尔德马里亚姆（Michael Woldemariam）试图分析非洲之角武装叛乱组织分裂的原因和条件。他指出，军事僵局增加了和平谈判的成功率并不是因为相互竞争的各方认为他们无法再取得胜利，或持续冲突的代价高得令人望而却步，而是因为军事僵局降低了谈判产生破坏因素、破坏和平进程的可能性，所以应等到陷入军事僵局时再解决潜在的叛乱分裂。③

二　国内学术研究梳理

国内学者有关冷战后非洲之角武装冲突的专题研究相对有限，相关主题的学术研究成果主要集中在以下几个层面：非洲大陆整体研究、国别和事件导向型研究、集体安全机制和安全治理研究。

（一）非洲大陆整体研究

整体研究主要是将非洲大陆，特别是撒哈拉以南非洲的武装冲突作为整体研究对象。张伊宁等认为，冷战后世界各地的领土纠纷、宗教矛盾和族群冲突所造成的局部战争和武装冲突的原因非常复杂，但是马克思主义的战争根源理论仍然是解释这一复杂而动荡世界的重要理论基础，现代战

---

① ［美］赛斯·D. 卡普兰：《修复脆弱的国家：发展的新范例》，颜琳译，民主与建设出版社 2015 年版。

② Redie Bereketeab edited, *State Building and National Identity Reconstruction in the Horn of Africa*, Cham：Palgrave Macmillan, 2017.

③ Michael Woldemariam, *Insurgent Fragmentation in the Horn of Africa：Rebellion and Its Discontents*, Cambridge：Cambridge University Press, 2018.

争的复杂性是世界经济和政治矛盾不断变化发展的必然反映。① 关培凤通过梳理非洲国家间边界和领土争端典型案例，分析了战争、外交和司法三种争端解决模式的效用和影响因素。② 在地理信息系统、夜间灯光和事件数据的辅助下，陈冲通过时空数据模型重新审视了机会、贪婪和怨恨这三种冷战后国内冲突原因理论对 1992 年至 2013 年非洲政治暴力冲突的解释作用。与以前的聚焦国家或族群层面的研究不同，陈冲进一步将分析范围扩展到了村庄和县等较低一层的分析层面，从而更好地利用了有关政治暴力和冲突发生地点的地理信息。③ 卢凌宇通过定量分析的研究方法，改进了查尔斯·蒂利关于国家建设的"战争驱动模型"，对 1975 年至 2013 年撒哈拉以南非洲国家宏观数据的时间序列进行了回归分析，以探讨和测试蒂利模型在撒哈拉以南非洲国家的适用性。其研究结果发现，自然资源依赖一方面降低了国际对手对国家建设的作用，另一方面，又显著促进了国内对手的国家建设功能。④ 张永宏等对撒哈拉以南非洲本土冲突解决机制的特点、作用边界和发展趋势进行了详细论述。面临传统回归和现代化转型的非洲大陆，以集体主义为内核的本土冲突解决机制在弥合社会裂痕和维护社会和谐方面作用突出，但也受到合法性被削弱的冲击。⑤

（二）非洲之角国别研究和事件导向型研究

吴华等对 20 世纪末非洲地区冲突概况进行了介绍，其中对非洲之角冲突热点问题按时间顺序进行了文献梳理，简要概述了苏丹国内南北抗衡所造成的武装冲突、埃塞俄比亚与厄立特里亚争端（港口争夺等经济利益摩擦和边界纠纷）的殖民统治渊源、族群政治引发的索马里内战和联合国维和行动遭遇挫折等典型案例，并对与非洲安全问题紧密相关的国际恐怖主义的起源和发展，冷战后极端民族主义泛滥的原因、影响及趋势进行了

---

① 张伊宁等编：《中外关于马克思、恩格斯、列宁、斯大林军事理论研究》，重庆出版社 2007 年版，第 30—31 页。

② 关培凤：《非洲边界和领土争端解决模式研究》，社会科学文献出版社 2017 年版。

③ 陈冲：《机会、贪婪、怨恨与国内冲突的再思考——基于时空模型对非洲政治暴力的分析》，《世界经济与政治》2018 年第 8 期。

④ 卢凌宇：《战争与撒哈拉以南非洲国家建设》，《世界经济与政治》2018 年第 11 期。

⑤ 张永宏、程实：《撒哈拉以南非洲本土冲突解决机制：特点、作用边界及发展趋势》，《西亚非洲》2020 年第 1 期。

归纳和总结。① 颜琳以国际刑事法院介入乌干达国内武装冲突与"上帝抵抗军"（Lord's Resistance Army）暴行为例，探讨了国际刑事法院治理困境，提出不能仅仅依靠国际法的威慑，还应综合考虑、多方面着手促进冲突解决，包括重视当地司法方式和武装冲突解决进程，并促进当地经济发展与建设。② 卢凌宇对索马里内战成因的分析结果显示，索马里国家内部的族群政治、政治经济压迫等所造成的"怨恨"以及国家脆弱给反叛分子提供的"机会"，共同促成了索马里内战的爆发③。毕健康等分析了索马里难民治理问题存在的困难，并针对难民治理中出现的国家治理能力、国际规则和周边局势等问题进行探析，并指出提升国家治理能力以及国际社会共同参与的重要性。④ 通过梳理索马里与埃塞俄比亚两次边界冲突，关培凤指出，边界争端应依靠非洲国家内部自主解决，而不能依靠别有用心的域外国家有意干预来解决。⑤ 王磊先后发表多篇文章，分别以埃厄恢复邦交关系和中东国家在非洲之角加大投资、参与基础设施建设以及安全事务为案例，分析了非洲之角区域内部局势缓和的原因，以及中东国家积极介入该区域安全事务所带来的影响。⑥ 张永蓬以埃厄关系改善为例，分析了非洲之角区域内安全形势趋稳对地区和国际的影响力，并指出非洲之角国家已具备通过平衡外交应对潜在安全风险的能力。非洲之角集体外交、积极互动的信号将为区域和平稳定做出突出贡献。⑦ 陈杰在分析萨勒曼执政以来沙特外交政策转型时，提到了萨勒曼对非洲之角地区的重视，非洲之角是沙特拓展周边外交、保障其海上运输安全的重要地区。文章还介绍了沙特与非洲之角开展军事合作反映了中东国家间地缘政治竞争的外溢。⑧

① 吴华等：《全球冲突与争端》（非洲综合卷），世界知识出版社 1998 年版，第 46—375 页。

② 颜琳：《国际正义与武装组织的治理困境——以国际刑事法院与上帝抵抗军为例》，《世界经济与政治》2014 年第 3 期。

③ 卢凌宇：《"怨恨"、"机会"与国内冲突的发生——基于索马里内战的个案研究》，《国际论坛》2015 年第 17 卷第 5 期。

④ 毕健康、陈丽蓉：《索马里难民治理的困局及出路》，《西亚非洲》2017 年第 6 期。

⑤ 关培凤：《外部干预与索马里—埃塞俄比亚边界争端》，《西亚非洲》2018 年第 3 期。

⑥ 王磊：《"非洲的柏林墙"倒塌了——埃塞俄比亚与厄立特里亚关系转圜》，《世界知识》2018 年第 8 期；王磊：《中东国家在"非洲之角"动作频频》，《世界知识》2018 年第 11 期。

⑦ 张永蓬：《非洲之角的国际关系及安全合作新态势》，《人民论坛》2019 年第 32 期。

⑧ 陈杰：《萨勒曼执政以来沙特的外交转型：志向、政策与手段》，《阿拉伯世界研究》2020 年第 1 期。

（三）集体安全机制和安全治理研究

罗建波认为，非洲集体安全机制正面临现实困境，这是不可避免的，也是当前非洲政治发展必须解决的当务之急，包括如何处理冲突控制中的干预政策与国家主权之间的关系，如何平衡自主维和与寻求外援之间的关系等。[①] 莫翔的研究主要聚焦在冷战后非洲安全机制建设，并对非洲集体安全和多边安全机制进展的情况，特别是非盟在达尔富尔危机中的角色和联合国在非洲之角维和行动等案例作出了评价，认为非洲国家尚不具备自身单独解决安全问题的能力，借助多边主义和国际社会力量是非洲安全建设的必经之路。[②] 肖玉华和刘鸿武对非洲之角安全局势进行了总体述评，指出非洲之角的安全局势受制于该区域国家、区域和次区域组织、域外力量和非政府行为体之间的互动，也受到当地经济、社会发展水平以及族群关系等多重因素的共同制约。另外，郑先武[③]和张春[④]分别对"伊加特"在苏丹和平进程中发挥的调解作用和"伊加特"在非洲之角次地区安全治理中取得的成就与不足进行了论述和归纳。张春[⑤]还从非洲之角政治转型角度，谈及了非洲之角地区安全治理的发展和中国与非洲之角加强安全合作的可能性。

总之，目前国内相关研究的选题鲜有对冷战后非洲之角武装冲突进行整体研究，现有研究对该区域冲突的发展与特征、爆发原因、外部干预、内部管理和解决手段的分析尚有不足，这不利于学术共同体知识的积累性增长。因此，本书将针对上述不足对冷战后非洲之角武装冲突开展深入研究。

第三节 研究框架、方法与创新

一 研究框架

本书导言部分将对冷战后非洲之角武装冲突研究的选题背景、研究意

---

① 罗建波：《理想与现实：非盟与非洲集体安全机制的建构》，《外交评论》2006 年总第 90 期。
② 莫翔：《当代非洲安全机制》，浙江人民出版社 2013 年版。
③ 郑先武：《政府间发展组织与苏丹和平进程》，《国际观察》2011 年第 4 期。
④ 张春：《伊加特与非洲之角的安全治理》，《西亚非洲》2016 年第 4 期。
⑤ 张春：《非洲之角政治转型及中国的政策选择》，《现代国际关系》2020 年第 3 期。

义、国内外研究现状、研究框架与研究方法等进行整体概述。第一章将对冷战期间非洲之角武装冲突形势进行简要回顾和概述，并对冷战期间非洲之角武装冲突的整体特点进行总结，便于与冷战后非洲之角武装冲突特点进行对比；分别以苏丹第二次内战与达尔富尔冲突、索马里内战和埃厄战争为例，梳理了冷战后非洲之角武装冲突的演化过程，并总结冷战后非洲之角武装冲突演化的整体特征和发展趋势。第二章主要分析武装冲突在非洲之角产生的连锁反应，包括海盗问题、恐怖主义、极端组织"青年党"和难民问题，重点阐述武装冲突连锁反应的发展现状、具体影响、解决措施和面临的挑战。第三章分析探寻冷战后非洲之角武装冲突频发背后的原因，重点从政治、经济、社会与文化三个方面探寻究竟，发现国家治理能力与反政府武装、边界争端和分离主义、自然资源与环境争夺、冲突成本与武器流通、民族矛盾与族群冲突、政治伊斯兰与极端思想等因素在非洲之角武装冲突频发背后起主要作用。第四章探讨和分析域外国家和国际组织对冷战后非洲之角武装冲突的介入、影响及其效果，并对该区域安全事务的主要外部参与者联合国、欧盟、美国、英国、德国、法国、俄罗斯和中东大国的总体介入情况进行梳理和归纳。第五章深入探究非洲之角武装冲突的内部管理与解决方式，一方面从非盟和"伊加特"等区域和次区域组织入手，寻找区域组织解决武装冲突的手段、效果，另一方面通过分析非洲之角传统冲突解决机制的内核，发现传统冲突解决手段对提高非洲之角自主维护和平能力的贡献，为预防非洲之角武装冲突和防止暴力冲突规模扩大化提供智力支持。最后结语部分将对前文所述和研究结果进行归纳总结，针对冷战后非洲之角武装冲突特点，提出借鉴非洲传统智慧的建议，并对加强和提高非洲之角国家自主解决安全事务的能力进行展望。

二 研究方法

本书主要采纳的研究方法有两种。

第一，比较分析法和归纳法。本书主要通过文献梳理和相关案例进行文本内容的比较和归纳，总结出冷战期间和冷战后非洲之角武装冲突的变化趋势、基本特征、相同点与不同点，以便为相关学术研究和政策制定者提供研判的途径。

第二，案例分析与综合方法。本书综合了多个学科知识点，包括国际关系、国际政治、国际法、经济学、社会学、民族学等学科内容，在跨学科研究的视阈下，还原索马里内战、埃塞俄比亚—厄立特里亚战争、苏丹内战、索马里"青年党"等非洲之角重大的武装冲突和热点问题的历史发展脉络，并对事件中具体问题进行仔细分析、对研究问题进行详细论证。

三　研究创新

本书研究的创新点主要体现在以下几个方面：首先，选题新。近年来，国内有关非洲和非洲国家和平与安全问题的研究的热度呈逐渐上升趋势，但聚焦到非洲之角区域安全的研究相对较少，本书将充实国内该领域研究的不足，为学界提供新的研究视野。其次，论证证据或信息新。本书紧追非洲之角武装冲突动态发展，所采用的数据和文献资料都源自各大数据库的最新数据和相关学术成果。最后，有关冲突解决手段的建议新。本书从分析非洲之角武装冲突特征和爆发原因，到分析域外国家和国际、地区组织对非洲之角安全介入的效果和局限性，再到从微观角度提出"非洲方式解决非洲问题"冲突解决手段的建议，强调了治理非洲之角武装冲突要深入非洲传统，在传统智慧中寻求答案。

第一章　非洲之角武装冲突的
演化与特征

本章通过典型案例梳理出冷战后非洲之角武装冲突的发展过程与冲突特征，并探寻冷战期间该地区冲突形势及其遗留问题对冷战后武装冲突的具体影响。冷战后非洲之角地区陷入权力真空，该地区武装冲突频发不仅是冷战期间领土纠纷和国家权力结构竞争问题的延续，还呈现出新特征。非洲之角地区并没有因为美苏争霸在该区域的结束而迎来和平的曙光。

第一节　冷战时期非洲之角武装冲突的形势

冷战时期，非洲之角地区就因冲突频仍而备受外界关注。冷战时期遗留了很多问题，也是造成冷战后非洲之角难以摆脱武装冲突威胁的重要原因。自1947年3月美国杜鲁门主义出台、冷战开始，到1991年12月苏联解体、冷战结束，美苏两大超级大国展开了长达44年的世界霸权争夺，其中非洲特别是非洲之角地区是美苏两大军事集团发动"代理人战争"的重要场地。冷战时期非洲之角武装冲突面临极其严峻的形势。殖民主义时期遗留的边界冲突问题，新独立国家再次卷入国内政治冲突，军事独裁的长期存在，国家基础设施崩溃等问题不断涌现都令这一时期非洲之角武装冲突的管理陷入僵局。冷战时期，美苏两个超级大国分别用价值数百万美元的军事武器武装非洲之角国家内部冲突各方，给这一地区带来了连续不断的武装暴力和巨大的平民伤亡。武装冲突管理和解决成为这一时期非洲之角国家普遍面临的问题与挑战。

一　从欧加登战争看美苏争霸的影响

冷战期间，非洲之角成为美苏争霸的重要竞技场，特别是冷战末期，非洲之角地区爆发的"代理人战争"等武装冲突数量激增。1977 年至 1978 年，埃塞俄比亚和索马里之间爆发了长达 8 个月之久的欧加登战争 (Ogaden War)。这场激烈的军事冲突的根源在于第二次世界大战结束后欧加登地区的领土划分问题。在殖民主义时期，索马里受到西方列强的瓜分，原属索马里领土的欧加登地区先后被意大利、英国管理，第二次世界大战结束后联合国决议将索马里交由英国托管，而欧加登地区又被交由埃塞俄比亚控制，由此引发索马里民众强烈不满。尽管从法律角度来看，欧加登是埃塞俄比亚的一部分，但是长期以来索马里人在此生存繁衍，位于欧加登地区、备受争议的豪德（Haud），历史上更一直是索马里游牧民族的传统放牧区和居住区。索马里人最初在英国殖民统治下被授予自治权，但当英国左翼和埃塞俄比亚声称对豪德—欧加登地区拥有主权时，这一权利也被取消。

索马里和埃塞俄比亚都对欧加登地区"虎视眈眈"。1960 年，索马里取得民族独立，1969 年索马里发生了军事政变，穆罕默德·西亚德·巴雷（Mohamed Siad Barre）将军上台执政并成立索马里民主共和国。巴雷在宣布自己成为索马里总统后，成立了最高革命委员会，解散了最高法院，暂停了宪法，并热衷于领土扩张，将索马里人居住的周边领土并入其中以成立"大索马里国"。1973 年，瑞典石油公司在欧加登地区发现石油，刺激了埃索对该地区的争夺，埃索在此之前也分别开始了军事行动。同年，巴雷帮助欧加登地区的索马里人成立了"西索马里解放阵线"（WSLF，简称"西解阵"），"西解阵"于 1975 年开始不断发起对抗埃塞俄比亚军队的游击战，袭击埃塞俄比亚警察局和军队基地。位于索马里西部的埃塞俄比亚是非洲唯一没有被西方殖民统治过的国家（在 1936—1941 年曾被意大利法西斯占领过）。1974 年，社会主义埃塞俄比亚临时军政府（简称"德格"）①接管政权，推翻皇帝海尔·塞拉西一世（Haile Selassie I），所罗门王朝随之结束。1977 年，门格斯图·海尔·马里亚姆（Mengistu Haile Mariam）完全控制了德格军政府并宣布埃塞俄比亚为"社会主义国家"，但埃塞俄比亚一直面临多股分裂势力，包括"西解阵""厄立特里亚解放阵线"和活跃于埃塞俄比亚西部的苏丹叛乱组织，这令埃塞俄比亚陷入了

---

① 英文名称为 "Provisional Military Government of Socialist Ethiopia"，英文简称为 "Derg"。

数年的政治混乱当中。随着埃塞俄比亚政局动荡，厄立特里亚人、奥罗莫人、提格雷人、阿法尔人和欧加登人的民族叛乱在埃塞俄比亚周边不断涌现。① 由此，巴雷看到了夺回欧加登地区的机会，他不仅获得了自己新组建政府的支持还积极与"西解阵"结盟。在巴雷的领导下，索马里于1977 年 7 月入侵欧加登地区，全面支持"西解阵"。在之后的一个月时间里，巴雷的部队共占领了欧加登地区 60% —70% 的领土，胜利似乎在望。同年 9 月底至 11 月下旬，索马里已经占领欧加登的 90% 地区，而埃塞俄比亚军队依然坚守最后的阵地。②

欧加登战争也是冷战期间美苏在非洲之角"代理人战争"的一种独特表现。整个 20 世纪 70 年代，美苏争霸处于苏攻美守的态势并维持了表面上相对缓和的状态。欧加登战争的爆发并非美苏分别支持的力量之间存在直接冲突，美国对索马里的军事干预程度远不及苏联对埃塞俄比亚的重视和军事支持程度，然而美国时任总统吉米·卡特对是否支援索马里的态度始终犹豫不决引发美国国内不满，美苏之间渐趋缓和的关系再次出现裂痕。从 1963 年开始，苏联对索马里的资助稳步增加，索马里也在苏联的物质和军事帮助下建立了一支强大的军队。苏联最初援助索马里的目标，是在索马里港口城市柏培拉（Berbera）建立海军基地，从而使苏联的船只能够直接顺利进入亚丁湾和红海海域，方便苏联同石油丰富的阿拉伯国家开展海上贸易。埃塞俄比亚则在 1973 年收到了来自美国的包括 F - 86 和 F - 5 战斗机在内的一揽子军事援助。③ 欧加登战争初期，埃塞俄比亚和索马里两国利用美国和苏联的资金和武器互相作战。然而在门格斯图宣布走"社会主义道路"之后，美国冻结了向埃塞俄比亚提供坦克、装甲车、高射炮和战斗机等军事装备的合同并转同索马里结盟。而苏联于 1977 年 9 月放弃与索马里的同盟关系，决定将主要援助从索马里转移到埃塞俄比

---

① Sam Wilkins, "Buried in the Sands of the Ogaden: Lessons from an Obscure Cold War Flashpoint in Africa", September 6, 2019, https: //warontherocks. com/2019/09/buried – in – the – sands – of – the – ogaden – lessons – from – an – obscure – cold – war – flashpoint – in – africa/.

② Armed Conflict Events Data, "The Ogaden War 1977 – 1978", https: //www. onwar. com/data/ogaden1976. html.

③ Sam Wilkins, "Buried in the Sands of the Ogaden: Lessons from an Obscure Cold War Flashpoint in Africa", September 6, 2019, https: //warontherocks. com/2019/09/buried – in – the – sands – of – the – ogaden – lessons – from – an – obscure – cold – war – flashpoint – in – africa/.

亚，并先后向埃塞俄比亚提供大量武器装备、资金支持以及约 1500 名苏联顾问，还从安哥拉运送 1.2 万名古巴士兵前往埃塞俄比亚农村协助战斗①，试图阻止索马里发起的猛烈进攻。巴雷立即谴责苏联，并与除中国和罗马尼亚以外的所有社会主义国家断绝关系，并将所有苏联外交官驱逐出索马里以争取西方国家的支持。巴雷认为，美国需要"履行对索马里的道义责任"，而不能只是说说而已。② 虽然美国增加了对索马里的资金支持，但美国政府谴责了索马里的入侵行为，并将索马里发动欧加登战争视为挑衅，没有向索马里提供任何地面部队或军事咨询支持。卡特总统认为，埃索两国有关欧加登地区领土争议应该在非洲之角地区层面解决而非由国际社会解决。他吸取了美军深陷越南泥淖的教训，不想过度承诺再令美军卷入一场遥远的地区冲突，更不想破坏自古巴导弹危机以来美苏之间微妙的缓和关系。卡特一再要求苏联从埃索冲突中抽身，以便通过外交途径解决埃索冲突。然而，在古巴和苏联军队的支持下埃塞俄比亚最终将索马里国民军赶出了欧加登。欧加登战争以索马里溃败而告终，到 1978 年 3 月，所有索马里部队都已撤出埃塞俄比亚领土，但"西解阵"又恢复了在埃塞俄比亚的游击战。欧加登战争给两国都带来了巨大苦难和人员伤亡，约 10500 人死亡③，两国都因此经历了随后连续数年的残酷内战（索马里内战至今仍在继续）。在冷战的背景下，欧加登战争被美国视作社会主义阵营的"巨大胜利"。美国国内，包括美国民众、国会议员和内阁成员，都将卡特不支援索马里在欧加登地区军事行动的决策，视作其外交政策的巨大失误。④

二 冷战时期非洲之角武装冲突的特征

冷战时期非洲之角武装冲突呈现了国家或区域军事化、内部武装冲突

---

① Armed Conflict Events Data, "The Ogaden War 1977 – 1978", https：//www. onwar. com/data/ogaden1976. html.

② Atomic Heritage Foundation, "Proxy Wars During the Cold War：Africa", August 24, 2018, https：//www. atomicheritage. org/history/proxy – wars – during – cold – war – africa#_ ftn3.

③ Armed Conflict Events Data, "The Ogaden War 1977 – 1978", https：//www. onwar. com/data/ogaden1976. html.

④ Atomic Heritage Foundation, "Proxy Wars During the Cold War：Africa", August 24, 2018, https：//www. atomicheritage. org/history/proxy – wars – during – cold – war – africa#_ ftn3.

升级、外部势力干预不断、内部问题与外部干预相互交织的基本特征。欧加登战争是冷战时期非洲之角武装冲突最为典型的案例，体现了冷战期间美苏与非洲之角间关系的相互作用和影响。在冷战期间，美苏为实现各自战略目标对非洲之角进行了强有力的军事干预。① 冷战通过全球两级范式与非洲之角当地军事、政治动态和区域危机相互重叠，形成了外部干预扭曲并加剧当地危机的态势，地方冲突也反过来影响美苏两个超级大国间的关系。② 非洲之角地区大国之间和国家内部的竞争远远超过美苏两个超级大国的预期或意愿。非洲之角国家善于利用域外国家军事和资金力量推动本国武装冲突的升级。欧加登战争不仅打破了冷战期间美苏在非洲之角地区的地缘战略平衡，并出现了两个超级大国互换盟友、阵营迅速逆转的情况，给该地区民众造成的巨大伤害影响至今。苏联对欧加登战争的积极介入，提早结束了美苏表面缓和的态势，美苏在零和博弈的思想下迅速进入了最激烈的对抗阶段。③ 根据 1947 年至 1991 年非洲之角国家武装冲突事件的类型和时长来看（见表 1-1），该地区武装冲突主要包括边界争端引发的国家间战争、内战或分离运动、武装叛乱或军事政变，其中内战持续时间较长，其次为国家间战争和武装叛乱，军事政变时间最短，且多数武装冲突都有美苏等域外力量的介入。自 1977 年以来，苏联对撒哈拉以南非洲地区的军售超过 60% 都流向了埃塞俄比亚。到 1983 年，埃塞俄比亚获得了超过 23 亿美元的苏联装备。④ 对于苏联来说，作为非洲之角主要国家的埃塞俄比亚，是苏联在撒哈拉以南非洲地区最重要的战略盟友。在 1979 年苏联入侵阿富汗之后，美国逐步加大了对索马里的经济援助。到 20 世纪 80 年代，索马里成为美国在撒哈拉以南非洲的第二大经济援助国。

① John Markakis, *National and Class Conflict in the Horn of Africa*, Addis Ababa: Shama Books, 2012, p. 295.
② Flavia Gasbarri, "From the Sands of the Ogaden to Black Hawk Down: The End of the Cold War in the Horn of Africa", *Cold War History*, September 7, 2017, http://dx.doi.org/10.1080/14682745.2017.1364729.
③ Sam Wilkins, "Buried in the Sands of the Ogaden: Lessons from an Obscure Cold War Flashpoint in Africa", September 6, 2019, https://warontherocks.com/2019/09/buried-in-the-sands-of-the-ogaden-lessons-from-an-obscure-cold-war-flashpoint-in-africa/.
④ Sam Wilkins, "Buried in the Sands of the Ogaden: Lessons from an Obscure Cold War Flashpoint in Africa".

1985 年 10 月，苏联时任外长爱德华·谢瓦尔德纳泽（Eduard Shevardnadze）曾表示，美苏对阿富汗、安哥拉、埃塞俄比亚等地武装冲突的干预直接导致两国关系的恶化，成为当时国际紧张局势的核心，这在很大程度上造成了破坏性的影响。[①]

表 1-1　　　　　　　　冷战期间非洲之角国家武装冲突列表

特征 国别	冲突名称	冲突类型	冲突时长
埃塞俄比亚	1. "大索马里"运动 2. 埃索边境冲突 3. 埃塞俄比亚皇家护卫队政变 4. 厄立特里亚独立运动 5. 埃塞俄比亚内战 6. 欧加登战争 7. 埃索边境冲突	1. 埃塞俄比亚、肯尼亚同索马里间游击战和正规军短期武装冲突 2. 短期边境武装冲突 3. 政变 4. 武装斗争、游击战、武装叛乱、独立战争 5. 内战 6. 埃索国家间战争 7. 埃索边境短期武装冲突	1. 1960—1964 年 2. 1960 年 8 月 3. 1960 年 12 月 4. 1961—1993 年 5. 1974—1991 年 6. 1977 年 7 月—1978 年 3 月 7. 1982 年 6—8 月
厄立特里亚	厄立特里亚独立运动	武装斗争、游击战、武装叛乱、独立战争	1961—1993 年
索马里	1. "大索马里"运动 2. 埃索边境冲突 3. 欧加登战争 4. 玛哲廷氏族政变未遂 5. 玛哲廷族群叛乱 6. 索埃边境冲突 7. 伊萨克族群叛乱 8. 欧加登族群叛乱 9. 哈维耶族群叛乱 10. 索马里革命	1. 索马里同埃塞俄比亚、肯尼亚间游击战和正规军短期武装冲突 2. 短期武装冲突 3. 索埃国家间战争 4. 政变 5. 游击战、武装叛乱 6. 索埃边境短期武装冲突 7. 武装叛乱 8. 武装叛乱 9. 武装叛乱 10. 武装叛乱	1. 1960—1964 年 2. 1960 年 8 月 3. 1977 年 7 月—1978 年 3 月 4. 1978 年 4 月 5. 1978—1986 年 6. 1982 年 6—8 月 7. 1982—1988 年 8. 1989—1990 年 9. 1989—1990 年 10. 1990—1991 年

[①] Flavia Gasbarri, "From the Sands of the Ogaden to Black Hawk Down：The End of the Cold War in the Horn of Africa", *Cold War History*, September 7, 2017, http：//dx. doi. org/10. 1080/ 14682745. 2017. 1364729.

续表

特征 国别	冲突名称	冲突类型	冲突时长
苏丹	1. 苏丹第一次内战 2.1958年军事政变 3.1969年军事政变 4. 苏丹第二次内战 5.1985年军事政变	1. 苏丹南北方内战、低烈度游击战 2. 军事政变 3. 军事政变 4. 苏丹南北方内战 5. 军事政变	1.1955—1972年 2.1958年11月 3.1969年 4.1983—2005年 5.1985年4月
肯尼亚	1. 茅茅运动 2. "大索马里"运动	1. 反殖民主义武装斗争 2. 肯尼亚、埃塞俄比亚同索马里间游击战和正规军短期武装冲突	1.1952—1956年 2.1960—1964年
乌干达	1. 阿明政变 2. 坦桑尼亚—乌干达战争 3. 西尼罗河恐怖行动 4. 乌干达丛林战争 5.1985年军事政变 6. 乌干达内战	1. 军事政变、种族屠杀 2. 国家间战争 3. 种族屠杀 4. 游击战、武装叛乱 5. 军事政变 6. 内战、反对派叛乱	1.1971年1月 2.1978—1979年 3.1980—1985年 4.1981—1986年 5.1985年7月 6.1986—1995年

注：由于冷战期间吉布提没有爆发武装冲突且此期间南苏丹尚未独立，所以这两国未在表格中列出。虽然厄立特里亚于1993年5月才正式宣告独立，但鉴于冷战期间，厄立特里亚为获得民族独立进行了一系列武装斗争，故将厄立特里亚在这期间的武装冲突事件列出。另外，苏丹第二次内战从1983年延续至2005年，时间跨度较长。由于冷战遗留问题对冷战后苏丹内部冲突影响较大，在表中也将其列出，下一节将对苏丹第二次内战演化过程进行具体梳理。

资料来源：作者根据"战争论"（OnWar）网站（https：//www.onwar.com/states/index.html）武装冲突事件数据相关指数整理制作。

冷战时期非洲之角国家的武装冲突遵循"非殖民化权力斗争—独立巩固—解放运动"的一般动态发展模式。[①] 但是从历史分析角度来看，冷战时期非洲之角国家间分歧与冲突具有长期性和复杂性，造成该区域问题进一步复杂化的因素是领土界定不清和国家权力结构竞争。早期的

---

① Emily K. Elmore, "The Horn of Africa：Critical Analysis of Conflict Management and Strategies for Success in the Horn's Future", *Inquiries Journal*, Vol. 2, No. 6, http：//www.inquiriesjournal.com/articles/256/the-horn-of-africa-critical-analysis-of-conflict-management-and-strategies-for-success-in-the-horns-future.

部落争端和冲突，以及近代以来西方殖民主义侵略所造成的边界划分等遗留问题成为该地区国家间战争、分离主义和短期边境冲突频生的主要原因。除了埃塞俄比亚以外，非洲之角国家都曾遭受过西方列强残酷的殖民统治，例如，19世纪末法国、英国和意大利都曾在非洲之角地区分割势力范围。由于欧洲殖民主义者罔顾事实、肆意划分非洲之角地区的殖民边界，为非洲之角国家独立后的民族矛盾、边界争议等问题埋下了隐患，许多边界争端是该地区殖民主义的直接结果。例如，索马里民族主义运动一直推动将所有索马里人居住区"统一"起来，宣传"泛索马里主义"，建立"大索马里国"。① "泛索马里主义"（pan-Somalism）又称"大索马里主义"，是独立后的索马里最重要的政治概念之一。为了"纠正"殖民时期不公正的边界划分，并建立一个同质的民族国家，索马里人发展了"泛索马里主义"概念，以统一所有索马里人居住的领土为目标。然而索马里全国上下对"泛索马里主义"理念的积极追求，造成索马里军事力量的长期活跃。② 自1960年索马里独立以来，索马里政府一直在背后支持欧加登地区发动对埃塞俄比亚的叛乱活动。另外，同时期的厄立特里亚的"分离运动"也愈演愈烈。厄立特里亚是当时非洲之角最严重的叛乱活动的发源地，不同程度的武装叛乱给埃塞俄比亚的军事资源造成巨大压力。③

独立后的非洲之角国家军事化日益严重，这是内部问题与外部干预相互交织的必然结果。第二次世界大战结束以后，非洲大陆掀起民族独立运动的浪潮，特别是20世纪50—60年代，非洲有超过30个国家取得民族独立和解放运动的胜利，④ 其中非洲之角的多个国家也在这一阶段相继独

① Sarah Vaughan, "Chapter 4: Ethiopia, Somalia, and the Ogaden: Still a Running Sore at the Heart of the Horn of Africa", in *Secessionism in African Politics*, edited by L. de Vries et al., Palgrave Series in African Borderlands Studies, 2019, p. 100, https://doi.org/10.1007/978-3-319-90206-7_4.

② Christopher L. Daniels, "Chapter 1: The Road to State Failure in Somalia", in *Somali Piracy and Terrorism in the Horn of Africa*, Lanham: The Scarecrow Press, 2012.

③ Sam Wilkins, "Buried in the Sands of the Ogaden: Lessons from an Obscure Cold War Flashpoint in Africa", September 6, 2019, https://warontherocks.com/2019/09/buried-in-the-sands-of-the-ogaden-lessons-from-an-obscure-cold-war-flashpoint-in-africa/.

④ John Parker, Richard Rathbone, *African History: A Very Short Introduction*, Oxford: Oxford University Press, 2007.

立。同美苏两大超级大国讨价还价成为冷战时期非洲之角地区的典型现象，并最终促成了同盟交换：最初美国与埃塞俄比亚结盟，苏联与索马里来往密切，后因门格斯图上台、埃塞俄比亚意识形态发生转变，美国转向索马里示好，苏联同埃塞俄比亚成为盟友。美苏无休止的武器供应造成该地区军事化，直接导致地区冲突持续化。独立后的索马里一直派出非正规游击队骚扰欧加登地区。1963 年 10 月，埃塞俄比亚派遣军队干预，导致双边短期冲突演变成常规战争，这场战事直到 1964 年 4 月才宣布停止。早在 20 世纪 50 年代，美国就成为埃塞俄比亚外部军事支持的主要来源。1953 年，海尔·塞拉西一世与美国签署《共同防御援助协议》，其中，美国承担了发展和扩大埃塞俄比亚武装力量的责任。尽管如此，美国仍试图向索马里提供经济和军事援助，以削弱苏联的影响力。1963 年，美国、意大利和德国向索马里提供了 1 亿美元的一揽子计划，以帮助索马里建立常规军队应对埃塞俄比亚庞大的武装力量。与此同时，索马里还同苏联签订了友好条约，接受了苏联巨额的军事援助，扩大索马里军队并实现部队现代化。

　　非洲之角国家军事化是一种后殖民主义现象，是美苏之间的冷战竞争，以及美苏为赢得盟友而制定的地缘政治战略计划所导致的。在边界争议地区或国内政治不稳定的国家中，军事化具有一定优势。军事力量的增长和维持也可归因于非洲之角统治精英通过武力威胁或实际使用武力来满足自己贪得无厌的权力欲望。因此，就国内政治而言，军事化与政治合法性问题、国家与社会关系性质等因素密切相关。① 美苏在非洲之角的竞争破坏了地区层面冲突调解的努力，并造成了冲突的永久化。美苏在该地区的长期存在为非洲之角武装冲突提供了资金，最终导致索马里国家崩溃和地区内其他国家长期的武装叛乱和冲突。例如，厄立特里亚曾于 1941 年沦为英国的托管地，1952 年厄立特里亚与埃塞俄比亚结为联邦并成立自治政府，然而 1962 年海尔·塞拉西一世取消联邦制，解散厄立特里亚议会并吞并该国。厄立特里亚于 1961 年就开始了长达 30 年的争取独立的武装斗争。1991 年厄立特里亚解放并成立临时政府，1993 年厄立特里亚最终

---

① Baffour Agyeman-Duah, "The Horn of Africa: Conflict, Demilitarization and Reconstruction", https://journals. lib. unb. ca/index. php/jcs/article/view/11813/12632.

获得独立。尽管吉布提在次区域超级大国竞争中显得并不突出，但是美国却在吉布提建立了空军和海军设施。并且自 1977 年吉布提独立以来，法国在吉布提一直保持着强大的军事存在，是吉布提主要的军事援助国。①冷战时期吉布提的军事化，也造成冷战结束后吉布提不仅受到邻国威胁，还面临本国国内政治冲突和民族冲突的严重困扰，该国的安全形势自独立以来一直非常脆弱。

整体来讲，冷战时期非洲之角陷入了美苏的意识形态冲突旋涡，由此经历了内部漫长的动荡，和平与进步可谓举步维艰。在日渐形成的军事化环境中，非洲之角国家出现了军队数量增长、国防支出逐步增加、内战和国家间战争倾向性强、民间组织军事化等特点。② 海尔·塞拉西一世统治时期，埃塞俄比亚的军队从 1956 年大约 1.8 万人增长到 1964 年的 2.9 万人。后来在门格斯图政权下，埃塞俄比亚军队从 1975 年的 5 万人增长到 1987 年的 30 万人，在 1990 年至 1991 年，门格斯图将军队扩充至 43 万人以应对埃塞俄比亚国内叛乱形势。与此同时，埃塞俄比亚的国防开支也是一路增长，从 1969 年的 3900 万美元到 1977 年的 1.87 亿美元，从 1979 年的 3.51 亿美元到 1989 年的 7.63 亿美元。直到 1991 年，埃塞俄比亚的财政支出一直以军事需求为主。索马里的军事开支与武装部队的数量也是不断增长。在欧加登战争中，索马里军队人数约为 5.4 万，这一数量一直保持到 1991 年巴雷下台。可以说，武装部队控制了这一时期的非洲之角国家，掌控立法、司法和行政权力。非洲之角国家把主要精力集中在国内外军事防御和武装进攻力量的发展上。区域国家内部经济遭到严重破坏，安全问题因经济资源的减少而变得更为复杂，战争成为解决政治分歧的重要手段之一。1990 年，美国一项对全球 140 个国家的调查研究显示，埃塞俄比亚在人均国民生产总值、教育和卫生领域的世界排名分别为第 137 名、第 121 名和第 125 名，处于世界落后水平，但埃塞俄比亚人均军费却居高

---

① 参见笔者 2019 年 9 月与吉布提大学马盖雷·易卜拉欣·艾哈迈德（Mag-Teerey Ibrahim Ahmed）副教授在北京的访谈记录。

② Emily K. Elmore, "The Horn of Africa: Critical Analysis of Conflict Management and Strategies for Success in the Horn's Future", *Inquiries Journal*, Vol. 2, No. 6, http://www.inquiriesjournal.com/articles/256/the-horn-of-africa-critical-analysis-of-conflict-management-and-strategies-for-success-in-the-horns-future.

不下，位居世界第 86。[①]

在冷战后期，美苏意识到该地区事态的严重性，决定逐步退出地区对抗。美苏两大超级大国的武力干预不仅未能解决非洲之角国家的边界争端，反而加深了地区国家的内部矛盾，于是美苏加速了脱身计划。在 20 世纪 80 年代末，美苏之间开展了多次高层对话，包括里根与戈尔巴乔夫关于军备控制和裁军问题的对话、老布什和戈尔巴乔夫关于处理地区冲突的对话，减少了彼此在非洲之角地区的武装对抗，非洲之角在两极博弈中逐渐失去了战略意义。与此同时，埃塞俄比亚和索马里政权都面临内部矛盾的严峻挑战，经历了国内叛乱并先后陷入内战泥潭，为转移国内注意力，门格斯图和巴雷曾于 1986 年举行埃索两国领导人会晤，力图通过减少两国边界争端缓解外部压力，并于 1988 年签署两国关于欧加登地区的边界协议，恢复外交关系。借此机会，苏联和古巴军队、军事顾问于 1989 年到 1990 年全部撤出埃塞俄比亚。美苏在非洲之角地区的"脱钩"也预示着冷战走向了结束。

第二节　冷战后非洲之角武装冲突演化

冷战的结束改变了世界两极化格局，国际体系中的主要角色间力量对比发生重大变化，对区域政治和非洲之角的军事发展也产生了重要影响。随着 1991 年苏联解体，世界逐渐由"两极化"向"多极化"发展。非洲之角地区逐渐失去了其战略地缘重要性。但从世界范围来看，冷战后期由主要国际政治矛盾所造成的武装冲突在冷战后仍在延续。[②] 在冷战结束初期，第三波民主化浪潮[③]席卷包括非洲之角在内的撒哈拉以南非洲，多个非洲之角国家陷入了被西方国家所强加的、以"民主化"为目标、争斗不

---

① Emily K. Elmore, "The Horn of Africa: Critical Analysis of Conflict Management and Strategies for Success in the Horn's Future", *Inquiries Journal*, Vol. 2, No. 6, http://www.inquiriesjournal.com/articles/256/the-horn-of-africa-critical-analysis-of-conflict-management-and-strategies-for-success-in-the-horns-future.

② 阎学通：《历史的继续：冷战后的主要国际政治矛盾》，《现代国际关系》2000 年第 6 期。

③ 具体参见［美］塞缪尔·亨廷顿《第三波：20 世纪后期的民主化浪潮》，欧阳景根译，中国人民大学出版社 2013 年版。

断的内战。这一时期，以美国为首的西方国家在非洲之角的战略政策也以
冲突解决和冲突管理为重点，美国在非洲之角已经失去了它主要的存在理
由。特别是"黑鹰坠落"和在索马里军事干预的接连失败更迫使美国不得
不重塑其外交政策，逐步撤出非洲之角。① 冷战后的埃塞俄比亚、索马里
等国家虽然摆脱了所谓的"威权统治"，却未能拥抱"西式民主的胜利"。
西方国家的迅速撤出造成了该区域权力真空，非洲之角国家的国内冲突和
国家间冲突出现了大幅增长。权力真空主要发生在传统政治秩序迅速瓦
解、全国性政治运动缺乏不能够填补政治权力的缺口之时。权力真空必然
导致内部矛盾激增或武装冲突频发，并且这种武装冲突丝毫没有轻易结束
的可能性。② 受外部关系剧烈变化的影响，非洲之角武装冲突内生性因素
在这一阶段突显，武装冲突在冷战后出现了新的演化过程。

一 苏丹内战与达尔富尔问题

苏丹内部政治矛盾和意识形态问题的出现加速了苏丹国内冲突的爆
发。早在 20 世纪 80 年代末，宗教激进主义在苏丹的迅速兴起造成苏丹国
内意识形态冲突快速升温，也最终导致南部苏丹与北部苏丹的彻底分裂。
在此之前，苏丹信奉温和且包容的伊斯兰教苏菲派（*Sufi*），但近几十年
来，政治伊斯兰（political Islam）在苏丹发展成为一股强大的力量，特别
在苏丹内战中成为破坏国家团结、阻碍社会发展的力量。在"第三波"民
主化浪潮中，所谓的西式民主并没有给苏丹带来和平与发展，苏丹政府曾
多次在军事政变中被推翻。1985 年总统加法尔·穆罕默德·尼迈里（Gaa-
far Mahamed Nimeri）被民众赶下台，苏丹开始了新一轮多党选举。与许多
非洲国家一样，苏丹连续举行的多党选举也面临着领导层的缺陷、殖民统
治造成的分裂以及族群、宗派和地区政治的制约。此外，伪造选票、恐
吓、使用政府资源和管控新闻媒体等一系列行为，都是苏丹"议会民主试
验"失败的表现。

---

① Flavia Gasbarri, "From the Sands of the Ogaden to Black Hawk Down: The End of the Cold War in the Horn of Africa", *Cold War History*, September 7, 2017, http://dx. doi. org/10. 1080/14682745. 2017. 1364729.

② Robert G. Patman, *The Soviet Union in the Horn of Africa: The diplomacy of intervention and disengagement*, Cambridge: Cambridge University Press, 1990, p. 11.

　　长期以来，苏丹南北方①因宗教和文化等存在巨大差异而经常爆发武装冲突。信奉伊斯兰教的北方阿拉伯人对信奉基督教的南方黑人经常采取暴力手段和实行种族歧视政策。苏丹南北方之间的激烈矛盾在加法尔·穆罕默德·尼迈里（Gaafar Mahamed Nimeri）总统上台后快速激化。1983年，尼迈里政权不顾《亚的斯亚贝巴协定》（Addis Ababa Agreement），单方面解散了南方自治政府，并在全国实行伊斯兰教法（Sharia Law）。以约翰·加朗（John Garang）为领导的苏丹人民解放运动②（SPLM）逐渐成为苏丹政府的主要反对派，宣传在南部苏丹建立一个统一的"新苏丹"，导致苏丹内战再起，又称苏丹第二次内战。1989年6月，在喀土穆发生的军事政变使伊斯兰民族阵线（NIF）及其领导人奥马尔·巴希尔（Omar al-Bashir）的宗教激进主义政权掌握了苏丹政府权力，他们通过"圣战"（ji-had）政策将阿拉伯化和伊斯兰化强加于整个国家。新的政治发展迫使苏丹人民解放运动在20世纪90年代初开始积极要求南部苏丹的民族自决，"在苏丹建立两个联邦制主权国家"③。

　　20世纪90年代，苏丹南北交战方陷入僵局，双方都认为胜利在望，不愿意向对方让步。1994年在伊加特调解下双方开始展开谈判并原则上达成了协议，但随着双边关系的紧张又化为泡影。这期间，由美国、英国和挪威为主的西方国家积极介入苏丹第二次内战的调解，并促成了2005年1月《全面和平协议》（Comprehensive Peace Agreement）在肯尼亚内罗毕的签署，结束了长达22年的苏丹第二次内战。根据该协议，苏丹南北方组成民族团结政府，双方的权力和财富分享、政教分离、南部苏丹的独立，以及努巴山脉、青尼罗河和科尔多凡省、阿卜耶伊争议等问题都得了安排，并决定苏丹进入过渡期，6年后，南部苏丹将通过公投决定是否独立。④

---

　　①　苏丹第一次内战后，南部苏丹于1972年至1983年取得自治，随后苏丹第二次内战爆发，苏丹南北方于2005年签署《全面和平协议》，结束了苏丹政府与苏丹人民解放运动之间的武装冲突，且南部苏丹成立了自治政府。2011年，南苏丹举行公投并最终宣告独立。

　　②　苏丹人民解放运动（SPLM），成立于1983年，其武装力量苏丹人民解放军（SPLA）以武力推翻苏丹政府、废除伊斯兰法、建立世俗社会为目标。2011年南苏丹独立后，苏丹人民解放运动成为南苏丹执政党。

　　③　Amir H. Idris, "Chapter 3: Nationalism, State, and Identity Politics", *Conflict and Politics of identity in Sudan*, New York: Palgrave Macmillan, 2005, pp. 53 – 56.

　　④　Amir H. Idris, "Chapter 5: The Crisis in Darfur and the North-South Peace Process", *Conflict and Politics of identity in Sudan*, pp. 90 – 92.

　　尽管如此，该协议并没有解决或缓解苏丹的民族问题及其安全困境。在苏丹南北方进入和谈阶段之时，达尔富尔地区就因苏丹政府对其缺乏长期的发展规划和管理，该地区对政府严重不满而爆发冲突。达尔富尔地区也渴望实现"自治"，与政府分享权力与资源，获得同南部苏丹一样的资源和权力。2003 年爆发的达尔富尔冲突证明了苏丹政治暴力的复杂性。位于苏丹西部的达尔富尔地区与苏丹政府的紧张关系可以追溯到 20 世纪 80 年代。人口增长和牧场荒漠化所造成的资源紧张，引发了当地阿拉伯牧民与当地黑人族群之间的紧张关系。1984 年至 1985 年的严重干旱造成达尔富尔地区巨大的社会动荡，60000—80000 人涌向苏丹首都喀土穆寻求救济。后来随着该地区石油资源的不断开发，达尔富尔地区族群冲突日益严重，自然资源在达尔富尔地区冲突中扮演着至关重要的角色。资源稀缺对达尔富尔地区暴力活动的持续具有政治意义。正当南部苏丹的苏丹人民解放军在协商结束苏丹内战之时，达尔富尔地区冲突爆发。自 2003 年以来，苏丹政府及其阿拉伯民兵联盟"金戈威德"（Janjaweed），一直在与达尔富尔地区人民组成的反政府武装"苏丹解放运动/军"（SLM/A）和"正义与平等运动"（JEM）作战。这两支反政府武装一直在积极反抗苏丹政府对达尔富尔地区的边缘化政策。不同于南部苏丹的苏丹人民解放军/运动，苏丹解放运动/军和正义与平等运动并未要求独立，只是寻求"公平发展、土地权利、社会和公共服务以及区域自治"[1]。

　　达尔富尔冲突的特点是极端暴力、严重侵犯人权并造成大规模的人口流离失所。[2] 达尔富尔冲突导致超过 40 万人丧生，550 多万人流离失所，约有 210 万人居住在喀土穆附近的棚户区，约 200 万人在南方居无定所，另有一些人逃往乌干达、肯尼亚、刚果民主共和国、中非共和国和埃及。联合国将达尔富尔地区的紧张局势称为"世界上最严重的人道主义危机"。2004 年 4 月，联合国和美国都发表声明表示关注达尔富尔问题，并将达尔富尔所发生的事情与卢旺达大屠杀的情况进行了对比。美国更是给苏丹贴上了"无赖国家"和"恐怖主义资助国"的标签。达尔富尔由此成为国际

　　[1] Brendan Bromwich, "Power, Contested Institutions and Land: Repoliticising Analysis of Natural Resources and Conflict in Darfur", *Journal of Eastern African Studies*, Vol. 12, No. 1, pp. 9 – 11.
　　[2] John Richard Thackrah, *The Routledge Companion to Military Conflict since 1945*, Oxon: Routledge, 2009, p. 54.

社会关注的焦点。2004 年 7 月，联合国与苏丹政府就人道主义援助达成协议。从秋季开始，在非盟的支持下，达尔富尔反政府武装和苏丹政府代表在尼日利亚首都阿布贾举行和平谈判。《达尔富尔和平协议》（*Darfur Peace Agreement*）最终于 2006 年 5 月签署。协议中规定了有关达尔富尔地区永久地位的问题，将由该地区三个州同时举行公投来决定，"关于达尔富尔地位的公投，应在国家过渡宪法规定的全国选举举行后的 12 个月内进行，最迟不晚于 2010 年 7 月"。[①] 然而，该协议在实施之前就被认为存在缺陷，三名反对派领导人中只有一人签署了协议。不仅如此，该协议的签署在达尔富尔地区几乎没有起到任何作用，反而进一步加剧了各反叛团体之间的内部斗争。法国向联合国递交了第 1593 号决议草案，该决议于 2005 年 3 月 31 日被提交给国际刑事法院，介绍了达尔富尔的局势。在随后的一段时间里，参与调解达尔富尔问题的西方大国（主要是美国和英国，也包括法国和德国等国）认为，已没有必要通过政治方法来解决该地区武装冲突乱象，而应向该地区派遣一支联合国维和部队。在《达尔富尔和平协议》签署后的一年中，苏丹与联合国及西方大国之间展开了一场拉力赛。西方大国试图让苏丹接受由联合国领导的维和行动，以取代装备落后、由非盟支持的非盟驻苏丹特派团（AMIS）。2007 年 6 月，在国际社会的巨大压力下，苏丹政府最终接受了联合国和非盟关于在达尔富尔部署联合特派团的建议。这为同年 7 月 31 日通过联合国第 1769 号决议铺平了道路，该决议要求联合国和非盟达尔富尔联合特派团（UNAMID）部署 26000 名士兵。2007 年 12 月 31 日，联合国和非盟达尔富尔联合特派团正式接管了非盟驻苏丹特派团。在西方国家的压力下，国际刑事法院于 2008 年夏天宣布决定起诉苏丹总统巴希尔，认为他在达尔富尔冲突期间下令轰炸该地区，犯下了"反人类罪和战争罪"。[②] 这是国际刑事法院第一次对《罗马规约》的非缔约国——苏丹及其总统进行有关种族灭绝罪指控的相关调查。达尔富尔反政府武装同苏丹政府军以及联合国和非盟达尔富尔联合特派团的武

---

① UN, "Darfur Peace Agreement", p. 11, http：//www. un. org/zh/focus/southernsudan/pdf/dpa. pdf.

② Maria Gabrielsen Jumbert, "How Sudan's 'Rougue' State Label Shaped US Responses to the Darfur Conflict: What's the Problem and Who's in Charge?" *Third World Quarterly*, Vol. 35, No. 2, 2014, pp. 286 – 287.

装冲突并没有因此停止。2009 年在国际社会的共同努力下，卡塔尔举行了多轮多哈谈判以推进苏丹政府与达尔富尔地区反政府武装之间的和平谈判。2011 年 6 月，苏丹政府与反政府武装联盟——"解放与正义运动"（Liberation and Justice Movement）签署了《多哈协议》，该协议提出了有关苏丹政府与达尔富尔地区权力分享的相关措施①，但该协议的成果并未得到良好维护，达尔富尔局势仍然持续恶化、武装暴力不断升级。

由于苏丹国内局势依然充满变数，达尔富尔问题至今没有完全解决，低烈度冲突仍然存在。2019 年 4 月，苏丹发生军事政变，总统巴希尔下台。4 月 11 日，苏丹当局以腐败罪逮捕了巴希尔，并将其关押在喀土穆的一间监狱里。同年 11 月，苏丹当局又对巴希尔增添了有关其 1989 年政变上台的相关罪名指控；12 月，根据苏丹法律，年过七旬的老人不得坐牢，76 岁的巴希尔最终以腐败罪被判在苏丹一家社会改革机构服刑两年。巴希尔政权崩塌后，军事委员会执政，苏丹主要反对派联盟"自由与变革力量"（FFC）同过渡军事委员会间的矛盾却一度紧张，并且苏丹与南苏丹交界地区仍存在爆发武装冲突的可能性。在非盟、伊加特和埃塞俄比亚政府的调解支持下②，苏丹军事委员会与反对派于 2019 年 8 月 17 日签署了"宪法宣言"，为随后的 39 个月制定了过渡框架，这意味着向成立苏丹过渡政府又迈进了一步。8 月 21 日，由 5 名军事人员和 6 名文职代表组成的新的主权委员会宣誓就职。同日，总理阿卜杜拉·哈姆多克（Abdalla Hamdok）就任，新内阁于 9 月 8 日成立。9 月 11 日，主权委员会与包括达尔富尔地区在内的苏丹各地反政府武装签署了《关于建立信任程序和谈判准备的朱巴宣言》（简称"朱巴宣言"）。朱巴宣言为解决苏丹境内的武装冲突制定了一个全面的路线图，并以签署和平协议为最终目标。不仅如此，苏丹境内的武装冲突地区，包括达尔富尔地区，都同意停火并允许人道主义救援进入。2019 年 9 月下旬，哈姆多克总理在法国巴黎会见了达尔富尔反政府武装苏丹解放军的分支领导人。

---

① UNAMID, "Doha Document for Peace in Darfur", https：//unamid. unmissions. org/doha – document – peace – darfur.

② Michael Woldemariam, Alden Young, "What Happens in Sudan Doesn't Stay in Sudan", *Foreign Affairs*, July 19, 2019, https：//www. foreignaffairs. com/articles/africa/2019 – 07 – 19/what – happens – sudan – doesnt – stay – sudan.

同年 11 月，哈姆多克访问达尔富尔地区，并探视了该地区流离失所者的营地。① 2020 年 2 月 11 日，苏丹当局表示会把前总统巴希尔转交给国际刑事法院，巴希尔可能面临"种族灭绝罪和战争罪"的指控。② 10 月 3 日，苏丹过渡政府与反政府武装"苏丹革命阵线"（SRF）在朱巴签署了最终和平协议，结束了敌对状态。11 月 25 日，苏丹成立"过渡伙伴委员会"以协调各方分歧，为接下来组建新内阁开展相关工作。12 月 31 日，在苏丹过渡政府、俄罗斯和尼日尔、南非等非洲国家的压力下，联合国安理会宣布正式结束联合国和非盟达尔富尔联合特派团在达尔富尔地区的维和任务，特派团将在 6 个月内完成撤离工作，而苏丹过渡政府将担负起平民的保护工作。此举引起了身处难民营的达尔富尔妇女和儿童的担忧并遭到他们的强烈抗议。③ 尽管有关达尔富尔问题的和平进程释放出了一些积极信号，主要战斗已经停止，但低烈度冲突仍时有发生。随着国际维和部队的撤出，未来苏丹国内和平稳定与热点地区的安全局势仍有待观望。

二 南苏丹内战爆发过程演化

2011 年 7 月，南苏丹在经过公投后从苏丹分离，正式宣布独立并成立南苏丹共和国。作为世界上最年轻的国家之一，独立后的南苏丹并未迎来长久和平。2005 年 7 月 9 日，苏丹南北方签署和平协议，同意组建权力分享政府，南苏丹从苏丹获得独立，并结束了苏丹第二次内战——非洲持续时间较长的内战之一。但是内战所造成的冲突后遗症仍在继续威胁着这个新成立的国家，很快南苏丹也陷入内战泥淖。南苏丹内战的持续对整个非洲之角地区，特别是邻国苏丹的稳定构成了很大威胁。自 2013 年 12 月南苏丹丁卡族和努尔族间发生武装冲突从而引发内战至今，南苏丹内部各方的权力和石油

---

① ICC International Maritime Bureau, "Thirtieth Report Pursuant to Paragraph 8 of UN Security Council Resolution（UNSCR）1593", December 18, 2019, pp. 1 - 2, https：//www. icc - cpi. int/ itemsDocuments/2019 - 12 - 19 - otp - report - UNSC - sudan - eng. pdf.

② "Omar al-Bashir：Sudan Agrees Ex-president must Face ICC", BBC News, February 11, 2020, https：//www. bbc. com/news/world - africa - 51462613.

③ Samy Magdy, "UN to Halt Joint UN-AU Peacekeeping in Darfur by Year's End", The Telegraph, December 23, 2020, https：//www. thetelegraph. com/news/article/UN - to - halt - joint - UN - AU - peacekeeping - in - Darfur - by - 15823897. php.

财富之争造成大量民众流离失所，国家陷入了严重的人道主义危机。

南苏丹的武装冲突主要发生在两个集团之间：南苏丹政府及由丁卡族的萨尔瓦·基尔·马亚尔迪特（Salva Kiir Mayardit）总统领导的盟友，和由前副总统、努尔族的里克·马沙尔（Riek Machar）领导的苏丹人民解放运动/军—反对派（SPLM/A-IO）及努尔白人军队。尽管内战主要发生在丁卡族和努尔族之间，但在全国各地冲突形势差别极大，反对派团体呈现出分裂化和地方化的态势。再加上苏丹和南苏丹关系恶化，2012 年至 2013 年，南苏丹关闭油田、停止石油生产与输出，苏丹与南苏丹对盛产石油、水资源丰富的阿卜耶伊地区的争夺共同激化了南苏丹的内部矛盾。2014 年，南苏丹交战双方在签署了停火协议后再次开战，使联合国、欧盟、非盟、伊加特、中国①等对南苏丹内战的调解停滞，这也给西方大国介入南苏丹问题提供了机会。为了推动南苏丹的和平进程，伊加特于 2015 年 3 月推出了"伊加特＋"（IGAD-Plus）机制以加强与国际社会的合作，将联合国、非盟及非洲区域和次区域组织、中国和西方"三驾马车"纳入其中。② 并且，比利时、加拿大、法国、德国、意大利等西方大国也作为"伊加特伙伴论坛"（IGAD Partners Forum）成员参与伊加特活动，给了西方国家又一次主导非洲和平与安全事务的机会。在西方大国的领导下，联合国安理会于 2015 年 3 月通过了第 2206 号决议，决定建立一个委员会来推进南苏丹的和平进程。同年 7 月，联合国安理会又对南苏丹政府和苏丹人民解放运动—反对派的 6 位将军实施了旅行禁令，并冻结了他们的海外资产。③ 之后 8 月 17 日，美国以制裁的名义，连同英国、挪威和意大利，共同促使南苏丹冲突各方签署了和平协议。④ 但是随后再次发生激烈冲突。2017 年 2 月，由于

---

① 李新烽：《南苏丹内战及其发展趋势》，载张宏明主编《非洲黄皮书：非洲发展报告 No. 16（2013—2014）》，社会科学文献出版社 2014 年版，第 245—248 页。

② Fred Oluoch, "'IGAD Plus': Juba in Fresh Demands", *The East African*, March 21, 2015, https：//www. theeastafrican. co. ke/news/ - Igad - Plus - - - Juba - in - fresh - demands - / - /2558/ 2661164/ - /rr7ix6/ - /index. html.

③ 张春：《大国对非洲合作态势的转变》，载张宏明主编《非洲黄皮书：非洲发展报告 No. 18（2015—2016）》，社会科学文献出版社 2016 年版，第 214—215 页。

④ IGAD, "IGAD-Plus Statement on the South Sudan Peace Agreement", August 18, 2015, https：//www. igad. int/index. php? option = com_ content&view = article&id = 1195：igad - plus - statement - on - the - south - sudan - peace - agreement&catid = 1：latest - news&Itemid = 150.

持续的武装冲突和经济崩溃，联合国宣布南苏丹陷入饥荒。截至 2017 年 4 月，不同派系之间的冲突已导致 190 多万人流离失所，其中 22.4 万人逃往南苏丹联合国特派团（UNMISS）的基地，同时还有 160 万难民逃往邻国。这是 20 年来撒哈拉以南非洲地区发生的最大规模的难民危机。

2017 年 5 月，基尔总统宣布单方面停火，并启动全国对话进程。但是美国坚持表示，南苏丹政府仍在对联合国维和人员和援助人员进行持续抵抗和袭扰，为此美国于同年 9 月对三名南苏丹高级官员实施制裁，并在 11 月威胁要对南苏丹实施更多严厉制裁。联合国安理会内部却无法就对南苏丹实施联合国武器禁运问题达成一致。2016 年 10 月，联合国负责维和行动的副秘书长让－皮埃尔·拉克鲁瓦向联合国安理会表示，南苏丹正在滑向混乱和暴力升级的深渊。2017 年 12 月，当国际调解人员在埃塞俄比亚首都亚的斯亚贝巴举行另一轮和谈之时，南苏丹政府部队占领了赤道省中部的拉苏镇，那里正是苏丹人民解放军—反对派的南方总部。拉苏的沦陷，令本就节节败退的反对派树倒猢狲散。冲突硝烟还未完全散尽，在英国、挪威和美国组成的"三驾马车"监督下，南苏丹政府和反对派武装于 12 月 21 日在亚的斯亚贝巴签署了停火协议[①]，但冲突仍持续蔓延。2018 年 8 月，在苏丹、乌干达和伊加特的斡旋下，南苏丹总统基尔与该国最大反对派领导人马沙尔在埃塞俄比亚签署和平协议，同意分享权力、组建过渡联合政府。双方自签署和平协议以来，虽然遵守了停火协议，但一直陷入政治僵局，过渡联合政府的组建被多次推迟。南苏丹内战的持续对整个非洲之角地区，特别是周边邻国的稳定性构成了很大威胁。在伊加特的调解和施压下，基尔和马沙尔分别做出了让步。双方需要妥协的一个关键点，就是南苏丹国内行政区的重新划分，这事关南苏丹国内的权力分配。基尔在内战期间为了满足国内丁卡族的要求，重新划定了南苏丹的行政区划，最多时曾划定了 32 个州。为了促成南苏丹和平进程，基尔最终同意在最大程度上恢复战前的国内行政区划，划定了 10 个州，并创建了 3 个行政区。[②] 2020 年 2 月 22 日，马沙尔宣誓就任南苏丹过渡联合政府第一副

① SIPRI, *SIPRI Yearbook 2018*（中文版），p. 81.
② International Crisis Group, "A Major Step Toward Ending South Sudan's Civil War", February 25, 2020, https://www.crisisgroup.org/africa/horn－africa/south－sudan/major－step－toward－ending－south－sudans－civil－war.

总统，将与基尔共同合作落实 2018 年的和平协议，为实现南苏丹和平安全而努力①，但南苏丹境内仍面临部队能否顺利统一、其他反对派能否妥协等方面的挑战。12 月 11 日，南苏丹过渡联合政府与各方就组建州政府和重组全国立法会议事宜达成共识，南苏丹和平进程又向前迈进了一步。12 月 30 日，在与各党派磋商后，基尔共任命了 6 个州的副州长。

三 索马里内战发展阶段变化

索马里内战于 1991 年全面爆发并延续至今，据统计约造成该国 50 万人丧失生命。索马里内战战事的发展演化主要分为五个阶段。第一阶段从 1986 年至 1992 年，属于内战源起和全面爆发阶段。索马里内战源于 20 世纪 80 年代索马里武装叛乱团体对巴雷军政府的抵抗。以宗族为基础的索马里武装叛乱团体联盟，主要包括索马里救世运动（SSM）、索马里救世解放阵线（SSLF）、索马里民族运动（SNM）、索马里联合大会（USC）和索马里民主运动（SDM）②，于 1991 年共同推翻了巴雷军政府的统治。然而，索马里并未因此迎来和平，参与推翻巴雷军政府的武装叛乱团体联盟内部爆发宗族间权力之争，各地军阀激烈混战最终演变为一场严重的人道主义危机。③ 索马里随即陷入无政府状态，位于西北部的"索马里兰共和国"趁南部摩加迪沙地区混战宣布独立。1991 年末在索马里南部，索马里联合大会的指挥官穆罕默德·法拉赫·艾迪德（Mohamed Farah Aidid）将军和阿里·马赫迪·穆罕默德（Ali Mahdi Mohamed）将军双方的武装派系发生冲突，以争夺对索马里首都摩加迪沙的控制权。直到 1992 年，在经过 4 个月的激烈战斗之后，双方才同意停火，但双方都未能夺取首都的控制权，而是选择将摩加迪沙划分南北以"分而治之"。

第二阶段从 1992 年至 1995 年，属于外部介入和人道主义救援阶段。索马里爆发激烈内战造成大量人员伤亡，无数人流离失所，使索马里全国

---

① 白林：《马沙尔宣誓就任南苏丹过渡联合政府第一副总统》，新华网，2020 年 2 月 23 日，http：//www. xinhuanet. com//world/2020 - 02/23/c_ 1125612849. htm。

② Emma Leonard, Gilbert Ramsay edited, *Globalizing Somalia: Multilateral, International, and Transnational Repercussions of Conflict*, New York & London: Bloomsbury Publishing Inc. , 2013, p. 7.

③ Afyare Abdi Elmi, Abdullahi Barise, "The Somali Conflict: Root Causes, Obstacles, Peace-Building Strategies", *African Security Review*, January 2006, pp. 32 - 52.

陷入人道主义危机。1992 年索马里又暴发严重饥荒，这不仅仅是内战造成的，而是自巴雷政权统治以来，国家政治和经济退化的必然结果。饥荒使得索马里陷入了全面困境。① 早在巴雷政权垮台之前，联合国曾参与了索马里境内的人道主义救援，但在 1991 年中期，联合国逐渐撤出了救援组织只留下少数非政府组织，为此还受到了国际社会的批评。1992 年，联合国安理会终于根据第 733 号决议和第 746 号决议，决定向索马里派出第一期联合国索马里行动（UNOSOM I）组织以帮助索马里恢复秩序并提供人道主义救援。1992 年 12 月 3 日，联合国通过第 794 号决议批准成立以美国为首的联合特遣部队（UNIFAF），该特遣部队于 12 月 9 日抵达索马里，这也是联合国首次以《联合国宪章》第七章为理由向爆发内部冲突的国家部署特遣部队。然而，该联合特遣部队完全不在联合国的控制之下，而是直接听命于美国军事指挥部。美国对索马里的直接干预反而导致索马里内部冲突愈演愈烈。为此，1993 年 3 月，改组后的第二期联合国索马里行动（UNOSOM II）组织计划取代美军以帮助无政府状态的索马里迅速恢复秩序。然而，索马里局势更加恶化了。1993 年 6 月至 10 月，摩加迪沙地方军阀同联合国维和部队之间进行了多场激战。其中，联合国派出了巴基斯坦特遣队以武器检查为由对索马里地方军阀发起袭击，双方人员严重伤亡。1993 年 10 月，美军在摩加迪沙战役中抓捕当地武装派系领导人艾迪德时发生了"黑鹰坠落"事件，联合国维和部队、美军和索马里地方军阀伤亡惨重，联合国和美国决定撤出索马里。联合国对索马里的干预成为联合国维和行动史上的巨大失败。最终，联合国维和部队于 1995 年 3 月全部撤出索马里。这一时期，索马里军阀混战和域外国家介入进一步造成社会无序、民众苦不堪言，也造成索马里海盗的产生和横行。②

第三阶段从 1995 年至 2000 年，属于地区寻求自治阶段。1995 年 6 月，艾迪德宣布自己为索马里总统但没有得到各方认可，在此之前其竞争对手阿里已在吉布提的一次会议上宣布当选为索马里临时总统，并得到了国际社会的承认。艾迪德的武装派系只得继续在索马里南部地区同阿里的部队作战、

---

① Emma Leonard, Gilbert Ramsay edited, *Globalizing Somalia：Multilateral, International, and Transnational Repercussions of Conflict*, p. 30.

② Emma Leonard, Gilbert Ramsay edited, *Globalizing Somalia：Multilateral, International, and Transnational Repercussions of Conflict*, pp. 30 – 31.

寻求地区霸权。1996 年 3 月，阿里当选为摩加迪沙北部地区的索马里联合大会/索马里救赎联盟（USC/SSA）主席。同年 8 月，艾迪德在一场战斗中身亡。1998 年，位于索马里东北部的邦特兰宣布"临时独立"，成立自治州。同年，位于南部的朱巴兰地区也宣布独立。艾迪德死后，其子侯赛因·法拉·艾迪德（Hussein Farrah Aidid）于 1999 年在厄立特里亚和乌干达的支持下，领导索马里民族联盟（Somali National Alliance）部队，同新成立于邦特兰地区的拉汉文抵抗军（Rahanweyn Resistance Army）进行对抗。到 1999 年底，拉汉文抵抗军实际控制了索马里南部海湾和巴科勒省，其领导人哈桑·穆罕默德·努尔·沙迪盖杜德（Hasan Muhammad Nur Shatigadud）随后建立索马里西南州并实行行政上的自治。2000 年，索马里过渡国民政府（TNG）成立，与此同时各方和平调解行动也在不断努力。但索马里内部军阀、族群间的武装冲突仍然在持续。

第四阶段从 2000 年至 2009 年，属于过渡联邦政府组建、域外势力介入阶段。在伊加特的大力支持下，索马里过渡联邦政府（TFG）于 2004 年在肯尼亚内罗毕成立。2004 年 10 月，阿卜杜拉希·优素福·艾哈迈德（Abdullahi Yusuf Ahmed）被选为临时总统。然而，2005 年 3 月，因在维和部队部署和临时首都选址问题上意见不合，索马里过渡联邦政府议会内部发生分裂，议会议长带领部分成员前往摩加迪沙，而总统和其他成员仍留在内罗毕。2005 年 6 月，在肯尼亚的压力下，总统和其他成员离开了内罗毕到达索马里的城镇乔哈尔（Jowhar）。2006 年 2 月，双方终于在城镇拜多亚（Baidoa）再次会晤，并将过渡联邦政府移至此处。2006 年初，受美国支持，一个武装团体——"恢复和平与反恐联盟"（ARPCT）成立，以对抗日益崛起的、推行伊斯兰教法的伊斯兰法院联盟（ICU）。2006 年 6 月，伊斯兰法院联盟取得了与恢复和平与反恐联盟之间的摩加迪沙战役的胜利。随后，它迅速扩大并巩固了在索马里南部的势力。到 2006 年 8 月，过渡联邦政府被限制在埃塞俄比亚保护下的拜多亚。强硬派伊斯兰主义者随后在伊斯兰法院联盟内部获得了权力，引发了外界对伊斯兰法院联盟"塔利班化"的担忧。同年 12 月，埃塞俄比亚军队进入索马里，协助过渡联邦政府打击不断发展的伊斯兰法院联盟，最终赢得了拜多亚之战，并且索马里政府军从伊斯兰法院联盟手中夺回了首都摩加迪沙。埃塞俄比亚的介入帮助过渡联邦政府暂时巩固了政权。2007 年 1 月，艾哈迈德自当选临

时总统以来首次进入摩加迪沙，过渡联邦政府也搬迁回首都。然而，过渡
联邦政府寻求埃塞俄比亚"外援"的行为引发当地民众不满。纵观历史，
埃索关系长期处于不稳定状态，时常爆发冲突①，索马里民众因此将这种
寻求"外援"的行为视作背叛。几周后，摩加迪沙爆发了针对过渡联邦政
府及其埃塞俄比亚盟友的武装叛乱。② 除了埃塞俄比亚，美军也于 2007 年
1 月对索马里地区实行了空袭，打击伊斯兰法院联盟，非盟于同年 3 月在
索马里部署非盟驻索马里特派团（AMISOM，简称"非索特派团"）。随着
伊斯兰法院联盟接连溃败，其内部分裂成包括极端组织"青年党""伊斯
兰党"（Hizbul Islam）在内的几个不同派系继续同索马里过渡联邦政府战
斗。2008 年 5 月，索马里过渡联邦政府同反政府武装"索马里再解放温和
联盟"（ARS）在吉布提举行和平谈判，ARS 要求埃塞俄比亚撤军以换取
武装对抗的停止，并要求扩大议会席位，与过渡联邦政府组成联合政府。
由于联合国对索马里的武器禁运，索马里很难重建其国家安全部队，再加
上缺乏资金和人力资源，艾哈迈德自感无力对抗继续活跃的反政府武装、
结束索马里混乱而复杂的内战，于 2008 年 12 月宣布辞去临时总统一职。
2009 年 2 月，埃塞俄比亚军队撤出索马里，标志着其对索马里的有限军事
干预结束。

　　第五阶段从 2009 年至今，属于打击恐怖主义、极端组织和稳定国内
局势阶段。2009 年 2 月，在非索特派团的帮助下，索马里联合政府发动反
攻，全面控制了索马里南部。同年 3 月，按照停火协议，索马里联合政府
宣布将重新实施伊斯兰教法，并将其作为国家司法体制的基础。然而，索
马里南部和中部的武装冲突仍在继续，几个月后，联合政府就将大片争议
地区拱手让给了反对派。2011 年 8 月，"青年党"被迫撤出摩加迪沙大部
分地区。2011 年因索马里遭受严重干旱，并且"青年党"高层官员被暗
杀，"青年党"领导层内部出现了裂痕。2011 年 10 月，索马里武装部队
与肯尼亚国防军合作开始在索马里南部打击"青年党"叛乱分子。2012
年 1 月，索马里政府军及非索特派团对"青年党"在摩加迪沙北部郊区的

① Afyare Abdi Elmi, Abdullahi Barise, "The Somali Conflict: Root Causes, Obstacles, Peace-Building Strategies", *African Security Review*, January 2006, pp. 32 – 52.
② Emma Leonard, Gilbert Ramsay edited, *Globalizing Somalia: Multilateral, International, and Transnational Repercussions of Conflict*, p. 59.

最后据点发起了攻击。2012 年 6 月初，肯尼亚军队正式加入了非索特派团。2012 年 9 月底和 10 月初，肯尼亚军队、非索特派团从"青年党"手中夺取了战略重镇基斯马尤，这座索马里南部城市不仅是该叛乱组织财政收入的重要来源，也是其在索马里市区的最后一个据点。2012 年 9 月，索马里联邦政府正式成立。此时"青年党"仍然控制着索马里部分农村地区。2013 年 10 月，美国非洲司令部开始在摩加迪沙建立协调小组，该小组于 12 月下旬全面投入运作。这个小组是应索马里政府和非索特派团要求而成立的。2014 年 1 月，在联合国授权下，埃塞俄比亚军队正式加入维和行动，与索马里政府军并肩作战，负责盟军在巴科勒和沿海等地区的行动。埃塞俄比亚部队是非索特派团继吉布提、布隆迪、塞拉利昂、肯尼亚和乌干达部队之后的第六分遣队。2014 年 3 月，联合国安理会一致通过决议，将部分解除对索马里的武器禁运延长至 10 月。该决议允许索马里政府购买轻型武器，但要防止向索马里安全部队以外的个人或实体直接或间接供应、转让或出售武器和军事装备。2014 年 3 月初，非索特派团在索马里民兵的支持下行动，将"青年党"从索马里南部地区赶走。2014 年 8 月，索马里政府领导的"印度洋行动"（Operation Indian Ocean）启动，旨在清理农村剩余的极端分子。2014 年 9 月，美国发动了无人机袭击，击毙了"青年党"领袖穆克塔·阿里·祖拜尔（Moktar Ali Zubeyr）。

2017 年，索马里联邦政府、非盟、欧盟、联合国和美国，都在试图稳定索马里政治局势、改善安全状况，并抵制伊斯兰武装暴力组织，尤其是索马里"青年党"的恐怖袭击。与此同时，包括索马里兰分离地区和邦特兰自治区在内，整个索马里仍然受到族群间冲突、相互竞争的族群与联邦政府以及一些州政府之间暴力冲突的严重影响。

2017 年 1 月，索马里"青年党"袭击摩加迪沙酒店，造成至少 28 人死亡；袭击肯尼亚军队位于索马里南部非索特派团的军营，超过 50 名肯尼亚军人身亡。同年 2 月，穆罕默德·阿卜杜拉希·法马约·穆罕默德（Mohamed Abdullahi Farmaajo Mohamed）击败时任总统哈桑·谢赫·马哈茂德（Hassan Sheikh Mohamud）当选为总统，任期四年。法马约当选被认为是索马里朝着稳定政局和化解国家安全危机所迈出的重要一步。法马约就联邦政府和各州政府新的安全架构提出方案，宣布对"青年党"武装分子进行为期 60 天的大赦，并提出与"青年党"领导人公开讨论有关重建索马里国民军事宜,以便分阶段撤出非索特派团。2017 年 5 月在伦敦召开的一次会议上,索马里与国际资助者达成一项安全协定,根据该协定,国际社会将为训练索马里军队和警察提供支持。9 月,土耳其在摩加迪沙开设了一个军事训练基地,这也是土耳其规模最大的海外军事基地,其职能是为索马里国民军训练士兵。并且,2017 年 4 月,美国曾在索马里部署了大约 500 名士兵,以支持索马里政府打击“青年党”。这是自 1994 年以来美国首次向索马里派驻正规军。除了地面部队,美国也加大了对“青年党”的空袭力度,美国在索马里军事活动日渐频繁。虽然“青年党”对索马里政府构成的威胁最大,但是“伊斯兰国”也不容小觑。2017 年,“伊斯兰国”正在索马里扩大其势力范围,特别是在邦特兰地区。[①] 2018 年 12 月,总统候选人、“青年党”曾经的高级成员——穆赫塔尔·罗博(Mukhtar Rowbow)遭索马里政府军逮捕并被转移至摩加迪沙,其支持者在索马里拜多亚市举行了示威抗议活动。2020 年 12 月 4 日,美国时任总统特朗普宣布,美国将撤出在索马里的驻军,并转移至肯尼亚等周边国家。美国国防部也表示会减少中央情报局反恐任务的支持。这引发了各界对美国及其盟友对支援索马里抗击“青年党”态度的猜疑,和对索马里局势的担忧。

四 埃厄战火起源与演化过程

1998 年至 2000 年,埃塞俄比亚和厄立特里亚之间因边界争端爆发战争,这场战争造成埃厄两国巨大的人员伤亡,估计 70000—100000 人死亡,100 万人流离失所。但边界争议依然存在,在之后的近 20 年间,两国依然保持敌对状态,时常因边界管辖权而爆发小规模武装冲突。直至 2018 年 7 月在海湾地区等域外国家的帮助下,埃厄两国签署了《和平与友谊联合宣言》(*Joint Declaration of Peace and Friendship*),恢复邦交关系。埃厄之间关系的走势不仅关乎两国民众福祉,更关乎整个非洲之角区域安全态势的发展。2019 年,埃塞俄比亚总理阿比·艾哈迈德·阿里(Abiy Ahmed Ali)也因调解埃厄边界冲突而被授予 2019 年诺贝尔和平奖。[②]

[①] SIPRI, *SIPRI Yearbook 2018*(中文版), pp. 79 – 80.

[②] Abiy Ahmed Ali, “Forging a Durable Peace in the Horn of Africa”, Nobel Lecture given by Nobel Peace Prize Laureate 2019 Abiy Ahmed Ali, December 10, 2019, https://www.nobelprize.org/prizes/peace/2019/abiy/109716 – lecture – english/.

冷战结束后初期，埃塞俄比亚和厄立特里亚之间维持着表面关系。1993年举行全民公决后，厄立特里亚于同年5月正式独立。埃厄于7月签署《友好合作条约》（*Treaty of Friendship and Cooperation*），建立双边外交关系。埃厄在建交初期，埃塞俄比亚由提格雷人民解放阵线（TPLF）为首的执政联盟——埃塞俄比亚人民革命民主阵线（EPRDF）掌权，厄立特里亚则由厄立特里亚人民民主和正义阵线（PFDJ），即厄立特里亚人民解放阵线（EPLF）的前身领导，双方基于政治和经济利益维持了一段时间的和平关系。一方面，厄立特里亚从埃塞俄比亚脱离出去后，埃塞俄比亚失去了出海口，因此埃塞俄比亚利用位于红海南部、厄立特里亚的港口城市阿萨布（Assab）作为其货物运输的重要通道，双方建立了关税同盟。另一方面，厄立特里亚建国初期仍然使用埃塞俄比亚货币，双方商定实行贸易免税。但是双方因领土争议问题而始终不能达成一致意见，再加上1997年11月厄立特里亚发行新货币"纳克法"，埃塞俄比亚对厄立特里亚实施经济制裁，双方关系急剧恶化。[①]

在位于埃塞俄比亚提格雷省北部的巴德梅（Badme）地区双方发生了几次短期的武装冲突之后，1998年5月，厄立特里亚率领机械化部队进入巴德梅地区、入侵埃塞俄比亚，埃厄战争随即爆发。战斗迅速升级为火炮和坦克交火，激烈作战持续了四周之久。两国从俄罗斯、保加利亚、乌克兰等国家购买了大量武器，厄立特里亚的米格–29战斗机和埃塞俄比亚的苏–27战斗机都是从俄罗斯购买的。埃塞俄比亚还从保加利亚购买了T–55坦克。厄立特里亚也从保加利亚和其他东欧国家获得武器和弹药。同年6月，埃厄互相发动空袭，造成了边界地区大量人员伤亡，联合国安理会随即通过第1177号决议，谴责埃厄使用武力，并呼吁双方停止空袭。随后，双方在边界地区挖了大量战壕，保持了暂时的平静。尽管非统、美国、卢旺达、意大利、埃及等国际组织和域外国家都在努力促进埃厄双方进行和平谈判，但进展甚微。美国和卢旺达提出了所谓的"四点和平计划"，要求将埃厄的部队撤回到1998年6月之前的阵地，但厄立特里亚拒绝接受美国和卢旺达的和平计划。1999年2月22

---

① Sigatu Tadesse Kaleab, "No Peace No War: The Ethiopian-Eritrean Conflict", *AARMS*, Vol. 18, No. 1, 2019, pp. 82–83.

日，埃塞俄比亚发动了大规模的军事进攻，以夺回巴德梅。2 月 23 日，埃塞俄比亚发动"日落行动"（Operation Sunset），最终突破厄立特里亚防线，将厄立特里亚人赶出争议地区。厄立特里亚于 2 月 27 日接受了非统的和平计划，但是埃塞俄比亚并没有停止进攻的步伐，并要求厄立特里亚必须撤出所占领的领土作为停火的条件。5 月 17 日，由于双方的持续敌对行动，联合国安理会通过了第 1298 号决议对埃厄两国实施武器禁运。5 月 25 日，厄立特里亚根据非统的要求，开始从战时占领的领土撤出，埃厄战争结束。[①]

2000 年 6 月，在联合国、非统、欧盟、美国等的调解下，埃厄同意根据《阿尔及尔协定》（Algiers Agreement），达成全面和平协议，并同意将争端问题提交由海牙常设仲裁法院设立的两个委员会——埃塞俄比亚—厄立特里亚边界委员会（EEBC）和埃塞俄比亚—厄立特里亚赔偿委员会（EE-CC）进行仲裁。同年 7 月，联合国安理会通过第 1312 号决议，在厄立特里亚设立临时安全区，由 60 多个国家组成的联合国埃塞俄比亚和厄立特里亚特派团（简称"埃厄特派团"）负责巡逻。2000 年底，双方正式签署了和平协议。2002 年 4 月，根据埃塞俄比亚—厄立特里亚边界委员会的裁决结果，埃厄战争的争议地区巴德梅被判归厄立特里亚，该裁决结果造成两国严重不满，双方对该委员会有争议的边界划定表示不接受，和平谈判再次陷入僵局。埃厄无视边界委员会的裁决，严重损害了国际仲裁制度的信誉。[②] 2008 年 7 月，联合国安理会一致通过第 1827 号决议，终止了埃厄特派团的任务。安理会的这项决定是为了回应厄立特里亚对埃厄特派团施加的严格限制，以及厄立特里亚切断燃料供应造成埃厄特派团无法继续执行联合国授权的任务，危及联合国人员的安全。[③]

在此之后，埃厄一直处于"没有战争，没有和平"的状态，除了小规模的边界冲突不断以外，两国还被指控向对方反政府武装派别提供军事支

---

① Sigatu Tadesse Kaleab, "No Peace No War: The Ethiopian-Eritrean Conflict", *AARMS*, Vol. 18, No. 1, 2019, pp. 83 – 85.

② Redie Bereketeab, "The Ethiopia-Eritrea Rapprochement: Peace and Stability in the Horn of Africa", The Nordic Africa Institute, Uppsala, 2019, p. 42.

③ Sigatu Tadesse Kaleab, "No Peace No War: The Ethiopian-Eritrean Conflict", *AARMS*, Vol. 18, No. 1, 2019, pp. 85 – 86.

援。因埃塞俄比亚阻挠厄立特里亚恢复伊加特成员国身份①，按照"敌人的敌人就是朋友"的说法，厄立特里亚开始武装和训练埃塞俄比亚武装叛乱团体，如"欧加登民族解放阵线"（ONLF）和"奥罗莫解放阵线"（OLF），以便通过索马里向埃塞俄比亚进行渗透以破坏其国家安全。并且自独立以来，厄立特里亚同也门作战、跟刚果民主共和国和南苏丹的军事行动也有关系。厄立特里亚对索马里极端组织"青年党"的支持也被埃塞俄比亚视为安全威胁，它还同吉布提发生边境冲突。为此，2009 年 12 月，联合国安理会通过第 1907 号决议，对厄立特里亚实施包括武器禁运在内的一系列制裁。作为报复，埃塞俄比亚暗中支援厄立特里亚民主联盟和其他较小的团体，如"红海阿法尔民主组织"（Red Sea Afar Democratic Organization），与厄立特里亚政权进行斗争。2013 年 9 月，红海阿法尔民主组织和萨侯人民民主运动（Saho People's Democratic Movement）在埃塞俄比亚达成协议，将发动军事袭击推翻厄立特里亚政权。自 2015 年以来，埃塞俄比亚国内安全局势恶化，政府宣布从 2016 年 10 月到 2017 年 8 月进入紧急状态。但是厄立特里亚仍然向埃塞俄比亚和吉布提反政府武装提供帮助，造成非洲之角区域的不稳定，破坏了区域成员国之间关系的正常化。2017 年 11 月，联合国安理会通过第 2385 号决议，扩大对厄立特里亚武器禁运的制裁。②

不同于以往的提格雷人民解放阵线领导人，作为埃塞俄比亚奥罗莫族首位总理，阿比自上台以来，就一直致力于对内推动改革、对外同周边邻国改善关系，特别是改善埃厄关系。由于埃塞俄比亚内部权力变化，以及沙特和阿联酋的积极斡旋，厄立特里亚看到了转机，③ 埃厄关系改善出现了新的契机。2018 年 6 月，阿比宣布完全接受《阿尔及尔协定》的条款以及 2002 年埃塞俄比亚—厄立特里亚边界委员会关于争议边界的裁决结果。随即厄立特里亚代表团展开"破冰之旅"，访问了埃塞俄比亚。同年

① Redie Bereketeab, "The Ethiopia-Eritrea Rapprochement: Peace and Stability in the Horn of Africa", The Nordic Africa Institute, Uppsala, 2019, p. 29.

② Sigatu Tadesse Kaleab, "No Peace No War: The Ethiopian-Eritrean Conflict", *AARMS*, Vol. 18, No. 1, 2019, pp. 86 - 87.

③ Redie Bereketeab, "The Ethiopia-Eritrea Rapprochement: Peace and Stability in the Horn of Africa", The Nordic Africa Institute, Uppsala, 2019, p. 32.

7月，厄立特里亚总统伊萨亚斯·阿费沃基（Isaias Afwerki）同埃塞俄比亚总理阿比发表宣言，双方恢复邦交关系。自2018年7月双方签署和平协议以来，埃厄两国开放了边境，重新开通了边境贸易、直航航班、电话通信和允许港口停靠，并允许双边人员往来，很多因战争而失散的亲人得以团聚。埃厄关系的改善更促成了同年9月吉厄就红海沿岸杜米埃拉山脉（Dumiera Mountains）地区边界争端达成和解。① 但是，埃厄关系走向依然面临埃塞俄比亚国内民族冲突、提格雷人民解放阵线获取权力受阻、埃厄经济政策差异性较大等多方面的严峻挑战，仍有待进一步观察。②

第三节　非洲之角武装冲突的类型和特征

一　非洲之角武装冲突类型

北欧非洲研究所非洲裔学者瑞迪·博瑞克戴普（Redie Bereketeab）对非洲之角武装冲突进行了类型划分。武装冲突按暴力程度可大致分为两类：暴力冲突和非暴力冲突。更具体地按冲突烈度，可分为：争端、非暴力危机、危机、有限战争和战争。其中，隐性冲突和显性冲突被认为是非暴力的，其他则被归类为暴力冲突。在过去的30年，非洲之角遭受了长期而复杂的国内冲突（intrastate conflict）和国家间冲突（interstate conflict）。国内和国家间冲突大致分为三类：国家—社会冲突、国家—国家冲突、社会—社会冲突。国家和社会的冲突与内战有关（有合法冤屈的团体挑战国家权威）；而国家间冲突是指主权国家之间的冲突；社会与社会的冲突是在国家主权下的群体斗争（群体内和群体间），又被称为次国家冲突（substate conflict）。③

1998年至2000年的埃塞俄比亚—厄立特里亚边界冲突是该区域冷战后最典型的国家间冲突；苏丹第二次内战、达尔富尔冲突和索马里内

---

① Scott W. Lyons, "Introductory Note to Joint Declaration of Peace and Friendship between Eritrea and Ethiopia", *International Legal Materials*, Vol. 58, 2019, pp. 237 – 239.

② Redie Bereketeab, "The Ethiopia-Eritrea Rapprochement: Peace and Stability in the Horn of Africa", The Nordic Africa Institute, Uppsala, 2019, pp. 35 – 39.

③ Redie Bereketeab edited, *The Horn of Africa: Intra-State and Inter-State Conflicts and Security*, London: Pluto Press, 2013, pp. 4 – 6.

战都是非洲之角国家国内冲突的典型事例，其中达尔富尔冲突又属于国内族群间冲突。从冲突的频度来看，武装冲突造成的安全问题依然困扰该区域的发展。联合国开发计划署（United Nations Development Programme）发布的"2020 年人类发展指数排名"（2020 Human Development Index Ranking）显示，非洲之角国家整体排名较低，例如埃塞俄比亚排第 173 名，厄立特里亚排第 180 名，南苏丹排第 185 名，[①] 该区域整体上属于"人类发展低水平"范畴，因此被西方学者标上了"失败国家"和"国家脆弱性最集中区域"[②] 的标签。从全球范围来看，近年来世界重大武装冲突数量相较往年有所下降，重大武装冲突主要集中在中东、东南亚和非洲东北部。[③] 位于非洲东北部的非洲之角区域，依然是全球武装冲突频仍的重点地区。苏丹、南苏丹、索马里等国仍未完全走出内战的泥淖，军事冲突持续存在。[④] 以 2018 年非洲之角武装冲突为例，埃塞俄比亚族群冲突不断升级，苏丹达尔富尔冲突依然存在，索马里和肯尼亚则共同对抗索马里极端组织"青年党"近年来日趋频繁的恐怖袭击（见表 1 - 2）。尽管非洲之角武装冲突整体形势趋缓，但局部冲突依然存在，恐怖主义和极端组织的长期存在依然威胁该地区整体和平与安全形势。非洲之角国家安全治理有限给了域外国家军事存在增强一个重要机会。冷战后，非洲之角武装冲突的解决和区域不稳定性的遏制才是实现该区域和平与安全的关键所在。

---

① UNDP，"2020 Human Development Index Ranking"，in *Human Development Report 2020—The Next Frontier：Human Development and the Anthropocene*，New York：UNDP，2020，http：//hdr. undp. org/sites/default/files/hdr2020. pdf.

② 美国《外交政策》（*Foreign Policy*）杂志和美国和平基金会（Fund for Peace）常年共同发布所谓的"失败国家指数"（Failed States Index）。它们对"失败国家"曾下过定义，认为"失败国家"主要包括国家对其领土的实际控制或对合法使用武力的垄断、合法权力受到侵蚀，无法提供合理的公共服务，存在大规模腐败及犯罪行为，人口大规模非自愿错位，经济急剧下滑，机遇不平等和存在制度化的迫害或歧视等。根据经济合作与发展组织（OECD）的定义，"国家脆弱性"主要指缺乏基本治理能力的国家，即那些不能或不会履行政府最低职能的国家，脆弱国家也更容易受到内部或外部冲击。国家的脆弱性和国家的失败往往与人类安全紧密相连。

③ 徐进、周蓓：《全球重大武装冲突与军事形势评估（2018—2019）》，载张宇燕主编《全球政治与安全报告（2020）》，社会科学文献出版社 2020 年版，第 62—64 页。

④ 王洪一：《中国如何应对非洲安全形势的挑战》，载张宏明主编《非洲黄皮书：非洲发展报告 No. 18（2015—2016）》，社会科学文献出版社 2016 年版，第 237—239 页。

表1-2　　　　　　　　　　2018年非洲之角武装冲突列表

性质　　　名称	冲突类型	起始年份	冲突原因	2016年烈度级别	2017年烈度级别	2018年烈度级别
肯尼亚族群冲突	次国家冲突	1963	次国家优势，自然资源	3	3	3
索马里与索马里兰冲突	国内冲突	1991	分离主义	1	1	1
索马里海瑞乐民兵与朱巴兰冲突	次国家冲突	1991	次国家优势	2	2	1
吉布提与"恢复统一和民主阵线"冲突	国内冲突	1991	体系/意识形态改变，中央权力	2	2	2
埃塞俄比亚与"奥罗莫解放阵线"冲突	国内冲突	1992	分离主义，自治	3	2	3
埃塞俄比亚与"欧加登民族解放阵线"冲突	国内冲突	1994	自治，自然资源	3	3	3
埃塞俄比亚与"阿法尔革命民主统一阵线"冲突	国内冲突	1995	自治	3	3	2
埃塞俄比与厄立特里亚冲突	国家间冲突	1998	边界争端	3	2	1
索马里兰与邦特兰冲突	次国家冲突	1998	次国家优势	3	2	4
肯尼亚政府与反政府武装冲突	国内冲突	1999	中央权力	3	3	2
厄立特里亚与"红海阿法尔民主组织"冲突	国内冲突	1999	自治	3	1	1
乌干达政府与反政府武装冲突	国内冲突	2001	中央权力	3	3	3
埃塞俄比亚与"提格雷人民民主运动"冲突	国内冲突	2002	体系/意识形态改变	3	2	1
苏丹达尔富尔冲突	国内冲突	2003	次国家优势，自然资源	5	5	5
埃塞俄比亚政府与反政府武装冲突	国内冲突	2005	体系/意识形态改变，中央权力	3	3	3
索马里、肯尼亚与索马里"青年党"冲突	跨国冲突	2006	体系/意识形态改变，中央权力	5	5	5
苏丹族群冲突	次国家冲突	2007	次国家优势，自然资源	4	4	3
肯尼亚与"蒙巴萨共和党委员会"冲突	国内冲突	2008	分离主义	2	1	1
吉布提与厄立特里亚冲突	国家间冲突	2008	边界争端	0	2	2

续表

性质 名称	冲突类型	起始年份	冲突原因	2016 年 烈度级别	2017 年 烈度级别	2018 年 烈度级别
苏丹与南苏丹冲突	国家间冲突	2011	边界争端，自然资源	3	3	2
苏丹与"苏丹人民解放运动—北方局"冲突	国内冲突	2011	自治，自然资源	5	3	3
苏丹与南苏丹关于阿卜耶伊地区争端	次国家冲突	2011	次国家优势，自然资源	3	3	3
南苏丹与"苏丹人民解放运动—反对派"冲突	国内冲突	2011	体系/意识形态改变，中央权力，自然资源	5	5	4
南苏丹族群冲突	次国家冲突	2011	次国家优势，自然资源	5	5	4
苏丹政府与反政府武装冲突	国内冲突	2011	体系/意识形态改变，中央权力	3	3	3
吉布提政府与反政府武装冲突	国内冲突	2011	体系/意识形态改变，中央权力	2	2	2
南苏丹政府与反政府武装冲突	国内冲突	2011	体系/意识形态改变，中央权力	3	3	2
乌干达鲁恩祖鲁鲁王国族群冲突	次国家冲突	2012	次国家优势	3	3	1
索马里族群冲突	次国家冲突	2012	次国家优势	3	3	3
乌干达政府与巴康荷族冲突	国内冲突	2014	自治	3	3	2
索马里政府与"阿卢·苏纳·瓦尔·贾马"组织冲突	国内冲突	2014	次国家优势	3	2	2
索马里政府与"伊斯兰国"索马里分支	国内冲突	2015	中央权力	0	3	3
埃塞俄比亚族群冲突	次国家冲突	2017	次国家优势，自然资源	0	5	5

资料来源：作者根据德国海德堡国际冲突研究所（HIIK）数据库（https：//hiik.de/data－and－maps/datasets/? lang＝en）发布的 2018 年全球 370 起武装冲突指数数据整理所得（指数数据收录截止日期为 2019 年 6 月 20 日）。

　　从表1-2中可以看出，截至2019年上半年，德国海德堡国际冲突研究所总结的非洲之角主要武装冲突类型，包括国家间冲突，即国际冲突，主要指国际认可的国家行为者之间的冲突；次国家冲突指非国家行为者之间的冲突；国内冲突指国家行为者与非国家行为者之间的冲突；跨国冲突（transstate conflict）涉及国家行为者和非国家行为者，并且有关政治冲突要满足至少两个主权国家参与其中的条件。冷战后非洲之角共有33起武装冲突一直延续至2019年上半年。其中，国内冲突有20起，约占60.6%；次国家冲突有9起，约占27.3%；国家间冲突有3起，约占9.1%；跨国冲突有1起，约占3%。国内冲突是这一时期非洲之角武装冲突的主要类型，并且国内冲突的发生频率明显高于其他类型的武装冲突。另外，冲突原因中的"体系/意识形态改变"主要指追求意识形态、宗教、社会经济制度、司法体系以及政权形式的改变，此处的意识形态是表示个人、团体和组织独特的政治世界观①；"次国家优势"指地方政府、非国家组织、反政府武装或民族对国家内某区域或某民族的实际控制权。表1-2显示，截至2019年上半年非洲之角国家因次国家优势爆发的冲突有11起，因自然资源引发的冲突有10起，因中央权力诱发的冲突有10起，因体系/意识形态引发的冲突有8起，因自治造成的冲突有6起，因边界争端引发的冲突有3起，分离主义导致的冲突有3起。地方政府、非国家组织、反政府武装等控制权力超越中央政府，对自然资源的觊觎和对中央权力的不满，成为冷战后非洲之角武装冲突频仍的三大重要原因。"2016年烈度级别""2017年烈度级别"和"2018年烈度级别"分别代表非洲之角武装冲突在2016年、2017年和2018年的冲突烈度级别。与瑞迪·博瑞克戴普的划分基本吻合，德国海德堡国际冲突研究所也将非洲之角武装冲突暴力程度划分为两大类，对应的冲突烈度则分为五类。有关冲突烈度级别的具体数值及其所代表的烈度请参见表1-3②。

----

　　① Jonathan Leader Maynard, "Ideology and Armed Conflict", forthcoming in *Journal of Peace Research*, 2019, p. 4, https://www.researchgate.net/publication/330564189_Ideology_and_Armed_Conflict.

　　② 对表1-3指数数据的详细解释和数据统计方法请参见德国海德堡国际冲突研究所《2018年冲突晴雨表：码本》（*Conflict Barometer 2018: Codebook*）（https://hiik.de/data-and-maps/datasets/?lang=en）。

表1-3　　　　　　　　　冲突烈度级别和烈度划分

冲突烈度级别	冲突烈度分类	暴力程度	冲突烈度划分
0	无	无	无
1	争端	非暴力冲突	低烈度
2	非暴力危机		
3	暴力危机	暴力冲突	中等烈度
4	有限战争		高烈度
5	战争		

注：数字1—5代表冲突烈度级别由低到高排序，实际运用中如冲突烈度级别被标记为数字0，则代表此处冲突烈度级别缺失、未记录或不适用。

资料来源：作者根据德国海德堡国际冲突研究所《2018年冲突晴雨表：码本》关于冲突烈度级别和划分的内容制作而成。

对照表1-2和表1-3，海德堡国际冲突研究所将2018年非洲之角武装冲突烈度标记为5级（战争）的有3起，约占9.1%；标记为4级（有限战争）的有3起，约占9.1%；标记为3级（暴力危机）的有11起，约占33.3%；标记为2级（非暴力危机）的有9起，约占27.3%；标记为1级（争端）的有7起，约占21.2%。由此可以看出，冷战后非洲之角武装冲突主要为中等烈度的暴力冲突（烈度级别为3级）和低烈度的非暴力冲突（烈度级别为1级和2级），相比而言，高烈度的暴力冲突（烈度级别4级和5级）爆发较少。

冷战后，非洲之角国家的国内冲突主要是通过域外国家支持下的非国家组织、反政府武装获得次国家优势而持续。域外国家的这种支持严重破坏了整个地区的稳定，国内冲突应该被视为区域问题。实际上，自冷战以来，非洲之角内部的持久冲突造成了地区冲突的复杂性，在区域内解决和调解内部冲突也成为非洲各国政府、区域组织、国际社会等高度重视的问题。要想了解冷战后非洲之角武装冲突的性质和根源，就必须将非洲之角国家国内冲突的内外因紧密联系在一起进行分析。国内冲突的很少是单纯的内部问题，内部与外部因素相互作用导致冲突的爆发、持续和加剧。反政府武装从邻国政府或其他势力手中获得经济或军事支持最终促成了外部干预的实现。而且随着近十年来，西方大国和中东大国在该区域的权力竞争、政治和经济博弈日益显著，内外部因素相互作用的问题愈发突显。英国政治学家莱昂内尔·克利夫（Lionel Cliffe）曾将非洲之角国家国内冲突的内外部相互干预分为五种情况：第一是冲突的范围从仅因外部支持而持续的国内冲突（索马里族群冲突），到存在外部影响但不是冲突决定因素的国内冲突（厄立特里亚独立运动）；第二是个人安全、国家安全和地区安全的相互依存导致相互干预的退出。例如，1991 年至 1993 年，苏丹、埃塞俄比亚和厄立特里亚之间的国家间关系缓和导致相互干预的撤出；第三是内外部共同作用导致相互干预的增强。例如 1993 年苏丹在面临国内冲突不断加剧的情况下，依然支持乌干达和厄立特里亚反政府武装，导致该地区内部的不稳定和相互干预的增加；第四是国际干预被视为权宜之计，无法带来长期和平。例如，索马里内战初期联合国与美国对索马里的失败干预；第五是内部干预具有政治和经济利益，导致了冲突的长期持续。例如索马里内战中地方政府和军阀[1]。

二 非洲之角武装冲突特征

首先，武装冲突依然长期存在，传统安全问题威胁该区域局势。冷战时期非洲之角因民族矛盾、边界争端、分离主义和意识形态引发的武装冲突，在冷战后仍然得以延续或重新爆发，并呈现出冲突持续时间长、难以彻底解决的特点。20 世纪 90 年代以来，非洲之角的多数武装冲突是冷战时期武装冲突的死灰复燃，而非新的武装冲突。但"旧冲突"却呈现出升级化发展的趋势。例如，厄立特里亚和南苏丹先后独立，就是长期以来埃塞俄比亚和苏丹内部矛盾和外部矛盾共同作用的结果，是埃塞俄比亚和苏丹"分裂换和平"的结果[2]，令非统成立之时确立的"非洲国家边界不可更改原则"受到了前所未有的挑战。受西方新干涉主义的影响，分离主义者利用殖民地时期争取政治解放的"民族自决权"来给分离势力披上了"合法"的外衣。但是独立后的厄立特里亚和南苏丹也未能缓解与埃塞俄比亚和苏丹的关系，反而从内部冲突升级为国际冲突，陷入了长期的地区

---

[1] Lionel Cliffe, "Regional Dimensions of Conflict in the Horn of Africa", *Third World Quarterly*, Volume 20, Issue 1, 1999, pp. 89–111.

[2] 李新烽：《南苏丹：浴火而生，百废待兴》，载张宏明主编《非洲黄皮书：非洲发展报告 No. 14（2011—2012）》，社会科学文献出版社 2012 年版，第 222 页。

博弈，一方面苏丹内部依然同反政府武装——"苏丹人民解放运动—北方局"战斗，南苏丹因丁卡族和努尔族争权夺利陷入内战；另一方面苏丹与南苏丹之间因为阿卜耶伊争议地区时常爆发武装冲突，并越演越烈。①

其次，旨在实现政治诉求的族群冲突在冷战后权力真空的形势下迅速蔓延。始于2014年、在2017年达到高潮的埃塞俄比亚内部的族群政治暴力出现不断升级的趋势。其直接根源在于奥罗莫族、阿姆哈拉族和索马里族等民族之间关系的恶化。埃塞俄比亚人民革命民主阵线是由以提格雷人民解放阵线为主体的军事联盟。当今埃塞俄比亚暴力冲突可视为1994年埃塞俄比亚人民革命民主阵线强推民族联邦制的产物，民族联邦制也间接助长了该国在自然资源、水源和土地上的争端和冲突频发。长期被边缘化的奥罗莫族聚集地奥罗米亚州西部，于2014年4月爆发了抗议活动并迅速蔓延开来，尤其是2016年6月蔓延至阿姆哈拉地区，导致民怨沸腾，对埃塞俄比亚人民革命民主阵线霸占埃塞俄比亚政坛、对奥罗莫族实行种种限制怨声载道。政府安全部队武力镇压和平示威活动，却导致冲突升级。2016年10月至2017年7月，政府宣布进入国家紧急状态。2016年10月至12月，索马里族和奥罗莫族爆发边界冲突，其背后就是悬而未决的边界领土争端，造成100万人流离失所（仅2017年就有近70万人）。阿比总理大刀阔斧的政治改革也令埃塞俄比亚人民革命民主阵线内部斗争日趋白热化。② 另外，大多数非洲之角国家普遍受"第三波"民主化浪潮的影响，照搬并推行了西式的多党选举制，"西式民主理念"也在该区域扎根。但是西式民主在非洲之角国家出现了不符合国情、"水土不服"、"夹生"、"形式民主"和结构化矛盾等问题。例如，索马里虽然通过选举建立联邦政府，但是因为各地军阀和族群对选举权力分配不满，索马里内部依然面临武装冲突的挑战。③

再次，恐怖主义与极端组织所引发的武装冲突激增，非传统安全问题成为区域热点。由于恐怖主义、极端组织、其他武装组织和犯罪团伙的跨

---

① 邓延庭：《非洲国家边界变动与中国的应对措施》，载张宏明主编《非洲黄皮书：非洲发展报告 No. 17（2014—2015）》，社会科学文献出版社2015年版，第234—236页。

② SIPRI, *SIPRI Yearbook 2018*（中文版），p. 76.

③ 黎文涛、王磊：《非洲地缘政治重组与安全评估》，载张宏明主编《非洲黄皮书：非洲发展报告 No. 17（2014—2015）》，社会科学文献出版社2015年版，第145—147页。

境犯罪活动等非传统安全问题不断出现，许多冷战后非洲之角武装冲突都呈现出跨境、跨区域的特点。跨境冲突与极端贫困、局势动荡、经济脆弱且缺乏经济弹性等因素紧密联系在一起，例如气候变化、腐败横行、经济政策滞后、管理缺位等①共同造成该区域安全环境进一步恶化。例如，索马里因濒临亚丁湾和印度洋，地处世界著名的贸易航道而具有重要的战略地位。由于长期内战和持续动荡，索马里自 1991 年以来一直处于无政府或弱政府状态，从而导致索马里海盗肆意劫掠和极端组织"青年党"的兴起与发展。2008 年，"青年党"被美国国务院认定为恐怖组织。目前，该组织恐怖袭击出现了跨境、频率多发等发展态势，其招募的恐怖分子日益本土化，在索马里境内及其邻国肯尼亚、乌干达、埃塞俄比亚等国家发动多次恐怖袭击，造成大量无辜民众伤亡。在索马里政府军和非索特派团等的努力下，"青年党"的势力受到了重挫并藏匿于索马里山区和偏远地带，但是仍时常对索马里政府军基地、难民营以及邻国商业购物中心、酒店等人员聚集区发动报复性炸弹和枪炮袭击。为此，索马里政府和埃塞俄比亚、肯尼亚政府加强了对恐袭风险较高地区的监控，并采取主动出击的方式围剿"青年党"头目和武装分子，摧毁了多个据点。并且，非洲之角武装冲突各方往往缺乏理性沟通。在采取军事行动之前，非洲之角国家之间几乎保持零交流，武装冲突爆发后冲突各方更鲜有沟通。即使进入冲突谈判或调解过程中，非洲之角国家间普遍存在的不信任感和猜疑都造成谈判各方无法通过调解来促进相互信任，当事方通常互相指责，而且不止一次退出谈判，造成调解和谈判难以继续。例如，索马里内战期间，不仅国际社会曾举办过 13 次索马里全国范围内的和解会议，均以失败而告终，而且反政府武装"青年党"也坚决拒绝同过渡联邦政府开展对话。②

最后，域外军事力量对非洲之角安全干预增加，地区反恐行动也呈现国际化趋势。冷战后西方国家的新干涉主义出现了"人道主义干预"和"保护的责任"等新特点。"人道主义干预"给西方国家在索马里等国家开展维和行动提供了机会，但并没有被广泛接受，随着 2005 年"保护的

---

① SIPRI, *SIPRI Yearbook 2018*（中文版），p. 71.

② 中国一带一路网：《索马里——"一带一路"沿线国家和与中国签订"一带一路"相关合作协议的国家》，https：//www.yidaiyilu.gov.cn/gbjg/gbgk/64505.htm。

责任"被写入联合国首脑会议文件，该理论受到西方国家的大力推崇。由于"保护的责任"理论的出现为西方国家对非洲之角区域的军事干预提供了所谓的法理依据①，近年来，域外国家的军事介入使得非洲之角成为世界上军事化程度最高的地区之一，非洲之角成为全球大国区域竞争新的争夺点。其中，中东国家成为非洲之角军事与安全事务的重要参与者。特别是"阿拉伯之春"后，中东国家在非洲之角展开盟友争夺、"代理人战争"和"港口政治"，通过金融外交和建立军事港口等手段，在非洲之角展开安全战略博弈，将中东热点问题外溢至非洲之角地区，加剧了非洲之角地区安全格局的复杂化。另外，英国、法国、俄罗斯和日本等国家在非洲之角也日渐增加军事存在。其中，俄罗斯在非洲之角积极同区域国家开展安全事务的联系，不断加强在非洲之角红海海域的长期军事存在。与之相比，美国在非洲之角的影响力较"反恐战争"期间有所减弱。自美国总统特朗普上台以来，美国对非政策出现了不确定性，但根据 2018 年 12 月特朗普政府发布的美国"新非洲战略"来看，美国仍有望重返非洲之角，牵制其他国家在非洲之角的影响力。非洲之角的吉布提有多国军事存在。西方大国和中东大国都纷纷在吉布提建有或计划建设军事基地。美国在非洲的驻军共 6000 人，其中 2/3 驻扎在吉布提，并在非洲之角地区形成了所谓的"低调"的军事存在。自 2001 年"全球反恐战争"开始以来，美国特种部队的数量和全球影响力显著增加，过去十年美国在非洲驻军数量也大幅度上升。法国也积极参与非洲的反恐行动，在吉布提也有约 1450 人的驻军和军事设施。其他国家在非洲之角地区的军事存在很少涉及地面部队的部署，主要为打击恐怖主义和反政府武装提供军事训练和援助。②

　　整体来看，该区域延续了自冷战时期就存在的民族问题、边界争端、分离主义和意识形态所引发的暴力冲突。欧加登战争体现了冷战时期美苏在非洲之角发动"代理人战争"的地缘政治战略政策，是美苏零和博弈、激烈对抗的最典型表现。冷战期间非洲之角武装冲突呈现出冲突持续时间长、美苏等域外干预力量强等特点，国家领土界定不清和国家权力结构竞

---

　　① 袁武：《西方新干预主义在非洲的动向及中国的对策》，载张宏明主编《非洲黄皮书：非洲发展报告 No. 17（2014—2015）》，社会科学文献出版社 2015 年版，第 218—222 页。

　　② SIPRI, *SIPRI Yearbook 2018*（中文版），p. 72.

争激烈再加上早期部落争端，共同造成该地区国家间冲突、分离主义和边境冲突的频发。在这一时期，非洲之角国家军队数量增长、国防支出逐步增加、内战和国家间战争倾向性强、民间组织军事化，给该区域和区域国家安全局势蒙上了阴影。

冷战的结束改变了美苏争霸两极化格局，非洲之角也由此陷入权力真空。冷战时期积攒下的民族矛盾、边界争端等一系列问题被反政府武装、分离主义者迅速点燃，该区域成为武装冲突的实验室，国家间冲突和国内冲突不断增加，又吸引了西方大国和中东国家重返该区域。苏丹内战与达尔富尔问题、南苏丹内战和索马里内战都是冷战后该区域国内冲突的典型案例，埃厄战争则是该区域国家间战争的重要事例。

冷战后国内冲突是该区域武装冲突的主要类型，该时期内战发生的频率明显高于其他冲突类型；且冷战后非洲之角武装冲突主要为中等烈度的暴力冲突和低烈度的非暴力冲突。另外，地方政府、非国家组织、反政府武装权力控制超越中央政府，对自然资源的争夺，以及对中央权力不满，构成该区域武装冲突频仍的主要原因。冷战后该区域武装冲突持续时间长并且难以解决。长期的内战和国家间冲突不仅撕裂了非洲之角国家内部的权力结构，削弱了国家治理能力，造成大量民众伤亡和无家可归，更影响了区域内国家间关系的平衡。冷战后非洲之角传统安全问题的长期存在也导致恐怖主义、极端组织发展、民众流离失所等一系列连锁反应。非洲之角国家安全治理能力较弱带来了域外势力对该区域安全事务的介入大幅增加，地区反恐行动也呈现出国际化趋势，域外国家的介入破坏了地区稳定，造成地区冲突复杂化。

第二章　非洲之角武装冲突的连锁反应

本章重点围绕冷战后非洲之角武装冲突所造成的连锁反应——索马里海盗问题、极端组织"青年党"和难民问题，探寻这些问题背后产生的原因、发展现状，对非洲之角国家和区域的影响，以及解决措施和面临的严峻挑战。海盗问题、恐怖主义和极端组织、流离失所者的增多，连同传统的武装冲突共同威胁着非洲之角的安全局势，给该区域冲突解决和冲突管理造成了巨大困难。

第一节　索马里海盗问题

非洲之角拥有绵长的海岸线、丰富的海洋油气和渔业资源，但由于饱受长期的武装冲突影响，非洲之角国家或陷入地区冲突或面临内战危机，国家贫弱、经济发展停滞。在非洲之角的沿海国家，特别是在内战期间的索马里，一些渔民因害怕失去生计而铤而走险成为海盗，他们自行采取非法手段，扣押劫持沿途商船或外国渔船，并通过走私海上非法物资来补充收入。通过亚丁湾和索马里海岸的航运路线是世界第二繁忙的贸易路线，每年通过亚丁湾和索马里海岸的船只约有2.3万艘，其中20%是商船，该地区的和平与安全关乎国际贸易的稳定。由于索马里政府缺乏有效管控，自2007年开始，索马里海盗频繁袭击沿途商船的行为引发国际社会广泛关注，迫使国际社会采取共同行动。2008年至2011年，非洲之角海域共发生776起实际或未遂的海盗事件，约占此期间全球海盗事件总和的一半[1]。据世界银行估

---

[1] Molly Dunigan et al. edited, *Characterizing and Exploring the Implications of Maritime Irregular Warfare*, Santa Monica: RAND Corporation, 2012.

计，仅 2008 年至 2012 年，世界每年因索马里海盗肆虐亚丁湾遭受的经济损失就达 180 亿美元。① 在国际社会共同努力下，索马里海域海盗袭击事件在 2012 年开始显著减少，但仍然有海盗向沿途船只开火，为此非洲之角海事安全问题被不断搬上区域组织会议议程。2016 年 10 月，非盟在多哥首都洛美举行首届海事首脑会议，索马里海盗、非洲海上石油和天然气生产，以及非洲渔业资源可持续发展成为该会议的重要议题。与冷战后发展起来的更广泛的安全观一致，海事安全（maritime security）的定义和海事安全的构成要素在学术界还没有达成普遍共识。大多数海事安全威胁具有跨国性，超越了陆地边界，且海事安全问题具有复杂性，往往海事安全问题频繁出现都是陆地问题在海上的投射，例如国内治理不善或执法不力等。冷战后索马里长期处于政局不稳、贫穷与发展落后的状态，这就为国内武装冲突、恐怖主义、海盗袭击、跨国犯罪和其他不安全形式提供了滋生地。

一 海盗问题的产生与现状

海盗袭击并不是索马里特有的现象，更不是索马里族的民族特征。和历史上其他地区的海盗一样，索马里海盗袭击、劫持和扣押商船也属于"机会犯罪"，是"有利可图"的经济活动。地理位置是索马里海盗频现的重要因素。索马里附近海域地理重要性显著，其中亚丁湾连接欧洲、非洲和亚洲之间的主要贸易航线。多年来，索马里沿海海运业不断发展，亚丁湾已成为全球海运贸易和全球原油运输的重要航道。尽管 2008 年受金融危机影响，全球经济放缓、全球贸易受挫，但亚丁湾仍然处于国际贸易航道的重要位置。国际海事组织（IMO）2009 年的报告显示，在针对全球航运的 406 起实际和未遂袭击中，137 起为索马里海盗所为，其中 116 起发生在亚丁湾、15 起在红海、4 起在阿曼海域、1 起在阿拉伯海海域、1起在印度洋海域。索马里海盗问题是索马里陆地犯罪在海上的反映，因此仅仅通过打击海上可疑海盗船只来制止海盗行为是行不通的。索马里海盗

① Afyare Elmi and Said Mohamed，"The Role of the GCC Countries in Ending Piracy in the Horn of Africa"，research paper of Arab Center for Research and Policy Studies（ACRPS），2016，https：//www. dohainstitute. org/en/ResearchAndStudies/Pages/The_ Role_ of_ the_ GCC_ Countries_ in_ Ending_ Piracy_ in_ the_ Horn_ of_ Africa. aspx.

活动的兴衰与索马里国家政治局势紧密相连，海盗问题的产生就是冷战后索马里国家崩溃、内战爆发的重要后果之一。①

自索马里内战爆发以来，索马里始终无法恢复一个强有力、正常运转的中央政府，这是该国持续存在严重安全问题的主要原因②。1991 年 1 月，索马里时任总统西亚德·巴雷的政权倒台，直接导致索马里内战爆发。2004 年，索马里过渡联邦政府成立。2012 年 8 月，过渡联邦政府任务结束，索马里迎来了内战爆发以来第一个选举产生的中央政府——索马里联邦政府。早在 1991 年 1 月巴雷政权濒临崩溃之时，索马里海域附近发生了近代以来第一起索马里海盗袭击事件，当时索马里海盗劫持了一艘开往沙特吉达的菲律宾商船，并残忍杀害了 3 名菲律宾船员。过去 20 多年里，各种类型的政治暴力、无政府状态以及多次重建索马里中央政府的失败，加上极端组织"青年党"制造的恐怖袭击一直困扰着脆弱的索马里，也是造成索马里海域海盗猖獗的重要因素。索马里属于"宗族国家"，在巴雷政权垮台后，索马里陷入宗族分裂、军阀混战的局势，并因内战和粮食供应中断出现了人道主义危机，为此联合国与美国对索马里进行了多次军事干预，例如 1992 年 4 月至 12 月的第一期联合国索马里行动，1992 年 12 月至 1993 年 5 月的美国联合特遣部队行动，1993 年 3 月至 1995 年 3 月的第二期联合国索马里行动，但是在联合国与美国部队撤出之后，索马里依然没有恢复和平与稳定，各地军阀反复陷入领土和资源争夺战中。

在无政府和弱政府状态下，伊斯兰宗教领袖逐渐承担起索马里的治安维护、法律裁决的职责以应对各类违法犯罪行为。虽然传统上索马里人信奉伊斯兰教逊尼派，但作为游牧民族的索马里人更多依赖习惯法而非宗教规定来解决冲突和争端。直到 20 世纪 80 年代后期随着国家崩溃并陷入内战，索马里伊斯兰主义才开始兴起，伊斯兰宗教领袖随之建立了伊斯兰法院，这是 2006 年成立的伊斯兰法院联盟的前身。但是伊斯兰法院联盟在打击海盗方面却有失公允，有选择地开展行动。2006 年 11 月，伊斯兰法院联盟的民兵成功营救了被索马里海盗劫持的一艘阿联酋货轮，并逮捕了

① J. Peter Pham, "Putting Somali Piracy in Context", in *Somalia: State Collapse, Terrorism and Piracy*, edited by Brian Hesse, London and New York: Routledge, 2011, pp. 77-94.

② Christopher Daniels, "The Road to State Failure in Somalia", in *Somali Piracy and Terrorism in the Horn of Africa*, Lanham: The Scarecrow Press, 2012.

海盗劫持者；但就在同一周内另一艘货轮也遭索马里海盗劫持，却未得到伊斯兰法院联盟的营救。这背后的原因就在于第一艘货轮的船主属于索马里伊斯兰运动的资金支持者，其船只和货物被海盗劫走会影响索马里伊斯兰运动的资金来源。索马里内战爆发以来，联合国维和部队、联合国机构、非索特派团、地区和国际组织、外国政府以及非政府组织都在帮助索马里恢复安全和治理方面发挥了一定作用，但这种国际干预对缓解索马里人民安全困境的影响却备受争议。[①] 国际社会武力打击索马里海盗的行动不仅存在合法性争议，打击效果也十分有限。[②]

并且，自冷战结束以来，由于索马里内战造成的无政府状态，外国拖网渔船，包括来自肯尼亚、沙特、也门、法国、日本、朝鲜、韩国和西班牙的船只和远洋渔船，一直在积极进入索马里无人看守的海域进行捕捞。索马里海域主权受到了域外国家的威胁，丰富的渔业资源受到破坏。域外国家的进入也带来了海洋污染，他们向索马里海域倾倒工业废料，严重污染了索马里海岸线，沿岸鱼类大面积死亡。索马里曾是世界重要的金枪鱼生产地，而海洋污染却给当地渔民生产和生活造成了严重破坏，没有生计的渔民将不满情绪转变成贪婪掠夺，通过使用快艇、火箭筒、AK－47 突击步枪等武器装备劫持、扣押外国渔船以赚取高昂"赎金"，或通过在其控制水域向外国渔船索要捕鱼"许可证"来轻松赚取现金。[③] 索马里海盗的行为已被西方战争经济学学者和索马里学者视作武装组织的动机从不满转向贪婪的典型案例。[④] 不仅越来越多的索马里渔民选择铤而走险，连牧民和农民也看到了海盗行为背后可观的经济收入。鉴于南部和中部持续冲突、缺乏有效政府、严重干旱等严峻局势，索马里的牧业和农业遭到严重破坏，在这样的经济形势下，海盗活动所得的非法收益对于索马里人来说越来越有

---

① J. Peter Pham, "Putting Somali Piracy in Context", in *Somalia*：*State Collapse*，*Terrorism and Piracy*，edited by Brian Hesse, pp. 77－94.

② 李伯军：《联合国集体安全制度面临的新挑战——以武力打击索马里海盗为视角》，湘潭大学出版社 2013 年版，第 39—70 页。

③ Gary E. Weir, "Fish, Family, and Profit：Piracy and the Horn of Africa", in *Piracy and Maritime Crime*：*Historical and Modern Case Studies*, of Naval War College Newport Papers 35 edited by Bruce A. Elleman et al. , Newport：Naval War College Press, 2010, pp. 210－211.

④ Awet Tewelde Weldemichael, *Piracy in Somalia*：*Violence and Development in the Horn of Africa*, Cambridge：Cambridge University Press, 2019, p. 3.

诱惑性。事实上,索马里海盗活动可能带来的收入要比牲畜出口创汇高出50%,而牲畜出口是当时索马里官方最大的外汇收入来源。另据2010年联合国安理会索马里监督小组数据,2009年索马里海盗活动已成为该国主要的经济活动之一,索马里海盗所得赎金净额达8200万美元。[①] 国际法没有相关条文明确禁止被劫持的外国渔船不能向海盗支付赎金,再加上各国应对海盗劫持事件的实际做法也不一,[②] 就给了索马里海盗可乘之机。

海盗利用非法收入将不同族群、族群长老、当地腐败的政府官员等利益相关方紧紧捆绑在一起,形成一个完整的商业链或价值链。索马里富商为索马里海盗活动提供主要的运营资本,包括提供船只装备和武装力量,也因此获取了所得赎金的最大部分;赎金的剩余部分则需依次支付给参与非法活动的海盗成员、允许海盗在港口外活动或将被俘船只带到那里的当地氏族长老、腐败的当地政府官员和名义上控制着港口的伊斯兰组织。联合国索马里制裁检查组前组长曾暗示,海盗团伙是索马里少数几个跨越族群界限的组织之一。索马里海盗团伙不是以族群为基础的组织,但其成员主要是生活在索马里沿海重要族群的代表,这样可保障其海盗活动能够"顺利开展"。因此,索马里海盗曾一度极为猖獗的原因,正是在于他们善于利用族群关系同当地长老合作,并利用较高的经济利益诱惑当地民众对海盗活动产生兴趣,以吸引他们加入。[③]

另外,索马里内战造成的无政府和弱政府状态也进一步阻碍了索马里对海盗行为进行法律制裁。《联合国海洋法公约》虽然限制了公海的海盗行为,并将领海内的海盗活动置于个别国家的形式管辖范围内,但由于索马里于1991年就陷入无政府状态,因此索马里缺乏强有力的政府和能力对海盗活动进行依法制裁和打击。到2008年6月,随着联合国安理会第1816号决议的通过,打击海盗执法方面的法律障碍逐渐消除,之后通过的第1851号决议允许参与打击海盗的域外国家和区域组织在得到索马里过

---

① Said S. Samatar, "An Open Letter to Uncle Sam: America, Pray Leave Somalia to Its Own Devices", in *Somalia: State Collapse, Terrorism and Piracy*, edited by Brian Hesse, pp. 69 – 70.

② 王丽玉:《国际罪行——索马里海盗:挑战国际法》,黑龙江教育出版社2011年版,第279页。

③ J. Peter Pham, "Putting Somali Piracy in Context", in *Somalia: State Collapse, Terrorism and Piracy*, edited by Brian Hesse, pp. 77 – 94.

渡联邦政府事先同意的情况下，在索马里采取打击海盗的行动①，但未有一个国家选择利用这项规定。之后通过的第1897号决议则表示，"保留索马里过渡联邦政府在打击海盗和海上持械抢劫方面的主要作用"，然而索马里却无力承担此重任②。

　　尽管国际法对海盗行为持强硬态度，但实际对索马里海盗的诉讼和审判执行并不尽如人意。美国政府的相关统计显示，2008年8月至2009年12月，多国组成的反海盗联盟与约706名海盗交手，其中因拒捕而死亡的海盗有11人、移交起诉269人、已定罪46人、无罪23人，其余近60%的海盗则直接当场释放。③打击海盗行动的司法威严受到严重挑战，多数海盗认为即使铤而走险最终被抓获，也不会受到严重惩罚，所以他们并未被部署在红海和亚丁湾海域的多国海军护航舰队吓到。例如，2009年12月英国广播公司（BBC）报道显示，作为欧盟海军陆战队的一部分，荷兰皇家海军释放了早些时候抓获的13名索马里海盗，因无法对这些海盗的罪行进行指控，被扣押的13名海盗又被送回到自己的船上。同样，2010年5月，10名索马里海盗在劫持一艘印度货船时被美国海军抓获并被关押了6个多星期，由于找不到任何国家愿意起诉这10名海盗，美军只好释放了他们。④

　　鉴于历史上国际军事干预索马里的争议较大，特别是1993年美国遭遇"黑鹰坠落"事件之后，西方政府都不愿冒险派遣部队或援助人员在索马里执行安全任务和开展援助工作。为此，联合国于2009年在肯尼亚内罗毕设立毒品和犯罪问题办公室反海盗项目（UNODC CPP）⑤，以协助肯尼亚根据国际法相关条例对海盗嫌疑人进行拘留和起诉。在该项目设立之

---

　　① Lauren Ploch et al. , "Piracy off the Horn of Africa: Congressional Research Service Report for Congress", U. S. Naval History and Heritage Command, September 28, 2009, p. 18, https://www. history. navy. mil/content/history/nhhc/research/library/online – reading – room/title – list – alphabetically/p/piracy – off – horn – africa – crs. html#policy.

　　② J. Peter Pham, "Putting Somali Piracy in Context", in Somalia: State Collapse, Terrorism and Piracy, edited by Brian Hesse, p. 83.

　　③ J. Peter Pham, "Lawyers vs. Pirates", Foreign Policy, April 30, 2010, https://foreignpolicy. com/2010/04/30/lawyers – vs – pirates/.

　　④ J. Peter Pham, "Putting Somali Piracy in Context", in Somalia: State Collapse, Terrorism and Piracy, edited by Brian Hesse, p. 84.

　　⑤ Stuart Yikona, Pirate Trails: Tracking the Illicit Financial Flows from Pirate Activities off the Horn of Africa, Washington: World Bank Publications, 2013, pp. 7 – 13.

前，肯尼亚和其他非洲之角国家都没有允许起诉和监禁海盗的相关法规。因此，该项目的任务之一就是协助肯尼亚及其他区域国家起草和通过相关立法，以便帮助这些国家实现在本国起诉和审判海盗嫌疑人的愿望，这是当时国际社会大力支持通过法治和军事手段打击海盗犯罪行为的重要表现。2010 年，该项目工作范围扩大至协助索马里、肯尼亚等国家翻修、建造法院和监狱，并对地区警察和狱警开展相关司法培训等一系列行动。2011 年底，毒品和犯罪问题办公室起草反海盗宣传运动提案，旨在通过媒体的宣传和教育提高索马里人民对海盗危险性的认识，以防止个人发展成为海盗。欧盟国家主导的反索马里海盗军事行动——"亚特兰大行动"（EUNAVFOR Somalia Operation Atalanta）[①] 也参与协助了毒品和犯罪问题办公室设计和执行的反海盗宣传运动。之后，该项目通过联合国和非政府组织相关经济发展促进计划，为潜在的海盗分子提供合法工作机会，改变其谋生方式，这也反映了国际社会反海盗战略开始从通过法治和军事打击海上海盗活动，转变为通过安全与发展措施相结合打击陆上潜在的海盗分子。

尽管索马里的邻国肯尼亚有意愿对索马里海盗进行接收和诉讼，还与英国、美国、欧盟、中国等国家和区域组织签署了谅解备忘录，但是自 2008 年底国际护航任务开展以来，肯尼亚的司法部门根本无力处理蜂拥而至的海盗案件。2010 年 4 月，肯尼亚暂停接收新的海盗案件[②]，在得到国际社会更多支持保证后，肯尼亚才同意重新对海盗案件进行评估。即使肯尼亚法院愿意或有能力处理海盗案件，在肯尼亚法庭上对大批索马里人进行审判，都有可能被海盗集团所鼓吹的索马里民族主义裹挟，造成肯尼亚国内民族和宗教分裂，毕竟肯尼亚境内生活着大量没有归属感的信奉伊斯兰教的索马里族，他们渴望取得"独立"回归索马里。

在 21 世纪第一个十年里，索马里海盗一度在亚丁湾海域疯狂肆掠，给途经该水域的船只和人员安全造成巨大威胁。在国际社会共同努力下，国际护航取得了显著成效，截至 2016 年 10 月，遭海盗劫持的人员和船只

---

① Brittany Gilmer, *Political Geographies of Piracy*：*Constructing Threats and Containing Bodies in Somalia*, New York：Palgrave Macmillan, 2014, pp. 1 – 4.

② Mike Pflanz, "At Last, A Court to Try Somali Pirates", *The Chirstian Science Monitor*, July 8, 2010, https：//www. csmonitor. com/World/Africa/2010/0708/At – last – a – court – to – try – Somali – pirates.

数量降为零。2017 年以来，索马里海域海盗问题再度出现。3 月，一艘载满原油的轮船在从吉布提前往摩加迪沙途中，在索马里沿岸遭到海盗劫持。①《2018 年国际海事局海盗报告》显示，尽管 2018 年索马里海域没有船只遭劫持，但时有海盗向过往油轮和货轮开火。② 2014 年至 2018 年红海和亚丁湾海域仍有零星索马里海盗实际或未遂的袭击发生。③ 2019 年前 9 个月没有索马里海盗袭击事件发生，但是国际海事局预测索马里海盗仍有在索马里海盆和印度洋海域袭击过往船只的可能性。④

二　海盗问题的多维影响

首先，冷战后的索马里遭受内战和分离主义运动的双重蹂躏，为海盗活动的产生和泛滥创造了环境，而反过来海盗活动又对索马里及其邻国甚至整个非洲之角区域安全局势构成重大威胁。巴雷政权垮台之后，索马里敌对派系之间爆发了激烈内战，各种国际行为体为各敌对派系提供了武器和资金，直接导致索马里境内武器严重泛滥，大批武器流向反对派、海盗和极端组织甚至平民。但是没有一支荷枪实弹的武装组织强大到能够完全接管整个国家，这导致索马里境内长期持续的低烈度武装冲突。并且，索马里兰、邦特兰、朱巴兰等地区也在国家崩溃后单方面宣布独立，在索马里境内组建了"自治政府"。其中，邦特兰成为海盗活动最为猖獗的地区，这与索马里政府垮台后，国际渔船争先恐后前往索马里沿海，特别是邦特兰地区进行非法捕捞有密切关系。一些有捕捞许可证的外国船只仍然公开贿赂索马里官员以绕过政府的捕捞规定，而更多的船只没有获得捕捞许可。⑤ 据估计，截至 1998

---

① 张梦颖、李新烽：《中东国家对非洲之角的介入与影响》，《国际问题研究》2019 年第 4 期。

② ICC International Maritime Bureau, "IMB Piracy Report 2018: Attacks Multiply in the Gulf of Guinea", https://www.icc-ccs.org/index.php/1259-imb-piracy-report-2018-attacks-multiply-in-the-gulf-of-guinea.

③ ICC International Maritime Bureau, "Piracy and Armed Robbery against Ships: Report for the Period of 1 January-30 June 2018", 2018, p. 8, https://www.icc-ccs.org/reports/2018-Q2-IMB-Piracy-Report.pdf.

④ ICC International Maritime Bureau, "Maritime Piracy Incidents Down in Q3, yet Gulf of Guinea Remains a Hot Spot", https://www.icc-ccs.org/index.php/1282-maritime-piracy-incidents-down-in-q3-yet-gulf-of-guinea-remains-a-hot-spot.

⑤ Awet Tewelde Weldemichael, *Piracy in Somalia: Violence and Development in the Horn of Africa*, p. 45.

年，在索马里海岸附近大约有 300 艘非法捕捞的国际渔船，其中大部分渔船在邦特兰地区附近，这些渔船来自欧盟、俄罗斯甚至日本。国际渔船多采用拖网渔船，破坏了索马里海洋养殖业的生态环境，直接摧毁了索马里渔民的生计。索马里海盗肆虐对整个区域的航运、能源运输安全、渔业和旅游业发展构成极大威胁，影响了整个地区的收入。世界银行统计显示，索马里海盗平均每年给世界贸易造成 180 亿美元的损失。仅 2006 年至 2013 年，与世界其他地区相比，东非地区海域鱼类产品出口因海盗活动的影响下降了约 28.5%；同时期，由于各国游客成为索马里海盗以及恐怖主义组织绑架的目标，包括肯尼亚、毛里求斯和塞舌尔等国家在内的东非旅游业收入整体下降了 25%。[①]

　　其次，索马里海盗与域外国家间对抗演变成国际性的犯罪活动，并带动了其他海上非法犯罪活动发展。外国渔船不仅在索马里沿海非法捕捞海产品，还将索马里视作有毒废料的天然倾倒场，从事非法倾倒废料活动。1992 年，瑞士和意大利航运公司与索马里签署了一项废物处理协议[②]，由于当时处于内战中的索马里迫切需要资金来雇佣民兵，于是，索马里以每吨 2.5 美元的价格允许瑞士和意大利航运公司在索马里海域倾倒废料，而类似的废料处理费用在欧洲国家约为每吨 1000 美元。虽然瑞士和意大利及其他欧盟成员国签署了《巴塞尔公约》，该公约明确规定向未经许可的人，或无法安全处理废物的国家倾倒危险废物是非法的，但是身处无政府状态的索马里显然无力维护自身的法律权益。2005 年联合国环境规划署（UNEP）表示，索马里海域环境污染不仅威胁了海洋生物的生存，更对周边居民和渔民的生命造成了严重威胁。[③] 索马里人为了对抗外国船只、保护自己的海岸线，开始武装自己并购买快艇。20 世纪 90 年代早期的海盗组织相对松散、武力有限，主要在靠近索马里海岸的地方向外国船只发起进攻。这期间的海盗活动主要以偷取贵重物品为目的，并没有劫持船员、

---

① Stuart Yikona, *Pirate Trails: Tracking the Illicit Financial Flows from Pirate Activities off the Horn of Africa*, p. 33.

② Awet Tewelde Weldemichael, *Piracy in Somalia: Violence and Development in the Horn of Africa*, p. 26.

③ Awet Tewelde Weldemichael, *Piracy in Somalia: Violence and Development in the Horn of Africa*, p. 28.

赚取赎金的行为，并在缺乏政府管控的情况下，临时充当了"海岸警卫队"的角色，这也使得早期海盗赢得了当地的民心，他们被视作"国家的保护者"。然而，索马里海盗人数从 2006 年的约几十人逐渐发展到 2008 年的 1000 多人①。不仅海盗人数开始增长，海盗的暴力手段也更加残忍，他们掠夺军火和粮食援助物资、抢劫油轮、劫持各国船员索要赎金，甚至残忍杀害人质。索马里海盗的武器装备也越来越精良，从自动步枪、手榴弹、火箭榴弹，到全球定位系统（GPS）、夜视仪护目镜等。索马里海盗团伙已完全演化成有组织的国际性犯罪组织。伴随海盗活动的增加，索马里其他海上非法活动，包括跨国犯罪、贩卖人口、贩毒和武器偷运等也快速发展。邦特兰地区的犯罪集团也使用海盗的船只将索马里难民偷运至红海对岸国家也门，再从也门偷运回枪支弹药贩卖给索马里和埃塞俄比亚境内的反对派武装组织，从中牟取高昂利润。

最后，索马里海盗活动给索马里社会，特别是青年人的生存发展造成了负面影响。鉴于索马里内战以来经济迅速下滑、经济环境恶劣，传统渔业和农牧业也因国内武装冲突和域外力量涉足被严重破坏，面临失业的索马里青年人受到从事海盗活动获取报酬的巨大诱惑。索马里人均收入大约为每年 600 美元，平均每天收入低于 2 美元，但是参与一起海盗劫持人质活动，每个海盗可从中获得的赎金为 3.5 万—10 万美元②，这种巨大的收入差距吸引了大量失业青年前往索马里沿海地区"寻求机会"，而邦特兰地区被称为索马里海盗的"首都"，其海盗经济形成了一整条完整的"产业链"。在邦特兰地区，由于海盗活动的长期存在，修理海盗快艇的机械师和为海盗修建豪宅的木匠、建筑工人需求量很大，并且形成了专门为被扣押的外国船员提供食物的餐馆，另外海盗还雇佣民兵在该地区巡逻，以"防止"国际组织和域外国家部队对其进攻救走人质而无法获得赎金。这种特殊的经济活动为该地区民众提供了大量就业机会和谋生方式，也导致海盗活动在当地被民众接受甚至受到欢迎。由于海盗的影响，索马里青年也出现了追求物质主义和享受主义的倾向，放弃传统的农牧业和渔业生

---

① Myron H. Nordquist et al. , *The Law of the Sea Convention*：*US Accession and Globalization*，Leiden：Martinus Nijhoff Publishers，2012，p. 560.

② Christopher Daniels，"Piracy on the High Seas"，in *Somali Piracy and Terrorism in the Horn of Africa*，2012.

产，转而牟求海盗行业的财富，进一步导致海盗袭击事件愈演愈烈。① 但从另一个角度来看，海盗活动给索马里经济带来了巨大冲击，特别是造成了虚假的市场激励，哄抬了物价，导致生活成本增加，进一步扩大了索马里的贫富差距，并且海盗的非法资金流动严重影响了合法经济的地位。②

三 解决措施和面临的挑战

根据联合国安理会相关决议和国际法相关条例，打击海盗仅限于海上军事行动，包括干扰和威慑。鉴于这些限制，国际社会开展了离岸和陆上反海盗行动，这也使得海盗行为从单纯的刑事司法问题变为安全与发展问题的一部分，这种反海盗战略转变使得索马里政府与欧盟海军、北约（NATO）及其他外国政府和国际组织保持了密切合作。自 2005 年起，在国际海事组织的组织下，来自东非和阿拉伯半岛的国家举行了多次会议，共同探讨该区域海上安全问题，包括海上走私、非法捕捞等议题，但随着 2007 年索马里海域海盗袭击事件日渐增多，地区组织和国际社会愈加重视打击海盗犯罪活动。2008 年，联合国安理会先后通过第 1814 号、第 1816 号、第 1838 号、第 1846 号③和第 1851 号决议，鼓励国际社会共同参与海上护航行动，共同应对索马里海盗威胁。在联合国的倡议下，欧盟成员国、美国、日本、俄罗斯、中国、印度、伊朗和其他一些国家分别派出军舰组成联合护航舰队，在西印度洋海域进行护航行动，欧盟还建立了非洲之角海事安全中心（MSC-HOA），以便在索马里沿海部署海军力量保护沿途登记的过往运输船只。2009 年 1 月，国际海事组织在吉布提召开高层领导会议，来自西印度洋、亚丁湾以及红海地区的国家共同在会上通过了旨在打击西印度洋和亚丁湾海盗和持械抢劫船只的行为守则，即《吉布提行为守则》（*Djibouti Code of Conduct*）。从埃及到南非的所有沿海国家④以及

---

① Christopher Daniels, "Piracy on the High Seas", in *Somali Piracy and Terrorism in the Horn of Africa*, 2012.

② Stuart Yikona, *Pirate Trails: Tracking the Illicit Financial Flows from Pirate Activities off the Horn of Africa*, p. 29.

③ 该决议授权向索马里派遣地面军队以逮捕海盗并摧毁他们发动海上攻击的能力，世界各国对此争议较大，一年后才获得通过。

④ 包括埃及、苏丹、厄立特里亚、吉布提、索马里、肯尼亚、坦桑尼亚、莫桑比克和南非。

内陆国埃塞俄比亚,印度洋岛国科摩罗、马达加斯加、马尔代夫、毛里求斯和塞舌尔,还有中东国家约旦、阿曼、沙特、阿联酋和也门共 20 个国家都签署了该守则。总体而言,有 21 个国家有资格签署该行为守则,其中法国①虽有签署资格但最终决定不直接参与共同打击海盗的行动。《吉布提行为守则》的签署为该地区海事安全寻求国际社会财力和技术支持提供了机会。美国、欧洲国家和日本成为该守则的积极支持者,纷纷表示愿意帮助建立区域海事信息共享中心以增强海事执法等,但是西方大国也以守则签署国缺乏执行能力为由,介入地区海事安全事务,包括提出在非洲之角地区进行海盗审判,或增加其在非洲之角——这一具有战略重要性地区的军事存在。②

作为非洲之角的重要区域组织之一,伊加特成立于 1986 年,成员国有埃塞俄比亚、吉布提、索马里、苏丹、肯尼亚和乌干达,厄立特里亚和南苏丹分别于 1993 年和 2011 年加入该组织。尽管伊加特试图发起安全议题倡议,但是其成员国的政治意图往往被外界视作寻求域外国家经济和军事援助的表现。③ 另外,东非共同体也将安全合作视作重要议题,并举行了联合军事演习和联合边境巡逻,但是东非共同体内部在和平与安全问题上存在分歧,因此会限制其对海事安全问题采取有效行动。

国际社会积极在非洲之角寻求区域伙伴共同打击索马里海盗活动,引起了非洲之角地区各国政府的注意。非洲之角区域国家也积极寻求国际组织和域外国家的军事援助并进行安全合作。根据 1982 年《联合国海洋法公约》及安理会多项补充决议,联合国为打击海盗行为④向相关国家提供支持和技术援助。在此基础上于 2009 年 1 月成立的索马里沿海海盗问题联络小组(CGPC),由联合国驻索马里特派团协调,旨在协调国际组织和各国政府的政治和军事力量,是制止索马里沿海海盗行为的重要协作平

---

① 位于莫桑比克海峡的马约特岛属于法国的海外省,因此法国具有该守则的签署资格。

② Dirk Siebels, *Maritime Security in East and West Africa:A Tale of Two Regions*, Cham:Palgrave Macmillan, 2020, pp. 47 – 81.

③ Dirk Siebels, *Maritime Security in East and West Africa:A Tale of Two Regions*, p. 88.

④ 参见"海盗行为"词条解释,联合国网站,https://www. un. org/ruleoflaw/zh/thematic – areas/transnational – threats/piracy/;参见"国际法规定下的海盗行为",联合国网站,https://www. un. org/depts/los/piracy/piracy. htm。

台，主要参与者为域外国家、国际组织而非区域内国家。目前有 80 多个国家和国际组织参与了该联络小组。2018 年 7 月，该联络小组在肯尼亚内罗毕召开第 21 届小组全会并制定中长期海盗问题解决方案。① 但该联络小组缺乏区域自主性，更多为政治层面的自愿协调机构，因此具有一定局限性。2012 年初，英国政府出资 100 万美元成立区域反海盗起诉和情报协调中心（RAPPICC），该中心后更名为海上安全和安保区域融合和执法中心（REFLECS3），并将中心任务从打击海盗扩大到打击其他类型海上犯罪活动，但是该中心作为西方大国资助成立的打击索马里海盗和维护非洲之角海上安全的旗舰项目，其所取得的成效极其有限。与之类似的，作为区域反海盗联合演习和会议中心的吉布提区域培训中心（DRTC）在四年多的筹划和建设之后，仅在 2015 年开放过，并且所举办的反海盗研讨会是由国际社会倡议的，而不是非洲之角区域国家或吉布提政府自主举办的。该中心的建立是由国际海事组织吉布提行为守则信托基金提供资金资助的，而该基金的大量资金主要来自日本政府的捐款。日本政府大举资助建立吉布提区域培训中心的用意并非支持吉布提及非洲之角国家共同应对和打击海盗犯罪行为那么简单，而是借此扩张其在非洲之角这一战略区域的军事存在。日本在吉布提的海军基地于 2011 年投入使用，又分别于 2015 年和 2018 年进一步扩建该军事基地并积极寻求在该地区的永久军事存在。另外，根据《吉布提行为守则》，三个区域海事信息共享中心在守则签署之后分别在也门、肯尼亚和坦桑尼亚成立，但这些中心未能有效实现海事信息共享并忽视了区域组织的作用。于是，欧盟投资 3700 万欧元成立区域海事信息融合中心（RMIFC）来接管上述海事信息共享中心，并于 2018 年开发了 IORIS 软件作为非洲之角国家海事信息共享和海军安全通信的平台。欧盟承诺将继续支持该软件系统的运行直到 2020 年 3 月，但显然非洲之角国家没有足够的预算能够在未来继续支持该系统的运转。② 2019 年 2 月，联合国安理会首次举行会议就跨国海上犯罪的全球挑战开展讨论，尽管此次会议未能就相关举措达成共识，但会议再次强调海盗袭击出现仅

---

① 李恪坤、楼春豪：《印度洋安全治理：现状、挑战及发展路径》，《国际问题研究》2019 年第 1 期。

② Dirk Siebels, *Maritime Security in East and West Africa: A Tale of Two Regions*, pp. 89 – 91.

仅是缺乏海事安全的一个指标而不是海事安全的关键症状。其他跨国有组织犯罪,特别是恐怖主义组织和极端组织与海盗相互勾结,将会持续扰乱非洲之角地区陆地和海洋的安全。一些非国家行为体,特别是索马里伊斯兰极端组织"青年党"一直抗议非洲之角过多参与西方国家主导的"安全倡议"。近年来,"青年党"加紧同索马里海盗联系,通过针对非洲之角地区的恐怖袭击活动挑战现有的反海盗安全框架。

长期以来非洲之角国家海军部队规模小,军事装备也极其落后。近年来,非洲之角国家政府为应对海盗袭击事件频发也开始着手解决海军力量短缺等问题,但是限于短时间内无法迅速提高国家能力建设,也碍于伊加特和东非共同体等区域一体化组织在维护海事安全方面能力有限,非洲之角国家的海军不得不使用西方国家援助的军事装备。例如,美国将退役船只赠送给许多非洲伙伴国,美其名曰"增强非洲国家海上安全",但这些退役船只需要高昂的日常运营和维护费用,对于非洲受赠国来说是一笔成本极高的开销。不仅如此,这些捐赠的海军舰艇通常在服役初期是根据具体作战需求和武器系统进行设计的,并不适用于非洲受赠国的作战需求,这就额外要求受赠国具备训练有素的海军人员定期练习以熟悉舰艇操作。因此,西方国家未能根据非洲之角的战略需求为他们配备精良的海军装备,而捐赠给非洲之角国家的海军舰艇并不能很好应对非洲之角的海事安全需求。

另外,除了军事装备和战术层面,非洲之角国家在政治意愿和法律层面也缺乏主动性。由于历史的局限性、与前殖民宗主国关系和缺乏政治意愿,非洲之角各国政府难以通过区域合作来解决海事安全议题中的跨国性问题,特别是缺乏针对海盗袭击的法律条文。尽管国际社会纷纷从资金和技术两个层面为非洲之角国家提供援助,以规范区域国家海军和执法人员的执法、出台制裁海盗犯罪的相关法律并对海盗案件进行公开审判,但是在海事安全这一敏感领域采取跨国合作依然需要非洲之角区域国家的共同努力。[①] 而位于索马里西北部的"索马里兰共和国"为获得国际社会对其独立的认可,自 2013 年起就接受了欧盟为索马里兰海岸警卫队提供的军

---

① Dirk Siebels, *Maritime Security in East and West Africa: A Tale of Two Regions*, pp. 74 – 80.

事装备和培训援助，并积极参与打击索马里沿岸的海盗犯罪行为。[①]

第二节　极端组织"青年党"

冷战后，索马里缺乏内部秩序是导致其深受恐怖主义和极端组织活动影响的重要原因。不仅如此，自 1991 年索马里政府垮台以来，西方大国、中东国家甚至基地组织（al-Qaeda）都极力在索马里境内施展影响力。例如，伊朗积极发展同索马里的关系主要是为了控制其在红海和印度洋海域的石油运输利益以抗衡海湾国家；苏丹也在伊朗的大力支持下，试图在非洲之角区域传播伊斯兰革命思想；1991 年至 1996 年，本·拉登领导的基地组织在苏丹驻扎，并有证据显示拉登曾将索马里视作未来发展恐怖分子的基地[②]；1993 年"黑鹰坠落"事件之后美国撤出索马里，联合国在索马里的维和任务也随之结束；厄立特里亚和也门被西方国家指责为索马里和埃塞俄比亚境内反对派组织和恐怖主义组织提供资金、武器和军事训练等军事支持，特别是厄立特里亚被指涉嫌向索马里极端组织"青年党"运送武器弹药和船只，为此联合国安理会于 2009 年 12 月对其实施制裁，包括武器禁运、海外资产冻结等。[③] 索马里极端组织"青年党"声称致力于全球"圣战"并与基地组织有紧密联系。因此，"青年党"和索马里激进分子被视为索马里过渡联邦政府、索马里邻国以及国际社会，特别是美国和其他西方国家的主要安全威胁。

一　恐怖主义兴起

历史上，索马里不仅集中了印度洋海域的优良港口，更是东部非洲、阿拉伯半岛地区重要的贸易中心，甚至亚洲的商人也会来此交易商品。首都摩加迪沙也曾享有"印度洋明珠"（Pearl of the Indian Ocean）的美誉。然而，自 1991 年陷入内战和军阀割据以来，索马里早已失去过去的荣耀，

---

① Dirk Siebels, *Maritime Security in East and West Africa：A Tale of Two Regions*, p. 121.

② Robert I. Rotberg edited, *Battling Terrorism in the Horn of Africa*, Washington D. C. ：Brookings Institution Press, 2005, p. 39.

③ Christopher Daniels, "The Rise of International Terrorism in Somalia", in *Somali Piracy and Terrorism in the Horn of Africa*.

权力真空令索马里内部局势持续动荡,为恐怖主义和极端组织势力快速抬头创造了条件。目前学界尚未对"恐怖主义"的概念达成一致,特别是对恐怖主义的"道义性"存在诸多学术分歧,例如詹姆斯·M. 伯兰德认为,恐怖主义是指反叛者、革命者、所谓的"恐怖分子"等制造或传播恐惧的行为。① 非统(现为非盟)在 1999 年通过的《预防和打击恐怖主义公约》对恐怖主义的定义则更为宽泛:

> 任何违反缔约国刑法,可能危及个人、群体的生命、人身安全或自由,或对任何人、群体造成严重伤害或致他们死亡,或可能对公共或私人财产、自然资源、环境或文化遗产造成损害的行为,具体如下:
>
> (1)威胁、恐吓、强迫、胁迫或诱使政府、团体、机构、公众或其任何部门做出,或不做出任何作为,采纳或放弃某一立场,或按照某些原则行事;
>
> (2)或者扰乱任何公共服务,或造成公共紧急情况;
>
> (3)或在一国制造暴动。②

一直以来,非洲缺乏治理能力为恐怖主义和极端组织发展创造了条件。1998 年,基地组织同时在肯尼亚内罗毕和坦桑尼亚达累斯萨拉姆的美国大使馆发动了爆炸袭击,造成现场多人死伤。非洲之角地区更是经历了数十年的国家间和国家内部冲突,即使在冷战后,许多非洲之角国家也依然是武装冲突的受害者,火箭榴弹、地雷、AK-47 突击步枪等武器和弹药充斥市场,为基地组织等恐怖组织在非洲之角地区发动恐怖袭击提供了充足的武器装备和作战机会。虽然基地组织在索马里并没有实质性的基地,但是阿富汗塔利班对索马里"圣战分子"的影响可以追溯到冷战结束初期。③ 并且,近十年来索马里本土的极端主义组织"青

① [美]詹姆斯·M. 伯兰德:《解读恐怖主义——恐怖组织、恐怖策略及其应对(第三版)》,王震译,上海社会科学院出版社 2018 年版,第 7 页。

② Hussein Solomon, *Terrorism and Counter-Terrorism in Africa: Fighting Insurgency from Al-Shabaab, Ansar Dine and Boko Haram*, Basingstoke: Palgrave Macmillan, 2015, p. 6.

③ Harun Maruf, Dan Joseph, "Jihad Arrives in Somalia", in *Inside al-Shabaab: The Secret History of al-Qaeda's Most Powerful Ally*, Bloomington: Indiana University Press, 2018.

年党"规模也在不断壮大,特别是对索马里邻国——肯尼亚、埃塞俄比亚和吉布提发动多次武装袭击或爆炸性袭击。"青年党"形成于 20 世纪 90 年代末,总部设在索马里,其前身是伊斯兰法院联盟。2008 年 2 月,美国国务院将"青年党"列为外国恐怖组织。"青年党"于 2012 年宣誓效忠基地组织后成为基地组织在东非的分支,一些在阿富汗受训的基地组织成员随后被派往索马里训练"青年党"武装分子。"青年党"是一个以在索马里建立宗教极端主义伊斯兰国家并在整个非洲之角建立"大索马里国"为根本目标的恐怖组织。"青年党"的控制范围主要包括索马里南部、索马里与肯尼亚和埃塞俄比亚边境地区,该组织在其控制范围内实施极其严格的伊斯兰教法,包括禁止听音乐、看电影等娱乐活动,禁止出售索马里一种含有麻醉物质的阿拉伯茶,禁止男性吸烟和刮胡子,并对涉嫌通奸和盗窃的人进行石刑和截肢。"青年党"还禁止与国际人道主义机构合作,在 2017 年饥荒迫近时,阻挠了国际救援物资的运送。根据联合国估算,"青年党"阻碍国际物资运送迫使大约 80 万人逃离家园。"青年党"主要针对索马里政府、非索特派团以及其他西方域外势力发动恐怖袭击。① "青年党"是一个等级森严的组织,由其"王子"或"指挥官"(emir)艾哈迈德·奥马尔·阿布·乌拜达(Ahmed Umar Abu Ubaidah)领导。2014 年,乌拜达的前任艾哈迈德·阿卜迪·戈丹(Ahmed Abdi Godane)在美国发起的"已完成袭击"行动中丧生,随后乌拜达就任。听命于乌拜达的是一组区域指挥官,他们管理着"青年党"在索马里南部和摩加迪沙、邦特兰、索马里兰以及朱巴山谷等地的据点。乌拜达还任命了一个由 10 名成员组成的舒拉议会(Shura Council),负责监督"青年党"的地区指挥官。该议会制定了"青年党"在地方的相关治理政策,其控制范围内的地方政府将遵循该治理政策。协助舒拉议会的主要是负责"青年党"媒体部门、执法和军事行动的基层领导人。"青年党"的媒体部门(al-Kataib)负责制作招募和宣传内容的录像带,然后向国际社会传播。"青年党"军事行动前负责人叫阿卜杜拉希·哈吉·达乌德(Abdullahi Haji Da'ud),他主要负责监督该组织两个独立的分支机构,一

---

① Counter Extremism Project, *Al-Shabab Report*, 2019, https://www.counterextremism.com/threat/al-shabab, pp. 1-2.

个是"艰苦之军"（Jaysh Al-'Usr），另一个是"道德之军"（Al-His-bah）。在地区军事领导人的领导下，"艰苦之军"是该组织主要的外部军事机构。"道德之军"是该组织的宗教警察部队，在"青年党"控制的地区执行严格的伊斯兰教法。[①]"青年党"及其恐怖主义袭击兴起的原因主要有3点。

第一，索马里无政府状态与伊斯兰激进主义迅速兴起的共同作用。1991年巴雷政权垮台后，索马里内部陷入宗族之间的权力斗争，为此域外势力试图推动索马里民族和解进程，以防止索马里继续陷入混乱的暴力冲突和军阀割据状态之中。1996年至1997年，埃塞俄比亚举行的索德雷会议（Sodere Conference），增强了埃塞俄比亚在索马里事务中的作用，并提出了所谓的"4.5方案"以调解索马里族群问题。[②]埃及也在同时期召开了"开罗会议"，企图替代埃塞俄比亚成为索马里和平进程的调解人。但是埃及的愿望并没有实现，2003年亚的斯亚贝巴国家和解会议的顺利召开，证明了埃塞俄比亚作为非洲之角区域大国已成为索马里安全事务的主要调解人。2000年，索马里在吉布提和会上宣布成立过渡联邦政府，但该届政府十分"短命"，因其伊斯兰主义倾向性越来越显著而很快垮台。2002年伊加特召开了第14次和会，促成索马里于2005年在肯尼亚内罗毕建立过渡联邦政府，之后迁回索马里境内。索马里又经过几轮过渡，最终于2012年11月结束过渡期，成立首个索马里正式政府机构。在此背景下，索马里的权力真空使得伊斯兰主义迅速崛起。20世纪90年代中期，在缺乏国家法院和宗族长老调解无效的情况下，伊斯兰法院开始运行并以解决商业纠纷为主，但是其所行使的法律职责和涉及的法律范畴非常有限，这也使得暴力极端分子在索马里缺乏法制的环境下得以生存和活动。正是因为缺乏有效运转的政府，索马里成为恐怖主义和极端组织快速发展的温床，恐怖主义分子在此招募、训练人员，藏匿和走私武器，并发动恐怖主义袭击。2006年，"青年党"的前身伊斯兰法院联盟向索马里过渡联

---

① Yinka Olomojobi, *Frontiers of Jihad: Radical Islam in Africa*, Ibadan: Safari Books Ltd., 2015, p. 161.

② "4.5方案"是埃塞俄比亚为实现索马里四大族群和平分权而设计的，其中"4"代表索马里主要的四大族群，"0.5"代表其他小族群，但该方案自设计之初就受到巨大争议和索马里人的反对，该方案被视作以牺牲小族群利益来实现四大族群的和平分权，存在对小族群的严重歧视。

邦政府发出威胁，要求过渡联邦政府投降否则将遭受其猛烈攻击，为此索马里过渡联邦政府向埃塞俄比亚寻求军事援助，并最终在埃塞俄比亚军队帮助下击败了伊斯兰法院联盟。但是，伊斯兰法院联盟的民兵组织"青年党"在伊斯兰激进分子的领导下进行了重组，打着"解放和抵抗运动"的旗号发起了恐怖主义袭击，强调索马里过渡联邦政府是外国"异教徒"的帮衬。伊斯兰激进主义者利用索马里无政府或弱政府状态，宣传建立"伊斯兰政府"是解决索马里危机的唯一良方。

第二，索马里宗族斗争与政治伊斯兰化相互交织、共同发挥作用。伊斯兰激进主义者利用索马里族群间对立、宗族间矛盾积极推动"圣战运动"，在缺乏教育、就业岗位和强大政府的索马里，一贫如洗的索马里民众连基本生活和人身财产安全都没有保障，这也反过来使得索马里人更加顽固地坚持各自的族群身份。宗族制度填补了索马里无政府状态所造成的政治真空，并定义了索马里人在社会中的政治、法律和社会地位。在1960年7月索马里实现独立时，大多数人对民族同质化的索马里持乐观态度，因为索马里族属于含米特人，拥有统一的语言、文化习俗和宗教信仰。然而1991年索马里陷入内战后，美国和平基金组织的"失败国家指数"就始终将索马里列为所谓的"失败国家"，其背后重要的原因就是表面上民族同质化的索马里，实际上是一个宗族国家，而不同宗族的地位是极其不平等的，而且宗族制度在争取选票和权力斗争方面激化了索马里社会的多重矛盾。索马里族分为以游牧为生的萨马勒（Samaal）和以农耕为主的萨卜（Sab）两大族系，其中，萨马勒族系人占全国人口的80%以上，又分为达罗德（Darod）、哈维耶（Hawiye）、伊萨克（Isaaq）和迪尔（Dir）四大族群，这四大族群是索马里族的主体且身份较为高贵；萨卜族系分为迪吉尔（Digil）和拉汉文（Rahanwayn）两大族群，地位相对低下，在索马里社会中处于从属地位。拉汉文族群所说方言——马耶语（Af-Maay）[①] 与四大族群的方言差别较大[②]，因而经常受身份高贵的游牧民族的嘲讽，这种从属地位也导致索马里历届政府始终在政治和经济方面将拉汉文族群边

---

① 又称 Af-Maymay 或 Maay，属于亚非语系库什特语分支，主要分布在索马里的朱巴兰、贝纳迪尔等地区，以及埃塞俄比亚和肯尼亚部分地区。

② I. M. Lewis, *A Modern History of the Somali*: *Nation and State in the Horn of Africa* (Fourth Edition), Oxford, Hargeisa & Athens: James Currey, Btec Books, Ohio University Press, 2002, p. 5.

缘化。历史上，拉汉文族群还是一个尚武的族群，习惯携带武器，长期的压制和边缘化也使他们成为索马里内战中族群民兵力量的主体以及"青年党"的重要参与者。"青年党"不仅由族群组织，并在地方民族主义的范围内运作，而且其内部交织着复杂的族群争斗。据估计，70%的"青年党"成员来自索马里实力相对较弱的族群，特别是拉汉文族群，这也导致"青年党"内部存在严重的族群间分歧。因此，2010年联合国安理会发布的一份报告表示，"青年党"俨然成为"圣战分子、利益集团和族群民兵组成的庞大联盟"①。另外，索马里的地方民族主义和宗族制度并没有限制索马里民族主义的发展，特别是在索马里遭受域外国家干预和军事攻击时表现得更盛。"青年党"正是借着2006年埃塞俄比亚军事介入索马里而迅速发展壮大，试图将所谓的"民族主义梦想"——建立"大索马里国"与伊斯兰激进主义结合起来，将非索特派团和埃塞俄比亚军队看作"十字军"或"异教徒"，认为索马里遭受了犹太人和基督教徒的"侵略"。②

第三，"青年党"利用索马里民众对过渡联邦政府的怨恨煽动暴力行为。一方面，"青年党"善于攻击索马里过渡联邦政府的弱点，并利用民众对2006年埃塞俄比亚军队介入索马里事务的怨恨不满，以及非索特派团部队在索马里驻扎来煽动民众对过渡联邦政府不满、煽动民众的民族主义情绪和排外情绪。许多索马里民众将"青年党"视作"伊斯兰圣战者"，是来帮助他们结束军阀混战和域外势力干涉索马里内政的"伊斯兰战士"。③ 另一方面，"青年党"采用恐吓、镇压、暴力，甚至石刑、截肢等残忍手段推行伊斯兰激进主义，以在索马里发动"圣战"为既定目标，这与索马里传统的伊斯兰历史文化完全背道而驰。"青年党"不仅从索马里境内贫穷的劳动人民中物色新成员，还积极招揽流亡在美国、阿富汗、巴基斯坦等国家的索马里人，并按月支付他们报酬。2006年埃塞俄比亚军事干预索马里安全事务，虽然拯救了陷于危难的过渡联邦政府，但埃塞俄比亚部队在索马里驻

① Hussein Solomon, *Terrorism and Counter-Terrorism in Africa: Fighting Insurgency from Al-Shabaab, Ansar Dine and Boko Haram*, pp. 39 – 58.

② Hussein Solomon, *Terrorism and Counter-Terrorism in Africa: Fighting Insurgency from Al-Shabaab, Ansar Dine and Boko Haram*, pp. 39 – 58.

③ Harun Maruf, Dan Joseph, "Birth of a Militant", in *Inside al-Shabaab: The Secret History of al-Qaeda's Most Powerful Ally*, Bloomington: Indiana University Press, 2018.

扎的两年内遭到该国民众强烈反对，这为"青年党"发动自杀式恐怖袭击创造了条件。早在 2009 年"青年党"效忠基地组织之前，"青年党"极端分子就已开始实施自杀式袭击。仅 2006 年 9 月到 2009 年 12 月，索马里共发生 13 起针对埃塞俄比亚人、过渡联邦政府成员等的自杀式恐怖主义袭击。尽管"青年党"作为一个整体，仍继续追求建立一个"大索马里国"，但该组织内部的不同派系却有不同的目标。该组织领导人之间的分歧表现为，主要寻求推翻中央政府的民族主义者，与主要打击域外国家的武装分子之间存在分歧，但该组织内部的强硬派近年来"声望日隆"，"青年党"成员越来越信奉伊斯兰教法，并一致反对西方国家支持的非洲之角国家。2007 年，"青年党"成立所谓的索马里再解放联盟（ARS），继续抵抗埃塞俄比亚的军事存在和索马里过渡联邦政府。然而，索马里再解放联盟内部也出现了分裂。索马里再解放联盟分裂为两派，一派以伊斯兰法院联盟前执行委员会主席谢赫·谢里夫·谢赫·艾哈迈德（Sheikh Sharif Sheikh Ahmed）为首，主张和解并同过渡联邦政府谈判；另一派以伊斯兰法院联盟前立法会主席哈桑·达希尔·阿威斯（Hassan Dahir Aweys）为首，推动激进主义并强调要恢复伊斯兰教法统治、建立"大索马里国"，将生活在埃塞俄比亚和肯尼亚境内的索马里人"团结"起来，使"索马里斗争"成为全球"圣战"的重要组成部分。[①] 2011 年，艾哈迈德·阿卜迪·戈丹（Ahmed Abdi Godane）[②]通过一系列清洗行动，以及 2013 年 6 月一场血腥的内部斗争，最终战胜了内部反对派。戈丹胜利的意义之一是，核心集团的教条和从属关系已经确立。戈丹不再面临与基地组织结盟的内部反对，他在 2012 年正式宣誓效忠"青年党"。之后，一些在阿富汗营地接受训练的基地组织战士前往索马里训练"青年党"成员。"青年党"曾同基地组织在基本步兵技能、高级炸药使用和暗杀训练等方面开展密切合作。基地组织在"青年党"的领导层中扮演着重要的角色，一项统计报告显示，外国"圣战分子"占了"青年党"执行委员会成员的一半以上，"青年党"已经接受了伊斯兰主

---

① Mohamed Ibrahim, "Somalia and Global Terrorism: A Growing Connection?" in *Somalia: State Collapse, Terrorism and Piracy*, edited by Brian Hesse, London and New York: Routledge, 2011, pp. 35 – 48.

② 戈丹为"青年党"指挥官，原名穆赫塔尔·阿布·祖比尔（Moktar Abu Zubeyr），已于 2014 年身亡。

义全球化的言论和宣传。在 3000—5000 名"青年党"战斗人员当中，有 200—300 名是非索马里人，其中一些属于索马里侨民①。尽管"青年党"一直有萨拉菲斯特（Salafist）"圣战"的倾向，但该组织的领导层混杂，内部矛盾较深，既包括民族主义者又有政治上务实的人物，如阿威斯和穆赫塔尔·罗博。正因为"青年党"游走在极端思想的边缘，浸染着"塔克菲利"②（takfiri）精神，认为杀害其他穆斯林是合法的，还致力于全球"圣战"，立志恢复"哈里发国"（Caliphate），其煽动索马里民众对过渡联邦政府的怨恨是假，推动伊斯兰激进主义并实现组织内部利益分配、用民族主义计划破坏索马里社会的宗族基础才是真。③

二　极端组织影响

首先，"青年党"在索马里境内和索马里的邻国发动多起暴力袭击，造成大量无辜平民伤亡。"青年党"内部执行委员会中有一半以上成员为外国人，表明"青年党"直接接受基地组织"发动圣战"的主张。为此，2007 年初，联合国安理会授权非盟在索马里领导一支维和部队——非索特派团，其主要任务是保护 2004 年在摩加迪沙成立的索马里过渡政府。乌干达是第一个在非索特派团领导下向索马里派遣部队的国家，并一直保持着该地区部队中最大的分遣队，人数超过 6000 人。非索特派团中其他军事力量主要来自布隆迪、埃塞俄比亚、肯尼亚和吉布提等国，总人数约为 2 万人。大多数"青年党"的袭击是对穆斯林在索马里受到不公正待遇的报复，以及针对美国和其他西方国家，还有乌干达和肯尼亚等向非索特派团输送部队的国家。"青年党"于 2010 年首次在索马里境外发动袭击，当时乌干达首都坎帕拉发生连环自杀式炸弹袭击，74 人丧生。④ 2011 年底，在非索特派团和索马里部队的进攻下，"青年党"基本撤离了摩加迪沙。

---

① Mohamed Ibrahim, "Somalia and Global Terrorism: A Growing Connection?" in *Somalia: State Collapse, Terrorism and Piracy*, edited by Brian Hesse, pp. 35–48.

② 该习俗宣称"他人在宗教界限之外"，可指责其他叛教穆斯林，甚至允许杀死叛教者和多神论者。

③ Mohamed Ibrahim, "Somalia and Global Terrorism: A Growing Connection?" in *Somalia: State Collapse, Terrorism and Piracy*, edited by Brian Hesse, pp. 35–48.

④ BBC News, "'Somali Link' as 74 World Cup Fans Die in Uganda Blasts", July 12, 2010, https://www.bbc.com/news/10593771.

2013 年 9 月，"青年党"在肯尼亚内罗毕繁华的商业街区——西门商场
（Westgate Mall）发动恐袭，造成现场至少 67 人死亡，近 200 人受伤；①
2015 年 4 月，5 名"青年党"武装分子在肯尼亚加里萨大学发动恐袭，造
成 147 人死亡；② 2016 年 2 月 2 日，一名"青年党"武装分子登上索马里
达洛航空公司（Daallo Airlines）从索马里摩加迪沙飞往吉布提的 D3159 航
班，并在机上引爆了一枚隐藏在笔记本电脑内的炸弹，机身被炸出大洞、
袭击者被吸出舱位，所幸爆炸强度未使飞机坠毁，未造成人员重大伤亡。③
根据美国国防部下属的非洲战略研究中心（African Center for Strategic Stud-
ies）从武装冲突地点和事件数据项目中收集的数据④，2016 年"博科圣
地"造成了 3499 人死亡，"伊斯兰国"造成了 2350 人死亡，而"青年党"
在 2016 年一年内共造成 4200 多人死亡。"青年党"已经取代起源于西非尼
日利亚的"博科圣地"成为非洲最致命的伊斯兰恐怖组织。2017 年 4 月，
索马里新总统穆罕默德·阿卜杜拉希·法马约（Mohamed Abdullahi Farmajo）
向"青年党"宣战，同时给予"青年党"武装分子 60 天的特赦期，并提出
为在此期间投降的"青年党"武装分子提供就业和教育机会，但随后该组织
拒绝了索马里总统的提议。同月 9 日，"青年党"在摩加迪沙一个军事基地
附近发动自杀式炸弹袭击，造成至少 15 人死亡。同年 10 月，"青年党"武
装分子在摩加迪沙引爆一辆卡车炸弹，造成现场 300 多人死亡，这是迄今为
止"青年党"在索马里境内造成的最严重的恐怖袭击。2017 年底，非索特
派团宣布撤出 1000 名士兵，这是其逐步撤军计划的第一步。然而如果非索
特派团全部撤出，索马里政府很可能无力同藏匿山区的"青年党"直接开展
斗争，甚至会因"青年党"反扑而崩溃。⑤

---

① Lauren Ploch Blanchard, "The September 2013 Terrorist Attack in Kenya: In Brief", U. S. Con-
gressional Research Service, November 14, 2013, https: //fas. org/sgp/crs/row/R43245. pdf.

② BBC News, "Kenya Attack: 147 Dead in Garissa University Assault", April 3, 2015, https://
www. bbc. com/news/world – africa – 32169080.

③ Hamza Mohamed, "Al Shabab Claims Somalia Plane Bomb Attack", Al Jazeera, February 13,
2016, https: //www. aljazeera. com/news/2016/02/al – shabab – claims – somalia – bomb – plane – attack –
160213130832329. html.

④ Counter Extremism Project, *Al-Shabab Report*, 2019, https: //www. counterextremism. com/
threat/al – shabab, pp. 3 – 19.

⑤ Counter Extremism Project, *Al-Shabab Report*, 2019, https: //www. counterextremism. com/
threat/al – shabab, pp. 3 – 19.

其次，"青年党"近年来在战略战术上出现转变，暴力行为不断升级。其中，基地组织在训练"青年党"武装分子和提供武器方面扮演了重要角色。基地组织成员不仅向"青年党"灌输基本地面作战战术、炸弹爆破和暗杀行动等技术，阿拉伯半岛基地组织（AQAP）还同"青年党"在也门和索马里之间偷运武器。2006年12月，埃塞俄比亚军事介入索马里，并在索马里驻扎了两年以挽救索马里过渡联邦政府，但这也导致"青年党"抵抗行动出现了新策略——以自杀式恐怖主义形式为主的"不对称冲突"。早在"青年党"2009年9月宣布效忠基地组织之前，"青年党"武装分子就开始在索马里实施自杀式恐怖袭击。从2006年9月到2009年12月，共发生了13起"青年党"自杀式袭击事件，其中2006年发生了2起，2007年发生了4起，2008年发生了2起，2009年发生了5起。"青年党"在军事和政治上的灵活性，取决于该组织对环境和局势的适应性，它不仅善于游击战和恐怖袭击战术，更擅长将战术转变和暴力攻击进行混合，将自杀式炸弹袭击者和自杀式步兵结合起来。伴随着自杀式袭击增多，大批外籍人员加入"青年党"并涌入索马里。约20名美国索马里裔青年加入"青年党"在索马里的"战斗"，其中一名美国索马里裔自杀式炸弹袭击者参加了"青年党"于2008年10月在索马里兰和邦特兰发动的炸弹袭击，造成数十名无辜者丧生。2011年底，"青年党"已基本撤离了摩加迪沙，部分反恐专家因此持乐观态度，认为"青年党"从索马里首都的撤离是一个重大胜利，但一些专家则表示，"青年党"的撤离是一个战略决定，该组织已经恢复了早些时候的游击战术继续藏匿在索马里山区地带，并不时对索马里城市中心和邻国发动武装攻击。随着"青年党"失去对城市中心的控制，其战术转向了不对称攻击，更多地依靠自杀式炸弹、简易爆炸装置、肇事逃逸、政治威胁、暗杀和手榴弹袭击等手段。2013年肯尼亚西门商场袭击案，就是"青年党"在发现典型的自杀式炸弹袭击行不通的情况下，通过手榴弹突破购物中心周边地带建筑取得"致胜"关键。"青年党"不仅对外采取与基地组织类似的"不分青红皂白"的极端暴力行为，而且内部也加强了团结与合作、联盟与交易，"青年党"的新策略使得外部行动者很难解散该组织。

再次，"青年党"资金筹集多元化，使得完全歼灭该组织存在一定难度。"青年党"收入来源多种多样，主要包括索马里侨民、索马里当地人和域外支持者等不同程度的资金支援。在国内，索马里"青年党"曾于 2008 年夺取南部港口城市基斯马尤后，敲诈勒索当地政府从木炭出口收益中获得巨额收入。① 基斯马尤的木炭贸易是该城市的经济命脉，"青年党"每年能从木炭出口中获得 3500 万到 5000 万美元的收入。尽管非索特派团在 2012 年 10 月夺回了基斯马尤，但联合国报告显示，非法木炭贸易在"青年党"控制下的地区如巴拉维，仍在继续进行，并估计"青年党"仅从巴拉维这座城市每月就可获得数百万美元的利润。② 2012 年，联合国宣布禁止索马里出口木炭。2014 年 10 月，联合国安理会授权索马里政府对涉嫌运载索马里木炭的船只进行检查，以摧毁"青年党"的资金来源。然而，"青年党"依然不顾联合国制裁走私木炭，通过木炭出口换取糖进口，并最终在肯尼亚以更低的价格出售糖来赚取利润。尽管"青年党"失去了基斯马尤港的控制权，但这种周期性贸易仍是其维持组织运转的一种重要方式。"青年党"还利用审查不严格的移动转账公司来促进索马里境内"青年党"的现金流动，并通过投资黄金来应对动荡的金融环境。2013 年 6 月戈丹对反对派进行清洗后，"青年党"把注意力转向了"征税"，具体来说，就是通过自愿支持、敲诈勒索以及与索马里中南部的企业、人道主义救援机构和其他非政府组织合作来筹集资金。"青年党"每年通过征收关税、货物税、国内农产品税、"圣战贡献"、检查站费用和以宗教义务为名进行敲诈勒索，可获得高达 1 亿美元的收入。"青年党"在拜多阿（Baidoa）和摩加迪沙之间，以及摩加迪沙和下谢贝利地区之间设置路障，平均每天每个路障可以令"青年党"获取 5000 美元的敲诈费。这些敲诈费主要源自联合国和相关援助机构向索马里国内流离失所者发放的资金。联合国向居住在拜多阿难民营的索马里国内流离失所者每月发放 80 美元至 90 美元的现金卡，以便他们能够向从摩加迪沙来的商人购买生活必需品。这些商人在前往拜多阿的途中被"青年党"拦下，并在"青年党"设置的路障处被"征税"。"青年党"还得到了厄立特里亚、伊朗、沙特、叙利亚、卡塔尔和

---

① U. S. Department of State Publication at the Bureau of Counterterrorism, *Country Reports on Terrorism 2011*, April 2012, p. 30.

② Counter Extremism Project, *Al-Shabab Report*, 2019, https：//www. counterextremism. com/threat/al - shabab, pp. 3 - 19.

也门政府的资助。"青年党"也在国际上筹集资金。例如，2014 年 9 月，芬兰检方指控 4 名嫌犯在 2008 年至 2011 年为"青年党"募集了上千欧元的资金。2016 年 10 月，两名美国妇女因组织来自 8 个不同国家的妇女为"青年党"提供资金而被美国定罪。[①]

　　另外，"青年党"成员本土化加强，不断招募童军实施恐怖袭击，并危害妇女和儿童的生命与安全。"青年党"招募工作主要在索马里和肯尼亚进行，但其网上招聘也将美国等西方国家纳入招募范围。"青年党"的名称就是阿拉伯语"青年"的意思，其目的就是招募索马里的青少年和年轻人加入该组织参与"圣战"。许多男童刚满 9 岁就被迫加入了"青年党"。2017 年 1 月，联合国秘书长古特雷斯表示，"青年党"一半以上的武装分子可能是儿童。[②] 自 2009 年以来，"青年党"的谢赫·艾哈迈德·伊曼·阿里（Sheikh Ahmad Iman Ali）招募了很多居住在索马里贫困地区的 12—16 岁儿童加入"青年党"。这些地区的儿童普遍缺乏基本的住房、衣服和食物，而"青年党"通过提供基本生活物资就能换来这些儿童的加入。据介绍，前"青年党"武装分子表示加入这个武装组织的主要原因是宗教身份、缺乏教育和就业机会、受到家人或朋友的影响，以及需要集体身份和归属感。索马里特别工作组的记录显示，从 2010 年 4 月 1 日到 2016 年 7 月 31 日，共有 4213 名儿童——几乎是男童——被招募到"青年党"。[③] 2017 年联合国的一份报告称，"青年党"招募的儿童是该组织暴力行动的严重受害者，这些儿童在针对"青年党"的军事行动和空袭中被杀害和致残，甚至遭到索马里安全部队的逮捕和拘留。[④] 据索马里政府官员称，因为"青年党"需要年轻的新兵来取代年老的成员，所以有时甚至就直接从学校绑架儿童，这迫使大批儿童逃离"青年党"所控制的地区以避免被该组织强行招募。仅在 2017 年 8 月初，就有 100 多名儿童

---

① Counter Extremism Project, *Al-Shabab Report*, 2019, https：//www. counterextremism. com/threat/al – shabab, pp. 3 – 19.

② Africa Research Bulletin, "Somalia：Al-Shabaab Forces Target Youth", February 6, 2017, https://onlinelibrary. wiley. com/doi/abs/10. 1111/j. 1467 – 825X. 2017. 07476. x.

③ Africa Research Bulletin, "Somalia：Al-Shabaab Forces Target Youth", February 6, 2017, https://onlinelibrary. wiley. com/doi/abs/10. 1111/j. 1467 – 825X. 2017. 07476. x.

④ Counter Extremism Project, *Al-Shabab Report*, 2019, https：//www. counterextremism. com/threat/al – shabab, pp. 3 – 19.

从索马里"青年党"控制的地区逃到政府控制的安全地带。"青年党"还利用儿童从事战斗和侦察任务。2014 年 9 月，南非安全研究所（Institute for Security Studies）采访了一名 14 岁的"青年党"年轻成员，该成员在回忆经历时介绍，在招募现场招募人员会连续几个小时进行说教，讲述命运和"圣战"的"美好"，散发有关伊斯兰教的传单，播放世界上其他地方"圣战分子"的录像。①"青年党"在招募男性的同时，还在索马里和肯尼亚绑架穆斯林和信基督教的妇女作为性奴，强迫部分妇女和女童在妓院工作，并强迫部分妇女和女童与"青年党"武装分子结婚。"青年党"经常杀害拒绝与"青年党"武装人员结婚的妇女和女童。

最后，"青年党"利用多种手段，包括社交媒体等新媒体，宣传极端主义思想。"青年党"一直试图影响索马里的家庭，使他们信奉伊斯兰教。"青年党"的"教育与青年"项目于 2017 年初发布的课程，只包括《古兰经》、数学、历史和地理。2017 年 4 月，"青年党"发布了一份声明，指示索马里家长放弃公立学校教育，把孩子送到伊斯兰学校。"青年党"还威胁那些接受世俗教育的家长和老师们。"青年党"有一个运作娴熟的媒体部门，包括运营"青年党"的推特（Twitter）账户和制作视频。"青年党"利用社交媒体进行宣传，吸引了来自世界各地的新成员，还传播用英语和索马里语配音的招募视频。在 2010 年"青年党"发布的一段视频中，他们运用青年人喜爱的说唱形式蛊惑年轻人加入他们的组织。另外，在索马里，"青年党"招募人员渗透到偏远的农村地区，接近潜在的成员。有报道称，招募人员会威胁那些起初拒绝加入"青年党"的索马里穆斯林男子。2013 年，肯尼亚人权律师阿尔·阿明·基马蒂（Al Amin Kimathi）根据"青年党"被拘留者的采访信息，描述了"青年党"的招募过程：因被招募者缺乏判断能力，在"青年党"招募人员的诱使下，盲目相信"青年党"招募人员，以为自己得到了《古兰经》和《穆罕穆德言行录》（Hadith）②的指引。③"青年党"利用潜在的被招募者内心的绝望感，赋予

---

① Anneli Botha, Mahdi Abdile, "Radicalisation and Al-Shabaab Recruitment in Somalia", ISS Paper 266, 2016, p. 6.

② 《穆罕穆德言行录》主要收录了穆罕穆德及其追随者的传说和言行，又称圣训，是对《古兰经》的补充。

③ "In Prison with Al-Shabab: What Drives Somali Militants?" BBC News, October 5, 2013, https://www.bbc.com/news/world‐africa‐24379013.

他们一种归属感①，即他们是非常重要的人，"殉道"是一件值得的事情，而"殉道"会使他们死亡变得不再重要了。"青年党"招兵买马，用极端主义鼓动年轻的肯尼亚穆斯林成为激进分子。"青年党"的社交媒体账户显示，招募者利用心理操纵来增加恐怖组织的登记人数。一名前"青年党"成员说，已故的"青年党"成员、激进的肯尼亚神职人员阿布德·罗戈·穆罕默德（Aboud Rogo Mohammed）曾表示，"与其坐在贫民窟里无所事事，还不如去索马里为自己的宗教而战，你会直接上天堂"。一旦这些年轻人准备好加入"青年党"，他们就会前往远离肯尼亚海岸线的偏远岛屿，从那里乘船只需几个小时的路程就可到达索马里。伊斯兰激进主义者会从这些岛屿出发，把这些年轻人带到索马里。②自2007年开始，"青年党"积极而"蓄意地"通过个人社交媒体和互联网，将移居到美国的索马里裔年轻人纳入麾下。大多数美国"青年党"武装分子都是在明尼苏达州明尼阿波利斯——美国最大的索马里移民聚居区——接受了伊斯兰激进主义思想。2011年，美国众议院国土安全委员会的一项调查发现，"青年党"招募人员利用清真寺和咖啡馆作为集会场所来煽动和招募激进分子，新招募的美国成员还会接受来自基地组织的军事训练。美国阿拉巴马州的"青年党"成员奥马尔·哈马米（Omar Hammami）曾录制多个说唱视频，用英语说唱歌曲敦促外国人"过圣战者的生活"。③"青年党"还发布了一系列网上招募视频，介绍美国"青年党"成员。由于索马里国内缺乏治理，"青年党"能够在几乎没有政府干预的情况下管理专门的训练营，包括徒手战斗营地、自杀式爆炸营地、人质训练营等。出生于巴基斯坦的基地组织成员阿布·穆萨·蒙巴萨（Abu Musa Mombasa）曾是"青年党"安全与训练的负责人。蒙巴萨在基地组织的支持下，曾对"青年党"新成员

---

① Anneli Botha, Mahdi Abdile, "Radicalisation and Al-Shabaab Recruitment in Somalia", ISS Paper 266, 2016, p. 11.

② Peter Taylor, "On the Trail of Al-Shabab's Kenyan Recruitment 'Pipeline'", BBC News, September 29, 2013, https：//www.bbc.com/news/world - 24263357.

③ 哈马米曾被美国联邦调查局列为头号通缉犯，美国悬赏500万美元捉拿其归案而未果。2013年9月，在索马里南部"青年党"内部争斗的一次伏击中，哈马米被击身亡。具体参见 Associated Press in Mogadishu, "US-born 'Jihadist Rapper' Omar Hammami Reportedly Killed in Somalia", *The Guardian*, September 12, 2013, https：//www.theguardian.com/world/2013/sep/12/jihadist - rapper - o-mar - hammami - killed.

进行爆炸物和自杀式炸弹的专门训练。一般"青年党"新成员要接受为期6个月的训练，包括阅读和解读《古兰经》、体育锻炼和使用包括 AK－47 突击步枪和火箭推进榴弹在内的武器装备。杰出的新成员有特殊的机会被列入"青年党"自杀旅的等待名单，有优先机会为"圣战"殉葬。①

三　应对及其挑战

美国在索马里的首要利益，就是防止索马里成为恐怖组织策划袭击美国和破坏非洲之角稳定的避难所。一方面，在非洲之角地区，厄立特里亚、埃塞俄比亚和索马里之间的长期争端出现转机但局部矛盾依然存在。另一方面，美国对伊斯兰激进组织——"青年党"、"博科圣地"、伊斯兰马格里布的基地组织和阿拉伯半岛的基地组织之间的联系与合作保持谨慎态度。美国在很大程度上依赖索马里的代理部队来打击"青年党"，并聘请了私人承包商为其中一些代理部队提供物资。自 2007 年以来，美国为非索特派团②和索马里安全部队提供了数亿美元的培训和装备，但美国在 2017 年底宣布因援助资金流向不明而暂停了对索马里安全部队、代理部队等的援助。美国非洲司令部通过支持非洲之角国家加强后勤能力建设，提高其执行反恐与维和任务的能力。美国企图打一场美国出钱、非洲之角出人的"代理人反恐战争"来实现该地区的和平与稳定。③ 因此，以埃塞俄比亚和肯尼亚为首的非索特派团也遭"青年党"指责，它们被指在索马里不协助索马里人而为干预国的利益服务。④ 2017 年 4 月，美国总统特朗普授权向索马里部署常规军以打击"青年党"，这是自 1993 年"黑鹰坠落"事件、美军撤离索马里后首次向索马里派军，目前大约有 500 名美国军人驻扎在索马里。

美国在非洲之角的反恐行动依然以军事打击为主，加剧了该区域的不安全性。2014 年 9 月，美国对摩加迪沙以南的"青年党"训练营发动了

---

①　Counter Extremism Project, *Al-Shabab Report*, 2019, https：//www.counterextremism.com/threat/al－shabab, pp. 3－19.

②　有关非索特派团的更多内容，请参见本书第五章。

③　邵峰：《全球恐怖主义与反恐怖斗争（2011—2012）》，载李慎明、张宇燕主编《国际形势黄皮书：全球政治与安全报告（2013）》，社会科学文献出版社 2012 年版，第 102—110 页。

④　Hussein Solomon, *Terrorism and Counter-Terrorism in Africa：Fighting Insurgency from Al-Shabaab, Ansar Dine and Boko Haram*, p. 104.

无人机袭击，炸死了"青年党"当时的领导人戈丹。2016 年 3 月，美国无人机在摩加迪沙北部袭击了另一个"青年党"训练营，击毙了 150 多名武装分子。美国在 2017 年 6 月的一次空袭中摧毁了索马里萨科夫附近的一个"青年党"训练营。索马里政府称，该训练营是一个关键的指挥供应中心。在特朗普执政期间，对索马里"青年党"的空袭大幅增加。[①] 美国早已在整个非洲大陆部署了大量空中作战机，包括捕食者、全球鹰和扫描鹰无人机、MQ－8 无人直升机、EP－3 猎户座飞机、普拉提和 E－8 联合星飞机等先进机型。特朗普政府在 2017 年总共发动了 35 次空袭，而奥巴马政府在 2016 年下令共发动了 14 次空袭。作为对美国轮番空袭的报复，2017 年 10 月，索马里首都摩加迪沙遭遇了迄今为止最严重的恐怖袭击，两辆卡车爆炸造成 500 多人死亡，300 多人受伤。尽管"青年党"从未宣称对此事负责，但外界普遍认为该组织实施了此次袭击。两周后，在摩加迪沙一家酒店又发生爆炸，导致几名索马里政府和军方高级官员死亡，"青年党"表示对此负责。据美国非洲司令部消息，2017 年 11 月，美军向摩加迪沙西北部的一个训练营发动空袭，100 多名"青年党"武装分子死亡。[②]"青年党"的成员人数为 3000—6000 人，不过美国国务院 2017 年的报告称，过去两年里，由于美国的空袭增多和"青年党"内部因酬劳问题产生矛盾，近年来"青年党"叛逃率大幅上升。虽然"青年党"屡遭挫折，但由于索马里政府自身治理能力缺乏和国内武装叛乱局势的不明朗，这些弱点都给了"青年党"可利用的机会，因此单凭美军空袭和"代理人战争"能否真正剿灭该组织尚待观察。

非洲之角已然成为全球反恐主战场之一。以美国为中心的反恐计划反而造成恐怖主义威胁在非洲之角区域迅速激增。自 2011 年起，"青年党"就显示出进行境外袭击的意愿与能力[③]，并展现出恐怖主义区域化和国际化的趋势。除了在美国招募新成员外，"青年党"在乌干达、肯

---

① Amnesty International, *The Hidden US War in Somalia：Civilian Casualties from Air Strikes in Lower Shabelle*, 2019, p. 25, https：//www. amnestyusa. org/wp － content/uploads/2019/03/The － Hidden － U. S. － War － in － Somalia. pdf.

② Feisal Omar, "Al-Shabab", January 31, 2019, https：//www. cfr. org/backgrounder/al － shabab.

③ 邵峰：《全球恐怖主义与反恐怖斗争（2011—2012）》，载李慎明、张宇燕主编《国际形势黄皮书：全球政治与安全报告（2013）》，第 102—110 页。

尼亚、埃塞俄比亚等区域国家不断发动袭击，并向阿拉伯国家出售木炭、建立起同阿拉伯国家之间的资金网络以维护组织运转。2011 年 10 月，肯尼亚北部频繁遭到"青年党"的跨境袭击，为此肯尼亚派遣军队进入索马里，打击了威胁肯尼亚和索马里边境安全的"青年党"，从而在索马里南部形成对该极端组织的军事压力。为了响应非盟的呼吁，埃塞俄比亚军队从索马里西部对"青年党"发动攻势，帮助索马里政府军夺取两个中部重镇。在联合进攻下，"青年党"多次溃败、失守重要据点。2011 年，"青年党"从首都摩加迪沙撤出，并于次年 9 月放弃了其在南部的最后一个主要城市据点——基斯马尤。作为"青年党"的主要收入来源地和据点，基斯马尤遭受了联合进攻的沉重打击。肯尼亚的整体安全局势原本在非洲之角国家中较好。但 2011 年，肯尼亚向索马里派遣军队，参与打击索马里极端组织"青年党"的特别行动，"青年党"在肯尼亚内罗毕以及周边城镇发动多起小规模空袭之后，肯尼亚国内的安全形势恶化。肯尼亚出兵索马里时得到了美国的大力协助，在肯尼亚干预之后，5000 名肯尼亚士兵被吸收到非索特派团中。实际上，成立于 2007 年的非索特派团，建立初期共有 3500 名士兵，到 2012 年非索特派团的作战人数就扩大到 17000 多人，到 2017 年非索特派团人员达 22126 人。① 2011 年美国还批准向非索特派团部队运送价值 4500 万美元的武器。除此之外，非索特派团每年的费用约为 5 亿美元，美国为此付出了巨大代价，但非索特派团在打击"青年党"行动方面依然未能取得成功。2013 年 5 月 26 日，索马里总统哈桑·谢赫·马哈茂德在参加第 21 届非盟首脑会议的时候向外界表示，索马里反政府武装组织"青年党"已被索马里政府军"击溃"，但实际上"青年党"只是藏匿在该国山区等隐蔽地区，对索马里及周边地区乃至世界安全的威胁依然存在。② 尽管外国军队在索马里的驻扎有所增加，并采取措施加强索马里武装部队的安全能力，但近十年来索马里及其邻国依然时常遭受"青年党"的恐怖袭击，给国家建设和民众生活带来巨大威胁。全球恐怖主义数据库统计显

① World Peace Foundation, "AMISOM Short Mission Brief", 2017, p. 8, https：//sites. tufts. edu/wpf/files/2017/07/Somalia – brief. pdf.

② 邵峰：《全球恐怖主义与反恐怖斗争（2012—2013）》，载李慎明、张宇燕主编《国际形势黄皮书：全球政治与安全报告（2014）》，社会科学文献出版社 2014 年版，第 111—113 页。

示，2007 年索马里国内发生了 6 起"青年党"恐怖袭击，到 2016 年袭击
事件上升至 558 起。"青年党"跨境袭击频率也在这一阶段迅速上升，肯
尼亚成为最大受害国。2008 年至 2016 年，肯尼亚共遭受 291 起"青年党"
发动的跨境袭击。2018 年 12 月，"青年党"在索马里制造了 8 起炸弹袭击
事件，在肯尼亚发动了两起爆炸事件；"伊斯兰国"在索马里发起手榴弹
袭击事件。① 2019 年 1 月 15 日，内罗毕西区一家五星级酒店遭"青年
党"袭击，造成 21 人死亡、28 人受伤；同日，非索特派团营地的肯尼
亚驻军遭到"青年党"偷袭，造成 100 多人死亡。②

第三节　难民问题

武装冲突造成的人口流离失所是当代非洲之角面临的重要问题之一。
由于武装冲突、恐怖主义、干旱、蝗灾以及社会和政治危机的持续爆发，
非洲之角整体安全局势并不稳定，难民和流离失所者数量居高不下。联合
国难民署（UNHCR）估计，2019 年东非和非洲之角区域难民数量约为
550 万，流离失所者数量将超过 740 万。③ 但是近年来，非洲之角区域部分
国家的冲突局势正在好转，例如埃塞俄比亚和厄立特里亚在 20 年的冲突
僵局后重新建立了外交关系，厄立特里亚和吉布提在边界争端冲突的 10
年后达成了关系正常化的协议，埃塞俄比亚继续探索国家改革方案，以求
恢复国家稳定进而维护非洲之角区域的和平与稳定。尽管如此，非洲之角
依然是非洲大陆最不稳定、关系最复杂的次区域之一。南苏丹和索马里等
国家面临着因地方和民族对政治不满、干旱等资源问题造成的族群间冲
突，以及长期武装冲突所造成的日益严重的粮食危机。

一　问题产生与发展
非洲之角难民问题产生的原因主要有两点：一是武装冲突，二是气候

① 张梦颖、李新烽：《中东国家对非洲之角的介入与影响》，《国际问题研究》2019 年第 4 期。
② NDTV, "14 Dead, All Terrorists Killed in Nairobi Hotel Complex Attack", January 16, 2019, https：//www. ndtv. com/world - news/kenya - hotel - attack - president - kenyatta - says - all - nairobi - attackers - killed - 1978437.
③ UNHCR, *2019 Planning Summary of Subregion：East and Horn of Africa*, June 5, 2019, p. 3.

变化和粮食危机。武装冲突仍然是非洲之角区域难民危机频发的主因。
2019 年，联合国难民署估计，东非和非洲之角次区域的难民、寻求庇护
者、国内流离失所者（IDPs）等需要关切的人数达到 1404 万（见图 2 -
1）。截至 2018 年底，联合国难民署统计显示，非洲之角区域的难民和寻
求庇护者数量已超过 402 万，其中乌干达（120 万）、苏丹（110 万）和埃
塞俄比亚（90.5 万）的难民和寻求庇护者人数最多；该区域流离失所者
的人数超过 700 万，其中埃塞俄比亚和索马里的流离失所者人数均超过
260 万，南苏丹和苏丹的流离失所者人数均接近 190 万。① 南苏丹和索马里
仍是世界上两个最大的难民输出国。南苏丹旷日持久的武装冲突是造成南
苏丹国内流离失所者和难民纷纷逃往邻国的最大因素。南苏丹有 220 万人
生活在恶劣的流亡环境中，南苏丹的难民危机可以说是非洲最严重的。大
约 80% 的南苏丹难民是妇女和儿童，至今仍有 5 万多名难民儿童举目无亲
或与亲人失散。自 2018 年 9 月 12 日在伊加特支持下签署《解决南苏丹冲
突协定》（R-ARCSS）以来，南苏丹大部分地区的安全局势得到改善。到
2018 年底，南苏丹内部军事冲突有所减少，这使得人道主义行动得以在除
了赤道州中部和西部一些地区以外的南苏丹全国范围内进行，并使得难民
返回人数增加到约 13.6 万。② 但是南苏丹迎来可持续和平之前还有一段路
要走。③ 因此，南苏丹境内的难民问题依然亟待解决。长期内战加上准入
条件的限制，国际组织和人道主义救援难以彻底解决南苏丹境内不断恶化
的难民问题。但南苏丹依然保持开放政策，收容了来自刚果共和国、埃塞
俄比亚、肯尼亚、苏丹和乌干达共计 250 万的难民。据估计，未来南苏丹
外来难民数量还会继续增加（见表 2 - 1）。④ 冷战结束至今，索马里内部
武装冲突局势复杂，安全局势仍然难以预测。到 2018 年底，索马里的武
装暴力冲突和局势不稳定导致国内流离失所者越来越多，人数迅速增加到

---

① UNHCR, *2018 End-Year Report of Subregion*: *East and Horn of Africa*, November 6, 2019,
p. 3.

② UNHCR, *2018 End-Year Report of Subregion*: *East and Horn of Africa*, November 6, 2019,
p. 3.

③ UNHCR, *South Sudan Regional Refugee Response Plan*: *January 2019 - December 2020*, May
2019, p. 5.

④ UNHCR, *2019 Planning Summary of Subregion*: *East and Horn of Africa*, June 5, 2019, p. 3.

260 多万。约 82 万多索马里难民居住在非洲之角其他国家，例如，居住在埃塞俄比亚的有 25.6 万人、肯尼亚有 25.5 万人，更约有 25.6 万索马里人

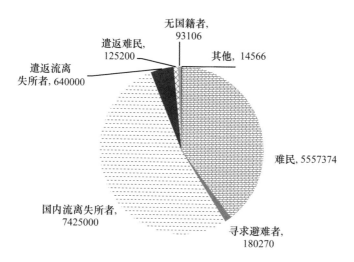

图 2 - 1   2019 年联合国难民署关切人群预估数量（东非和非洲之角次区域）（人）

注：联合国难民署关切人群（people of concern）主要包括难民、寻求避难者、国内流离失所者、遣返流离失所者、遣返难民、无国籍者和其他。

资料来源：笔者根据联合国难民署（UNHCR）《2019 年东非和非洲之角次区域计划总结》（*2019 Planning Summary of Subregion：East and Horn of Africa*）内容制作而成。

表 2 - 1   2018 年、2019 年和 2020 年南苏丹外来难民数量预估值   （人）

数量 来源国	2018 年难民数量 预估值	2019 年难民数量 预估值	2020 年难民数量 预估值
刚果民主共和国	100000	105000	108000
埃塞俄比亚	485000	525000	480000
肯尼亚	123593	133508	140446
苏丹	870291	920294	920294 *
乌干达	789099	834881	791579

注：* 表示现有数据不足尚无法估计 2020 年来自该国的难民数量，故此处数据用 2019 年难民数量预估值。

资料来源：联合国难民署（UNHCR）《南苏丹区域难民应急计划：2019 年 1 月至 2020 年 12 月》（*South Sudan Regional Refugee Response Plan：January 2019 – December 2020*）。

向也门寻求难民庇护。索马里在经历了 20 多年的国内武装冲突后国家治理能力也正在逐步恢复。自 2014 年 12 月以来，已有 12 万多索马里人自愿返回索马里。索马里还收容了来自也门的大约 3.1 万名注册难民和寻求庇护者①。另有一部分非洲之角难民选择前往欧洲寻求庇护。据估计，2015 年总共有超过 100 万难民从非洲、亚洲和中东地区涌入欧洲，其中大约有 67523 名难民来自非洲之角次区域。并且，外部势力军事干预也是造成该区域难民问题恶化的背后黑手。特别是 "9·11" 事件后美国将非洲之角作为其打击伊斯兰极端势力的反恐主战场，引发了该区域难民潮重现。索马里连续发生三次大规模难民潮，就与该国长期的内战和族群冲突、军阀混战、外部干预和恐怖袭击事件不断有直接关系。②

气候安全和粮食危机等非传统安全问题浮现使该区域难民危机突显。虽然非洲之角 80% 的国内流离失所者因武装冲突而被迫迁移，但干旱所引发的气候和粮食问题使这一情况进一步恶化。传统武装冲突与气候和粮食问题交织在一起，共同造成该区域内难民和流离失所者数量呈上升趋势。例如，在埃塞俄比亚，估计约 20% 的流离失所者是因气候相关问题而无家可归；在索马里，约 260 万国内流离失所者中有 140 万人因 2016 年至 2017 年干旱而流离失所。到 2019 年，该次区域将接纳约 460 万难民和寻求庇护者，主要来自南苏丹、索马里和刚果民主共和国，以及南苏丹、索马里、苏丹和埃塞俄比亚的 950 万流离失所者。③ 这其中很多人是因气候变化和国内冲突共同作用而选择离开家园。在过去的十几年当中，气候变化已经严重影响到非洲之角区域的方方面面，不仅埃塞俄比亚、肯尼亚经历了长时间的干旱，肯尼亚和乌干达部分地区还遭遇了毁灭性的特大洪水。2017 年南苏丹和索马里都遭受了饥荒威胁和人道主义危机。降水量稀缺、干旱和洪水共同引发了 2020 年初非洲之角的特大蝗灾，沙漠蝗虫所到之处庄稼都被洗劫一空，由此产生的粮食短缺问题造成该区域人道主义危机和大量人被迫流离失所。④ 农业对于非洲之角地区经济至关重要，该地区农业以畜牧业和农牧业生产为主，农

---

① UNHCR, *2019 Planning Summary of Subregion: East and Horn of Africa*, June 5, 2019, p. 3.
② 毕健康、陈丽蓉：《索马里难民治理的困局及出路》，《西亚非洲》2017 年第 6 期。
③ UNHCR, *2019 Planning Summary of Subregion: East and Horn of Africa*, June 5, 2019, p. 3.
④ Humanitarian Aid, "Act Now to Prevent Desert Locust Catastrophe in Horn of Africa: UN Agencies", UN News, February 10, 2020, https://news.un.org/en/story/2020/02/1057071.

业人口约占该地区总人口的 75%，农业在该地区国家国内生产总值中比重的平均值为 15%，其中畜牧业的贡献率约为 57%。① 美国国际粮食政策研究所（International Food Policy Research Institute）2013 年的报告显示，在埃塞俄比亚、苏丹等国，农业占其国内生产总值的 50% 以上，在肯尼亚和厄立特里亚，这一占比在 30% 左右。② 尽管非洲之角地区城市化进程和工业发展步伐都在不断加快，但农业在这些国家经济生产部门中依然占主导地位。非洲之角的农业系统主要靠雨水灌溉，极易受到气候变化的影响。随着该地区干旱、洪涝等自然灾害的频率和严重程度不断增加，农业减产和粮食危机产生了负面影响。许多地区气温升高可能导致农作物产量减少，小麦、大豆、高粱和水稻的产量可能下降 5%—20%，其中水稻产量受到的打击最大。气温、降雨模式变化和干旱等极端天气事件的发生对非洲之角农村人口赖以生存的畜牧业也会产生直接影响。气候变化带来的饲料供应紧张、放牧范围缩减、杂草和发病率增加，都会对在该区域半干旱和干旱低地从事畜牧业生产的牧民和族群产生巨大影响，甚至会因争夺资源而加重或重新引发族群冲突。气候变化将对非洲之角不同地区的贫困和边缘化群体产生深远影响，其中大多数人的生计依赖农业，适应能力较低。另外，印度洋和红海迅速变暖也造成浮游植物（海洋食物链底层的微型植物）数量严重减少、珊瑚礁白化，再加上工业污染、过渡捕捞，必然会给非洲之角海域的鱼类种群带来不良影响，对居住在沿海地区并依靠海洋为生的渔民产生不利影响。③ 这一系列环境问题都会增加资源和族群冲突并导致大批人口流离失所。

二 难民问题与影响

首先，难民问题加大了非洲之角区域内部的社会压力和经济困难。难民

---

① Osman Babikir et al. , "Agricultural Systems in IGAD Region—A Socio-Economic Review", in *Agroecology*, edited by Vytautas Pilipavičius, 2015, https：//www. intechopen. com/books/agroecology/agricultural－systems－in－igad－region－a－socio－economic－review.

② Research and Evidence Facility (REF), "Migration and Conflict in the Horn of Africa：A Desk Review and Proposal for Research", London and Nairobi：EU Trust Fund for Africa (Horn of Africa Window), March 15, 2017, p. 46.

③ Research and Evidence Facility (REF), "Migration and Conflict in the Horn of Africa：A Desk Review and Proposal for Research", London and Nairobi：EU Trust Fund for Africa (Horn of Africa Window), March 15, 2017, p. 46.

的出现加剧了国内社会矛盾，增加了族群间冲突的概率。自 20 世纪 90 年代初以来，随着越来越多索马里难民因国家崩溃而大量涌入肯尼亚并形成索马里族社区，肯尼亚境内"反索马里人"的情绪不断高涨，针对索马里人的族群冲突不时爆发。在许多肯尼亚人看来，索马里人要么把伊斯兰激进主义和恐怖主义带到肯尼亚，要么把海盗赎金带到肯尼亚做起了"无良商人"破坏了肯尼亚的经济秩序。肯尼亚每十年进行一次人口普查，2010 年人口普查结果与 1999 年普查结果一致，肯尼亚的索马里人仍是增长最强劲的群体，当时是肯尼亚第六大族群，但是这依然无法弥合肯尼亚人与索马里人之间的矛盾，索马里人在肯尼亚依然缺乏归属感。① 难民数量增加不仅破坏了原有的社会秩序，更使区域内国家增加了财政开支。难民的援助、安置、遣返和重返社会都给难民的来源国和接收国带来巨大的社会压力和经济负担。目前，非洲之角大多数流离失所者仍然需要紧急人道主义的援助，仅索马里就约有130 万流离失所者需要住房和其他方面的支援和帮助。目前，埃塞俄比亚、苏丹和乌干达收容了大批区域内难民和流离失所者，社会秩序不稳定性加剧。自 2018 年阿比成为新总理后，埃塞俄比亚一直在进行政治变革，暴力冲突已经在该国部分地区爆发并一直持续至今。埃塞俄比亚目前收容了来自南苏丹、索马里、苏丹、厄立特里亚和也门等国的 90 多万难民。此外，估计有 280 万埃塞俄比亚人在国内流离失所。2019 年，来自刚果民主共和国和南苏丹的难民大批涌入乌干达。在联合国难民署的协助下，大批苏丹难民，特别是达尔富尔北部、中部和西部各州的难民，预计未来几年将从乍得自发返回苏丹②，尽管达尔富尔局部地区仍面临武装冲突的威胁，但一旦条件成熟苏丹难民就会重回国内，这对区域内部和难民来源国的应对和管理能力来说都是巨大的挑战。③

其次，难民生计问题和重返问题处理不当可能引发和加剧武装冲突。

---

① Tabea Scharrer, "'Ethnic Neighborhoods' and/or Cosmopolitanism? The Art of Living Together", in *Refugees and Forced Migrants in Africa and the EU: Comparative and Multidisciplinary Perspectives on Challenges and Solutions*, edited by Elisabeth Wacker et. al, Wiesbaden: Springer VS, 2018, pp. 140 – 144.

② UNHCR, "First Darfur Refugee Returns from Chad", April 20, 2018, https://www.unhcr.org/news/briefing/2018/4/5ad9a4604/first – darfur – refugee – returns – from – chad. html.

③ UNHCR, "Violence in Sudan's Darfur Forces Thousands to Flee", January 28, 2020, https://www.unhcr.org/news/briefing/2020/1/5e2ff3bd4/violence – sudans – darfur – forces – thousands – flee. html.

流离失所者和遣返难民在维持生计方面经常面临一系列挑战，包括限制行动和定居不自由，就业机会有限和就业歧视，法律只允许难民临时入境，缺乏金融资产和社会资本，缺乏对土地、财产等的所有权。例如，苏丹主要根据各项国际公约的一般性原则只为境内的难民提供基本庇护。自愿遣返是解决难民问题的主要办法，但是在没有任何可预见的遣返发生的情况下，难民将被安置在远离边境地区的地方，以帮助他们实现自力更生。由于难民营位于城市的边缘地区，自然资源的缺乏增加了难民生存的困难。难民在就业稀缺的难民营不得不谋求新的生计，包括收集柴火、放养牲畜，或者当临时工、选择季节性就业、依赖亲友汇款。① 没有合法的工作权利，难民甚至被迫进入非正规经济领域并受到雇主的剥削，一旦出现问题因无法诉诸执法部门，难民与雇主之间的紧张关系加剧。另外，难民接收国也存在巨大压力，为减轻接收国的救援服务、土地和资源压力，难民被遣返的需求增加，但是遣返后个人和原籍国的经济和社会压力，甚至潜在的冲突风险都会迅速增加。在接收国的压力下，难民必须在"继续住在支援不足的难民营和返回原籍国的不稳定、不安全的环境"之间做出艰难选择。不纯粹的"自愿"遣返也增加了返回原籍国后难民生存面临的困难。苏丹一直是埃塞俄比亚难民和厄立特里亚难民的主要接收国。在 20 世纪 90 年代初，苏丹同埃塞俄比亚和厄立特里亚保持了良好而稳定的政治关系，在难民政策上也持积极态度，并放宽了对难民的限制，包括允许他们在指定营地和城镇之间流动，并在没有正式获得工作许可的情况下工作。但 1995 年苏丹政府被指控密谋杀害埃及总统，一度造成苏丹同埃塞俄比亚和厄立特里亚的外交关系急剧恶化，难民生计被限，甚至被驱逐出境。后随着外交关系的改善，苏丹逐渐放宽对埃塞俄比亚和厄立特里亚难民在城市间迁移和工作的限制，但是难民的身份标签很难被摘除，难民几乎没有机会融入苏丹当地的社会和文化。在苏丹，厄立特里亚男性难民多从事销售工作或通过驾驶卡车、人力车谋生，女性则在餐馆帮工，或在富人家做女佣，因为没有法律文件或工作许可证，他们时常被苏丹警察或雇主敲诈。2015 年，联合国难民署提出

---

① Research and Evidence Facility (REF), "Migration and Conflict in the Horn of Africa: A Desk Review and Proposal for Research", London and Nairobi: EU Trust Fund for Africa (Horn of Africa Window), March 15, 2017, pp. 34 – 36.

帮助厄立特里亚难民融入苏丹的建议，但被苏丹以"担忧国家安全"为由拒绝了。[①] 当前厄立特里亚的国内政治和安全环境发生了积极变化，这可能会促使流落在外的厄立特里亚难民陆续返回。除了厄立特里亚，武装冲突后非洲之角区域其他国家都将面临大批遣返的难民、返回的流离失所者、散居海外的回返者融入社会的挑战。单纯通过"购买和平"雇佣大批遣返难民可能会扭曲劳动力市场，造成劳动力供需不平衡，形成长期的负面影响，甚至造成冲突重演。[②]

最后，难民危机爆发催生了该区域地下人口走私和贩卖等违法犯罪行为。该区域多年的政治不稳定和武装暴力造成利益集团和军阀从武装冲突中谋取高额利润的行为模式，进一步加剧了冲突程度和人口的流离失所。反过来，难民数量增加又给利益集团提供更多谋利和寻租的机会，引发"战争经济"，增加了暴力冲突延续的可能性，形成恶性循环。非洲之角区域难民为了生存企图越过地中海前往欧洲，却被骗卷入非洲之角—地中海人口贩卖和走私网络，该网络主要以走私和贩卖妇女和儿童为主。联合国难民署 2015 年的数据显示，虽然来自非洲之角的被贩卖人口仅占地中海被贩卖人口的 7%，但非洲之角地区被贩卖人口中以举目无亲的未成年人居多。这些被贩卖的未成年人也成为雇佣军和极端组织招募的对象。[③] 同年，国际移民组织（IOM）和联合国儿童基金会（UNICEF）数据揭示，非洲之角这些举目无亲的儿童主要来自厄立特里亚，约占 29%，来自索马里的儿童大约有 9%。由于厄立特里亚军队强征入伍年龄不断降低，该国越来越多未成年人走上了被迫迁移的道路，很多没有父母陪伴的儿童面临被贩卖、走私、绑架、拘留、虐待和奴役的巨大风险。[④] 再加上非洲之角

---

① Hassan Ali Mudawi, "Refugees and Forced Migration from Eritrea and Ethiopia to Sudan", in *Refugees and Forced Migrants in Africa and the EU: Comparative and Multidisciplinary Perspectives on Challenges and Solutions*, edited by Elisabeth Wacker et al., Wiesbaden: Springer VS, 2018, pp. 152 – 158.

② Research and Evidence Facility (REF), "Migration and Conflict in the Horn of Africa: A Desk Review and Proposal for Research", London and Nairobi: EU Trust Fund for Africa (Horn of Africa Window), March 15, 2017, pp. 33 – 34.

③ UNHCR, "Desperate Journeys: Refugees and Migrants Arriving in Europe and at Europe's Borders", January-December 2018, https://www.unhcr.org/desperatejourneys/.

④ UNHCR, "Desperate Journeys: Refugees and Migrants Arriving in Europe and at Europe's Borders", January-December 2018, https://www.unhcr.org/desperatejourneys/.

国家民众海外亲友较多，人口贩子和走私犯可向他们的亲友敲诈高额赎金。并且，很多厄立特里亚人和苏丹人会主动寻求人口走私团伙将他们偷运出境，但是这些人却在走私途中就遭受了身体虐待、不人道或有辱人格的待遇，他们会因受不了非人待遇而不得不支付钱财以求脱离虎口，最终被人口走私团伙骗取了大量钱财，甚至因此倾家荡产。还有部分包括妇女和儿童在内的厄立特里亚人和苏丹人在穿越边界时遭到人口走私团伙的绑架、关押、酷刑和性暴力，并被勒索高达 8000 美元的赎金。① 除了地中海人口走私路线，还有西奈半岛人口走私路线（经埃及到以色列）、东部人口走私路线（非洲之角和也门之间）和南部人口走私路线（经肯尼亚前往南非）。2009 年，国际移民组织估计，每年从非洲之角走私到南非的索马里和埃塞俄比亚难民就多达 1.7 万—2 万人，这些难民主要来自散落在非洲之角地区的难民营；2017 年的数据则显示经南部路线去往南非的索马里和埃塞俄比亚难民为 1.3 万—1.4 万人②。在肯尼亚达达布难民营（Dadaab Refugee Camp）的一些联合国工作人员和西方使馆官员，被指曾向富有的难民出售安置点，并为人口走私犯的活动提供便利。非洲之角作为被边缘化、孤立、高失业率和欠发达地区，往往成为人口走私和贩卖盛行的地区。埃及曾通过禁止死者捐献器官的法律，这一度导致埃及移植器官紧张，而随之包括非洲之角在内的非洲被贩卖人口和难民成为埃及器官买卖的最大受害者。③ 2009 年联合国毒品和犯罪问题办公室表示，除了器官买卖，非洲之角地区已经成为毒品、枪支、危险物还有自然资源等走私活动的"自由贸易区"。④

---

① UNHCR, "Desperate Journeys: Refugees and Migrants Arriving in Europe and at Europe's Borders", January-December 2018, https://www.unhcr.org/desperatejourneys/.

② Katrin Marchand et al., "Study on Migration Routes in the East and Horn of Africa", Maastricht Graduate School of Governance, August 2017, pp. 24 – 34.

③ Tamara Baraaz, "Illegal Organ Harvesting Is Rampant in Egypt, and Refugees Are the Main Target", Haaretz, September 22, 2018, https://www.haaretz.com/middle – east – news/egypt/.premium.MAGAZINE – illegal – organ – harvesting – is – rampant – in – egypt – and – refugees – are – the – main – target – 1.6492013.

④ Research and Evidence Facility (REF), "Migration and Conflict in the Horn of Africa: A Desk Review and Proposal for Research", London and Nairobi: EU Trust Fund for Africa (Horn of Africa Window), March 15, 2017, pp. 36 – 39.

三　应对措施与挑战

非洲之角已经签署系列法律和条例来管理区域内的难民、寻求庇护者和国内流离失所者。在国际层面，非洲之角国家已经签署了一系列管理议定书，主要涉及难民、走私、贩卖人口和跨国有组织犯罪。除了针对难民的立法外，若干国际人权文书也适用于该区域。2018 年 10 月，联合国难民署任命穆罕默德·阿卜迪·阿菲（Mohamed Abdi Affey）为非洲之角特使，特使的主要任务包括倡导继续进行国际难民保护，提高难民在居住国的融入度，以及增加在非洲之角地区的国际投资。阿菲将与难民、地区政府和政治机构以及国际社会直接接触，并协助联合国难民署专员，通过一系列财政援助方案，增强该次区域难民和寻求庇护者自力更生的能力①。联合国难民署还会在难民教育、生计和环境方面大幅度提高投入，并加强相关责任和风险管理。2018 年 12 月，联合国通过了历史性意义的国际框架文件《难民问题全球契约》（Global Compact on Refugees），181 个成员国赞成，该契约强调了经济包容在保护难民和解决难民问题方面的重要性。②

在区域一级，非统/非盟、伊加特和东非共同体拟订了多项多国协定，包括《非统难民公约》《喀土穆进程》《东非共同体共同市场议定书》《非盟迁移政策框架》和关于国内流离失所者的《坎帕拉公约》等。除此之外，非洲之角部分国家还制定了相关法律，主要处理非法劳工迁移和贩运、难民及庇护，像肯尼亚、埃塞俄比亚和乌干达已率先制定了许多有关迁移行为的法律，安排了专门的部门治理迁移问题。吉布提、埃塞俄比亚、肯尼亚、索马里和乌干达已经采取了综合措施共同应对日益严峻的难民问题。2019 年，这 5 个国家继续扩大了多边伙伴关系，同时加强了与联合国机构和其他国际组织的合作③。

整个非洲之角次区域都在为争取难民问题的解决而努力。次区域在立

---

① UNHCR, "UNHCR appoints Ambassador Mohamed Affey as Special Envoy for the Horn of Africa", October 9, 2018, https: //www. unhcr. org/afr/news/press/2018/10/5bbc7a0b4/unhcr – appoints – ambassador – mohamed – affey – as – special – envoy – for – the – horn – of. html.

② UN Refugees and Migrants, "Global Compact on Refugees", https: //refugeesmigrants. un. org/refugees – compact.

③ UNHCR, *2019 Planning Summary of Subregion*: *East and Horn of Africa*, June 5, 2019, p. 3.

法改革方面取得了若干进展，其中最显著的成就是 2018 年 12 月南苏丹加入了 1951 年实施的《关于难民地位的公约》（*Convention relating to the Status of Refugees*）。另外，秉承《难民问题全球契约》、实现非洲之角区域的经济包容，需要更广泛的行动者积极地参与，并充分利用参与者各自的比较优势和专长，因此，联合国难民署积极同埃塞俄比亚国内多方开展合作，促进了埃塞俄比亚新难民法的出台。2019 年 1 月，埃塞俄比亚发布新的历史性的难民法，取代了 2004 年该国的《难民宣言》（*Refugee Proclamation*）。新难民法将允许难民获得工作许可证、接受初级教育、获得驾驶执照、进行出生和婚姻登记，并开设银行账户等。①

在地方一级，由美国、丹麦、欧盟、伊加特和东非共同体共同推动的"反暴力极端主义"（CVE）行动，旨在解决非洲之角地区的武装冲突和极端主义暴力威胁，减弱其所带来的系列影响，从而能从根源上缓解难民问题。但该行动一直被外界指责属于以事件为导向的临时性行动，效果较差。为了改善该行动的协调和覆盖范围，伊加特自 2015 年以来接管了"反暴力极端主义"行动的协调工作。但是，由于资助者对通过伊加特开展工作和制定区域全面工作战略有异议，"反暴力极端主义"行动的发展至今仍受到阻碍。②"反暴力极端主义"行动试图从地方一级遏制冲突的初衷是正确的，但是基于非洲之角冲突的动态变化，该行动在操作层面具有很大难度。非洲之角冲突的根源既有地缘政治动机，也有内部驱动和外部介入等因素。良好的国家治理是预防冲突及难民问题的重要工具。但是鉴于该区域冲突的复杂性，进行良好的国家治理已成为一项严峻的挑战，特别是在国家能力缺失、边界漏洞百出的情况下。受这些冲突影响的人采取了流动的策略，包括迁移、流离失所甚至移民来保护自己的生命和财产安全。因此，"反暴力极端主义"行动应当充分考虑流离失所者的流动性需求。事实上，暴力冲突有可能随时随地爆发，导致极端不确定性的状态。既不是战争也不是和平，既不是犯罪暴力也不是政治暴力的冲突类型，正日益成为非洲之角

---

① 《联合国难民署欢迎埃塞俄比亚新难民法给予难民更多权利》，联合国新闻网，2019 年 1 月 18 日，https：//news. un. org/zh/story/2019/01/1026912。

② Research and Evidence Facility（REF），"Migration and Conflict in the Horn of Africa：A Desk Review and Proposal for Research"，London and Nairobi：EU Trust Fund for Africa（Horn of Africa Window），March 15，2017，p. 40.

冲突地区的常态①。例如，索马里目前的安全局势与20世纪90年代初内战刚开始时的情况大不相同，外部势力介入导致索马里安全局势恶化，是现在索马里当地暴力冲突频发和政治、社会不稳定的根源。

从政治层面来说，非洲之角国家正在作出一些建设性的努力，以减少人口频繁流动的需求，但挑战依然存在。例如，埃塞俄比亚正在探索解决境内厄立特里亚难民的办法；肯尼亚正在考虑地方/次国家难民问题的解决办法；乌干达正在努力实现地方经济一体化，给予难民从事有偿工作的权利和迁移的自由；索马里的国家发展计划包括了永久解决国内流离失所者融入当地社会问题的计划，并与相关方建立了政府层面的联系。但是非洲之角国家解决难民问题的措施能否有效，仍有待长期观察。尽管非洲之角国家已经有许多专门的立法和方案，但是鉴于该区域难民数量庞大、人员混杂，如果不能对该区域难民进行谨慎、有效的管理，就会破坏该区域近年来所取得的较为稳定的安全局势。各国政府很有可能在管理难民问题上采取应急性措施，或前后不一致的应对行动。例如，为了应对肯尼亚日益频繁的恐怖主义袭击，肯尼亚政府曾在2012年通过了有关重新安置难民营的相关指令，以限制城市内难民的流动性，这项指令后来被肯尼亚高等法院宣布违宪。同样，肯尼亚议会于2014年通过了一项有争议的安全修正案，将肯尼亚境内的难民和寻求庇护者人数限制在15万人以内。2015年1月，肯尼亚高等法院宣布该修正案的部分内容，包括限制难民人数的条款违宪。②

从整体来看，冷战后，饱受武装冲突威胁的非洲之角瞬间成了海盗、极端组织的"摇篮"，武装冲突所造成的大量流离失所者也成为社会和区域的不稳定因素。2005年至2007年索马里海盗活动曾一度猖獗，现在索马里海域的海盗风险较之以往的确下降了很多，一些国际护航舰队也选择在2016年底任务到期时离开了该区域。但是索马里海盗问题是陆上武装冲突在海上的投射，只要陆上武装冲突不能得到有效解决，索马里海盗问

---

① Research and Evidence Facility (REF), "Migration and Conflict in the Horn of Africa: A Desk Review and Proposal for Research", p. 40.

② Research and Evidence Facility (REF), "Migration and Conflict in the Horn of Africa: A Desk Review and Proposal for Research", London and Nairobi: EU Trust Fund for Africa (Horn of Africa Window), March 15, 2017, p. 50.

题依然是非洲之角区域一个重要的不稳定因素。索马里自身缺乏安全治理能力，国内经济困难、失业严重，再加上域外国家在该地区非法捕捞、污染环境都增加了海盗卷土重来的概率。索马里海盗问题的长期风险不仅对非洲之角区域安全局势构成威胁，还带动了其他海上非法犯罪活动的快速发展，更给当地青年人的生存发展带去了不利影响。

2006 年成立的"青年党"作为伊斯兰法院联盟的分支，已于 2012 年宣誓效忠基地组织。"青年党"在索马里及其邻国不断发动恐怖袭击和武装暴力活动，成为非洲之角区域的主要恐怖主义和极端组织。"青年党"自成立以来，已造成索马里及其邻国大量无辜民众伤亡，其暴力行动还在不断升级。除了炸弹袭击、暗杀，定期袭击索马里政府军和非索特派团以外，该组织还针对平民进行暴力镇压和实施酷刑，招募童军、危害妇女和儿童的生命安全，严重侵犯了人权并违反了国际人道主义法。但是，"青年党"不仅筹集资金多样化，还充分利用新媒体等年轻人容易接受的手段不断扩大招募范围和增强极端思想的传播影响力，从而增加了打击和歼灭该组织的难度。

武装冲突以及政治压迫，环境因素及其所造成的粮食危机等问题都是非洲之角地区民众流离失所、走上被迫迁移的道路的原因。埃塞俄比亚难民的产生是经济因素、族群冲突和环境灾难共同作用的结果。苏丹、索马里和南苏丹难民则是这些国家长期的武装冲突所造成的不稳定局势和极端贫困、饥荒等因素共同作用的产物。南苏丹内战造成数百万人在国内和边境流离失所，粮食不安全更增加了该国难民问题解决的难度。非洲之角难民普遍缺乏可持续维持生计的手段和就业机会、缺乏基本的基础设施和救援服务，在难民接收国的生活举步维艰。难民问题不仅增加了非洲之角区域内部的社会和经济压力，而且造成人口走私等犯罪行为的蔓延，并且难民问题一旦解决不当，可能重新点燃武装冲突的战火。

非洲之角国家、次区域组织以及国际社会为应对该区域武装冲突所带来的连锁反应，从政治和法律两个方面进行了大量有益尝试，包括建立国际合作、寻求区域伙伴、进行共同军事打击、修订法律、增强执法等，但取得的成效非常有限，这与它们了解该地区武装冲突产生的根源及其连锁反应的本质有很大关系。因此，武装冲突及其连锁反应依然是阻碍非洲之角区域实现可持续和平的障碍。

第三章 非洲之角武装冲突
频发的内部原因

武装冲突的驱动因素既有外部因素，也有内部因素，既包括国际、区域、国家和地方行为者，也涉及政治、经济、社会和军事的共同作用。根据瑞迪·博瑞克戴普的划分，导致非洲之角武装冲突爆发的因素主要有以下几种：第一，以生计为基础的资源（土地/边界、水、牧场）；第二，文化（民族、语言、宗教）；第三，政治（权力不平等、歧视、边缘化和异化、自决和分离主义）；第四，外部干预（国际干预、地区干预、干预反恐和打击海盗）；第五，社会经济（贫困、文盲、地方性健康问题、失业、干旱、环境退化）；第六，生活方式（耕种、定居、田园、游牧、高地生活、低地生活）；第七，治理实践失灵（缺乏民主、问责制和透明度，暴政，独裁政权，虚假或无代表性的选举做法，本土制度、实践的异化和边缘化）；第八，欠发达（缺乏工业化、投资，农牧业经济，初级产品出口，前殖民主义经济为主导）。这些因素的综合作用成为冷战后非洲之角武装冲突长期存在的原因。① 基于博瑞克戴普的研究结果和本书第一章、第二章的案例，本章将从国家和地方层面入手，围绕政治、经济、社会文化三个方面，分别从国家治理能力与反政府武装、边界争端和分离主义、自然资源与周围环境、冲突成本与武器流通、民族争端与族群冲突、政治伊斯兰与极端思想等角度，对冷战后非洲之角武装冲突频发的内部原因进行分析，有关非洲之角的外部干预因素将在第四章进行具体介绍。

---

① Redie Bereketeab edited, *The Horn of Africa: Intra-State and Inter-State Conflicts and Security*, pp. 6 – 8.

第一节　政治原因

本节将围绕国家治理与反政府武装、边界争端和分离主义，归纳政治因素在造成非洲之角地区武装冲突频仍中的作用。

一　国家治理与反政府武装

国家治理能力的缺乏，是指中央政府缺乏对领土和国家资源的主权控制，缺乏建设和维护国家基础设施的能力，缺乏提供安全、卫生、教育、住房等公共产品的能力以及治理和维护法律与社会秩序的能力。因安全治理能力缺乏而爆发的武装冲突，在许多情况下会导致国家解体，并产生所谓的"合法性"危机。当危机达到严重程度时，就会导致国家机构的全面崩溃。[1]

安全治理能力的缺乏是造成非洲之角冲突和安全系统复杂的重要原因。莫·易卜拉欣基金会（Mo Ibrahim Foundation）发布的《2019 年易卜拉欣非洲治理指数报告》中的"国家安全治理"数据显示，非洲之角区域的国家安全治理水平整体上低于其他非洲国家，其中排名最后的两个国家——索马里和南苏丹的国家安全指数都低至 17.1 分（最高分为 100分）。虽然从 2014 年至 2017 年，乌干达的国家安全治理状况正在逐年改善，但吉布提安全治理情况却在不断恶化。[2] 大多数非洲之角国家的安全治理存在不足，其特点是政府机构治理压力大，缺乏强有力的制度和能力，使它们容易受到不安全因素的影响。缺乏安全治理能力的国家也更容易向周边邻国甚至国际社会输出武装冲突、有组织犯罪、难民、传染性疾病等。长期处于无政府状态或弱政府状态的索马里不仅给该次区域的国家带来多方面的安全风险，也给国际贸易带来不可控风险，如索马里沿海及其周围地区的海盗活动就是这种不可控风险的表现。几乎所有非洲之角国

---

① Redie Bereketeab edited, *The Horn of Africa*: *Intra-State and Inter-State Conflicts and Security*, p. 117.

② Mo Ibrahim Foundation, *African Governance Report*: *Agendas 2063 & 2030*: *Is Africa on Track?* 2019, pp. 48 – 49, https://mo. ibrahim. foundation/sites/default/files/2019 – 10/African_ Governance_ Report_ 2019. pdf.

家都缺乏安全治理能力，这使得这些国家无法或不愿意处理暴力冲突，导致局势恶化。就连被视为相对不受次区域冲突升级影响的肯尼亚，也在2007 年选举后的政治动荡中受到冲击。2000 年，埃塞俄比亚建立了以民族区域自治为基础的联邦制，表面上埃塞俄比亚政府的民族政策和治理体现了公平与尊重，但是实际上埃塞俄比亚政府缺乏对民族分裂背后原因的了解，治理实践中各民族在获得政治和经济权利方面存在巨大差异，在缺乏统一的民族认同感方面未能发挥有效引导作用，反而造成冲突的恶化，这从奥罗莫解放阵线和欧加登民族解放阵线等反政府武装要求民族平等的活动中就可以明显看出来。鉴于此，安全治理失败必然会对该地区实现持久和平与安全构成重大挑战（见图 3 - 1）。①

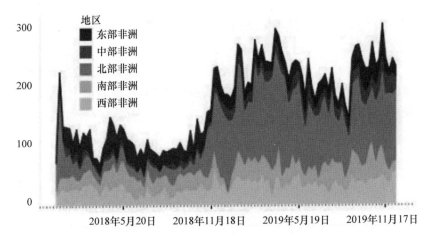

图 3 - 1　非洲各个区域每周暴乱和抗议事件数量对比（件）

（2018 年 1 月 1 日至 2019 年 12 月 14 日）

注：整体上从 2018 年 1 月 1 日至 2019 年 12 月 14 日非洲各区域暴乱和抗议事件数量出现了显著增长，其中包括非洲之角区域在内的东部非洲地区暴力冲突活动最多，且呈波动上升趋势。

资料来源：武装冲突地点和事件数据库（ACLED），https：//www. acleddata. com/2019/12/16/regional - overview - africa - 8 - 14 - december - 2019/。

国家安全治理能力较弱给反政府武装的快速发展提供了机会。反政府

---

① Redie Bereketeab edited，*The Horn of Africa*：*Intra-State and Inter-State Conflicts and Security*，pp. 88 - 89.

武装，又称叛乱组织（rebel organization），是在国家动乱中形成的一个有正式组织形成的非政府武装力量，其对抗中央政府的军事行动是有计划进行的政治活动而非偶发的暴力行为。非洲之角国家的反政府武装内部存在派系主义和分裂。在内战当中，叛乱组织在与国家行为者或非国家行为者作战时，为了保证叛乱组织内部意见的一致性和统一性，会积极开展内部斗争，从而产生派系之争，造成内部分裂。美国非洲裔学者迈克尔·沃尔德马里亚姆将这种现象称作"反叛分裂"（rebel fragmentation），即叛乱组织会分裂成政治上截然不同、相互排斥的实体，这些实体又加入了一个现有的叛乱组织，或创建了一个新的叛乱组织，抑或与现政府联合起来。

叛乱组织是基于合作的组织联盟，当各组织单元最大限度实现生存的核心目标受到外界的军事威胁时，如不断受到军事打击、不断失去地盘等，叛乱组织会因无法保证各组织单元的生存安全，而分裂。只有分裂各方陷入僵局才能维持叛乱组织的凝聚力，这种情况被称为"凝聚力僵局"（cohesive stalemates）。另外，各组织单元不再谋求叛乱组织的共同生存和安全目标转而寻求自身利益，同样会造成叛乱组织分裂。因为内战当中不可避免地会出现战事的起起落落，以及战场地理位置的变化，这些都是叛乱组织的内部压力，都可能导致叛乱组织分裂①。

叛乱组织的分裂可能导致多个武装组织间的竞争，进而扩大内战规模。并且，内战持续的时间也会受到叛乱组织分裂的影响，谈判和和平协议中需要协调的派系增多，谈判和协调成本增加而难以达成令各方满意的和平协议，从而破坏和平进程，延长内战时间和增加对当地的暴力破坏。② 例如，2003 年苏丹达尔富尔地区爆发武装冲突时，苏丹政府仅受到两支达尔富尔反政府武装——苏丹解放军和正义与平等运动的挑战，但到 2010 年，达尔富尔地区的反政府武装就分裂为近 24 个争权夺利的派别。这种不断加剧的派系斗争造成了该地区临时政治联盟混杂的乱象，使达尔富尔冲突的解决陷入困境，至今悬而未决。而在索马里，基地组织利用当地叛乱组织对域外国家介入的反感，特别是利用美国干预伊斯兰世界给索马里

---

① Michael Woldemariam, *Insurgent Fragmentation in the Horn of Africa: Rebellion and Its Discontents*, Cambridge: Cambridge University Press, 2018, pp. 5 - 7.

② Michael Woldemariam, *Insurgent Fragmentation in the Horn of Africa: Rebellion and Its Discontents*, pp. 13 - 14.

群众带来的恐惧感和威胁感，将基地组织行动"嫁接"到当地的武装叛乱活动中，造成反政府武装的进一步分裂。另外，南苏丹反政府武装内部分裂也在加速。2019 年 12 月，在靠近埃塞俄比亚边界的南苏丹迈乌特县（Maiwut）发生了武装冲突，"苏丹人民解放运动—反对派"部队在护送一艘从纳西尔（Nassir）到吉口（Jikou）运送货物的驳船时遭到当地民兵袭击，造成至少 7 人死亡。该地区一度成为 2019 年南苏丹反政府武装暴力活动频发的热点地区，武装冲突的频度在一名反政府武装的指挥官在 2019 年初秋投靠南苏丹政府后达到了最高点。①

在缺乏国家安全治理背景下爆发的索马里冲突是当地贪婪和怨恨积累的必然结果。无论是索马里的政治精英，还是索马里反政府武装都渴望权力和资源。1991 年 1 月，四分五裂的反对派击溃了巴雷政权仅存的军事力量，但是控制首都的武装派系在没有同其他反对派团体协商的情况下宣布其成员之一为总统，引发同一派系对领导权主张的异议，由此演变成一场可怕的内战，导致数千人死亡，首都被一分为二。各种形式的宗派政治、军阀混战将人民带入水深火热之中，暴力行为正常化，并将索马里乃至非洲曾经最文明的社会变成了人间地狱。② 另外，尽管内战初期索马里军阀签署了和平协定，但这些军阀仍不时采用武力和恐吓的方式破坏国家的安定。例如，1993 年，索马里军阀穆罕默德·艾迪德想要在其控制的地区提名自己派别的人担任过渡国民委员会委员，但联合国则支持当地民众自己选举代表的愿望，于是艾迪德多次破坏联合国在索马里的行动，令联合国在索马里恢复和平的行动以失败告终③。

作为索马里反政府武装，极端组织"青年党"是索马里和平稳定的主要威胁。尽管"青年党"时常在常规军事战场上战败，但它时常进行恐怖袭击，造成平民伤亡巨大。近年来，"青年党"内部也出现了派系斗争和分裂，陆续出现了其内部重要领导人、追随者叛逃的现象。这些人随后成

---

① ACLED, "ACLED Regional Overview-Africa (8 – 14 December 2019)", December 14, 2019, https：//reliefweb. int/report/democratic – republic – congo/acled – regional – overview – africa – 8 – 14 – december – 2019.

② Redie Bereketeab edited, *The Horn of Africa：Intra-State and Inter-State Conflicts and Security*, pp. 167 – 168.

③ UN, "Somalia-UNOSOM II", https：//peacekeeping. un. org/en/mission/past/unosom2backgr2. html.

为索马里联邦政府的亲信，曾为促进索马里和平进程释放了积极的信号。但是 2019 年 1 月，索马里政府决定驱逐联合国驻该国特使尼古拉斯·海索姆（Nicholas Haysom），这一事件给索马里能否真正实现政治稳定与和平打上了问号。海索姆曾成功担任联合国驻苏丹特使，但在担任了三个月的联合国驻索马里特使后就被索马里政府赶下台，原因是他"批评"法马约政府于 2018 年 12 月逮捕了索马里西南部州参加总统选举的候选人——"青年党"的前副领导人穆赫塔尔·罗博①。索马里政府在非索特派团和美国等国家的协助下，多年来一直在同"青年党"进行战斗。在与"青年党"其他领导人多次发生冲突后，穆赫塔尔·罗博于 2017 年从"青年党""叛逃"，2018 年进入索马里政府议会，也因此被"青年党"列入其打击名单中。

　　起初，索马里联邦政府同罗博秘密谈判并对他脱离"青年党"表示欢迎。但在罗博宣布有意参与总统竞选后，联邦政府首先试图劝阻，随后立即将其逮捕。这激起了罗博的支持者在索马里西南州首府拜多阿发动政治骚乱，索马里安全部队对当地群众进行了暴力镇压，造成至少 15 人死亡。为此，海索姆于 2018 年 12 月 30 日写信给索马里联邦政府，要求对抗议暴力事件进行调查，并要求索马里提供逮捕罗博的法律依据。2019 年 1 月 1 日，索马里政府迅速作出回应，向联合国表示海索姆在该国已不再受欢迎。索马里联邦政府通过干预手段造成前"青年党"副领导人被捕并引发当地暴力事件频发，这必将破坏索马里全国选举进程，也会对其他地区即将举行的选举产生负面影响，甚至抑制未来其他"青年党"成员叛逃的可能性，增加了反政府武装暴力换取政治权力的几率。虽然近年来索马里"青年党"屡遭军事挫败，但始终未被完全歼灭，因此通过谈判劝其领导人和追随者放弃暴力对该国的未来至关重要。索马里政府本应将罗博树立成其激励叛逃运动的典型，并给其他国家类似情况提供参考和范本，但对罗博的匆忙逮捕却令索马里内部再次陷入不稳定局势。②

　　国家安全治理较弱和治理机构脆弱导致国家陷入安全困境。自 2018

---

① UN News, "UN Chief Expresses 'Full Confidence' in Top Somalia Official Following Government Explusion", January 4, 2019, https：//news. un. org/en/story/2019/01/1029842.

② Peter Fabricius, "Somalia Shoots Itself in the Foot", Institute for Security Studies，January 11, 2019，https：//issafrica. org/iss – today/somalia – shoots – itself – in – the – foot.

年埃塞俄比亚加快国内改革速度，国内族群暴力冲突事件激增。国家治理较弱导致族群间竞争加剧、暴力相向。尽管埃塞俄比亚采取了硬性和软性措施，包括动用安全部队、警察，呼吁和解，冲突预防，以及邀请传统族群社会的长老召开和会等，但是恢复法治和社会秩序的能力依然非常弱。目前埃塞俄比亚安全治理能力较弱体现在三个方面：第一，国家整体安全指挥和控制能力不足。埃塞俄比亚一些地方的国家安全机构的办公楼在抗议游行和暴力冲突期间就被严重破坏或被完全拆除。在奥罗米亚州和阿姆哈拉州部分地区，安全和行政机构大楼被抗议示威群众严重冲撞，甚至部分公务员、部队人员和警察被示威者煽动暴力情绪，陆续加入到示威者队伍当中。还有一些执法人员虽然站在政府一边维持治安，但却出于报复或个人利益的考虑不加区别地抓捕群众，加剧了埃塞俄比亚民族冲突的紧张状况。第二，联邦政府与地方政府权力开始失衡。过去埃塞俄比亚联邦政府与地方政府权力关系明确，由埃塞俄比亚人民革命民主阵线（EPRDF，简称"埃人阵"）领导的联邦政府对地方政府拥有很大的权力，无论政策制定还是财政和行政决策都是自上而下的，确保了中央和地方之间清晰的层级和控制权。但是随着阿比总理政治改革的推进，地方政府对联邦政府的态度日益强硬。在提格雷州和阿姆哈拉州，地方政府无视联邦政府逮捕嫌犯命令的事件不断出现，提格雷州和阿姆哈拉州在安全事务上的自主权也大幅增加，在中央政府没有授权的情况下私自扩大部队规模。第三，缺乏明确、有原则的框架指导安全部队和警察行动。阿比在安全领域改革，强调以和解、全国对话等温和、和平的方式来解决武装冲突问题，导致国内部队和警察理解偏差，他们在暴力冲突爆发时不愿意采取行动防止冲突蔓延。①

二 边界争端和分离主义

和非洲大陆的其他地方一样，非洲之角国家的大部分边界都是由殖民主义列强强行划分的。这些划分不当的边界通常造成民族、文化和地理上的分歧，其结果是非洲之角区域的同一民族被殖民边界分隔在不同

---

① Semir Yusuf, "Drivers of Ethnic Conflict in Contemporary Ethiopia", Monograph 202 of Institute for Security Studies, December 2019, pp. 30 – 33.

国家里。因此，在去殖民化期间所作的相应政治安排，导致以坚持领土完整为核心价值的国家间关系的不稳定，领土完整是非洲后殖民时期最为重视的。1964年，非统在召开第一届首脑会议时就确立了"非洲边界不可变更"的原则。虽然大多数非洲国家似乎已经接受了殖民边界，但非洲之角国家却因殖民边界划分的遗留问题面临严重的边界争端，陷入了多场武装冲突。该区域的每一个国家都与至少两个邻国存在边界争端。例如，边界争端就对索马里与埃塞俄比亚关系、索马里与肯尼亚关系产生了负面影响。虽然埃塞俄比亚是非洲唯一未遭受西方殖民的国家，但其与周边邻国边界划分的模糊性为民族群体间分裂和不平等埋下了隐患。埃塞俄比亚和苏丹之间，埃塞俄比亚和厄立特里亚之间，索马里的邦特兰地区和索马里兰地区之间，以及苏丹与南苏丹之间也都存在有争议的边界问题。[①]

　　非洲之角地区的边界问题仍然是导致该地区武装冲突频仍的重要原因。殖民国家建立的结构和体制机制加剧了被殖民国家在后殖民时期的内部矛盾。殖民时期遗留下来的一些发展问题和社会经济安排，以及相互认同的权力关系已成为后殖民时代冲突的根源。一是殖民边界划分的任意性，造成部分民族被人为划分在不同行政区甚至国度内。边界的任意性和由此造成的民族群体分裂问题在非洲之角国家十分显著。民族群体的分裂不仅会破坏社会和文化联系，还会阻碍依赖区域生态系统生存的族群间流动，从而影响经济发展。民族群体的分裂还会引起公民身份问题和身份认同问题，在许多情况下还会导致这些群体被边缘化。例如，殖民时期对索马里的分裂永久损害了索马里人民的团结和统一。索马里当代诗人哈拉提（Hadrawi）在其诗作中多次表示，当今索马里的大多数问题都源于西方殖民统治，殖民势力摧毁了索马里的社会和经济体系。[②]贫弱的索马里政府不得不把全部资源投入到索马里统一当中，但缺乏统一民族认同感的索马里人更在意的则是自己的族群身份或宗族身份。二是边界问题在某些情况下还是领土问题。在许多情况下，殖民地的边界没有在地面上有明确的界

---

① Redie Bereketeab edited, *The Horn of Africa: Intra-State and Inter-State Conflicts and Security*, pp. 85 – 86.

② Afyare Abdi Elmi, Abdullahi Barise, "The Somali Conflict: Root Causes, Obstacles, and Peace-building Strategies", *African Security Review*, 15. 1, 2006, p. 36.

线或地标，这种模糊导致后来非洲大陆上爆发多起边界争端。1998 年至 2000 年的埃塞俄比亚—厄立特里亚边境战争就是其中最严重的一场，但时至今日非洲之角边界争端依然存在。边界冲突主要是国家间冲突，会对国家间关系产生严重影响。例如，2011 年南苏丹独立之时，倾向苏丹的米塞里亚族（Misseriya）和倾向南苏丹的恩古克—丁卡族（Ngok Dinka），就在盛产石油的阿卜耶伊地区应当归属苏丹还是南苏丹这一问题上存在矛盾。①

阿卜耶伊地区的争议对于未来苏丹和南苏丹国家间关系走向具有举足轻重的作用。阿卜耶伊是南科尔多凡州一块有争议的飞地，位于苏丹中西部，横跨苏丹和南苏丹分界线。自 18 世纪中叶以来，以游牧为生的米塞里亚族和恩古克—丁卡族就在这里居住。由于北部的沙漠化和土地退化以及南部持续的冲突和战争等现实情况，米塞里亚族和恩古克—丁卡族的游牧生活日益困难，两个民族自 1965 年以来暴力冲突不断增加。

2005 年 1 月，在苏丹第二次内战结束后，苏丹南北双方在国际社会斡旋下签订了《全面和平协议》，在阿卜耶伊设立特别行政区，恩古克—丁卡族有权决定是留在北部苏丹还是并入南部苏丹。同时，阿卜耶伊地区的边界由多国专家组成的阿卜耶伊边界特别委员会（ABC）来决定。尽管南北双方达成了和平协议，但阿卜耶伊的争端使摇摇欲坠的联合政府内部分歧遗留了下来。② 同年 7 月，苏丹全国大会党③就向苏丹总统提交报告，否决了《全面和平协议》的"最终和有约束力的决定"，这造成了"阿卜耶伊领土之谜"④。2008 年 5 月，苏丹武装部队和苏丹人民解放军为了争夺阿卜耶伊这块石油资源丰富的土地爆发了流血冲突。与此同时，米塞里亚族和恩古克—丁卡族之间爆发族群冲突，他们分别充当苏丹武装部队和苏丹人民解放军的"代理人"，从而导致 2011 年 1 月的

---

① Kidane Mengisteab, "Critical Factors in the Horn of Africa's Raging Conflicts", Discussion Paper 67 of Nordic Africa Institute at Uppsala, 2011, pp. 19 – 21.

② Talal Saad Osman, Simon Jennings, "Abyei Dispute Threatens Sudan Accords", Institute for War & Peace Reporting, October 11, 2012, https：//iwpr. net/global – voices/abyei – dispute – threatens – sudan – accords.

③ 苏丹全国大会党的前身是该国执政党全国伊斯兰阵线，2019 年苏丹发生军事政变，总统巴希尔下台后，该政党已解散。

④ Stephen Kelly, "Abyei Holds the Key to Peace in Sudan", Commentary of RUSI, December 21, 2010, https：//rusi. org/commentary/abyei – holds – key – peace – sudan.

第一周——南苏丹全民公投的前两天，阿卜耶伊爆发了激烈的战斗，造成约 33 人死亡。[①] 同年 5 月，苏丹武装部队将苏丹人民解放军从阿卜耶伊地区驱逐出去。[①] 苏丹南北方问题也涉及分离主义情绪。苏丹遭遇国家分裂命运与其国家内部政治现实是紧密相连的。分离主义的主要目标是单方面从主权国家中分离出去以建立独立国家。分离主义者通常具有相同的民族、宗教、意识形态、语言、文化或历史背景而被认为是"团结世界"内的人。还有一些人被视为分离主义者的支持者，因为"他们是对手集团众所周知的历史敌人"。[②]

不仅是南部苏丹和北部苏丹，冷战刚刚结束，整个非洲之角就面临来自分离主义的严峻挑战。1991 年，厄立特里亚脱离了外界强加给它的、与埃塞俄比亚之间的联盟，并于 1993 年举行公投，宣布独立，这是后殖民时代分离主义在非洲首次获得成功。同样在 1991 年，于 1960 年宣布独立的索马里共和国面临内部分裂，其中位于索马里西北部的索马里兰地区单方面宣布独立。另外，索马里邦特兰地区于 1998 年宣布自治，但没有正式宣布独立。索马里分离主义情绪高涨与索马里国家内部的分崩离析密切相关。[③] 相对于厄立特里亚来说，索马里文化上更为单一，属于同质化民族，作为殖民统治产物的"索马里兰共和国"严重挑战了威斯特伐利亚体系和民族国家概念，但是"索马里兰共和国"在没有得到外部承认的情况下依然存在了 30 年，获得了事实上的独立。

早在 19 世纪索马里兰地区就沦为英国的保护地，直到 20 世纪 60 年代才与意属索马里地区统一。索马里民族独立、国家统一初期就面临强烈的分离主义情绪，很多索马里兰人强烈不满国家权力过于集中于索马里南部，而其他地区未能分享国家权力，政治、经济和社会资源分配不公。20 世纪 80 年代，索马里兰地区反政府武装——"索马里民族运动"成立，其政治诉求就是推翻巴雷政权。1991 年 1 月，索马里民族运动和其他叛乱

---

① Redie Bereketeab edited, *The Horn of Africa: Intra-State and Inter-State Conflicts and Security*, pp. 109 – 112.

② Redie Bereketeab edited, *The Horn of Africa: Intra-State and Inter-State Conflicts and Security*, pp. 123 – 124.

③ Redie Bereketeab edited, *The Horn of Africa: Intra-State and Inter-State Conflicts and Security*, pp. 181 – 182.

组织共同推翻了巴雷政权，索马里民族运动随即控制索马里西北部地区，占有原索马里 18 个省中的 5 个省。索马里民族运动拒绝承认由另一个民兵组织领导的索马里临时政府，于是在同年 5 月宣布以哈尔格萨市为"首都"，单方面宣布索马里兰独立。2001 年，"索马里兰共和国"选民公投通过了索马里兰首部"宪法"，此次公投也表明了索马里兰正从宗族权力分享制向"多党民主制"过渡。2003 年"索马里兰共和国"首次举行"多党民主制"选举，2010 年"索马里兰共和国"实现权力的和平转移，反对派"和平、团结与发展党"上台。2017 年 11 月，缪斯·比希·阿卜迪（Muse Bihi Abdi）在大选中获胜，当选"索马里兰共和国总统"。①

"索马里兰共和国政府"一直宣称，其主张独立的理由符合主权民主国家的大多数要求，包括举行了自由公正的选举，拥有自己的货币、安全力量并发行护照。"索马里兰共和国政府"认为，索马里兰地区在殖民时期已"独立"，那么现在索马里兰的独立主张就不违背非盟及其前身非统所提出的"非洲边界不可变更"原则，但是索马里兰地区的独立主张并没有得到索马里政府和国际社会的承认。阿卜迪还将索马里兰经济困难归因于"国际社会不承认索马里兰'主权'"。土耳其政府主持的索马里兰和索马里统一的谈判在 2015 年 3 月破裂，之后索马里总统法马约多次推动重启这场陷入僵局的谈判，但是索马里兰"独立"决心坚定。索马里兰"外交部长"曾表示，虽然索马里兰愿意在反恐和粮食危机等问题上与索马里政府合作，但双方合作的前提是必须"承认对方为独立的非洲国家"②。双方外交复杂化的原因是索马里长期局势不稳定——武装冲突、"青年党"快速发展、环境恶化、干旱和饥荒频现以及海盗问题的必然结果。2019 年 9 月，索马里兰表示愿意在限定条件下重启与索马里的谈判。2020 年 2 月，在埃塞俄比亚总理阿比的斡旋下，索马里总统法马约与阿卜迪在亚的斯亚贝巴举行首次会晤，但会晤内容未向外界透露，索马里与索

---

① Garowe Online, "Somalia: Muse Bihi elected as the 5th President of Somaliland", November 21, 2017, https://www.garoweonline.com/en/news/somaliland/somalia-muse-bihi-elected-as-the-4th-president-of-somaliland.

② Claire Felter, "Somaliland: The Horn of Africa's Breakaway State", Council on Foreign Relations, February 1, 2018, https://www.cfr.org/backgrounder/somaliland-horn-africas-breakaway-state.

马里兰之间和平统一进程依然未知①。

第二节 经济原因

本节将围绕自然资源与周围环境、冲突成本与武器流通，归纳经济因素在造成非洲之角地区武装冲突频仍中的作用。

一 自然资源与周围环境

非洲之角武装冲突的经济驱动因素并不是直接表现出来的，而是隐藏在民族主义、宗教意识形态或政治当中，但其本质是对生产资源所进行的权力斗争。② 虽然非洲之角部分国家拥有丰富的自然资源和大量未开发的土地资源，但是非洲之角地区地域广阔，区域国家在农业、水资源、矿产和石油等能源方面资源禀赋千差万别。冷战结束后，非洲之角因争夺自然资源以及环境退化等问题时常陷入暴力冲突。

整体来说，非洲之角地区自然资源分布不均，部分国家长期遭受气候变化所造成的干旱、蝗灾及其所引发的粮食危机和饥荒。早在殖民主义时期，非洲之角部分地区因资源匮乏而被殖民者"边缘化"和歧视，从而进一步加深了这些地区资源紧张的矛盾。榨取殖民地丰富的自然资源和开发殖民地优渥的自然环境是西方殖民主义者殖民扩张的主要目标，矿产资源丰富的地区，土地肥沃、地理环境优越和交通便利的地区通常成为殖民列强的投资目标，但这也造成殖民地地区间发展的不平衡，一些资源相对匮乏的地区被西方列强视作"无利可图"，被边缘化，这些地区往往因为内部资源争夺而成为武装冲突频发的中心。③ 例如，资源稀缺是推动索马里武装冲突爆发的重要因素，索马里不同势力和群体发起武装暴力斗争争夺

---

① Mo Duale, Jama Farah, "Somaliland, Somalia presidents meet in Addis Ababa", Horn Diplomat, February 11, 2020, https://www.horndiplomat.com/2020/02/11/somaliland – somalia – presidents – meet – in – addisababa/.

② Roy Love, "Economic Drivers of Conflict and Cooperation in the Horn of Africa: A Regional Perspective and Overview", AFP Briefing Paper of Chatham House, December 2009/01, p. 2.

③ Kidane Mengisteab, "Critical Factors in the Horn of Africa's Raging Conflicts", Discussion Paper 67 of Nordic Africa Institute at Uppsala, 2011, pp. 21 – 22.

国内有限资源。

非洲之角约 80% 的地区属于干旱或半干旱的低地，平均每年降雨量少于 400 毫米。在近半个世纪的时间里，非洲之角地区环境迅速恶化，除了周期性的干旱等自然灾害频发，还出现长期的粮食和水资源短缺问题。全球变暖加剧了该区域的气候危机，给生存环境和粮食生产带来压力。例如，苏丹地区自然资源虽然丰富，铁、铜、石油、天然气和水资源储量丰富，但该国地处生态过渡带，长期受干旱、水灾和沙漠化的影响。吉布提自然资源贫乏，境内地形复杂，其中沙漠和火山占全国总面积的 90%。埃塞俄比亚的矿产和水资源都极为丰富，但是过度砍伐和垦荒造成了境内水土流失严重，森林覆盖率极低。全球气候变化和各种人类活动，包括人口的迅速增长、土地使用方式的变化和长期的武装冲突，都反过来进一步造成非洲之角地区的环境退化，最终导致该地区经济和社会混乱、人员流离失所和争夺资源的武装冲突频仍。非洲之角日益恶化的环境条件给该区域的人口，特别是农民和游牧民族带来了越来越大的压力，并导致以争夺土地和水资源为导向的族际冲突。[1]

达尔富尔地区冲突、阿卜耶伊地区冲突都是自然资源争夺战的典型事例。其中，在阿卜耶伊石油资源分配上，苏丹各政党之间争论不休、摩擦不断，极为不团结。而石油勘探和生产公司又分别与苏丹全国大会党、苏丹人民解放运动保持利益来往，域外国家和国际组织也积极介入苏丹石油财富的分配，造成矛盾复杂化。对苏丹全国大会党和苏丹人民解放运动来说，真正重要的是阿卜耶伊地区的石油财富；对阿卜耶伊地区的牧民来说，土地资源，尤其是放牧用的水、牧场和森林资源，则是至关重要的。然而，作为一个有争议的区域，阿卜耶伊可能是苏丹未来稳定的关键。苏丹担心如果让出阿卜耶伊地区，他们不仅会失去大量的石油，还会失去苏丹和南苏丹边界上其他有争议的资源丰富地区。时至今日，苏丹和南苏丹双方就阿卜耶伊地区的争议依然未达成有效协议，而且南苏丹也会不顾一切地保住阿卜耶伊的石油资源和石油资源所带来的巨大收益。[2] 目前非洲

---

[1] Kidane Mengisteab, "Critical Factors in the Horn of Africa's Raging Conflicts", Discussion Paper 67 of Nordic Africa Institute at Uppsala, 2011, p. 23.

[2] Redie Bereketeab edited, *The Horn of Africa: Intra-State and Inter-State Conflicts and Security*, pp. 109 – 112.

之角除了苏丹和南苏丹是重要产油国以外，肯尼亚和乌干达等国也都宣布有可观的石油和天然气储量①，这都增加了该区域因争夺资源而爆发冲突的风险。

另外，殖民时期遗留的边界问题，也导致非洲之角国家自然资源分配争议，特别是河流，出现了跨境分布的特点，所以又被称为"跨界资源"。跨界资源的管理是一把双刃剑：良好的跨界资源管理可以促进区域合作与安全，但失败的跨界资源管理也可能助长区域国家间的不信任和敌对态度。非洲之角国家间恰恰缺乏跨界水资源共享机制。因此，在使用共同水资源方面存在着严重的不信任和不相容的立场。

例如，尼罗河流经非洲东北部，途经肯尼亚、乌干达、埃塞俄比亚、厄立特里亚、苏丹、埃及等10个国家。尼罗河沿岸国家对尼罗河水资源分配存在争端。尽管1999年尼罗河沿岸国家签署了《尼罗河盆地倡议》（NBI），但在使用尼罗河水方面，一些国家之间因相互触碰核心利益依然存在着持久分歧。其争论的焦点是关于尼罗河水利用的两项协定——1929年的《尼罗河水协定》和1959年埃及和苏丹之间有关尼罗河水资源利用问题的协定。② 尼罗河上游国家，特别是埃塞俄比亚和乌干达，对1959年下游国家埃及和苏丹之间分配尼罗河水资源的协定感到不满。就埃及和苏丹而言，它们不愿意就其他国家希望公平分享尼罗河水资源的愿望再达成新的协定。尼罗河水资源时常与包括国家安全在内的各类政治问题交织在一起。埃及就因此形成了"水文政治"（hydropolitics），经常利用尼罗河水域争端问题煽动国内民族主义情绪来转移国内的政治矛盾。③ 因此，尼罗河水资源争端使得次区域内国家行为者之间的关系持续紧张。④

2010年5月，埃塞俄比亚、乌干达、坦桑尼亚、卢旺达和肯尼亚等国在

---

① IEA Kenya, "How much oil? Why East Africa's bounty is neither significant nor exceptional", The East African, June 11, 2018, https://www.theeastafrican.co.ke/business/Why-East-Africa-oil-is-neither-significant-nor-exceptional-/2560-4606134-kfoqmvz/index.html.

② ［埃及］艾哈迈德·赛义德·纳贾尔：《尼罗河流域国家水资源关系展望》，杨玉鑫译，中国社会科学出版社2019年版，第101—102页。

③ Redie Bereketeab edited, *The Horn of Africa: Intra-State and Inter-State Conflicts and Security*, p. 86.

④ Redie Bereketeab edited, *The Horn of Africa: Intra-State and Inter-State Conflicts and Security*, p. 86.

《尼罗河盆地倡议》基础之上又签署了《尼罗河合作框架协议》，以便尼罗河流域各国能够平等、合理地使用水资源，该协议还要求建立一个常设的尼罗河流域委员会，以监督尼罗河流域各国的水资源使用情况。但是自 2011 年上游国家埃塞俄比亚宣布要在尼罗河重要源流青尼罗河修建"复兴大坝"（Renaissance Dam）以来，"复兴大坝"项目就引发了下游国家苏丹和埃及对用水安全等问题的恐慌。埃及曾以发动战争之名来威胁埃塞俄比亚放弃大坝修建，一度给次区域安全局势蒙上阴影，直到 2015 年 3 月，埃及、苏丹和埃塞俄比亚领导人签署了关于青尼罗河水域的原则声明和合作框架，但是尼罗河沿岸国家对尼罗河水资源的长期争端并没有因此彻底结束。①

2020 年 7 月，三国在非盟的主持下再次就"复兴大坝"展开谈判，但未能达成任何协议。同年 11 月，埃及和苏丹开展了代号"尼罗河鹰 – 1 号"为期两周的联合军事演习，此举激怒了埃塞俄比亚军方。埃塞俄比亚不得不命令原本为了应对提格雷州暴力冲突而成立的西北司令部来监控"复兴大坝"周边环境。其实早在 2020 年年初，埃塞俄比亚就加强了对"复兴大坝"区域的防空防御能力。② 埃及、苏丹和埃塞俄比亚三方的紧张关系将危及青尼罗河水域的安全与稳定。

资源禀赋差异造成的贫困和安全问题严重阻碍了非洲之角区域的可持续发展。世界银行曾表示，开发石油、电力、水资源和发展农业将是非洲之角未来发展的契机，但前提是实现可持续和平。非洲之角国家在红海海域的军用和民用港口，像阿萨布、柏培拉和吉布提港也成为域外和区域内国家争夺的重点。作为区域大国的埃塞俄比亚也认识到"发展—安全关联"的重要性，正在力图有效发挥自己的资源和经济优势、弥补经济短板，推动"经济优先"的国家安全战略的实施。2002 年埃塞俄比亚的《外交事务和国家安全战略》将减贫确定为其国家安全战略的中心。③ 这种

---

① Mwangi S. Kimenyi, John Mukum Mbaku, "The limits of the new ' Nile Agreement'", Brookings, April 28, 2015, https：//www. brookings. edu/blog/africa – in – focus/2015/04/28/the – limits – of – the – new – nile – agreement/.

② Africa Research Bulletin, "Horn of Africa：Risks on all fronts", November 1st – 30th, 2020, https：//onlinelibrary. wiley. com/doi/epdf/10. 1111/j. 1467 – 825X. 2020. 09736. x.

③ IMF, *The Federal Democratic Republic of Ethiopia：Poverty Reduction Strategy Paper Annual Progress Report*, IMF Country Report No. 04/37, February 2004, pp. 1 – 2, https：//www. imf. org/external/pubs/ft/scr/2004/cr0437. pdf.

"经济优先"的安全战略，也是一种由内而外的安全战略。近年来埃塞俄比亚积极推动发展建设、加快经济发展速度，就是要摆脱贫困以更好应对和解决安全问题。埃塞俄比亚积极推动基础设施建设，目标是与邻国共享交通和电网等基础设施，并利用邻国在某些资源领域的比较优势。肯尼亚和苏丹接受了埃塞俄比亚的倡议，提高了彼此互联互通的水平。但推动基础设施建设的同时，埃塞俄比亚、肯尼亚和苏丹又出现了因国家大规模征地引起的土地纠纷，以及因尼罗河水资源引发的争端①。

水和草场资源的稀缺造成部分边缘牧民沦为武装冲突和暴力犯罪的帮凶。畜牧业是非洲之角农村经济的重要组成部分。非洲经济委员会（ECA）报告显示，牧民（游牧民和部分定居的牧民）数量约占索马里和南苏丹人口的一半，占吉布提人口的30%—40%，占其他非洲之角国家人口的10%—20%；非洲之角国家畜牧业对国内生产总值的贡献率非常高，其中吉布提畜牧业占国内生产总值的90%，肯尼亚约43%，索马里约40%。② 受气候变化影响，非洲之角地区的干旱和饥荒导致水资源和放牧土地、草场减少，迫使大批牧民向南迁移至肯尼亚、乌干达等气候温和且草场茂盛的地区。这些遭受饥荒、流离失所的牧民或选择就近定居在农村，或涌入城市棚户区，彻底沦为"边缘人"。随着非洲之角地区油气勘探取得重大进展，石油、天然气和矿产的开采导致周边牧区大量减少，牧民的生计受到严重威胁，越来越多的"边缘"牧民开始从事非法活动，包括加入"青年党"、城市暴力犯罪组织，走私武器，贩毒等，加剧了区域的不稳定性。③

二 冲突成本与武器流通

经济与武装冲突之间的影响是双向的。经济落后增加了武装冲突爆发的几率，反过来武装冲突又遏制了经济发展的机会，使得武装冲突得以长期延续。对于非洲之角国家来说，国家贫穷、经济脆弱大大降低了冲突的

① Alex de Waal, "Horn of Africa and Red Sea Synthesis Paper", London School of Economics and Political Science, 2017, pp. 13 – 14.

② "Pastoralism and Conflict in the Horn of Africa and the Sahel", *Population and Development Review*, Vol. 44, No. 4, 2018, p. 857.

③ "Pastoralism and Conflict in the Horn of Africa and the Sahel", pp. 857 – 860.

成本。

经验数据显示，一个低收入国家在任何五年内面临的内战风险大约为14%，经济增长率每增加一个百分点，发生内战的概率就降低一个百分点。例如，如果一个低收入国家的经济以3%的速度增长，那么发生内战的风险就会从14%降低到11%；如果经济以3%的速度下滑，内战爆发的风险就会增加到17%。[①] 对于经济脆弱的国家，失业率居高不下，民众参与叛乱或其他形式武装冲突的机会成本更低，甚至参与冲突还可以带来更高的利润或非法收入（见表3-1）。因此武装冲突更有可能在低收入国家爆发，特别是经济增长缓慢，甚至经济停滞或衰退的国家。[②]

表3-1　　　　　　　　世界银行有关冲突原因的咨询和调研结果

原因	内因	外因
安全	暴力后遗症	入侵、占领
		国内叛乱的外部支持
		跨界冲突外延
		跨国恐怖主义
		国际犯罪网络
经济	经济水平低，叛乱机会成本低	价格冲击
	青年失业	
	自然资源财富	气候变化
	严重腐败	
	快速城市化	
公正	民族、宗教或区域竞争	世界范围内民族或宗教群体歧视
	实际或觉察到的区别对待	
	虐待	

资料来源：世界银行《2011年世界发展报告：冲突、安全和发展》（*World Development Report 2011: Conflict, Security, and Development*）。

---

① Paul Collier, *The Bottom Billion: Why the Poorest Countries are Failing and What Can Be Done About It*, Oxford: Oxford University Press, 2007, pp. 19 - 21.

② Paul Collier, *The Bottom Billion: Why the Poorest Countries are Failing and What Can Be Done About It*, pp. 19 - 21.

2019 年非洲之角区域国内生产总值总量为 6.3 亿美元，区域国家年经济增速平均值为 4.9%，人均国内生产总值平均值为 2621 美元。[①] 冷战后 30 年里非洲之角国家整体上经济增速平缓，其中，南苏丹自成立以来经济增速波动较大并出现长期的经济负增长，埃塞俄比亚依然是该区域经济增速最快的国家，但近年来也出现了微弱下滑的趋势（见图 3 - 2）。

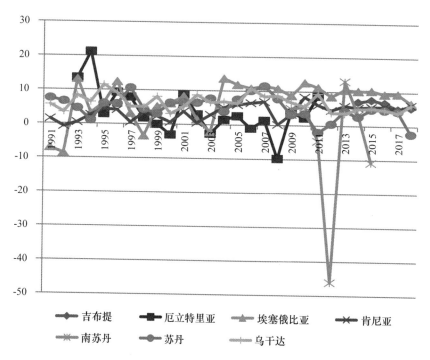

图 3 - 2　1991—2018 年非洲之角国家年均经济增速对比（%）

注：因索马里数据缺失，故图片中未显示 1991 年至 2018 年索马里年均经济增速。

资料来源：作者根据世界银行发展指数（World Bank Development Indicators）数据整理绘制而成。

2019 年非洲之角国家人口增长率的平均值为 2.5%，就业人口（15—64 岁）占总人口比例的平均值为 42.7%[②]。根据 2019 年国际劳工组织报告数据，非洲之角国家 15—24 岁青年失业率呈现不断攀升态势，其中 2018 年撒

① TANA Forum, "Information of HOA Countries", IPSS, 2019, www.tanaforum.org.

② TANA Forum, "Information of HOA Countries".

哈拉以南非洲地区青年失业率平均达 13.2%，而厄立特里亚、埃塞俄比亚、肯尼亚、索马里、南苏丹、苏丹和乌干达的青年失业率分别为 11.6%、2.8%、18.5%、24.9%、19.6%、26.7%、2.6%，普遍高于地区平均水平，特别是厄立特里亚、肯尼亚、索马里、苏丹和南苏丹。① 非洲之角青年失业问题是导致该区域移民和极端主义激增的主要原因。

经济水平落后、失业率攀升，令非洲之角沦为典型的军事化"政治市场"，即可以通过交换政治服务或忠诚来获取报酬或许可的市场，武力或暴力是寻租的工具。1991 年冷战结束，美苏超级大国在非洲之角区域的利益下降，该区域从美苏手中获取佣金的可能性大幅降低。但是随着反恐战争的兴起，以及中东等域外国家在该地区的盟友争夺，侵占政府发展援助款项、反恐等安全合作资金、非法犯罪（武器贩运、人口贩卖和海盗行为）都成为非洲之角新的寻租方式。② 海外的私人汇款（见图 3-3）也可以支持非洲之角武装派别叛乱和加剧武装冲突。例如，索马里海外移民的汇款不仅帮助了索马里兰的索马里民族运动建立了"索马里兰共和国"，还帮助"青年党"进行"金融圣战"。2006 年，苏丹海外移民通过正规渠道向苏丹境内的汇款达 11.57 亿美元，占苏丹当年国内生产总值的 3.1%；到 2008 年苏丹流入汇款达 19 亿美元，占当年国内生产总值的近 3.4%③。厄立特里亚等国家通过官方渠道获得的国外私人汇款，不仅增加了厄立特里亚中央银行的外汇储备，而且这些外汇储备也被用于政府的军事采购。另外，寻租所导致的腐败也在非洲之角国家部队中蔓延，从"发动武装冲突—采购武器—收取回扣"的利益链条里获利成为不争的事实。2007 年至 2008 年，位于南部苏丹的苏丹人民解放军收到了从乌克兰购买的 100 辆 T72 坦克和大批其他武器④，一方面这批武器被用于常规军事威慑，另一

---

① International Labour Organization, ILOSTAT Database, 其中吉布提的青年失业率数据缺失，https：//data. worldbank. org/indicator/SL. UEM. 1524. ZS? locations = ZG.

② Alex de Waal, *The Real Politics of the Horn of Africa*：*Money，War and the Business of Power*, Cambridge：Polity, 2015.

③ IOM, *Migration in Sudan*：*A Country Profile 2011*, 2011, p. 67, https://publications. iom. int/system/files/pdf/mpsudan_ 18nov2013_ final. pdf.

④ Jeffrey Gettleman, Michael R. Gordon, "Pirates' Catch Exposed Route of Arms in Sudan", *The New York Times*, December 8, 2010, https://www. nytimes. com/2010/12/09/world/africa/09wikileaks - tank. html.

方面这笔开支并未在账面显示，因为国防采购成为既得利益者牟利的手段。苏丹的国防开支从 2006 年的 5.86 亿美元增加到 2011 年的 10 亿多美元，平均占该国国内生产总值的 5.5%①。之后，苏丹政府表示将对达尔富尔反政府武装做出军事反应，又使得苏丹军费在 2016 年和 2017 年猛涨，2017 年苏丹军费上涨 35%，至 44 亿美元，苏丹成为撒哈拉以南非洲最大的军费支出国。②

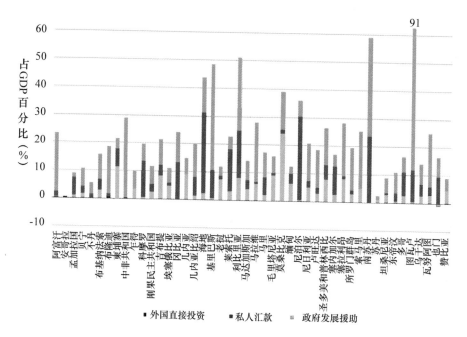

图 3 - 3　2015—2017 年世界最不发达国家主要外来资金流

注：2015—2017 年，该图显示了流入世界最不发达国家主要外部资金占接收国国内生产总值的比例，其中政府发展援助依然是非洲之角国家最主要的外来资金流，私人汇款和国外直接投资也占有一定比例。

资料来源：联合国贸易和发展会议《2019 年世界最不发达国家报告》（*The Least Developed Countries Report 2019*）。

---

① Jeffrey Gettleman, Michael R. Gordon, "Pirates' Catch Exposed Route of Arms in Sudan", *The New York Times*, December 8, 2010, https：//www. nytimes. com/2010/12/09/world/africa/09wikileaks - tank. html.

② SIPRI, *SIPRI Yearbook 2018*（中文版），p. 139.

冷战结束30年里,非洲之角依然饱受内战和国家间战争的破坏,农牧业和工业生产基础薄弱,军费开支却高居不下。但是对于该地区战争经济成本的估计并不全面,数据信息残缺不全,仅能从部分文献中略窥一二。联合国贸经委曾估计,每年全球因武装暴力造成的经济损失就高达数千亿美元。虽然有许多方法可以计算武装暴力的成本,但成本的真实数值最终还是取决于武装暴力的持续时间、严重程度和空间分布,因此存在较大计算难度。如果考虑到武装冲突的后果,武装暴力的总费用将进一步上升。平均来讲,国内武装冲突会造成该国国内生产总值每年至少减少2%。根据条件估值法计算,武装冲突产生的全球不安全成本高达人均70美元,或全球每年4000亿美元的成本负担。① 美国非洲裔学者基达内·门格斯代普（Kidane Mengisteab）估计,埃塞俄比亚在与厄立特里亚的边界战争中总共花费了约25亿美元,其中厄立特里亚一方的作战费用为5亿—15亿美元。乌干达政府估计其在1986—2002年的战争费用支出总共约为13.3亿美元,约占其国内生产总值的3%②。尽管军事开支占国内生产总值的比例可以直观反映武装冲突的代价对该国经济发展的显著影响,但军事开支占国内生产总值的比例却不能反映武装冲突对普通民众所造成的直接和间接成本。③

小型及轻型武器的快速扩散也是非洲之角区域武装冲突频仍的重要原因。经济发展与小型及轻型武器扩散之间存在着负相关关系。传统经济发展活动、救济和人道主义工作以及冲突后和平建设都因小型及轻型武器在非洲之角区域的供应和使用而受到严重阻碍。在该区域许多国家,因为缺乏国家治理,政府无法为民众提供安全保障,许多个人就通过多种途径获取武器以确保自身的安全,武器流通的频繁同时抑制了经济社会的发展与进步,政府变得更加贫弱,更无力保障国家和民众的安全④。非洲之角小

---

① Graduate Institute of International and Development Studies, "Economic Impact of Armed Violence", Small Arms Survey, http：//www. smallarmssurvey. org/armed – violence/social – and – economic – costs/economic – impact – of – armed – violence. html.

② Kidane Mengisteab, "Critical Factors in the Horn of Africa's Raging Conflicts", Discussion Paper 67 of Nordic Africa Institute at Uppsala, 2011, p. 18.

③ Kidane Mengisteab, "Critical Factors in the Horn of Africa's Raging Conflicts", p. 18.

④ Lynne Griffiths-Fulton, "Small Arms and Light Weapons in the Horn of Africa", The Ploughshares Monitor Summer, Volume 23, Issue 2, 2002, https：//ploughshares. ca/pl_ publications/small – arms – and – light – weapons – in – the – horn – of – africa/.

型及轻型武器的扩散与交易是该区域冷战后武装冲突激增的重要根源,进一步加剧了民众的痛苦。小型及轻型武器在非洲之角的快速扩散主要源于该地区的反殖民主义斗争和冷战时期的"代理人战争"。之后,乌干达、埃塞俄比亚、索马里和苏丹的内战又再次扩大了小型及轻型武器非法市场和增加了武器非法使用的需求。并且,鉴于小型及轻型武器轻便、价格合适、容易获取,它们还被非洲之角的农牧民用于自然资源争夺所引发的武装冲突,并导致内罗毕、索马里和乌干达等城市暴力犯罪飙升。由于非洲之角国家的边界争端、边界变化和边界管控不严,政府治理能力薄弱以及国家安全体系无效,小型及轻型武器在该区域武装冲突之间迅速流转,可谓"无孔不入",已远超警察和军队的管辖范围,政府很难加以控制。犯罪组织、私人安保、民兵和个人都成为小型及轻型武器的主要需求者。[1] 例如,在非洲之角跨界牧民群体中,为了保护个人和牲畜的安全,牧民们可在非法市场上轻易获得小型及轻型武器,形成了所谓的"枪支文化"[2],但武器却成为族群间掠夺牲畜的便利工具,甚至引发族群间致命的暴力冲突。随着牧区武器数量的饱和,牧民自身也成为非牧区、农村和城市中心的小型及轻型武器供应者。由于治安不力,执法当局难以应对非法武器地下交易市场的发展。因此,在城市、农村和边境地区的武装犯罪和武装冲突不断增加。

尽管冷战后全球流通的小型及轻型武器总数不得而知,但据瑞士日内瓦国际与发展研究所《2001年小型及轻型武器调查》(*Small Arms Survey*)估计,仅在非洲,小型及轻型武器的流通数量就接近1亿。2001年,小型及轻型武器的流通共造成22个非洲国家爆发武装冲突,夺走了700万—800万非洲民众的生命。[3] 鉴于非洲之角地区是非洲政治和社会动荡最严

---

① Arms Control Association, "Small Arms and Light Weapons: Controlling the Real Instruments of War", an article adapted from a chapter in *Light Weapons and Civil Conflict: Controlling the Tools of Violence* edited by Jeffrey Boutwell and Michael Klare, 1998, https://www.armscontrol.org/act/1998_08 – 09/mkas98.

② 因长期受极权主义影响,部分族群被政治和社会边缘化,为了保护自身安全,枪支与粮食在埃塞俄比亚、肯尼亚和南苏丹的牧民聚集区里具有同等地位。具体参见 Small Arms Survey, "Evolving Traditional Practices: Managing Small Arms in the Horn of Africa and Karamoja Cluster", *Armed Actors Issue Brief*, Number 3, June 2014, p. 5.

③ Michael Fleshman, "Small arms in Africa", *Africa Renewal*, December 2011, https://www.un.org/africarenewal/magazine/december – 2011/small – arms – africa.

重的地区之一，小型及轻型武器的使用率也是非常高的。这些小型及轻型武器，再加上非洲之角当地手工作坊制造的小型武器，都成为引发当地武装冲突的重要元凶，令非洲之角国家、地区层面和国际社会所作出的武装冲突管理的努力付诸东流。《2009 年小型及轻型武器调查》估计，苏丹南北方的小型及轻型武器大约共计 270 万支，超过三分之二的小型及轻型武器落在非国家行为者——反叛组织和族群民兵——的手中。这部分武器的扩散被认为是导致北部苏丹和南部苏丹武装暴力和冲突爆发升级的关键因素。在苏丹第二次内战期间和《全面和平协定》签署之后的六年过渡期间，旧武器依然继续流通，而且新武器还不断流入苏丹境内。在大多数情况下，武器流入苏丹是出口国认可的转让结果，但是还有一些武器通过多种非法手段最终被转移到苏丹国内。例如，武器转移到达尔富尔地区就违反了联合国对该地区的武器禁运决议；还有一些武器越过南部边界被转移到非国家武装组织手中，特别是族群民兵和叛军的手中。苏丹人民解放军和其他南部苏丹叛乱部队也会从战场或从外部供应中获得武器。自 2011 年以来，苏丹—南苏丹边界地区就爆发了武装冲突。2013 年，苏丹政府与达尔富尔反政府武装之间再次爆发冲突；同年，在苏丹南科尔多凡州和青尼罗州的边境地区，苏丹政府同与南苏丹保持一定联系的叛乱分子进行了武装较量。这些持续不断的武装冲突和暴力犯罪使得武器在苏丹境内大量流转和囤积。尽管在经历了十多年的叛乱、代理武装冲突以及苏丹政府与达尔富尔地区阿拉伯人和非阿拉伯人之间的关系转变之后，冲突各方达成了两项和平协议——2006 年的《达尔富尔和平协定》和 2011 年的《多哈达尔富尔和平文件》，但是达尔富尔冲突仍在继续[1]，小型及轻型武器在该地区的流通依然没有得到有效控制。

实际上，苏丹达尔富尔地区受到了联合国武器禁运决议的制约。联合国于 2004 年 7 月首次对该地区实施武器禁运，以表达国际社会对该地区武装冲突所造成的人道主义危机的强烈抗议。联合国武器禁运决议要求苏丹政府履行解除"金戈威德"民兵武装的承诺，并禁止向包括在达尔富尔北部、南部和西部活动的"金戈威德"在内的非政府实体和个人提供武器

---

① Graduate Institute of International and Development Studies, *Small Arms Survey 2014*: *Women and Guns*, Cambridge: Cambridge University Press, 2014, p. 214.

和相关物资。安理会实际上将包括苏丹政府支持的民兵组织——"金戈威德"也列在武器禁运范围内，但是安理会模糊的措辞令苏丹政府并没有对国家支持的民兵组织采取严格禁运的具体措施。2005 年 3 月，安理会再次通过决议，建立了监督达尔富尔地区武器禁运遵守情况的机制。不过，正如《2012 年小型及轻型武器调查》显示，达尔富尔冲突各方仍然通过多种途径继续获得包括小型及轻型武器在内的各类军事资源，公开违反联合国对达尔富尔地区的武器禁运令。[①] 调查发现，禁运的地理范围有限，只覆盖了达尔富尔地区，禁运令还允许国际供应商（国家和企业）向苏丹政府合法提供武器，这就给武器转让提供了机会。相比之下，欧盟将联合国对苏丹的制裁纳入其现有的限制性制度，该制度于 1994 年 3 月首次实行，而且欧盟的武器禁运令覆盖了包括达尔富尔地区在内的整个苏丹领土。南苏丹独立后，欧盟又将武器禁运令扩大到新独立的南苏丹。2012 年 1 月，美国总统奥巴马取消了对南苏丹的国防物资供应限制，称这将"加强美国的安全，促进世界和平"。美国国务院官员表示，奥巴马政府曾与南苏丹讨论如何保护南苏丹的边境和保卫南苏丹人，但美国没有立即批准南苏丹致命武器转让的计划。2001 年至 2012 年，苏丹向联合国商品贸易统计数据库（UN Comtrade）提交的报告显示，苏丹每年常规型武器的进口出现显著波动，进口额从 2001 年的不足 100 万美元增加到 2011 年的近 3400 万美元，2012 年又下降到不足 1000 万美元。其中，常规型武器占这期间进口武器总数的 52%，约一半以上；小型和轻型武器及其部件占进口武器总数的 44%；小型及轻型武器弹药占进口武器总数的 3%。苏丹政府在此期间自行申报的小型及轻型武器、弹药和常规型武器进口中，很多武器来自伊朗（13%）、圣文森特和格林纳丁斯（9%）及乌克兰（8%）。截至 2013 年底，南苏丹没有向联合国商品贸易统计数据库报告任何武器进口。[②]

除了政府军以外，索马里的军阀、民兵和普通民众都成为武器交易的重要参与者。内战中索马里军阀拥有大批重型武器以及小型及轻型武器。索马里过渡联邦政府成立后，这些军阀进入了联邦政府或议会，但依然没有自愿

① Graduate Institute of International and Development Studies, *Small Arms Survey 2014：Women and Guns*, pp. 218 – 219.

② Graduate Institute of International and Development Studies, *Small Arms Survey 2014：Women and Guns*, pp. 218 – 219.

放弃手中的私人武器，这成为索马里安全局势的重大隐患。部分索马里民兵在内战中通过多种途径获取了武器，并利用这些武器对普通民众实施刑事犯罪，包括谋杀、抢劫、强奸和绑架。还有一些从事贸易的索马里商人，为了保护自身生命和财产安全也购买了大量武器。另外，地方安保组织和伊斯兰教法法庭为了便于提供安全保护服务，也收集或购买了大批武器。①

第三节 社会与文化原因

本节将围绕民族矛盾与族群冲突、政治伊斯兰与极端思想，归纳社会与文化因素在非洲之角地区武装冲突频仍中的作用。

一 民族矛盾与族群冲突

事实上，族群矛盾本身并不是非洲武装冲突产生的驱动力，而是西方殖民主义统治者用来追求权力、财富和资源的杠杆和工具。在非洲，少数民族或族群身份是个人社会身份形成的基础，非洲的大多数民族之间通过婚姻、经济伙伴关系和共同价值观都能实现和平共存。例如，肯尼亚是一个多民族国家，但今天的肯尼亚异族通婚十分普遍，许多肯尼亚年轻人，特别是城市地区的年轻人，在成长过程中首先认同自己是肯尼亚人，其次才认同族群归属。许多冲突学者认为以族群来区分武装冲突是毫无根据的。族群身份本身的差异并没有引起冲突。往往是族群的政治化而非族群本身引发了不同族群间相互争斗，族群政治化才是武装冲突产生的根源之一。把非洲所有的武装冲突都误诊为族群冲突是忽视了问题性质的表现。人们不会因为民族、种族差异而互相残杀，但当这些差异被视作民族或种族进步的障碍时，不同民族或种族之间就会互相残杀。1951年1月《防止及惩治灭绝种族罪公约》（简称《灭绝种族罪公约》）正式生效，共计149个国家签署了该公约。公约规定，任何意图全部或部分摧毁一个民族、种族或宗教团体的行为根据国际法都被认定为种族灭绝罪行。非洲之角区域的埃塞俄比亚、苏丹和乌干达都是该公约的缔约国。

---

① Afyare Abdi Elmi, Abdullahi Barise, "The Somali Conflict: Root Causes, Obstacles, and Peace-building Strategies", *African Security Review*, Vol. 15, No. 1, 2006, p. 46.

在许多情况下，国家的政治选择为族群动员奠定了基础。换言之，族群冲突经常出现在国家的行为被认为是由一个特定的族群或群体所支配时，族群感到边缘化时，族群思想动员有限时，或者对权力和资源不平等分配产生不满时。族群冲突的背后是冲突的政治诱因，而冲突动员过程激化了地方民族主义情绪。反映族群多样性和尊重少数民族权利、分享权力以及存在制衡的国家机构减少了人们对族群动员不公正和不安全的看法。另外，建立公平的法律制度是避免族群冲突产生的关键。在公共机构无法伸张正义的社会，族群更有可能诉诸暴力来发泄他们的不满。公正的社会不仅仅需要法律制度，为了防止滥用国家权力，政府还需要实现真正的分权和法治，这样才可以防止政府公职人员利用职权为本民族谋利而损害其他民族的利益。例如，基库尤族和洛斯族在 20 世纪 60 年代成立了肯尼亚非洲民族联盟以争取民族独立，之后又在 2002 年成立了国家彩虹联盟，以求打破肯尼亚一党制对政府权力的束缚。但是对权力分配的不满依然是今天肯尼亚民族问题长期存在的原因，2007 年至 2008 年肯尼亚大选后的流血事件就是本可以避免的宗派仇恨的大爆发。[①]

族群政治化进一步激化了该地区的民族矛盾。在此社会背景下，一些非洲之角国家领导人在选举中产生了"赢家通吃"的心理，能否当选决定候选人未来能否控制社会的大部分资源，甚至事关党派和族群的生死，这样的心态使得赢得选举成为各党派和各族群的终极目标。自 2018 年 4 月就职以来，埃塞俄比亚总理阿比大胆采取了措施，大刀阔斧进行了政治、经济、法律、安全等多方面改革。阿比迅速结束了埃塞俄比亚与邻国厄立特里亚长达数十年的对峙，释放了政治犯，欢迎流亡的叛军回国，并任命改革派担任国家主要机构要职。但阿比却面临国内民族矛盾的巨大挑战。2015 年至 2018 年，因内部民族矛盾激烈、国家权力分配不均、执政党内各族裔派系争权夺利，埃塞俄比亚出现了大规模示威游行活动和骚乱，抗议示威者主要来自埃塞俄比亚人口最多的地区——阿姆哈拉州和奥罗米亚州，他们希望减少长期占主导地位的提格雷族的影响力。[②] 埃塞俄比亚虽

①　Biniam E. Bedasso, "Ethnicity, intra-elite differentiation and political stability in Kenya", *African Affairs*, Volume 114, Issue 456, July 2015, pp. 361 – 381, https：//academic. oup. com/afraf/article/ 114/456/361/24562.

②　International Crisis Group, "Managing Ethiopia's Unsettled Transition", February 21, 2019, https：// www. crisisgroup. org/africa/horn – africa/ethiopia/269 – managing – ethiopias – unsettled – transition.

然是多民族联邦制国家，其中奥罗莫族是埃塞俄比亚最大的民族，其次为阿姆哈拉族，而提格雷族人口占比较小，但埃塞俄比亚执政党——埃塞俄比亚人民革命民主阵线成员中来自提格雷族的人员却占据了主导地位，相比而言，奥罗莫族和阿姆哈拉族则长期处于边缘地位。在阿比上台以前，人民革命民主阵线一直是以提格雷精英为中心，以巩固提格雷族群垄断统治权力的所谓的"政党联盟"。阿比上台后所奉行的"维护埃塞俄比亚统一和各民族团结"政策、斡旋地区和平政策以及其个人政治魅力曾一度在埃塞俄比亚国内甚至国际社会上掀起一股"阿比热"，阿比被西方社会盛赞为"埃塞俄比亚的曼德拉""非洲领袖"，成为一名民粹领袖型人物。① 但是阿比快速推进改革的举动也令国内积怨已久的民族矛盾以及党内不同族裔政治代表性等问题瞬间爆发，导致国内多方面局势严重不稳。阿比的自由化措施和打破国内现有秩序给民族主义注入了动力，同时又削弱了中央政府的权威。全国各地的族群冲突激增，造成数百人死亡，数百万人流离失所，并加剧了埃塞俄比亚内部领导人之间的敌对情绪。埃塞俄比亚国内紧张局势的源头是有关该国民族联邦制的争议：将权力下放给按照民族语言划分的民族州的埃塞俄比亚民族联邦制，究竟是保持了民族多样性和群体权利，还是损害了国家统一？② 因受新冠肺炎疫情影响，原定于 2020 年举行的全国大选③被推迟至 2021 年举行，这使得族群诉求无处表达，导致进一步暴力冲突和族群分裂，埃塞俄比亚提格雷人民解放阵线执政的提格雷州与中央政府之间的关系一度十分紧张。2020 年 9 月，提格雷地区不顾联

---

① Jason Burke, "'These changes are unprecedented': how Abiy is upending Ethiopian politics", *The Guardian*, July 8, 2018, https：//www. theguardian. com/world/2018/jul/08/abiy – ahmed – upending – ethiopian – politics#maincontent.

② Robert Malley, "10 Conflicts to Watch in 2020", International Crisis Group, December 27, 2019, https：//www. crisisgroup. org/global/10 – conflicts – watch – 2020.

③ 受到新冠肺炎疫情的影响以及疫情的不断蔓延，埃塞俄比亚大选时间已从原定的 2020 年 5 月推迟至 8 月，后又推迟至 2021 年，但一直未确定日期。直到 2020 年 12 月 25 日，埃塞俄比亚选举委员会宣布选举将于 2021 年 6 月 5 日举行，后又受选票印制、投票站设置等客观因素影响，埃塞俄比亚第六次大选最终于 2021 年 6 月 21 日顺利举行。具体参见 Bileh Jelan, "Ethiopia's Election Faces Uncertainty amidst COVID – 19", Addis Standard, March 25, 2020, http：//addisstandard. com/news – ethiopias – election – faces – uncertainty – amidst – covid19/; Reuters, "Ethiopia says national election to be held in June", December 25, 2020, https：//www. reuters. com/article/ethiopia – election – idUSKBN28Z0NN.

邦选举委员会推迟选举的决议而擅自举行了选举，阿比政府指责此次选举违反宪法；11月4日，埃塞俄比亚提格雷人民解放阵线与阿比政府在提格雷地区爆发军事冲突。

目前，埃塞俄比亚国内族群冲突特点主要表现在以下几个方面：第一，执政党人民革命民主阵线内部族裔派系纷争不断，阿比所代表的奥罗莫族与提格雷族派系矛盾激烈。阿比是埃塞俄比亚第一个领导联邦政府的奥罗莫族人，他将该国最大但长期被边缘化的民族奥罗莫族推到了权力中心，结束了反政府抗议和残酷镇压的恶性循环。作为奥罗莫族人的阿比自上任以来，就渴望提高奥罗莫族在国家权力层面的代表性，人民革命民主阵线中的提格雷族将阿比雄心勃勃的改革视作政治威胁，而阿比上任以来已有多名前提格雷族官员因贪污、侵犯人权等罪名被提起公诉，这被怀疑是阿比借机排挤和打压异族。执政党内部政治权力的转移造成党内不稳。因此，阿比及其内阁也遭受了国内持不同政见者和不同族裔的暴力报复。2018年6月23日，阿比在首都亚的斯亚贝巴市中心默斯凯尔广场演讲时遭遇手榴弹袭击，现场1人死亡、上百人受伤，但阿比本人无碍。① 同年10月3—5日，人民革命民主阵线第11次党代会召开，在此之前人民革命民主阵线曾经的四大成员党中的奥罗莫人民民主组织、阿姆哈拉民族民主运动已分别重组和改名为奥罗莫民主党和阿姆哈拉民主党，另外两个成员党分别是提格雷人民解放阵线和南埃塞人民民主阵线，这也导致人民革命民主阵线的"政党联盟"只存虚名。并且，阿比还将埃塞俄比亚人民革命民主阵线中的民族和区域政党进行了合并，成立了"繁荣党"。曾占埃塞俄比亚政治主导地位的埃塞俄比亚提格雷人民解放阵线则拒绝加入"繁荣党"。自2020年11月提格雷地区发生武装冲突以来，阿比拒绝了国际社会的和平提议，无视联合国、非盟和伊加特的谈判呼吁。②

第二，埃塞俄比亚国内民族主义情绪上升，各民族州间竞争和对抗性暴力事件激增。反对派力量增强且险些爆发内战，埃塞俄比亚内部冲突矛

---

① Hadra Ahmed, "Deadly Grenade Attack at Ethiopian Prime Minister's Rally", *The New York Times*, June 23, 2018, https：//www.nytimes.com/2018/06/23/world/africa/ethiopia – explosion – abiy.html.

② Africa Research Bulletin, "Horn of Africa：Risks on all fronts", November 1st – 30th, 2020, https：//onlinelibrary.wiley.com/doi/epdf/10.1111/j.1467 – 825X.2020.09736.x.

盾正在向邻国和周边地区扩散。2018 年 7 月下旬，埃塞俄比亚奥罗米亚州基督徒与索马里族穆斯林发生暴力冲突，造成 11 人死亡、100 人受伤；同年 9 月中旬，该州及首都市郊发生袭击少数族裔事件，造成 23 人死亡、数百人无家可归。原计划于 2020 年举行的大选也令各族间争夺权力愈演愈烈，多个民族，例如西达玛族，要求独立成立新州寻求自治，分离主义显现。2019 年 6 月 22 日，埃塞俄比亚阿姆哈拉州北部地区发生未遂政变，其中一名阿姆哈拉州领导人和一名军队高级将领分别被袭击者枪击致死。但是这起未遂政变也透露出目前埃塞俄比亚多地出现武器泛滥、雇佣兵和武装分子激增的趋势。并且，未遂政变后阿比迅速逮捕了参与此次未遂政变行动的人员，并关闭了全国互联网信号长达 6 天时间，剥夺民众上网权利随即引发民众对阿比政府的强烈不满。① 2020 年 11 月 4 日，提格雷州军队袭击了位于该州的埃塞俄比亚国防军北方指挥部基地，同日，埃塞俄比亚联邦政府军队进入该州实施军事打击，封锁了该州的交通和通信设施，并宣布该州进入为期 6 个月的紧急状态；次日，国防军战斗机轰炸了提格雷州首府默克莱市周边地区，以迫使该地区"投降"；11 月 14 日和 27 日，提格雷州军队向厄立特里亚首都阿斯马拉市和数个城市发射了多枚火箭弹；11 月 28 日，联邦政府军占领了默克莱市，阿比宣布"提格雷行动"结束，但埃塞俄比亚提格雷人民解放阵线仍坚持，并宣称继续奋战到底，直到将"入侵者"赶出提格雷州为止。除了提格雷州以外，族群冲突正在不断向周边蔓延。12 月 24 日，埃塞俄比亚本尚古勒—古马兹州西部梅特克尔地区的一处村庄惨遭武装分子屠戮。至今，埃塞俄比亚内部局势依然不明朗，军事冲突仍在继续且正在外溢至苏丹等周边国家。

第三，境内难民人数迅速增长，居世界之最。阿比大推改革政策以来已引发各民族州多起暴力伤亡事件，并造成国内流离失所人员快速增多，仅 2018 年就有 300 万人受到暴力威胁不得不离开家园。在南部地区，约 70 万格德族人在反政府武装组织奥罗莫解放阵线的迫害下逃离了古吉地区。② 在

① Reuters, "Attempted Coup Leaves Ethiopia's Army Chief and 3 Senior Officials Dead", *The New York Times*, June 23, 2019, https://www.nytimes.com/2019/06/23/world/africa/ethiopia-army-chief-coup.html.

② Tom Wilson, "Ethiopian ethnic violence has forced almost 3m to flee homes", *Financial Times*, May 26, 2019, https://www.ft.com/content/0fa7e73e-7afe-11e9-81d2-f785092ab560.

东部、中部和西部地区亦有爆发较大规模的民族冲突。在阿姆哈拉州和奥罗米亚州针对提格雷族的暴力事件不计其数，特别是 2020 年 11 月爆发的提格雷地区军事冲突导致流离失所人群数量不断上升。虽然目前没有确切记录，但联合国消息称，战斗已经迫使 5.8 万人到邻国苏丹寻求庇护①，并在该地区造成了 6.3 万多人流离失所。随着涌入苏丹的提格雷州难民数量的攀升，苏丹和埃塞俄比亚边界地区紧张局势不断升温，双方在法什卡农业用地等问题上争执不断。法什卡虽然地处苏丹境内，但因埃塞俄比亚农民长期居住在此，随着埃塞俄比亚难民的不断涌入，已引发两国多起争夺用地的边界武装冲突。并且，加之埃塞俄比亚国内经济依然脆弱，越来越多的埃塞俄比亚民众试图越过红海和地中海，前往沙特或欧洲以寻求更好的生活。但是面对持续发生的民族冲突引发的人道主义危机，阿比一直采取"漠视"态度，被外界指责"不作为"。

族群冲突的核心是族群与国家在寻求安全和身份认同之间的关系时发生矛盾。国家如何协调这些利益和需求决定冲突的程度。一个尊重少数民族权利、保护少数民族不受国家权力滥用之害并确保民众不满得到认真对待的法律制度将大大减少族群冲突。但是在缺乏治理能力的国家，国家职能部门无力协调和统筹不同族群间利益关系，不能有效减轻或阻止族群间武装暴力的发生，最终导致族群冲突严重挑战国家整体安全。索马里、苏丹和南苏丹国内的民族紧张局势就是例证：在 2019 年 12 月 8 日至 14 日的一周内，索马里冲突暴力活动明显增多，至少造成 85 人死亡，而冲突增加的主要原因是穆杜格州（Mudug）的族群暴力。穆杜格州的萨阿德（Saad）族群和迪尔族群因土地争端发生冲突，造成了严重的人员伤亡和财产损失。另外，"青年党"还声称对摩加迪沙市中心的西尔酒店（SYL hotel）发动了手榴弹袭击，并引发了与索马里军方的长期战斗，导致部分村庄和其他人口稠密地区被波及。仅 2019 年底，"青年党"和索马里军队之间的冲突就造成至少 5 人死亡，其中包括手无寸铁的平民，而且给索马里军方也造成了重大损失②。2019 年底，苏丹武装牧民、快速支援部队和

---

① UNHCR, "UNHCR East and Horn of Africa, and the Great Lakes Region COVID – 19 External Update #25（01 – 31 December 2020）", January 19, 2021, https：//reliefweb. int/report/sudan/unhcr – east – and – horn – africa – and – great – lakes – region – covid – 19 – external – update – 25 – 01 – 31.

② Al Jazeera, "Somalia hotel attack：Security forces kill 5 al-Shabab fighters", December 11, 2019, https：//www. aljazeera. com/news/2019/12/somalia – hotel – attack – security – forces – kill – 5 – al – shabab – fighters – 191211053950669. html.

准军事部队在达尔富尔发动了几次军事袭击。在阿卜耶伊地区，疑似米塞里亚游牧民兵袭击了卢地区（Lou region）的恩古克—丁卡族，杀死 3 人。与此同时，苏丹港发生了贝尼阿米尔族和努巴族之间的致命暴力事件，导致该地区再次爆发武装冲突，造成 29 人受伤。同时期的南苏丹也爆发了严重的族群暴力冲突。2019 年 12 月 11 日，在南苏丹通济（Tonj）的争议地区，因为一个县的命名问题而引发族群冲突，最终造成至少 9 人死亡，而在同月 8 日，就有 3 人在伦贝克（Rumbek）附近因帕卡玛—丁卡族（Pakam Dinka）和鲁普—丁卡族（Rup Dinka）之间的冲突而死亡。①

　　从中长期来看，为了政治目的消除族群分歧需要重新调整文化规范，以促进民族团结、群体间合作和统一。煽动族群身份替代公民身份的行为使得国家内部产生分裂，青少年成为部分党派和族群煽动、动员的目标，成为最易发动暴力的人口群体。另外，大众传媒在煽动族群冲突、挑起族群身份矛盾方面也难咎其责。媒体在传播信息和打造社会印象方面发挥着独特的作用，但是在非洲，某些媒体被政治上有影响力的个人所控制是很常见的。为了自身利益，这些人在媒体上大肆扩大族群身份分歧、煽动民族间仇恨，大大增加了族群冲突的可能性。媒体也有可能推动地方冲突升级到国家冲突，增加暴力的风险，并使问题解决变得复杂化。② 以非洲之角的埃塞俄比亚和南苏丹为例，彻底解决长期的武装冲突依然困难重重。在总理阿比大刀阔斧的改革政策下，埃塞俄比亚正面临着执政党内部和族群间紧张局势，各政治团体都试图利用新开放的政治空间寻求自身利益，阿比政府能否有效稳定非洲人口第二大国、非洲之角区域大国——埃塞俄比亚国内局势，将对整个非洲之角区域稳定产生巨大影响。2019 年 11 月，英国广播公司文章显示，阿比改革引发埃塞俄比亚奥罗米亚州激进分子同警察之间爆发连续数日的暴力事件。有关暴力事件现场的虚假画面和视频在"脸书"（Facebook）等社交媒体上迅速传播，进一步加深了埃塞俄比亚的民族紧张局势，阿比不得不向民众道歉，指责警察在暴力事件中存在不

---

① Andrea Carboni, "Regional Overview: Africa 8 - 14 December 2019", ACLED, https://www.acleddata.com/2019/12/16/regional - overview - africa - 8 - 14 - december - 2019/.

② Clement Mweyang Aapenguo, "Misinterpreting Ethnic Conflicts in Africa", *Africa Security Brief*, No. 4, April 30, 2010, https://africacenter.org/publication/misinterpreting - ethnic - conflicts - in - africa/.

当行为。① 2017 年 1 月，有西方研究表明，"脸书""推特"等社交媒体所传播的假新闻和网络民族间仇恨的言论已使得深陷内战的南苏丹"正走向种族灭绝"。南苏丹政府和叛乱领导人被指利用社交媒体煽动武装暴力和种族清洗。② 尽管现在南苏丹的和平协议推进取得了新的进展，民族团结政府的成立为这个年轻的国家带来了新希望，但南苏丹仍然时常面临小规模武装冲突威胁。2020 年初，南苏丹中部出现了新的民族冲突并造成至少 79 人身亡，这迫使联合国向南苏丹重新部署了维和人员。③

二 政治伊斯兰与极端思想

民族主义是指以政治共同体的名义、追求对本民族和民族国家的忠诚。民族主义是一种维护本民族国家和国家领土范围内人口的共同利益的思想或运动。民族主义并非一种简单的意识形态，更是一套话语实践，通过这种实践，构成了国家的领土认同和人民所宣称的集体代表的文化认同。尽管民族主义提供了一种代表的形式，但民族主义本身不能决定其所代表的内容，或所代表的公民、自由主义者、族群或宗教人士的身份。所以民族主义创造了民族国家，而非民族国家创造了民族主义。随着民族国家逐渐被采纳和伊斯兰传统的西化或世俗化，政治伊斯兰最初是作为一种现代的政府治理手段而出现的。政治伊斯兰是国家在特定的领土上针对特定人口强制执行的一种措施和纪律，创造了国家和伊斯兰主义交织在一起的文化认同。政治伊斯兰是民族主义与伊斯兰主义意识形态的文化基石。激进的跨国伊斯兰运动是政治伊斯兰的最新表现形式，也是全球政治伊斯兰的激进形式。政治伊斯兰的全球化是国家政治文化的全球传播和改变，也反映了民族主义的全球化，并成为当代国际冲突产生的基础。④

---

① "Ethiopia violence: Facebook to blame, says runner Gebrselassie", BBC News, November 2, 2019, https://www.bbc.com/news/world-africa-50276603.

② Jason Patinkin, "How to Use Facebook and Fake News to Get People to Murder Each Other", BuzzFeed News, January 15, 2017, https://www.buzzfeednews.com/article/jasonpatinkin/how-to-get-people-to-murder-each-other-through-fake-news-and.

③ Simon Allison, "Conflict is still Africa's biggest challenge in 2020", Institute for Security Studies, January 6, 2020, https://issafrica.org/iss-today/conflict-is-still-africas-biggest-challenge-in-2020.

④ Jocelyne Cesari, *What Is Political Islam?* Boulder & London: Lynne Rienner Publishers, 2018, pp. 7-9.

虽然传统上索马里人属于温和的苏菲派穆斯林，但是在索马里历史上，政治伊斯兰一直是一支强大的力量。在殖民时期，伊斯兰教通过索马里民族主义者试图动员民众的反殖民主义情绪。索马里谢赫·穆罕默德·阿卜杜拉·哈桑（Sheikh Mohammed Abdullah Hassan）的苦难叛乱就是受到苏丹导师穆罕默德·萨利赫（Mohammed Salih）的萨希里亚（*Sahiliya*）教的启发，这是殖民时代伊斯兰动员能力最有力的例证。众所周知的"疯狂的毛拉"[1] 在索马里北部的达罗德族群中迅速赢得了支持，并发动了近20 年针对英国、意大利和埃塞俄比亚的叛乱活动。几十年后，在殖民后期和独立初期，索马里成为活跃而具有政治意识的伊斯兰协会领袖的所在地。索马里伊斯兰联盟等组织都试图在公共生活中推广伊斯兰教。1969 年巴雷军事政变后，巴雷宣布科学社会主义为国家的官方意识形态，并将其革命怒火集中在索马里社会内部的地方民族主义上。1975 年 1 月，根据巴雷的总统令制定的《家庭法》，树立了该政权与宗教领袖之间的敌对关系。该法律寻求男女平等的继承权、限制一夫多妻制，并赋予妇女包括寻求与丈夫离婚等更多权利。因为传统上索马里的家庭事务是由习惯法和宗教法来规范，《家庭法》的出台大大削弱了宗教领袖的权力，因此索马里的宗教领袖公开反对该法的颁布。随后，巴雷采取残酷镇压和抓捕等措施，这对索马里伊斯兰主义者的影响是双重的。首先，这一事件使政治伊斯兰再次成为索马里的反抗意识形态。从这一刻起，索马里的伊斯兰主义者或公开或暗中破坏巴雷政权。其次，许多索马里伊斯兰教徒被迫出国，由此受到了中东一些激进伊斯兰意识形态潮流的影响，特别是强调塔克菲里习俗和"圣战"[2] 的萨拉菲斯特激进伊斯兰主义的影响[3]。到 20 世纪 80 年代

---

[1] 英文名称为"Mad Mullah"，是一位索马里的伊斯兰教神学家。鉴于《古兰经》中对"毛拉"（Mullah）一词的定义较为模糊，一般该词被用来表示对伊斯兰教和教法的宗教导师的尊称。在非洲之角等地区，该词特指当地伊斯兰教神职人员或清真寺领袖。

[2] 对当代伊斯兰主义者而言，"圣战"既不是盲目地、血腥地争夺世俗权力，也不仅仅是通往来世的大门，而是被视作一种政治行动，在这种政治行动中，追求不朽和殉难与建立公正社会密不可分。但西方观念则认为，"圣战"是宗教狂热分子对毫无戒心的无辜者的迫害。因此，"圣战"的定义具有复杂性，既包括个人努力实现宗教虔诚或伊斯兰真实性，抵抗殖民主义或域外势力，又可以被认为是对其恐怖主义活动和血腥行为的辩护。具体参见 Mohamed Ibrahim, "Somalia and Global Terrorism: A Growing Connection?" in *Somalia: State Collapse, Terrorism and Piracy*, edited by Brian Hesse, pp. 35 – 48.

[3] Michael Woldemariam, *Insurgent Fragmentation in the Horn of Africa: Rebellion and Its Discontents*, pp. 230 – 231.

末，由受过教育的青年人组成的伊斯兰研究小组和穆斯林兄弟会的小圈子在索马里摩加迪沙逐渐活跃起来。

　　自 20 世纪 90 年代初以来，非洲之角一直是基地组织和"圣战"运动的重要活动区域。冷战结束初期，对于西方国家而言，非洲之角次区域已经失去了地缘政治和战略意义，但是随着伊斯兰激进势力在这一区域的快速崛起，非洲之角可能会沦为恐怖主义和极端组织的藏身之地，因此西方国家感到了巨大的战略威胁，非洲之角区域的重要性又重现西方大国的战略日程。2001 年"9·11"事件发生后，美国及其西方盟国加强了与非洲之角一些国家的军事联系。埃塞俄比亚、厄立特里亚、肯尼亚和乌干达对激进伊斯兰主义的发展深感不安，而早期的苏丹和索马里政府却表现出对政治伊斯兰的接纳。事实上，埃塞俄比亚和厄立特里亚对激进伊斯兰主义的不安感源于恐惧。在埃塞俄比亚，大约一半的人口是穆斯林。20 世纪 90 年代，埃塞俄比亚政府一直在同该国伊斯兰叛乱分子作战，其间，埃塞俄比亚东部遭受了一系列恐怖主义袭击，这些袭击是由与基地组织有联系的索马里激进伊斯兰武装组织伊蒂哈德（al-Ittihad al-Islamiya）[1] 犯下的。埃塞俄比亚的这些叛乱组织主要由国外伊斯兰主义组织支持，通过发动"圣战"反对埃塞俄比亚国内的基督教政权。厄立特里亚的一半人口也是穆斯林，厄立特里亚试图通过减少国内宗教政治化来缓解该国穆斯林对"身份政治"的关切。肯尼亚的穆斯林人口占总人口的 25%—30%[2]，也存在部分同情或支持激进伊斯兰组织的现象。肯尼亚边境地区和贫民窟因缺乏管辖，成了伊斯兰激进分子和武器走私者的避难所。乌干达 3 个主要的非伊斯兰、少数民族反叛组织——"上帝抵抗军""西尼罗河岸阵线"（West Nile Bank Front）和"民主联军"（Allied Democratic Forces）都得到了早期苏丹伊斯兰政权的支持。在冷战结束初期，苏丹一直属于伊斯兰极端主义政权。之后一段时间内，苏丹向激进伊斯兰主义表示了欢迎，并向

---

　　[1]　该武装组织最初是在穆斯林兄弟会的旗帜下组成的，后改称"伊蒂哈德"，曾在索马里内战早期试图直接控制东北部港口城市博萨索，但被索马里救国民主阵线（SSDF）击败。后来该组织又成功控制了基斯马尤等地，直到 1996—1997 年，在埃塞俄比亚的军事干预下被最终击溃，该组织现已不存在。

　　[2]　Ken Menkhaus, "Political Islam in Somalia", *Nouveux Mondes*, Number 1, Volume IX, Spring 2002, https://mepc.org/journal/political-islam-somalia.

基地组织及其领导人本·拉登敞开了大门。与此同时，苏丹政府坚持将伊斯兰教法强加于南部的非穆斯林人口，加剧了苏丹南北方的矛盾。尽管苏丹政府在 2004 年将伊斯兰强硬派赶下台并期待改善与邻国的关系，但部分苏丹人对激进伊斯兰主义的追求似乎并没有停止。虽然索马里人几乎都是穆斯林，历史上也没有出现过宗教分裂或激进伊斯兰政治活动，但是随着伊斯兰法院联盟的上台，激进伊斯兰政治活动急剧增加。伊斯兰法院联盟在索马里宣称，希望将政治伊斯兰作为索马里的指导思想。并且，与基地组织有联系的伊蒂哈德也为索马里激进伊斯兰主义的发展积极同国外激进分子开展联络。激进伊斯兰主义在肯尼亚、索马里等国的快速发展令埃塞俄比亚感到不安，其国家安全和领土完整都受到了邻国激进运动的严重威胁。于是为了扭转安全局势，埃塞俄比亚曾对索马里境内和肯尼亚边界地区采取了长期的军事干预。[1]

基地组织的本土化策略在非洲之角遇挫。本·拉登将美国视作伊斯兰教的"远方敌人"，指责美国是穆斯林石油财富的主要国际窃贼、"圣地"的占领者，以及腐败西方价值观的化身。1992 年本·拉登将基地组织行动转移到苏丹。20 世纪 90 年代初期苏丹经济疲软，百姓贫困，给本·拉登在苏丹当地发展基地组织成员提供了机会，凡是加入基地组织的苏丹本地人每个月能领取 50—120 美元的佣金[2]。相似的是，处于"无政府状态"的索马里深陷权力真空，民众贫困潦倒缺乏生计来源，加入恐怖组织、极端组织也成为一种谋生手段。对于基地组织领导人来说，不仅仅是苏丹和索马里，整个非洲之角都是一个低成本的招募基地，并且，相比于美军在阿拉伯半岛的强势存在，非洲之角可为基地组织的发展提供更好的安全"庇护"。但是由于缺乏中央政府的有效管控，索马里的反政府武装和民兵组织激增，基地组织在人员招募上未能在酬金或意识形态等任何方面显示出比民兵组织更强的"优势"。基地组织仅用宗教教义吸引成员为"圣战"而亡

---

① Redie Bereketeab edited, *The Horn of Africa: Intra-State and Inter-State Conflicts and Security*, p. 88.

② Anne L. Clunan, Harold A. Trinkunas edited, *Ungoverned Spaces: Alternatives to State Authority in an Era of Softened Sovereignty*, Stanford: Stanford University Press, 2010, pp. 82 – 83.

的策略，显然与大多数索马里民众谋生的动机不符。①

从 1992 年到 2006 年，基地组织试图在非洲之角索马里人居住的地区建立据点，并将其作为攻击西方目标的基地，但屡遭失败。基地组织最初在索马里遇挫有三个原因。第一，作为域外势力的基地组织，关于"与外国占领者作战"的争论未能引起索马里当地人的共鸣；第二，基地组织领导人严重低估了在"无政府状态"环境中运营的成本；第三，基地组织未能招募到合适的当地成员。基地组织在索马里的行动碰壁后，调整策略寻找"代理人"。② 伊斯兰法院联盟的崛起代表着索马里现代伊斯兰运动的最高峰。到 2006 年，伊斯兰法院联盟已经巩固了对索马里中南部大部分地区的统治，包括摩加迪沙和基斯马尤等主要城市中心。显而易见，从真正意义上说，伊斯兰法院联盟是在存在安全威胁的情况下组建的激进伊斯兰主义者联盟。但是，当组织不再有能力为创建的目的服务时（保证其组成单位的安全性），伊斯兰法院联盟的崩溃就成为其派系内斗的必然结果。自 2007 年以来，从伊斯兰法院联盟分裂出来的、强硬派青年伊斯兰民兵组成了索马里"青年党"，该组织迅速崛起并与基地组织保持着直接联系，宣布效忠本·拉登。基地组织顾问积极参与并支持"青年党"行动，以巩固其对索马里的控制。实际上，索马里人对"青年党"所宣扬的参与基地组织"圣战"和严苛的伊斯兰教法并没有太大热情，但是"青年党"善于利用索马里民众对域外军事介入（特别是 2007 年至 2008 年埃塞俄比亚直接出兵干预索马里内战）的反感，煽动索马里民族主义情绪，从而赢得了当地人的支持。③ 除了"青年党"，还有一个瓦哈比教派的武装派别"伊斯兰党"（Hizbul Islam），也被美国等西方国家列为恐怖组织和"宗教狂热"组织。虽然"伊斯兰党"在意识形态上与"青年党"有密切的联系和共同的起源，但两个组织之间并没有形成牢固的同盟，甚至双方会发生武装斗争。并且索马里海盗团伙也在这一时期兴起，劫持索马里沿岸航

---

① Anne L. Clunan, Harold A. Trinkunas edited, *Ungoverned Spaces：Alternatives to State Authority in an Era of Softened Sovereignty*, Stanford：Stanford University Press, 2010, pp. 82 – 83.

② Anne L. Clunan, Harold A. Trinkunas edited, *Ungoverned Spaces：Alternatives to State Authority in an Era of Softened Sovereignty*, pp. 90 – 91.

③ Anne L. Clunan, Harold A. Trinkunas edited, *Ungoverned Spaces：Alternatives to State Authority in an Era of Softened Sovereignty*, pp. 90 – 91.

船，制造了多起血腥事件，并同国际护航舰队发生交火。① 虽然海盗行为的起源不是宗教，而是在国家机构无法运转、贫困潦倒的索马里生存下去的一种方式，但是为了进行武器交易和使用"青年党"所控制水域的港口停泊，索马里海盗同激进伊斯兰主义者一直保持密切联系。相关报道显示，为了向"青年党"缴纳港口使用"租金"，索马里海盗劫持人质所获得的赎金的 20%—50% 都要上缴给"青年党"。有证据显示，2008 年 5 月，索马里海盗曾帮助忠于"青年党"的"圣战"分子哈桑·阿卜杜勒·赫西（又名哈桑·图尔基）运送过爆炸物和导弹。②

另外，"青年党"还不断在肯尼亚、埃塞俄比亚、吉布提等邻国发动恐怖袭击，企图将非洲之角地区国家拖入索马里战争的泥潭。但是基地组织到底在该地区建立了多少据点，以及其在索马里和非洲之角发展的长期目标，仍然不得而知③。自 20 世纪 90 年代起，在肯尼亚的基地组织人员就自由进出索马里，还在非洲之角区域不断向西方国家发动袭击。为此，美国加大了对肯尼亚政府打击基地组织的支持并加强了合作，一定程度上提高了肯尼亚边境地区的巡逻能力。④ 但与此同时，肯尼亚内部的穆斯林少数群体也出现了疏离感和反美情绪，认为受到肯尼亚政府制定的反恐安全措施的不公平待遇。大部分肯尼亚人对待反恐的态度都比较淡漠，认为"这是美国的问题"。对于肯尼亚政府来说，配合美国开展反恐行动主要是一种获取西方军事援助的策略，同样对于埃塞俄比亚来说，加强反恐行动中战略伙伴关系的目的也是获得西方援助。因此，相比于索马里国内盘根错节的叛乱组织和争权夺利，肯尼亚、埃塞俄比亚等索马里邻国一开始对恐怖主义和极端组织的漠视反而给这些组织发动更多袭击提供了机会。⑤

---

① Redie Bereketeab edited, *The Horn of Africa*: *Intra-State and Inter-State Conflicts and Security*, p. 187.

② Mohamed Ibrahim, "Somalia and Global Terrorism: A Growing Connection?" in *Somalia*: *State Collapse, Terrorism and Piracy*, edited by Brian Hesse, pp. 35 – 48.

③ Anne L. Clunan, Harold A. Trinkunas edited, *Ungoverned Spaces*: *Alternatives to State Authority in an Era of Softened Sovereignty*, p. 77.

④ United States Institute of Peace, *Special Report*: *Terrorism in the Horn of Africa*, January 2004, p. 4, https://www.usip.org/sites/default/files/sr113.pdf.

⑤ Anne L. Clunan, Harold A. Trinkunas edited, *Ungoverned Spaces*: *Alternatives to State Authority in an Era of Softened Sovereignty*, pp. 77 – 80.

在非洲之角，武装冲突频发已演化成地区"常态"。非洲之角区域武装冲突频发主要根植于域内国家的政治、经济、社会等多个方面，也与域内国家与区域和国际社会间关系密切相关。这种多重的因果关系表明，对非洲之角的武装冲突频发原因没有单一的解释。武装冲突涉及不同的参与者，包括政府、民族主义团体、宗教团体或族群，这些团体都得到外部力量的大力支持。次国家（地方）、国家（国内）、区域和国际（国家间）是冲突发生的地方。次国家冲突往往发生在以身份认同为基础的群体之间，由资源、分离主义和极端思想等因素驱动；而国家冲突则发生在争夺国家权力的过程中；国际冲突发生在主权国家之间，其政治、军事、外交和经济目标及动态各不相同。从区域、国家和地方层面出发，通过对国家治理能力与反政府武装、边界争端和分离主义、自然资源与周围环境、冲突成本与武器流通、民族争端与族群冲突、政治伊斯兰与极端思想等的分析发现，大多数情况下，非洲之角武装冲突是这些因素共同作用的结果。

非洲之角国家安全治理严重缺乏导致区域国家的不稳定性，又进一步加剧了国家分裂和冲突频发；国家内部的反政府武装四处寻租、争权夺利，破坏了安全局势，并且区域内国家相互支持邻国的叛乱分子，加速了区域武装冲突升级。殖民时期遗留下的边界划分争端在冷战后仍然继续，非洲之角地区国家的非殖民化也促使了这一时期该地区多个国家要求重新划分国家界限，产生了严重的分离主义情绪。冷战后非洲之角武装冲突频仍的原因不仅仅有政治因素，经济和社会文化因素也扮演了重要角色。非洲之角地区的水资源、牧场和石油资源等都成为各利益方争夺的焦点，而且非洲之角国家普遍经济脆弱、失业率高、资源分配不公、武装冲突成本较低，形成了潜在的军售市场，武器快速流转又增加了冲突蔓延的几率。该区域还是一个典型的多民族聚居地区，民族利益争夺和竞争是导致族群冲突不断的重要原因。随着近年来极端思想的快速发展，该区域还受到极端组织激进行为的严重威胁。这些因素的综合作用导致非洲之角武装冲突频发。例如，达尔富尔冲突就是以生计为基础的资源竞争，以及文化、政治、社会经济等因素共同作用的。埃塞俄比亚和厄立特里亚之间的国家间冲突，除了是以生计为基础的资源竞争，还涉及文化、政治、社会经济和治理缺乏等因素。非洲之角武装冲突频发原因的复杂性也是该区域冲突管理的巨大挑战。

第四章 非洲之角武装冲突的
外部介入及其效应

本章聚焦冷战后非洲之角外部势力在武装冲突当中扮演的角色，以及外部对该区域安全事务的介入。从联合国、欧盟、西方大国、俄罗斯以及中东大国的角度，分别介绍各域外行为体在非洲之角的军事介入，并对各方介入的正面效应和负面效应进行分析。

第一节 联合国维和行动与效应

本节梳理了联合国在非洲之角开展的主要的维和行动，针对联合国在该地区维和行动所取得的成果进行了效应分析。

一 联合国在非洲之角的维和行动

《联合国宪章》赋予联合国安理会采取集体行动以维护国际和平与安全的权力和责任，联合国维和的主要目的是帮助饱受冲突之苦的国家实现可持续和平。联合国安理会援引《联合国宪章》第七章《对于和平之威胁、和平之破坏及侵略行为之应付办法》第 39 条至第 51 条在世界各地开展维和行动。第 41 条和第 42 条分别列举了联合国安理会在维护世界和平时可采取的两种强制措施——非武力制裁和军事手段。其中，第 42 条具体规定如下："安理会如认为第 41 条所规定办法不足或已经证明为不足时，得采取必要的海陆空军行动，以维持或恢复国际和平及安全。此项行动包括联合国会员国的海陆空军示威、封锁及其他军事举动。"[①] 在《联合

---

① 《联合国宪章》第七章，联合国网站，https：//www. un. org/zh/sections/un – charter/chapter – vii/index. html。

国宪章》赋予的权力之下，冷战后联合国安理会集体安全机制出现两个特点和趋势，第一是联合国安理会加强同区域和次区域组织在处理国际和平与安全方面的合作与互动，第二是联合国安理会有关非洲武装冲突问题的关注与议程不断增多，其中非洲之角地区成为维和行动重点关注地区。截至 2012 年 10 月，联合国安理会批准的 67 项维和行动中，有 31 项非洲维和行动，占比 46%。因部分冲突局势需多次维和行动来维持和平与稳定，所以这 31 项针对非洲的联合国维和行动总共解决了非洲 16 次武装冲突。[①] 自 20 世纪 90 年代以来，联合国安理会会议议程的分析显示，有关非洲问题议程的会议比例持续增长，从 1990 年的 29% 增长至 2011 年的 56%。相类似，联合国安理会处理非洲冲突问题的决议数量也从 1990 年的占 0.5% 上升至 2011 年的占 66%。[②] 截止到 2020 年，联合国在非洲共完成 24 项维和任务，其中冷战后联合国在非洲之角地区已完成 5 项维和行动，分别是第一期联合国索马里行动（1992 年至 1993 年）、第二期联合国索马里行动（1993 年至 1995 年）[③]、联合国驻埃塞俄比亚和厄立特里亚特派团（2000 年至 2008 年）、联合国驻苏丹特派团（2005 年至 2011 年）和联合国/非盟驻达尔富尔混合行动（2007 年至 2020 年）[④]；联合国在非洲正在进行的维和行动共 6 项，其中部署在非洲之角地区的维和行动有两项，分别是联合国驻阿卜耶伊临时安全部队（2011 年至今）[⑤] 和联合国驻南苏丹特派团（2011 年至今）。[⑥]

以联合国驻南苏丹特派团（UNMISS，简称"南苏丹特派团"）为例，派驻该特派团已成为联合国迄今为止最具挑战性的维和任务之一。

---

① Jane Boulden, "The United Nations Security Council and Conflict in Africa", in *Responding to Conflict in Africa: The United Nations and Regional Organizations*, edited by Jane Boulden, New York: Palgrave Macmillan, 2013, pp. 13 – 32.

② Jane Boulden, "The United Nations Security Council and Conflict in Africa", pp. 13 – 32.

③ 《1990—1999 年联合国维持和平行动》，联合国网站，https://www.un.org/chinese/events/peacekeeping60/1990s.shtml。

④ 《2000—2008 年联合国维持和平行动》，联合国网站，https://www.un.org/chinese/events/peacekeeping60/2008.shtml。2020 年 12 月 31 日，联合国结束了在苏丹达尔富尔地区历时 13 年的维和行动；2021 年 1 月初，联合国/非盟驻达尔富尔混合行动正在陆续缩编，包括遣返部队、车辆、文职人员和关闭办事处等。

⑤ 《联阿安全部队情况介绍》，联合国网站，https://peacekeeping.un.org/zh/mission/unisfa。

⑥ 《南苏丹特派团情况介绍》，联合国网站，https://peacekeeping.un.org/zh/mission/unmiss。

2011年7月，联合国安理会第1996号决议通过，授权成立南苏丹特派团。该特派团由1.5万名军人、1800名警察和2800名文职人员组成，其主要任务包括巩固和平促进国家建设和经济发展，预防、缓解和解决冲突以及"保护平民"（PoC），建立法治和加强安全等。南苏丹特派团采取了各项措施以保护平民，建立了"保护平民营地"（PoC sites）以收容那些逃离冲突的人。联合国安理会最初忽视了南苏丹内战局势的危险性并低估了发生严重暴力冲突的可能性。直到南苏丹内战从政治权力斗争演变为族群冲突，并出现了对种族的杀戮时，南苏丹特派团的维和任务已十分被动。南苏丹丰富的矿产资源、肥沃的农业土地和油田成为该地区在独立后短时间内再陷武装冲突的重要原因。南苏丹武装冲突形式十分残忍，包括焦土战、屠杀、性暴力和基于性别的暴力，以及招募童军甚至强迫性自相残杀。①

2012年1月，卢·努尔（Lou Nuer）族袭击琼莱州，南苏丹特派团迅速部署维和部队并向南苏丹政府发出警告，对保护平民起到了一定作用。2012年12月21日，南苏丹特派团的一架民用直升机在琼莱州上空被击落。2013年4月9日，几名南苏丹特派团和联合国维和人员在琼莱州皮博尔镇和博尔镇之间为联合国车队护卫时，遭到当地反政府武装伏击。2013年12月19日，南苏丹政变导致两名南苏丹特派团印度籍维和人员遇害身亡。联合国安理会随后投票决定通过了第2132号决议，将南苏丹特派团维和人员增加近一倍，将向平民提供援助。② 南苏丹总统基尔指责联合国在南苏丹特派团营地中庇护反对派武装力量，并指责联合国试图接管基尔的领导权，联合国对此予以否认。

2014年4月17日，一群武装暴徒袭击了位于博尔镇的联合国基地，造成58人死亡，至少100人受伤。一群当地丁卡族以请愿为借口到保护平民的营地要求将避难的数千名努尔人转移到其他地方，并向避难人群开枪。联合国安理会强烈谴责这一行为，强调对平民和联合国维和人员的袭击可能构成战争罪。同年5月27日，联合国安理会通过第2155号决议，

---

① Ray Murphy, "The United Nations Mission in South Sudan and the Protection of Civilians", *Journal of Conflict & Security Law*, Vol. 22, No. 3, December 12, 2017, pp. 371 – 372.

② Ray Murphy, "The United Nations Mission in South Sudan and the Protection of Civilians", p. 374.

谴责南苏丹所有战斗派别对联合国人员和设施的一切攻击，并赋予南苏丹特派团以保护平民免遭人身威胁的权利。[①]

2016 年 7 月 11 日，南苏丹政府军在首都朱巴杀害、强奸数名平民和国际援助人员。事件发生前，忠于总统基尔的军队与忠于副总统马沙尔的部队在朱巴已进行了三天武装战斗，导致 300 名平民和两名联合国维和人员死亡。南苏丹特派团在此事件中未能起到有效预警和遏制冲突的作用，联合国随即开展调查并发现维和部队缺乏组织和领导能力，撤换了特派团肯尼亚部队指挥官约翰逊·摩戈阿·基马尼·翁迪基中将，此举遭到肯尼亚政府的指责。肯尼亚认为联合国把翁迪基中将当作替罪羊，谴责南苏丹特派团基本结构"系统性失灵"。肯尼亚随后宣布将从南苏丹特派团中撤出所有肯尼亚维和部队，中止参加区域保护部队的计划，并退出南苏丹和平进程。[②]

二　联合国在非洲之角维和效应

保护平民已成为联合国部署的维和特派团所面临的最重大挑战。[③] 通过南苏丹特派团的案例可以看出，联合国在保护平民方面困难重重。

首先，联合国安理会第 2155 号决议出台标志着南苏丹特派团任务的重要转变。随着南苏丹内战规模扩大，南苏丹特派团最初以促进南苏丹国家建设的目标站不住脚了。南苏丹特派团开始向保护平民主力部队转变。联合国安理会第 2155 号决议强调了南苏丹特派团的保护责任，并授权南苏丹特派团在执行以下任务时可使用一切必要手段：第一，无论其来源如何，在能力和部署范围之内，保护平民不受人身暴力威胁；第二，为了制止针对包括外国民众在内的平民的暴力行为，特别是通过积极部署、积极

① Ray Murphy, "The United Nations Mission in South Sudan and the Protection of Civilians", pp. 374 - 375.

② Christopher Zambakari et al., "Chapter 5: The Role of the UN Mission in South Sudan (UN-MISS) in Protecting Civilians", in *The Challenge of Governance in South Sudan: Corruption, Peacebuilding, and Foreign Intervention*, edited by S. C. Roach and D. K. Hudson, London & New York: Routledge, 2018, p. 118.

③ Walt Kilroy, "The Evolution of Civilian Protection in Peacekeeping Mandates: the Reality of UN-MISS Operations in South Sudan", *Irish Studies in International Affairs*, Vol. 29, 2018, p. 133.

巡逻来识别对平民安全的潜在威胁和攻击，尤其要注意流离失所的平民，包括保护区和难民营中的平民、人道主义人员和人权维护者；第三，实施全特派团预警战略。

其次，南苏丹特派团的保护平民战略的主要障碍是与南苏丹政治层面合作缺乏进展。南苏丹特派团的保护平民战略属于中期应对措施，实行三级运作，即预防、实物保护和建立保护环境。如果不能获得南苏丹政府领导层的理解，南苏丹特派团保护平民战略将难以落地。南苏丹政府军和反对派武装袭击了联合国营地、直升机和车队，并对联合国人员进行了拘留和绑架，从各个层面严重阻碍了南苏丹特派团行动的进展。很多流离失所者营地都是由人道主义救援机构运营，但是保护平民营地仍由南苏丹特派团负责。南苏丹特派团与南苏丹政府之间的紧张关系，也导致无国界医生（MSF）组织、红十字会等机构害怕到营地来直接参与援助，以免被南苏丹政府视作"过于接近联合国军事部门"。所以南苏丹特派团只得独立负责保护平民营地的医疗、卫生、粮食供给等工作。

最后，南苏丹内部安全局势的不断变化令南苏丹特派团行动部署陷入困境。南苏丹武装派别激战、武器泛滥、流离失所者增多、犯罪行为激增都令联合国应接不暇。特别是随着流离失所者数量的增加，南苏丹特派团的保护平民营地未能有效发挥作用。建立保护平民营地并不是南苏丹特派团预先计划或经过深思熟虑的应对措施，而是为了应对流离失所者增加而选择的短期庇护手段。2017 年南苏丹近三分之一以上的人口逃离了自己的家园。到 2018 年年中，共有 710 万南苏丹人面临严重的粮食危机和饥荒问题。约有 188 万南苏丹人在国内流离失所，248 万南苏丹人逃往周边邻国。在国内流离失所者中，有超过十分之一的南苏丹人居住在联合国的保护平民营地里。国际移民组织数据显示，2018 年南苏丹境内保护平民营地的数量约为 202000 个。① 当南苏丹冲突升级，大量的国内流离失所者在短时间内寻求人道主义救援，保护平民营地的规模、选址、服务等方面都暴露出了经验不足等问题。② 一些营地的位置甚至就位于发生暴力冲突的城

---

① Walt Kilroy, "The Evolution of Civilian Protection in Peacekeeping Mandates: the Reality of UN-MISS Operations in South Sudan", p. 137.

② Ray Murphy, "The United Nations Mission in South Sudan and the Protection of Civilians", p. 377.

市中心附近，因此造成了针对部分避难者的二次暴力冲突伤害。

虽然维和仍然是预防冲突的有效工具之一，但是南苏丹特派团所面临的挑战也展现了联合国维和行动的局限性，即单纯的维和行动并不能彻底制止武装冲突，不能解决暴力冲突中所遇到的所有问题。实际上，南苏丹特派团没有足够的资源、培训、问责机制、法律框架和强有力的维和方法来充分实践保护平民的责任。英国非洲裔学者克里斯多夫·赞巴卡瑞（Christopher Zambakari）认为，联合国维和部队从安理会授权到部队派遣国执行和落实是一个相当复杂的过程，应当加强各个环节的部署和追踪工作，包括同维和目标国政府之间的有效沟通和协调，加强联合国维和部队作战机动性、高节奏作战应对能力以及相关作战部门的协调水平，增强态势和冲突风险分析，进行及时的后勤补给等。[1] 但是归根结底，保护平民的责任仍然在国家，这是联合国的维和行动所不能替代的。[2]

第二节　西方与俄罗斯军事介入

本节梳理了美国、欧盟、英国、德国、法国和俄罗斯在非洲之角地区的军事介入，对它们在该地区的外部介入效应进行了分析。

一　美国军事介入的方式及其效应

冷战期间，美国对非洲之角外交政策特点主要体现在以下几个方面：第一，美国对非洲之角外交政策以埃塞俄比亚——非洲之角区域大国——为中心，其政策调整倚重于美国对埃塞俄比亚的战略兴趣变化。二战结束后，随着意大利和英国在非洲之角影响力的逐渐减弱，美国开始积极施展其在该区域的政治和军事影响力。海尔·塞拉西皇帝在位时，埃塞俄比亚成为美国在非洲之角的重要盟友，美国为抑制厄立特里亚脱离埃塞俄比亚提供了巨大帮助。1974 年至 1991 年埃塞俄比亚内战期间，德格军政府推

---

[1]　Christopher Zambakari et al.，"Chapter 5：The Role of the UN Mission in South Sudan（UNMISS）in Protecting Civilians"，in *The Challenge of Governance in South Sudan：Corruption，Peacebuilding，and Foreign Intervention*，p. 124.

[2]　Walt Kilroy，"The Evolution of Civilian Protection in Peacekeeping Mandates：the Reality of UNMISS Operations in South Sudan"，p. 143.

翻了海尔·塞拉西皇帝的统治并加紧同苏联密切联系，美埃塞关系随之破裂，美国开始转向拉拢苏联曾经的盟友索马里。1977 年埃塞索马里之间爆发长达 30 年的欧加登战争，美国和苏联都积极介入这场边境争端，美苏争霸和渗透在这场惨烈战争背后起到了推波助澜的作用。[1] 第二，美国对非洲之角外交政策重视主要是出于地缘战略原因。非洲之角之于红海航运具有重要战略意义，因而历来是美国等西方大国的战略争夺重点。非洲之角不仅紧邻曼德海峡，更是世界通往非洲大陆的重要门户，为红海、阿拉伯海沿岸，特别是为海湾国家提供了港口设施。第三，美国的冷战思维和军事行动对冷战期间和冷战后非洲之角内部武装冲突产生深远影响。冷战期间美苏两大超级大国在非洲之角展开的战略博弈，为之后非洲之角国家的内部事务和对外关系冲突频发埋下了隐患，并随着冷战结束后美苏的迅速撤出而留下了权力真空。美苏曾大力支持各自在非洲之角的盟友政权，并向这些国家输送了大量军事武器以保护其免遭敌对邻国的侵犯，但是大规模武器的泛滥和流通却为之后非洲之角区域内多个国家内战爆发埋下了隐患。在美苏精心的扶植下，非洲之角成为美苏发动代理人战争的主要场所，非洲之角多个国家建立了专制政权，但却遭到当地民众和武装团体激烈的武装抵抗，更造成了随后非洲之角区域内漫长的武装暴力和冲突的恶性循环。

对于美国来说，非洲大陆历来是美国对外政策中最不受重视的区域。[2]随着冷战结束，非洲之角的安全战略地位迅速下降。冷战结束初期至美国"9·11"事件爆发前（即 1991 年至 2000 年）的十年，美苏在该区域的两级格局不复存在，美国同苏联在非洲之角的意识形态对抗彻底瓦解。对以美国为首的西方国家来说，包括非洲之角在内的非洲大陆整体战略地位直线下降，美国对非洲政策进行了初次调整，其对非政策呈现八大趋势：第一，非洲问题地位下降，美国对非采取"自私自利的脱离接触"政策；第二，大幅削减对非军事和经济援助；第三，向国家安全部门下放对非政策监督权；第四，关注"低烈度冲突"和"激进派"非洲领导人所引发的冲

---

① 邵威：《血腥战争撕裂非洲之角》，《当代军事文摘》2007 年第 3 期。

② Peter Woodward, *The Horn of Africa: State, politics and international relations*, London & New York: I. B. Tauris Publishers, 2002, p. 148.

突威胁;第五,关注伊斯兰极端主义对美在非利益威胁;第六,外交参与而非直接军事介入非洲地区冲突增多;第七,开始在包括非洲之角地区在内的非洲大陆推动"西式民主进程";第八,因不再受制于苏联影响,加强与其他西方大国在非洲的经济与政治竞争。① 尽管这期间非洲之角区域内部武装冲突激增,但美国对非洲之角事务,特别是在"黑鹰坠落"事件之后,采取了间接而非直接军事介入、脱离而非卷入地区冲突的政策。

美国助长了索马里内战,也令自己在泥潭中举步维艰。② 1991 年西亚德·巴雷政权分裂后,索马里陷入内战。随后索马里暴发严重饥荒,1992 年底美国时任总统乔治·布什派遣美国军队前往索马里进行人道主义干预,在首都摩加迪沙部署美军,以保证联合国救援物资的发放,即"恢复希望行动"(Operation Restore Hope)。1993 年 5 月,随着救援工作的顺利进行,美国逐渐撤出部分美军,将索马里安全维护工作交由联合国维和部队。同年 8 月,剩余美军在索马里首都摩加迪沙执行一次军事行动时,由于情报误判对索马里军阀穆罕默德·艾迪德的司令部实行突袭而遭遇失败,导致美军两架黑鹰直升机被火箭筒击落,约 10000 名摩加迪沙居民涌上街头攻击美军,导致 19 名美军死亡、70 余人受伤,此次事件被称为"黑鹰坠落"。随后,美军终止一切在索马里军事进攻行动转而寻求政治解决途径。③

美国对索马里内战军事干预的失败,促使美国对非洲的维和行动与直接军事介入采取了消极态度。美国仅采取了一些军事援助而不再直接派出武装部队,以避免卷入地区冲突造成美军伤亡。例如,1996 年,美国时任总统比尔·克林顿发起"非洲危机反应倡议"(African Crisis Response Initiative),通过军事援助和军官培训帮助非洲国家军队增强自身作战和维和能力。该项倡议间接帮助西方国家远离非洲地区的武装冲突事务,却忽视了对非洲国家冲突管理能力的培养。另外,由于苏丹巴希尔政府支持基地组织,本·拉丹于 1991 年底将总部迁至苏丹喀土穆,直到 1996 年中旬苏丹政府才要求其离开,为此,美国将苏丹列为恐怖主义资助国并对苏丹进

---

① [美]彼得·施雷德:《摆脱枷锁——冷战结束后的美国对非政策》,杜小林等译,《西亚非洲》1997 年第 5 期。

② Peter Woodward, *The Horn of Africa: State, politics and international relations*, pp. 148 – 149.

③ 杨教:《美国败走索马里内幕》,2000 年 8 月 4 日《文汇报》,转载于人民网,http://www.people.com.cn/GB/channel2/702/20000804/173065.html。

行了经济制裁。① 1996 年，奉行"前线国家"（frontline states）政策的美国，通过埃塞俄比亚、厄立特里亚和乌干达向当时苏丹反对派——苏丹人民解放运动提供了价值两千万的非致命性军事装备，以帮助其推翻当时的苏丹政府。尽管美国国防部和中央情报局早已将苏丹列为仅次于伊朗的"国际恐怖主义集结地"，但美国政府一再表示，其军事援助仅仅包含一些军装、军靴、帐篷等军需用品而非致命性武器，并否认其军事援助针对当时的苏丹政府。② 克林顿还发起"大非洲之角倡议"（Greater Horn of Africa Initiative），旨在缓解非洲之角地区粮食危机，但该倡议在缓解区域冲突方面却是极其失败的，特别是未能缓解 1998 年至 2000 年爆发的埃塞俄比亚—厄立特里亚战争。1998 年，由于埃厄爆发边境战争，美厄关系紧张，克林顿政府暂停对厄立特里亚的财政和军事援助，以及武器出售。③

1998 年 8 月 7 日，美国驻肯尼亚和坦桑尼亚大使馆分别遭到基地组织的汽车炸弹袭击，总共约有 224 人不幸遇难、约 4500 人因炸弹爆炸而受伤。这是继 1993 年纽约世贸中心爆炸案、1996 年沙特霍巴塔楼袭击之后又一起反美恐怖袭击。为此，克林顿对位于苏丹喀土穆的一家被美国指责为基地组织"服务"的工厂发动了导弹袭击，该行动是美国为打击苏丹和阿富汗境内基地组织恐怖分子所发起的巡航导弹袭击行动，代号为"无限延伸行动"（Operation Infinite Reach）。此次行动受到外界严厉批评，外界认为美国政府历来对非洲安全事务关注度过低，克林顿执政初期并未对非洲给予足够的重视。但是随着中东问题外溢，特别是冷战后伊斯兰主义的兴起，克林顿开始关注非洲问题并访问非洲大陆，还支持了 2000 年 5 月 18 日美国颁布的贸易法案——《非洲增长与机遇法案》（The Africa Growth and Opportunity Act），该法案降低了合规的撒哈拉以南非洲国家商品进入美国市场的准入门槛，这些非洲国家的部分商品可免税出口至美国④，这也

---

① 2017 年 10 月，美国宣布解除对苏丹的经济制裁；2020 年 12 月 24 日，美国正式将苏丹从"恐怖主义的支持者"名单中移除。

② Molefi Kete Asante, *The History of Africa: The Quest for Eternal Harmony* (Second Edition), New York & London: Routledge, 2015, pp. 319 – 320.

③ David Shlnn, "U. S. Policy towards the Horn of Africa", *International Policy Digest*, October 13, 2011, https://intpolicydigest.org/2011/10/13/u – s – policy – towards – the – horn – of – africa/.

④ Emerging African Entrepreneurs, "The African Growth and Opportunity Act (AGOA)", https://www.emergingafricanentrepreneurs.com/the – african – growth – and – opportunity – act – agoa/.

标志着美国对非洲安全事务的关注更多地转向与自身经济利益相关的事宜。

但是"9·11"事件爆发后的十年（即 2001 年至 2010 年），非洲之角内部冲突依然没有减弱，恐怖主义和极端组织迅速发展。并且，由于冷战结束后十年美国在该区域军事存在的减弱，中东大国以及新兴国家开始成为该区域事务重要参与者，这促使美国在此阶段重新调整对非洲之角的政策，重新审视对非洲军事介入的态度。[①]"9·11"事件爆发后，美国时任总统小布什即刻派遣美军前往吉布提。这次恐怖事件也给美国敲响了警钟："脱离接触"政策未能有效保护美国的国家利益，反而将恐怖袭击引到了本土。中东的不安全让美国更加关注非洲对美国石油供应的贡献，而且非洲之角国家内部问题也给周边邻国、区域带来了一些可能的安全问题，比如为基地组织恐怖分子提供了藏身之处等。

美国政府为打击非洲恐怖主义活动采取了系列措施，自 2001 年起就增加了在非洲的反恐行动。例如，2002 年，美国政府在吉布提成立"非洲之角联合特遣部队"（CJTF-HOA）（见图 4-1），之后在吉布提建立了美国在非洲的唯一的军事基地；2003 年，提出"东非反恐倡议"（EAC-TI）[②]；2005 年，设立"非洲沿海/边境安全计划"项目（Africa Coastal/Border Security Program），同年还发起"跨撒哈拉反恐倡议"（TSCTI）[③]，又称"跨撒哈拉反恐伙伴关系"（TSCTP），该倡议为多机构合作项目，旨在通过地方能力建设和加强与马格里布国家间伙伴关系与合作，共同打击萨赫勒地区恐怖主义和暴力极端主义。"跨撒哈拉反恐伙伴关系"以外交、国防和发展三位一体模式，在军事和执法培训、司法部门能力建设、公共外交、社区参与，以及对有可能被恐怖分子招募的平民进行职业培训等方面与地方当局展开合作。其中，最著名的军事活动要数由美国牵头，美国、非洲和欧洲部队共同参与的一年一度的燧石枪反恐演习。该演习每年由"跨撒哈拉反

---

① 宋微：《被搅动的战略底端：冷战后美国对撒哈拉以南非洲政策及效果评估（1990—2016）》，中国商务出版社 2018 年版，第 46—182 页。

② Lauren Ploch, "Countering Terrorism in East Africa: The U. S. Response", U. S. Congressional Research Service, 2011, p. 24.

③ U. S. Department of State Archive, "Security Assistance in Africa", https://2001-2009. state. gov/t/pm/c17671. htm.

恐伙伴关系"的非洲成员国轮流主办，以增强各方在应对区域威胁时的应对和作战能力。但是，该演习在非洲各地的受欢迎程度参差不齐。美国综合行动中心（Centre for Complex Operations）发布的报告曾指出，燧石枪反恐演习和"跨撒哈拉反恐伙伴关系"项目存在缺陷。该报告阐明了规划和实施方面的挑战，并强调了与非洲当地合作方面存在困难，特别是不同非洲国家对地区极端主义和恐怖主义威胁的看法与美国政府不同。①

图 4 - 1　"非洲之角联合特遣部队"的责任范围和兴趣领域

注：左图为"非洲之角联合特遣部队"的责任范围，包括吉布提、厄立特里亚、埃塞俄比亚、肯尼亚、塞舌尔、索马里、南苏丹和苏丹8个国家；右图为"非洲之角联合特遣部队"的兴趣范围，包括布隆迪、乍得、科摩罗、刚果民主共和国、马达加斯加、毛里求斯、莫桑比克、卢旺达、坦桑尼亚、乌干达和也门11个国家。所以，实际上，"非洲之角联合特遣部队"的设置反映的是美国对非洲冲突多发地区军事介入的战略部署。

资料来源：非洲之角联合特遣部队网站，http：//www. hoa. africom. mil/images/hoa% 20aor% 20aoi. png。

另外，2007 年 10 月，总部位于德国斯图加特的美国非洲司令部（AF-RICOM）成立，随后"非洲之角联合特遣部队"在吉布提莱蒙尼尔军营约 1500 名美国官兵的指挥权从美国中央司令部转移到了美国非洲司令部手中。② 美国非洲司令部的主要职责包括人道主义救援、维和训练、军事教育、反恐行动等传统军事项目。美国非洲司令部的战略功能主要有三：一

---

① EIU," US military expansion in Africa", August 15, 2014, http：//country. eiu. com/ article. aspx? articleid = 1192183503&Country = Ethiopia&topic = Politics.

② James J. Hentz edited, *Routledge Handbook of Africa Security*, p. 53.

是作为美国"全球反恐战争"的重要组成部分,对非洲恐怖主义危机进行统一的军事应对;二是保障美国能源安全,保护非洲石油能源向美国的平稳供应以满足美国国内市场需求;三是制衡中国在非洲大陆日益增长的影响力。美国非洲司令部的成立既是美国在非洲力量的投射,也说明非洲对美国的战略重要性有所提升。但是非洲国家和非盟对美国非洲司令部的负面评价一直源源不断,在非洲大陆积极寻求多边主义和集体安全机制的背景下,美国非洲司令部的出现被认为是美国单边主义的一意孤行。[①]

21 世纪的第一个十年,美国在非洲之角地区的军事存在有以下几个特点:首先,美国在非洲之角将军事战略重心放在索马里,推动索马里国家重建,推行"双轨外交"(dual track diplomacy)。美国通过所谓的双轨外交,一方面援助索马里共和国战后重建以增强其自身对抗暴力极端主义的能力,另一方面也支持地方军阀和"索马里兰共和国"等非国家行为体共同打击暴力极端分子。[②] 其次,美国采取间接军事干预,通过"无人机外交"(drone diplomacy)对暴力极端主义实行打击[③],强调培养非洲之角国家军队间的伙伴关系。美国强调索马里和非洲之角国家应当自己解决自己的冲突问题。美国主要依靠非洲之角国家,例如埃塞俄比亚、肯尼亚、吉布提以及索马里自己来解决索马里冲突问题,这与美国直接军事干预阿富汗和伊拉克形成了鲜明对比。再次,美国在非洲之角的军事行动和"非洲之角联合特遣部队"积极争取非洲之角地区民心以建立伙伴关系。例如,美军为索马里民众钻井、为牧民提供环境安全和可持续发展保障,以赢得当地民心、防止民众出现同情暴力极端组织的行为,特别是对基地组织,以及对索马里极端组织"青年党"暴力极端分子的支持。美国试图在埃塞俄比亚的欧加登地区和索马里州地区,以及肯尼亚东北部地区,帮助跨境

---

① Jack Mangala, "Africa and the US AFRICOM", in *Handbook of Africa's International Relations*, edited by Tim Murithi, London & New York: Routledge, 2014, pp. 344 – 345.

② Matt Freear, "Special Feature: America's Dual Track for Somalia and the Case of Kismayo", American Security Project, November 15, 2012, https://www.americansecurityproject.org/special – feature – americas – dual – track – for – somalia – and – the – case – of – kismayo/.

③ Craig Whitlock, Greg Miller, "U.S. building secret drone bases in Africa, Arabian Peninsula, officials say", *The Washington Post*, September 20, 2011, https://www.washingtonpost.com/world/national – security/us – building – secret – drone – bases – in – africa – arabian – peninsula – officials – say/2011/09/20/gIQAJ8rOjK_ story.html.

民族——索马里族与埃塞俄比亚和肯尼亚政府之间建立友好关系，但由于缺乏对索马里牧民和族群政治的了解，效果甚微。另外，美国与非洲之角各国家间关系仍面临挑战。尽管美国与埃塞俄比亚、吉布提和南苏丹关系较好，但是由于厄立特里亚就埃塞俄比亚直接介入索马里冲突而向埃塞俄比亚施压，对吉布提采取敌对行动，并且"支持"索马里极端组织"青年党"，这进一步恶化了美厄关系。为了打击厄立特里亚，小布什政府在背后推动了联合国对厄立特里亚的武器禁运等制裁；而美国与苏丹也因达尔富尔冲突的爆发而关系复杂化[①]，美国于 2006 年对达尔富尔地区实施制裁。最后，以美国非洲司令部、"非洲之角联合特遣部队"和美国民政事务小组为代表的美国军方，在打击非洲之角暴力极端主义方面缺乏战略可持续性。例如，"非洲之角联合特遣部队"指挥官每年至少轮换一次，而美国驻非洲之角国家大使馆的外交、发展和防务官员则每三年轮换一次，因此与美国军方相比，美国大使馆相关领导人员在处理非洲之角地区安全问题时，战略知识和视角更趋稳定和成熟。美国大使馆、美国非洲司令部和"非洲之角联合特遣部队"等战略观点的偏差也反映了美国相关机构对非洲之角军事战略视野的狭隘。[②]

早在 2009 年奥巴马上台前，美国国务院和国防部对非洲之角军事战略政策就持有不同观点。美国国防部在非洲之角的战略重点就是通过特种作战部队和无人机进行反恐行动，通过"非洲之角联合特遣部队"加强区域内伙伴关系能力建设；而美国国务院则发起"东非反恐倡议"和"东非区域战略倡议"作为非洲之角国家加强其边境、情报、治安能力和航空安全的跨部门行动。美国国务院还支持索马里政府、非洲之角其他国家和索马里军阀等共同对抗极端分子、遏制极端主义扩张，带头向索马里的非索特派团和过渡联邦政府提供了总价值 6.5 亿美元的经济和军事援助。

为进一步遏制索马里"青年党"死灰复燃以达到将"青年党"边缘化、维护美国在非利益甚至美国境内安全的目标，美国国防部自 2003 年起就开始维护索马里同埃塞俄比亚、吉布提和肯尼亚间边境安全，并在索

---

① David Shinn, "U. S. Policy towards the Horn of Africa", International Policy Digest, October 13, 2011, https: //intpolicydigest. org/2011/10/13/u – s – policy – towards – the – horn – of – africa/.

② Stephen Burgess, "The United States in the Horn of Africa: The Role of the Military", ASPJ Africa & Francophonie, 1st Quarter, 2015, pp. 27 – 35.

马里境内开展反恐行动；而美国国务院则从 2006 年起，与非洲国家和索马里军队合作共同打击"青年党"，并推进索马里重建。但无论是前者还是后者，都花费了美国和相关非洲国家高达数亿美金的财政收入以支持军事培训和反恐行动。奥巴马上台后，任命美国国务院和美国国际开发署（USAID）负责非洲之角的外交和可持续发展工作。美国国务院在打击暴力极端主义和重建索马里国家方面继续发挥领导作用并取得了一定成效。而美国军方也调整了自己在非洲之角安全事务中的角色，退居为非洲之角，特别是索马里地区可持续发展和打击"青年党"、建设索马里国家和军队领域的配角。然而，尽管美国非洲司令部的"东非运动计划"（EACP），以及非洲司令部和"非洲之角联合特遣部队"在非洲之角的军事行动取得了效果，但美国军方在非洲之角缺乏战略可持续性等缺点也受到来自美国国内、美国国务院和美国国际开发署的批评与质疑。① 与此同时，美国海军还参与了打击索马里海盗的国际护航行动。自 2000 年起，每年因索马里海盗劫持商船给全球经济所造成的损失就高达 180 亿美元。美国第五舰队在 2009 年成立第 151 联合特遣部队，同来自欧盟的"亚特兰大行动"、北约的常备海军舰队、中国海军、伊朗海军和俄罗斯海军等约 23 个国家和组织组成的护航舰队在亚丁湾和印度洋上协同行动，共同打击并有效遏制了该区域的海盗行为。

自 2011 年"阿拉伯之春"爆发至今，中东不稳定因素出现了外溢，中东国家开始将非洲之角作为其区域战略争夺的外缘，并且伴随伊斯兰极端组织在非洲的快速发展，美国在非洲的经济和战略利益受到了巨大威胁，也导致美国在非洲的整体军事战略出现了军事存在由少到多、军事干预由零星到频繁的变化趋势。在过去十年中，活跃在萨赫勒地带的"伊斯兰马格里布基地组织"（AQIM）、索马里"青年党"和尼日利亚"博科圣地"（Boko Haram）在非洲多地发动恐怖袭击，袭击频次不断增多，并带动北非地区，特别是突尼斯和利比亚的伊斯兰极端组织快速发展。2012 年 9 月 11 日，美国驻利比亚大使克里斯托弗·史蒂文斯

---

① Stephen Burgess, "Has the US Military in the Horn of Africa been a Force that Embraces Strategic Knowledge and Perspective in Countering Violent Extremism and Assisting with Sustainable Development?" US Air War College, 2013, p. 25, https：//apps. dtic. mil/dtic/tr/fulltext/u2/a583596. pdf.

（Christopher Stevens）在利比亚北部港口城市班加西被"圣战"分子谋杀，成为美国第一位在任期间遇刺身亡的大使，该事件也促使美国重新审视对非战略政策。[①] 奥巴马政府显然比冷战后其他几届政府更为重视美非关系。奥巴马继续通过美国非洲司令部、"跨撒哈拉反恐倡议"和"东非区域战略倡议"等加大对非军事和安全援助，并大幅提升对非军售，军售主要对象国家包括非洲之角地区大国埃塞俄比亚和肯尼亚，也包括吉布提这样的战略要国。[②] 奥巴马政府重新评估了美国当前面临的恐怖威胁，缩减了全球范围内无边无际的反恐战争，选择针对特定国家和地区的恐怖势力进行打击。[③] 2013 年，美国国防部宣布在吉布提莱蒙尼尔军营组建一支"东非快速反应部队"（East African Response Force），以表明其坚决打击索马里"青年党"的决心。2015 年，美国开始落实2014 年 8 月首届美非峰会成果——非洲维和快速响应计划（African Peacekeeping Rapid Response Partnership）和安全治理倡议（Security Governance Initiative）。[④] 2015 年 7 月，奥巴马就非洲和平与安全问题先后访问了肯尼亚和埃塞俄比亚，作为第一位在任期内访问这两个国家的美国总统，奥巴马在任期间已经访问非洲大陆三次了。奥巴马访问非洲之角区域大国，不仅有意与快速发展的非洲之角国家建立更牢固的经济联系，更有意缓解东非的不安全局势，并与两国探讨有关人权、民主和腐败等相关议题，其中奥巴马的埃塞俄比亚之行突显了美国对非洲之角地区安全的重视，以及对埃塞俄比亚在打击索马里极端组织和南苏丹内战中发挥的重要作用的肯定，访问期间奥巴马还特意拜访了非盟在埃塞俄比亚的总部。[⑤] 与此同时，美国加快了在吉布提、埃塞俄比亚等国部署无人机和特种部队的进程。

---

① EIU, "US military expansion in Africa", August 15, 2014, http：//country. eiu. com/article. aspx？ articleid = 1192183503&Country = Ethiopia&topic = Politics.

② 崔戈：《美国非洲战略在其国家安全战略中地位的演变》，《亚非纵横》2014 年第 1 期。

③ 邵峰：《全球恐怖主义与反恐怖斗争（2012—2013）》，载李慎明、张宇燕主编《国际形势黄皮书：全球政治与安全报告（2014）》，社会科学文献出版社 2014 年版，第 102—103 页。

④ 张春：《大国对非洲合作态势的转变》，载张宏明主编《非洲黄皮书：非洲发展报告No. 18（2015—2016）》，社会科学文献出版社 2016 年版，第 215 页。

⑤ EIU, "Obama's groundbreaking visit to East Africa", July 28, 2015, http：//country. eiu. com/article. aspx？ articleid = 63384790&Country = Ethiopia&topic = Politics.

但是随着 2017 年特朗普上台，美国对非洲之角政策又出现了新的不稳定趋势。自 2016 年参加美国大选以来，特朗普在对非安全和反恐政策方面一直"含糊不清"。特朗普一方面坚决反对海外军事冒险，另一方面则对恐怖主义问题持强硬态度。另外相比于法国，美国在非洲大陆的安全活动相对较少，继续维持美国在非洲反恐行动——培训非洲当地军队和情报部门、提供设备和人员加强安全监察——的成本又相对较低，打击非洲恐怖分子网络可直接或间接维护美国利益。[①] 因此，特朗普虽然把工作重心放在美国国内问题上，但仍继续维持了美国在非洲的反恐行动。从美国与非洲之角地区国别关系来看，特朗普在下台前将苏丹移出"恐怖主义的支持者"名单，而且美苏丹关系，特别是在安全和反恐合作领域关系正在改善。2017 年 10 月，美国政府宣布解除自 1997 年对苏丹实施的经济制裁，但美国对达尔富尔地区的制裁仍将继续[②]；特朗普已将索马里列为"积极敌对行动区"，为无人机袭击"青年党"基地铺平了道路，还同索马里政府签署了部署美军训练该国部队的协议。2017 年 12 月，特朗普政府发布的《美国国家安全战略报告》（*National Security Strategy of the United States of America*）显示，不同于奥巴马政府，特朗普政府将恐怖主义问题置于大国竞争之后，重新回归"冷战思维"。[③] 在美国奉行的单边主义和冷战思维共同推动下[④]，特朗普希望尽快撤出美国在中东地区的军队，以重新整合资源加强同中国和俄罗斯在非洲等地区的战略竞争。[⑤] 在特朗普领导下，美国在非洲的反恐战略实际上并未发生太大变化，只是在"美国至上"原则指引下，美非关系的发展会作为美国抗衡其他大国在非洲区域影响力的工具。而对于饱受恐怖主义威胁的非洲国家来说，美国的军事介入

[①] EIU, "Donald Trump and Sub-Saharan Africa", November 9, 2016, http：//country. eiu. com/article. aspx? articleid=1924797376&Country=Ethiopia&topic=Politics.

[②] EIU, "US economic sanctions on Sudan lifted at last", October 17, 2017, http：//country. eiu. com/article. aspx? articleid=575985041&Country=Sudan&topic=Politics.

[③] 邵峰：《全球恐怖主义与反恐怖斗争（2017—2018）》，载张宇燕主编《国际形势黄皮书：全球政治与安全报告（2019）》，社会科学文献出版社 2019 年版，第 125—126 页。

[④] Peter Woodward, *US Foreign Policy and the Horn of Africa*, Aldershot & Burlington：Ashgate Publishing Limited, 2006, pp. 2 – 36.

[⑤] 邵峰：《全球恐怖主义与反恐怖斗争（2018—2019）》，载张宇燕主编《国际形势黄皮书：全球政治与安全报告（2020）》，社会科学文献出版社 2020 年版，第 125—126 页。

和武装打击依然不能改善非洲社会经济发展落后、国家结构脆弱的现状。①
特朗普就任后曾多次对非洲国家出言不逊，发表过不当言论，将美非关系
降至次要位置，很长一段时间内都未发布对非政策。2018 年 1 月，美国国
防部发布《2018 年美国国防战略报告》（2018 National Defense Strategy）显
示，大国竞争取代了反恐成为美国国家安全的"首要关切"。自 2018 年下
半年以来，特朗普政府频繁出台对非新战略，发出意欲"重返非洲"的信
号②，以动摇中国和俄罗斯在非洲大陆日趋重要的地位，这充分说明特朗
普政府对非战略目标是从打击恐怖主义转向区域竞争。美国多篇智库报告
分析，美国实际上在非洲之角早就不占军事主导地位，其影响力现在远不
及中国和中东国家，美国在该区域也面临很大挑战：埃塞俄比亚反政府武
装力量崛起和不受美国欢迎的厄立特里亚正在区域和平与安全中扮演积极
斡旋的角色。

现在埃塞俄比亚权力格局发生巨大转变，曾经的领导核心——提格雷
人民解放阵线实力大幅下降。美国智库认为，如今埃塞俄比亚"威权政
权"已不复存在，埃塞俄比亚自 2018 年 4 月在阿比政权的领导下，走上
了更加"民主和自由"的道路。阿比在民众中发挥了民主和民粹领袖的影
响，可能阿比不会轻易以牺牲埃塞民众生命的代价去轻易听命美国的非洲
之角反恐战略了，因此多家智库建议美国对非洲之角政策快速转向，以修
复美国过去在该地区的军事介入所产生的负面影响，特别是对埃塞俄比亚
和厄立特里亚等国家民众的伤害，向建设性参与和合作的方向转变，过去
那种与提格雷人民解放阵线谈商业合作、谈生意的政策已经不好使了。③
随着 2020 年底埃塞俄比亚提格雷地区军事冲突的恶化，美国有意充当埃
塞俄比亚联邦政府与提格雷人民解放阵线之间的"调解人"，以恢复其在
该地区的声誉。④ 另外，历来不受美国欢迎的厄立特里亚却在非洲之角区

---

① EIU, "The US retreat from Africa", March 15, 2018, http：//country. eiu. com/article. aspx? articleid = 1766522560&Country = Ethiopia&topic = Politics.

② 姚桂梅、郝睿：《美国"重返非洲"战略意图与影响分析》，《人民论坛》2019 年 9 月
（下），第 127—129 页。

③ Ashish Kumar Sen, "Finally, peace in the Horn of Africa?" Atlantic Council, July 9, 2018, https：//www. atlanticcouncil. org/blogs/new – atlanticist/finally – peace – in – the – horn – of – africa/.

④ Teferi Mergo, "The War in Tigray Is a Fight Over Ethiopia's Past and Future", Foreign Policy, December 18, 2020, https：//foreignpolicy. com/2020/12/18/the – war – in – tigray – is – a – fight – o-ver – ethiopias – past – and – future/.

域武装冲突调解方面发挥了积极作用。厄立特里亚采纳了美国极力反对的"各方相互协商"的调解方式，在南苏丹、索马里的政府与反政府武装派别之间斡旋，包括促使索马里政府与索马里极端组织"青年党"进行谈话，使冲突双方坐下来通过协商方式推动了和平进程。这也从侧面反映阿比获2019年诺贝尔和平奖是以美国为代表的西方国家对埃塞俄比亚或非洲之角政策介入的新转向，通过颁奖鼓励来笼络阿比的心，而同样为推进区域和平做出贡献的厄立特里亚却因长期被美国指责"人权记录差"未能获此殊荣。美国智库专家丹尼尔·朗德（Daniel Runde）认为，从军事战略位置角度考量，厄立特里亚拥有绵长的红海海岸线，北邻苏伊士运河，同也门等中东国家隔海相望，特朗普政府如果通过进一步促进埃厄关系来拉拢厄立特里亚，会为美国带来战略利益，特别是可为美国觅得新的非洲军事基地。① 美国智库报告分析显示，埃塞俄比亚持续的民族冲突和政治局势不稳会与美国在非洲之角打击恐怖主义和极端组织——基地组织和"青年党"形成反力，并最终造成整个区域安全陷入困境。不仅仅是埃塞俄比亚，肯尼亚和乌干达也都面临不同程度的国家内部政治危机，一旦这些国家从区域维和当中抽身转而应对国内危机，美国意欲消灭"青年党"的努力将前功尽弃。②

2020年2月12日，美国国防部表示将在数周内向非洲部署陆军第一安全部队援助旅的部分单位，以便在非洲一些热点国家执行军事训练和协助任务来应对大国在非竞争，与此同时，美国将减小驻非美军常规作战部队的规模。美国陆军自2017年起就陆续组建6个安全部队援助旅来专门执行外军训练与指导任务。③ 2020年2月17—19日，美国国务卿蓬佩奥访问包括埃塞俄比亚在内的撒哈拉以南非洲三国④，这是美国务卿时隔两年

① Daniel Runde, "Trump Needs to Close the Deal in the Horn of Africa: A lasting peace between Ethiopia and Eritrea would be an enormous strategic win for the West", *Foreign Policy*, July 12, 2018, https://foreignpolicy.com/2018/07/12/trump-needs-to-close-the-deal-in-the-horn-of-africa/.

② Emily Estelle, "Ethiopia's Strategic Importance: US National Security Interests at Risk in the Horn of Africa", American Enterprise Institute, September 12, 2018, pp. 1 - 3.

③ 刘品然、刘晨：《美国将调整驻非美军以应对大国竞争》，新华网，2020年2月14日，http://www.xinhuanet.com//2020-02/14/c_1210473550.htm。

④ 《美国务卿蓬佩奥将访问埃塞》，中华人民共和国商务部网站，2020年2月6日，http://www.mofcom.gov.cn/article/i/jyjl/k/202002/20200202934220.shtml。

首次踏足非洲，也是蓬佩奥上任以来首次访问撒哈拉以南非洲，透露出特朗普政府对非态度发生了细微变化。这些转变都是以抵消中国等大国在非洲影响力为目标的。特朗普政府将埃塞俄比亚视作非洲重要的区域伙伴，对埃塞俄比亚总理阿比为非洲之角区域安全稳定所作出的贡献表示赞扬，并将埃塞俄比亚首都、非盟总部所在地——亚的斯亚贝巴比喻为"非洲大陆的首府"（capital of Africa）。① 特朗普政府还将苏丹从"恐怖主义的支持者"名单中删除，并且促成了苏丹与以色列关系正常化。但是随着特朗普连任失败，拜登赢得美国大选，美国未来对非洲之角会采取何种态度和具体政策目前尚不明朗。就在 2020 年 12 月，特朗普下台之前一个月，美国宣布将从 2021 年初撤出驻索马里的大部分美军，这些部队将会转移至美国驻肯尼亚和吉布提的军事基地。② 美国《外交政策》发表评论表示，如果继任政府不做出任何改变的话，特朗普的撤军决定将破坏美国为稳定索马里局势和击败索马里"青年党"所付出的努力，不仅将挫败索马里部队打击"青年党"的士气，大大降低美国的国际信誉，还会对整个非洲之角区域的稳定构成威胁。一些索马里学者甚至表示，美国正在"抛弃"索马里。③

二 欧盟、西欧大国与俄罗斯军事介入

（一）欧盟

在冷战即将结束阶段，索马里国内安全局势已十分紧张、武装派别斗

---

① Global Public Affairs of the U. S. Department of State, "Senior State Department Officials Previewing Secretary Pompeo's Travel to Germany, Senegal, Angola, Ethiopia, Saudi Arabia, and Oman", Special Briefing, February 10, 2020, https://translations.state.gov/2020/02/10/senior - state - department - officials - previewing - secretary - pompeos - travel - to - germany - senegal - angola - ethiopia - saudi - arabia - and - oman/.

② 2021 年 1 月 17 日，美国非洲司令部表示，按照特朗普的政策计划，美军已完成从索马里撤军的任务，这些撤出美军的重新部署工作也已提前完成，未来美军在索马里的军事存在将"非常有限"，但美军将继续同索马里政府合作，打击"青年党"。具体参见 Harun Maruf, "US Military Pulls Last Troops From Somalia", Global Security, January 17, 2021, https://www.globalsecurity.org/military/library/news/2021/01/mil - 210117 - voa02. htm；2021 年 2 月 4 日，拜登发表就任以来首次外交政策讲话，并表示会对美国军队进行全球态势评估，以使得美国军事足迹与国家安全优先事项"相适应"。

③ Abdi Yusuf, "Trump's Withdrawal From Somalia Is a Security Threat, Biden Should Reverse It", *Foreign Policy*, January 13, 2021, https://foreignpolicy.com/2021/01/13/trump - somalia - troop - withdrawal - security - threat - biden - reverse/.

争激烈，欧盟于是在 1990 年以巴雷政权严重侵犯人权为由，暂停了对索马里政府的军事援助。由于北约的存在，欧盟最初并没有设定明确的军事防御职能。考虑到欧洲过去的殖民历史，欧盟及其个别成员国曾以避嫌为由避免对非洲进行直接的军事干预。直到 1999 年科索沃战争后，欧盟明确了其增强军事部署力量的决定。根据 1999 年发布的相关条约和文书——《欧盟共同安全与防务政策》（CSDP）和《欧盟共同外交与安全政策》（CFSP），欧盟的目标是通过共同防御加强欧洲的特性及其独立性，促进非洲发展预防和解决冲突的能力，以促进欧洲和世界的和平、安全与进步。① 欧盟已经是联合国、非盟、伊加特等国际和区域组织在非洲之角地区维和行动的重要资助者。2001 年为响应美国的"全球反恐战争"，欧盟与美国一直在非洲之角等地区开展安全合作。在过去二十多年中，欧盟越来越多地参与非洲之角地区预防冲突与和平建设的行动。考虑到该地区海盗和恐怖主义活动的增多，非洲之角特别是索马里已成为欧盟军事活动的重点。欧盟在非洲之角地区维和行动主要包括欧盟海军"亚特兰大行动"（2008 年 11 月至今）、欧盟驻索马里训练团（2010 年 4 月至今）、欧盟驻索马里能力建设特派团（2012 年 7 月至今）、欧盟驻南苏丹航空安全特派团（2013 年 2 月至 2014 年 1 月）和欧盟向非盟驻苏丹特派团支持行动（2005 年 7 月至 2007 年 12 月）。除了索马里地区的行动外，欧盟在苏丹和南苏丹的两项维和行动任务都已结束。

2008 年索马里海盗活动对非洲之角和亚丁湾海域海上贸易路线构成了极大威胁，引发了国际社会关注。特别是，世界粮食计划署（WFP）向索马里运送重要人道主义援助物资的船只几次遭到海盗攻击，国际航运公司也关心其船只、货物和船员的安全保护问题。与此同时，索马里的人道主义局势严重恶化。为此，联合国呼吁国际社会采取行动，于是在 2008 年 11 月，欧盟开展了欧盟海军"亚特兰大行动"，这是《欧盟共同安全与防务政策》下欧盟海军的首次行动。"亚特兰大行动"覆盖的地区包括红海南部、亚丁湾、索马里盆地和印度洋的一部分，包括塞舌尔。欧盟参与反

---

① European Union, "Supporting European security and defense with existing EU measures and procedures", October 2015, https：//www. europarl. europa. eu/RegData/etudes/STUD/2015/534993/EXPO_STU（2015）534993_ EN. pdf.

海盗行动既是帮助世界粮食计划署完成在索马里人道主义援助，也是支援非索特派团、协助索马里过渡联邦政府，更是彻底打击索马里海域海盗保护来往船只和人员安全。① 在欧盟军事委员会监督下，2008 年 12 月"亚特兰大行动"由英国领导，丹麦、法国、德国、希腊、意大利、荷兰、葡萄牙、瑞典和西班牙等国家共同参加组成了一只约 1200 人的海军部队，正式开始护航任务。但是单纯依靠欧盟海军并不足以彻底打击索马里海盗，因此欧盟国家还作为美国领导的第 150 和第 151 联合特遣部队的一部分，通过北约的"海洋盾牌行动"参与了反海盗行动，加大对索马里海域海盗的打击力度。② "亚特兰大行动"原定行动任务期为 12 个月，即从 2008 年 11 月至 2009 年 11 月，之后欧盟理事会多次延长任务期。由于英国脱欧，到 2019 年西班牙正式接管了"亚特兰大行动"的指挥中心，并且欧盟再次将该行动的任务期限延长到 2020 年 12 月 31 日。③ 为了实现欧盟在该区域的安全战略目标，2021 年 1 月 1 日，欧盟再次延长"亚特兰大行动"任务期至 2022 年 12 月 31 日，并加强在亚丁湾地区对非法武器和毒品走私、非法捕鱼和木炭交易的打击。④

在打击海盗行动中，欧盟日益发挥领导作用，逐渐从外围发展成为反海盗行动的主要参与者。欧盟"亚特兰大行动"很快成为海上继北约和联合特遣部队之后第三大反海盗军事行动方，是反海盗"三大巨头"之一。三大巨头为协调相互之间的海军行动，设立了"阴影机制"（SHADE）⑤；之后又设置一个高度保护的运输区域——国际推荐运输走廊（IRTC），以

---

① European Union Committee of the House of Lords, "Combating Somali Piracy: the EU's Naval Operation Atalanta: Report with Evidence", 12th Report of Session 2009 – 10, pp. 7 – 9.

② Stephen M. Magu, *Great Powers and US Foreign Policy towards Africa*, Cham: Palgrave Macmillan, 2019, pp. 102 – 104.

③ Christian Bueger, "Doing Europe: agency and the European Union in the field of counter-piracy practice", *European Security*, 25: 4, 2016, pp. 407 – 422.

④ Naval News, "Europe Extends Operation Atalanta For Another 2 Years", January 4, 2021, https://www. navalnews. com/naval – news/2021/01/europe – extends – operation – atalanta – for – another – 2 – years/.

⑤ "阴影机制"（SHADE）是"共享警报和消除冲突机制"（Shared Awwareness and Deconfliction）英文的缩写，是北约、联合特遣部队和欧盟三大巨头协调海军行动的一种信息和经验共享机制。具体参见 Awet Tewelde Weldemichael, *Piracy in Somalia: Violence and Development in the Horn of Africa*, p. 176.

便在该区域协调三方海军资产的部署；在巴林成立非洲之角海上安全中心（MSCHOA）来共享海事态势、信息和警报等。另外欧盟还搭建名为"水星"的互联网通信平台协调海军行动。2014 年欧洲对外行动署（EEAS）主持联合国索马里沿海海盗问题联络组工作，这意味着欧盟成为反海盗行动核心外交和治理机构的重要成员。[①] 欧盟"亚特兰大行动"具有以下三个特点：首先，"亚特兰大行动"以欧盟总部的名义集合的资源，远远超出了欧盟以前任何其他类型任务；其次，该行动通过保护欧盟成员国海上贸易利益，实践了欧盟共同防御的思想；最后，这是欧盟首次作为独立于北约的国际安全行为体参与的行动任务。

自 2012 年索马里海盗活动显著减少后，欧盟将军事打击转移到当地反海盗能力建设当中，启动了国际海事组织及其区域能力建设项目"吉布提行为守则"，以及联合国毒品和犯罪问题办公室（UNODC）的"反海盗计划"。欧盟最初只是这两个能力建设项目的资助者，后来随着欧盟内斯特（EUCAP Nestor）项目启动，欧盟成为其组织和维护能力建设的核心角色。2012 年 7 月，欧盟内斯特项目启动，欧盟向吉布提、肯尼亚、索马里、塞舌尔和坦桑尼亚提供反海盗培训指导，以帮助这些国家维持和加强反海盗和海上安全治理的能力。欧盟逐渐从反海盗行动的边缘走到了核心，承担起了相应的国际责任。[②]

虽然欧盟在防止非洲之角武装冲突方面具有广泛参与、资助、协调和与第三方合作的能力，但是欧盟的反海盗行动、反恐行动以及维和行动作为欧盟预防冲突与建设和平机制的重要组成部分也面临几大挑战：冲突预警与冲突响应之间存在差距；缺乏与其他国际伙伴的合作；在预防冲突和建设和平过程中缺少军民协调和地方自主权。[③] 例如，2011 年西亚北非动荡之后，非洲难民问题连同民主治理、气候变化、能源和贸易问题都成为欧洲关心的焦点。实际从 2007 年开始，非洲—欧盟联合战略就为非洲国

---

① European Union, "EU 2014 Chairmanship Contact Group on Piracy off the Coast of Somalia", May 14, 2014, https://eeas.europa.eu/delegations/tajikistan/8457/eu-2014-chairmanship-contact-group-on-piracy-off-the-coast-of-somalia_nl.

② Christian Bueger, "Doing Europe: agency and the European Union in the field of counter-piracy practice", *European Security*, 25: 4, 2016, pp. 407-422.

③ Ana E. Juncos, Steven Blockmans, "The EU's role in conflict prevention and peacebuilding: four key challenges", *Global Affairs*, 4: 2-3, 2018, pp. 131-140.

家和欧盟建立共同利益关系提供了长期框架，但是欧盟缺乏与非盟开展积极合作的态度，未能如约遵守部分承诺，曾招致非洲国家严重不满，一度导致非洲—欧盟联合战略处于休眠状态。①

（二）英国、德国与法国

虽然冷战后英国保留了在肯尼亚的军事基地，但是英国在非洲的长期军事力量大大减少。目前，英国在非洲之角地区的安全介入以发展和援助为主要手段，以实现英国海外利益保护为目标，因此不能从根本上解决非洲大陆武装冲突问题，未能给非洲之角地区的安全稳定带来实质性突破。1997 年英国成立国际发展部（Department for International Development），使援助和发展模式推动下的所谓国际发展成为英国"道义外交"政策的基本支柱，以抹掉英国在第三世界的殖民痕迹。2009 年英国曾一度将国际发展部更名为"英国援助"（UK Aid）部门②，再次强调了英国参与非洲等发展中国家发展和援助工作的正当性，但是英国对非洲发展与援助方案的目的是加强英国在世界舞台上的力量和声望，这与殖民地时期的发展方案并无太大区别，所以取得的效果并不明显。③ 自 2011 年"阿拉伯之春"之后，英国积极制定了所谓的"4D"（防务、发展、外交、国内）战略，以促进并保护其在非洲的海外利益。英国在东非地区积极开展反恐合作、军事资助和培训，于 2013 年 5 月组织召开索马里国际会议，试图与国际社会一道共同推动索马里实现战后重建和安全改善。④ 2015 年 4 月 1 日，英国政府投资 10 亿英镑启动冲突、稳定与安全基金（Conflict, Stability and Security Fund, CSSF），正式取代了先前的非洲冲突预防基金（Conflict Pool），为缓解包括非洲之角在内的国际武装冲突和不稳定局势提供资金支持。冲突、稳定与安全基金的数额虽然是冲突基金的 100 倍，但是该基金的本质仍是以实现英国海外稳定基

① Anthoni van Nieuwkerk, "The Peace and Security Architecture of African Subregional Organizations", in *Responding to Conflict in Africa：The United Nations and Regional Organizations*, edited by Jane Boulden, New York：Palgrave Macmillan, 2013, pp. 13 – 32.

② 之后又重新更名为国际发展部，并沿用至今。

③ Andrew W. M. Smith, Chris Jeppesen edited, *Britain, France and the Decolonization of Africa：Future Imperfect？* London：UCL Press, 2017, pp. 59 – 61.

④ 朱伟东：《英国对非洲政策及中英在非洲关系》，载张宏明主编《大国经略非洲研究》（上册），社会科学文献出版社 2019 年版，第 228—231 页。

金的单一政策、战略和资源进程为目标。①

由于非洲之角在印度洋和红海的入口处占据重要位置，其战略重要性显著，所以近年来该地区又迎来了其他欧洲大国的回归——德国、法国陆续重返非洲之角。冷战结束后初期，德国对非采取"漠视政策"，进入 21世纪特别是"9·11"事件后，为保护在非利益和实现本国政策目标，德国对非洲反恐和难民问题展现出日益重视的态度。② 德国开始积极参与非洲安全治理，强调发展合作与和平安全相结合、冲突预防与谨慎使用军事手段相结合的多边对非安全政策，参与了联合国和欧盟在非洲之角地区的维和行动、反海盗行动，为非盟和伊加特维和行动提供了资金支持。③2018 年 5 月，德国外交大臣海科·马斯（Heiko Maas）在访问非洲之角国家期间，与埃塞俄比亚总理阿比会面，表达了德国视埃塞俄比亚为战略伙伴并计划与其开展紧密合作的意愿。德国外交大臣的公开支持，表现了德国政府对阿比总理大刀阔斧改革的支持。德国一直将非洲之角视作非洲最重要的地缘政治地区之一。埃塞俄比亚是德国非政府组织——德国国际合作机构（GIZ）的重要合作伙伴，该机构全球最大办事处就设在埃塞俄比亚首都。随着埃塞俄比亚和厄立特里亚恢复友好关系，德国期望埃塞俄比亚能够在稳定国内安全局势的同时，更多发挥区域大国作用，特别是推动南苏丹和索马里和平进程。另外，埃塞俄比亚是非洲难民前往欧洲的重要过境国。2017 年德国统计局数据显示，厄立特里亚成为继叙利亚、伊拉克和阿富汗之后德国的第四大难民来源国，大批厄立特里亚人以贫穷和无限期服兵役为由前往德国寻求庇护。德国政府已经在制订并扩大与埃塞俄比亚在难民问题方面的合作计划。2017 年，埃塞俄比亚已被纳入德国推动的二十国集团"非洲契约"（Compact with Africa）倡议中。"非洲契约"不仅是二十国集团非洲伙伴关系的核心内容，更是德国"非洲马歇尔计划"的国际化版本。德国试图通过该契约重塑其在全球治理领域的影响力，突破其长期以来在联合国和欧盟框架下开展对非合作的约束，提升其对非政

---

① 张春：《大国对非洲合作态势的转变》，载张宏明主编《非洲黄皮书：非洲发展报告No. 18（2015—2016）》，社会科学文献出版社 2016 年版，第 216 页。

② 刘中伟：《德国对非洲政策及中德在非洲关系》，载张宏明主编《大国经略非洲研究》（上册），社会科学文献出版社 2019 年版，第 321—331 页。

③ 周瑾艳：《德国与非洲安全合作的新动向及发展趋势》，《西亚非洲》2017 年第 5 期。

策的塑造力，拓宽同埃塞俄比亚在内的非洲国家间关系，强调对非合作的利益导向，吸引更多德国私营企业到非洲投资。① 作为同埃塞俄比亚合作的交换，德国也试图借助对埃塞俄比亚的各项发展援助将西方的民主价值观、人权观念带到非洲之角地区。②

2019 年 3 月 12 日，法国总统伊曼纽尔·马克龙（Emmanuel Macron）首次访问吉布提、埃塞俄比亚和肯尼亚，这也是马克龙上任以来对非洲之角地区进行的首次访问。马克龙希望通过在非洲之角建立新的伙伴关系以摆脱法国殖民时期在该地区不光彩的历史，并赶上非洲之角地区日新月异的发展。法国媒体将马克龙非洲之角访问地视为"法国在非洲的战略据点"，其非洲之角访问旨在"重申法国在前殖民地的影响力"。法国在非洲之角地区的前殖民地是吉布提。自 1932 年以来吉布提一直是法国的军事基地，1977 年，吉布提与法国签署了共同防御条约。冷战结束后，由于地理位置优越，吉布提已成为红海南部的重要入口，以及美国、中国和日本等域外大国的重要军事中心或后勤补给基地。另外，基于战略因素，冷战后法国与苏丹一直保持建设性接触，早在 1994 年 7 月，苏丹官员就曾前往巴黎与法国探讨有关法国石油公司道达尔（TOTAL）在南部苏丹的特许权续期以及道达尔接管美国雪佛龙石油公司特许权的可能性。并且，法国借助与苏丹发展密切关系，参与调解苏丹与非洲之角区域国家间关系，从而达到发挥法国在非洲之角安全影响力的作用。③

在安全领域，法国和埃塞俄比亚签署了一项新的军事合作协议，在协议中，法国承诺帮助内陆国家——埃塞俄比亚实现重建海军的愿望，这一举措将推动法埃关系进入新阶段。冷战结束后，由于厄立特里亚的脱离令埃塞俄比亚失去了通往红海的唯一出海口，于是埃塞俄比亚于 1991 年解散了海军。但是，随着非洲之角地区的安全和战略环境不断发展，作为区域大国的埃塞俄比亚决心重新组建海军部队。2018 年 6 月，处于内陆地区的埃塞俄比亚，

---

① 张海冰：《从"非洲契约"看德国对非洲政策的转型》，《西亚非洲》2019 年第 2 期。

② Gwendolin Hilse, "Africa: Germany Welcomes Developments On Horn of Africa", all Africa Global Media, July 20, 2018, https://allafrica.com/stories/201807200614.html.

③ Jeffrey Lefebvre, "Post-Cold War Clouds on the Horn of Africa: The Eritrea-Sudan Crisis", *Middle East Policy*, September 1995, pp. 43 – 46, https://onlinelibrary.wiley.com/doi/abs/10.1111/j.1475 – 4967.1995.tb00206.x.

其前外交官比拉内梅斯凯尔·阿贝贝（Birhanemeskel Abebe）推动建立一个非洲之角区域经济集团，重建海军就是埃塞俄比亚"经济集团团结非洲之角"（unification of the Horn of Africa as an economic bloc）项目的一部分。①埃塞俄比亚认为新的海军部队将在这种经济一体化中发挥核心作用。法国的援助将加速埃塞俄比亚整合和建设一支装备精良海军的进程。该军事安排也涵盖了非洲之角地区的军事培训和援助、能力建设、空中合作、联合军事行动、购买法国国防装备，以及加强法埃军事战略层面的交流。除了军事合作，法国也加紧同埃塞俄比亚在电信、航空和能源行业的经济合作，以及科教文卫方面的交流与合作，比如两国签署了有关发展埃塞俄比亚的文化遗产、保护教堂以及在埃塞俄比亚12世纪村落遗址开设考古挖掘区等。

德国和法国是目前积极参与非洲之角域外竞争的少数几个欧洲大国，德国和法国都表达了在非洲之角的安全、经济、地缘战略领域发挥积极作用的态度，这对于德国和法国来说既是机遇也是挑战。德国和法国在非洲之角的军事影响力早已式微，单凭一己之力想要重返非洲之角地区参与地区竞争面临重重挑战。由于美国对非洲之角地区的政策依然不够清晰，对欧洲国家整体来说，除了在索马里的反恐和反海盗任务外，欧洲大陆缺乏对该地区的共同安全战略，因此德国和法国准备在该地区安全领域发挥作用可能很难得到欧盟和其他欧洲国家的大力支持。②

（三）俄罗斯

冷战结束初期，俄非关系发生巨大变化。20世纪90年代初，俄罗斯国内面临转型困难、经济发展缓慢等诸多挑战，俄罗斯对非态度冷却至最低点。俄罗斯未能将非洲之角视作重要的地缘政治战略区。俄罗斯部分媒体甚至表现出对非洲的消极态度，认为非洲成为俄罗斯的经济负担，煽动了国内的仇外心理。③虽然俄罗斯继承了苏联对非开展经济援助和贸易的

---

① Peter Kagwanja, "Hail democracy, but long live autocracy in the Horn", Daily Nation, January 11, 2020, https://www.nation.co.ke/oped/opinion/Hail – democracy – – but – long – live – autocracy – in – the – horn/440808 – 5414828 – sx96os/index. html.

② Yacqub Ismail, "France's Strategic Footprint in East Africa", International Policy Digest, June 4, 2019, https://intpolicydigest.org/2019/06/04/france – s – strategic – footprint – in – east – africa/.

③ Mehmet Cem O'ultürk, "Russia's Renewed Interests in the Horn of Africa as a Traditional and Rising Power", *Rising Powers Quarterly*, Volume 2, Issue 1, 2017, p. 126.

大部分协定，但当时的俄罗斯政府宣布缩减对非援助项目，并要求非洲国家尽快偿还债务。到1992年底，俄罗斯共关闭了9个驻非大使馆和4个驻非领事馆，缩减了其他驻非使领馆的外交人员，非洲的俄罗斯文化中心也被关停。因此叶利钦时代也被视作俄罗斯对非政策"失去的十年"①。直到普京上台，俄对非外交政策才开始发生根本性转变。进入21世纪以来，因与西方国家在国际问题上存在巨大分歧，俄罗斯开始意识到非洲在国际舞台和国际事务中的重要性。2000年，俄罗斯联邦政府发布的《俄罗斯联邦外交政策概念》（简称"外交政策概念"）首次表示希望同非统发展政治关系、参与多边项目。这与1993年首次发布的外交政策概念——忽视非洲国家、与西方国家维持紧密关系——是截然不同的。② 随后包括肯尼亚、厄立特里亚和埃塞俄比亚在内的非洲之角国家领导人和外长纷纷到访俄罗斯，俄非高层互访日益频繁。2019年10月，首届俄罗斯—非洲峰会（简称"俄非峰会"）在俄罗斯黑海海滨城市索契举行。俄非峰会的举行巩固了俄罗斯在世界舞台上的政治位置，增强了俄非在经贸、人文、安全事务上的联系。

2013年乌克兰危机爆发后，俄罗斯于2014年3月出兵克里米亚，将其纳入俄罗斯版图，随即引发西方国家强烈不满和严厉经济制裁。为摆脱政治上孤立无援和经济上被西方封锁的困难局面，俄罗斯积极寻求政治和外交层面上的突破。2016年发布的最新版外交政策概念强调，俄罗斯将通过改善政治对话、促进互惠互利的经贸关系、加强全面合作等手段，实现俄非共同利益、预防非洲地区危机、解决非洲冲突。同时，扩大同非洲国家的双边和多边关系互动，增进俄同非盟、非洲次区域组织间的伙伴关系。③ 俄罗斯加强同非洲国家间关系是增强其地缘政治地位、共同抗衡以西方国家为主导的全球体系的重要表现。扩大与非洲国家间双边和多边关

---

① Mehmet Cem O'ultürk, "Russia's Renewed Interests in the Horn of Africa as a Traditional and Rising Power", *Rising Powers Quarterly*, Volume 2, Issue 1, 2017, p. 7.

② Hakan Fidan, Bülent Aras, "The Return of Russia-Africa Relations", bilig, Number 52, Winter/2010, pp. 47–50.

③ The Ministry of Foreign Affairs of the Russian Federation, "Foreign Policy Concept of The Russian Federation: Approved by President of the Russian Federation Vladimir Putin on November 30, 2016", December 1, 2016, http://www.mid.ru/en/foreign_policy/official_documents/-/asset_publisher/CptICkB6BZ29/content/id/2542248.

系符合俄罗斯的利益，非洲国家已成为俄罗斯在联合国等国际组织和国际舞台上的重要支持者。自 2000 年首次当选俄罗斯总统以来，普京四任总统，一直致力于实现俄罗斯复兴计划，旨在重新恢复俄罗斯的全球影响力，并高度重视地缘政治，推动俄罗斯重返非洲。当前俄罗斯外交政策的整体目标就是有效融入全球经济，维护自身利益，恢复其在全球体系中的势力，以推动建设一个稳定、多极化的世界。[①]

　　近年来，俄罗斯重返非洲之角体现在俄非在安全事务上建立了紧密联系。第一，自从遭受美国和欧盟一系列制裁后，俄罗斯将非洲视作俄罗斯军售的重要市场。2017 年，俄罗斯十大军火企业武器销售总额约为 377 亿美元，俄罗斯位列世界第二大武器出口国。[②] 斯德哥尔摩国际和平研究所数据显示，2017 年，13% 的俄罗斯武器出口到非洲国家，俄制武器因物美价廉受到了大部分非洲国家的欢迎，仅 2015 年俄罗斯与非洲的军火贸易收益就达 7.1 亿美元。[③] 苏丹、厄立特里亚和肯尼亚都是俄制武器的积极购买者。乌干达近年来也与俄罗斯签订了重要的武器协议，乌干达在 2011 年至 2012 年从俄罗斯购买了 6 架价值 6.35 亿美元的战斗机。第二，俄罗斯为非洲国家提供了维和、军事培训和反恐等安全支持。尽管俄罗斯在非洲大陆进行武器贸易，但也表示有兴趣维护非洲的和平与安全，并与非洲国家和非盟开展军事合作。截至 2016 年 4 月，俄罗斯共为联合国在非洲的维和活动提供了 91 名维和人员，还培训了非洲国家的警察担任维和人员，并向非盟和平基金捐款。俄罗斯还同埃塞俄比亚、苏丹和厄立特里亚等非洲之角国家一直保持着紧密的军事合作并提供军事培训。许多肯尼亚军人获得了俄罗斯资助的奖学金参加了军事培训，提高了军事水平。2016 年 4 月，俄罗斯外交部长谢尔盖·拉夫罗夫（Sergei Lavrov）表示，俄罗斯考虑与索马里加强军事合作，帮助索马里打击恐怖主义和极端组织"青年党"。[④] 第三，俄罗斯

---

① 张梦颖：《俄罗斯大踏步重返非洲》，《世界知识》2019 年第 12 期。

② SIPRI, "Global Arms Industry: US Companies Dominate the Top 100; Russian Arms Industry Moves to Second Place", December 10, 2018, https://www.sipri.org/media/press-release/2018/global-arms-industry-us-companies-dominate-top-100-russian-arms-industry-moves-second-place.

③ Justin van der Merwe et al. edited, *Emerging Powers in Africa: A New Wave In the Relationship?* Cham: Palgrave Macmillan, 2016, p. 170.

④ Mehmet Cem O'ultürk, "Russia's Renewed Interests in the Horn of Africa as a Traditional and Rising Power", *Rising Powers Quarterly*, Volume 2, Issue 1, 2017, p. 131.

在红海和亚丁湾海域的军事存在日渐明显。2008 年 9 月，俄罗斯派出了第一艘护卫舰"新斯特拉希米"号前往非洲之角红海海域进行独立的反海盗行动，以确保地区海洋安全和俄罗斯商船的安危。从那时起，俄罗斯海军长期在红海和亚丁湾海域存在。虽然没有参与国际护航，但俄罗斯海军依然与亚丁湾海域的其他护航舰队协调行动。俄罗斯在非洲之角一直保持着定期但非永久性的海军存在，但是现在俄罗斯试图改变这种局面。随着中东大国在非洲之角展开的盟友争夺、"代理人战争"和"港口政治"愈演愈烈，在美军重回非洲之角的大背景下，红海海域被视为一个新兴的地区大国竞争的场所。① 因此，俄罗斯计划加强其驻扎在红海和亚丁湾的海军力量，考虑在苏丹建设军事基地。据报道，吉布提因为不想"成为代理人战争的战场"，禁止俄罗斯在其境内建立军事基地，俄罗斯只好考虑其他红海沿岸国家。2018 年 6 月，俄罗斯驻苏丹大使表示，正在就建立俄罗斯红海军事基地与苏丹进行讨论。2018 年 12 月，俄罗斯总理批准了俄罗斯和苏丹之间的一项协议草案，以简化俄海军停靠苏丹港口的程序。近年来，苏丹已成为俄罗斯在非洲之角地区的重要盟友。② 2019 年年初，俄罗斯被指为苏丹时任总统巴希尔镇压民众抗议示威游行活动提供了军事帮助。③ 在 2018 年 8 月与苏丹谈判的同时，俄罗斯还宣布计划在厄立特里亚港口建设一个军事后勤基地。④ 2020 年 12 月，俄罗斯与苏丹就在苏丹港建设后勤补给基地达成了正式协议。西方相关智库报告显示，不同于英国或法国，俄罗斯目前并未试图通过红海向印度洋海域投放更多海军力量，而只是巩固自己在非洲之角区域的军事存在，并监视着印度洋海域这片新兴军事竞争区域的发展。⑤

---

① Neil Melvin, "The New External Security Politics of the Horn of Africa Region", *SIPRI Insights and Peace and Security*, No. 2019/2, April 2019, pp. 23 – 24.

② 张梦颖：《俄罗斯大踏步重返非洲》，《世界知识》2019 年第 12 期。

③ Neil Melvin, "Managing the New External Security Politics of the Horn of Africa Region", SIPRI, April 2019, p. 7.

④ Neil Melvin, "The Foreign Military Presence in the Horn of Africa Region", SIPRI, April 2019, pp. 12 – 13.

⑤ Neil Melvin, "The New External Security Politics of the Horn of Africa Region", *SIPRI Insights and Peace and Security*, No. 2019/2, April 2019, p. 24.

第三节 中东大国参与非洲之角安全事务

中东大国在非洲之角的地缘政治争夺日趋激烈，在该地区和平与安全事务中扮演越来越重要的角色。也门冲突和海湾地区冲突爆发加剧了中东大国在非洲之角的军事存在。中东大国虽然促成了埃厄、吉厄关系改善，但也加剧了索马里、苏丹、肯尼亚、埃塞俄比亚等国家安全局势恶化。中东大国介入非洲之角和平与安全事务，致使该地区局势更加复杂化，最终将重塑该地区地缘政治。[①]

一 中东大国参与非洲之角安全事务的方式

非洲之角紧邻红海，冷战时期又是中东地区安全和经济利益的侧翼，因而受到美苏两大超级大国的战略重视。但是随着冷战的结束，非洲之角的战略价值大大降低。到 1989 年底，苏联减少了对埃塞门格斯图军事政权的支持，而美国则停止了对索马里巴雷政权的军事援助，并停止了对苏丹伊斯兰主义政权的支持。但是，中东大国对非洲之角的军事介入并没有因为冷战结束而结束，反而相比于西方国家是有增无减。中东大国与非洲之角国家也因苏丹和南苏丹内战的国际化、埃塞俄比亚与厄立特里亚边界争端等，出现了在支持现任政府或反政府武装之间转换联盟、冲突与合作变化的态势。[②]

随着美国等西方国家在非洲之角影响减弱，中东大国开始在非洲之角展开安全战略博弈。非洲之角安全局势与中东热点问题的交织和碰撞令该地区安全格局更趋复杂。中东与非洲之角有着悠久的交往历史，伊斯兰教的传播和商贸往来可以追溯到几个世纪以前。一直以来，非洲之角国家与中东贸易联系紧密。非洲之角的水资源和耕种土地是中东投资者热衷的投资项目，况且苏丹和南苏丹的石油及索马里的铁矿、铜矿和铀储量也十分丰富。政治层面上，索马里、吉布提和苏丹虽地处非洲之角，但都是阿拉

---

① 张梦颖、李新烽：《中东国家对非洲之角的介入与影响》，《国际问题研究》2019 年第4 期。

② Khalid Mustafa Medani, "The Horn of Africa in the shadow of the Cold War: understanding the partition of Sudan from a regional perspective", *The Journal of North African Studies*, Vol. 17, No. 2, 2012, pp. 275 - 294.

伯国家联盟的成员。中东与非洲之角间政治和经济利益关系交织捆绑、纷繁复杂。厄立特里亚自 1993 年脱离埃塞俄比亚独立以来，因受联合国多项制裁，与外部世界"隔绝"，很多厄立特里亚人为躲避严苛的征兵政策而选择远赴异国生活，厄立特里亚已成为以色列重要的移民来源国。① 另有大量埃塞俄比亚人、索马里人和苏丹人在沙特、阿联酋、以色列等国务工或经商，为中东国家提供了廉价劳动力。

进入"后阿拉伯之春"时期，除宗教联系、商贸往来和人员交流外，中东国家在参与非洲之角和平与安全事务中扮演着越来越活跃的角色。中东国家在非洲之角的军事存在有着鲜明的安全战略目标。② 2013 年 6 月，在已故沙特外交部长沙特·费萨尔（Saud Al-Faisal）的建议下，海湾合作委员会（简称"海合会"，GCC）同意并签署针对非洲之角的集体战略计划。海合会将参与非洲之角安全事务放在优先位置，同非洲之角开展以政治协商和打击恐怖主义、极端主义为重点的政治和安全对话。海合会还宣布将非洲之角事务列为委员会的永久战略议题。2015 年也门冲突爆发以来，阿联酋和沙特相继在厄立特里亚、吉布提和索马里增加了军事存在。与此同时，伊朗、土耳其和卡塔尔分别加紧对各自非洲之角盟友的政治渗透和军事援助。厄立特里亚和苏丹曾是伊朗在非洲之角的盟友，却相继转投沙特阵营。这令以色列十分满意，因为厄立特里亚和苏丹曾是伊朗支持的哈马斯和真主党的主要武器运送通道和支持力量。③ 另外，早在冷战时期，以色列就向乌干达、肯尼亚和埃塞俄比亚提供军事援助和军事培训，并开展情报活动。在 1998 年美国驻肯尼亚和坦桑尼亚大使馆爆炸案之后，以色列情报机构摩萨德（Mossad）在东非地区，特别是肯尼亚活跃了起来。自 2012 年以来，以色列在厄立特里亚派驻海军小队、设立监听站，用以搜集情报和监视伊朗在红海的活动。以色列还为肯尼亚、乌干达等非

---

① Arab News, "Eritrea leader visits Ethiopia on Saturday in historic thaw", July 13, 2018, http：// www. arabnews. com/node/1338126/world.

② Umer Karim, "How Turkey and UAE's involvement in the Horn of Africa is changing the region", December 11, 2017, https：//eaworldview. com/2017/12/turkey – uae – involvement – horn – africa – changing – region/.

③ Humanitarian Foresight Think Tank, "East Africa and the Horn in 2022：An Outlook for Strategic Positioning in the Region", Humanitarian and Development Programme, IRIS, March 2017.

洲之角国家的部队提供以色列制造的武器。2016 年，以色列总理内塔尼亚胡访问埃塞俄比亚、肯尼亚、乌干达和卢旺达，表达了重建以色列与非洲之角关系的意愿。①

在海湾国家的努力下，2018 年 7 月埃厄恢复邦交关系，同年 9 月吉厄关系缓和。2018 年 12 月 12 日，沙特与包括吉布提、索马里和苏丹在内的红海和亚丁湾海域六国签署合作协议，建立红海安全委员会，即"红海联盟"，以寻求区域稳定和促进贸易等。② 2019 年伊始，沙特领导的"红海联盟"在红海沿岸开展了联合海军演习，以增强在该海域的联合作战能力，并将沙特的力量投射到非洲之角。③ 2020 年 1 月，在沙特领导下，红海和亚丁湾阿拉伯和非洲沿海国家理事会正式成立，以确保红海的安全稳定。但是，并非所有红海和亚丁湾沿海国家都受到了沙特的邀约，只有吉布提、埃及、厄立特里亚、索马里、苏丹、约旦和也门在沙特利雅得出席了理事会启动仪式。④

无论对于阿拉伯半岛还是对于国际社会来说，建立一个更和平、更稳定、去极端主义的非洲之角都是至关重要的。那么，中东大国为什么要积极参与非洲之角和平与安全事务呢？

第一，非洲之角独特的地理位置使得其与阿拉伯半岛石油生命线紧密相关。非洲之角地处红海与亚丁湾海域，它的安全稳定不仅关乎阿拉伯半岛石油贸易的发展，也对红海国际航行有重要作用。索马里的海盗活动和极端组织"青年党"的兴风作浪⑤是目前困扰这条海上石油贸易线的重要

---

① Al Jazeera Centre for Studies, "Israeli Penetration into East Africa Objectives and Risks", September 29, 2016, https://studies.aljazeera.net/en/reports/2016/09/israeli – penetration – east – africa – objectives – risks – 160929102604246. html.

② Arab News, "Saudi Arabia, Red Sea and Gulf of Aden states reach agreement for cooperation", December 12, 2018, http://www.arabnews.com/node/1419711/saudi – arabia.

③ Nabih Bulos, "Saudi Arabia hopes naval exercises in the Red Sea lead to greater clout in East Africa", January 12, 2019, http://www.latimes.com/world/middleeast/la – fg – saudi – arabia – red – sea – 20190112 – story. html.

④ Abdeta Dribssa Beyene, "The Horn of Africa and the Gulf: Shifting power plays in the Red Sea", The Africa Report, November 16, 2020, https://www.theafricareport.com/50499/the – horn – of – africa – and – the – gulf – shifting – power – plays – in – the – red – sea/.

⑤ UN Security Council, "Unanimously adopting resolution 2444 (2018), Security Council lifts sanctions on Eritrea, renews arms embargo against Somalia", November 14, 2018, https://reliefweb. int/report/eritrea/unanimously – adopting – resolution – 2444 – 2018 – security – council – lifts – sanctions – eritrea.

因素。自 2009 年起，海合会的 11 个成员国组成"阿拉伯海军特遣部队"开始与国际社会一道打击非洲之角的海盗活动。阿联酋将非洲之角视为反恐的合作伙伴，每年都会在迪拜召开国际反海盗大会，与阿拉伯国家共同商议并寻求解决非洲之角海盗问题的"阿拉伯方式"。[1]

第二，非洲之角对"后阿拉伯之春"时期博弈中的中东大国具有重要的军事战略意义。非洲之角是阿拉伯半岛的战略周边，其和平与稳定对中东国家具有巨大的溢出效应，保障非洲之角的安全与稳定正是为中东国家自身长期战略利益服务。受"伊斯兰国"的崛起、利比亚和叙利亚的崩溃、伊朗日益增长的地区影响力、2015 年也门冲突和 2017 年海湾地区冲突等一系列因素的影响，深陷乱象中的中东国家急切寻找"救命良方"，非洲之角绵长的海岸线和优良的港口可为阿拉伯半岛地区的纷争提供战略补给和应对危机作战的后备力量，阿联酋在厄立特里亚、土耳其在索马里都准备修建军事基地。

第三，非洲之角国家成为相互间激烈竞争的中东大国积极争取的盟友。一派以沙特和阿联酋为首的海湾国家为代表，其在非洲之角的军事存在以打击和遏制另一派——伊朗、土耳其和卡塔尔的地区影响力为战略重心。随着近几年非洲之角安全状况好转、区域稳定性增强、经济发展需求强烈，为进一步争取非洲之角国家政治和安全上的支持，"两大派系"都不同程度地向非洲之角国家提供经济投资和军事援助，寻求建立战略同盟。[2] 通过建立政治联盟、调解斡旋、经济援助、投资军事基地和建设港口等手段，中东大国高调参与非洲之角和平与安全事务，一定程度上促进了非洲之角国家间关系转暖，同时也造成了消极影响。2017 年海湾地区冲突蔓延至索马里，夹在阿联酋和卡塔尔之间的索马里左右为难，中东大国的干预更加剧了索马里内部争端[3]，不利于索马里国内的团结和统一。

---

[1] Al Bu-Ainnain Khaled Abdullah, "The GCC and Piracy: An Arab Solution", Briefing Paper for the Conference Global Challenges, Regional Responses: Forging a Common Approach to Maritime Piracy, Dubai, April 18 – 19, 2011.

[2] Jeffrey Lefebvre, "Iran in the Horn of Africa: Outflanking U. S. allies", *Middle East Policy*, Vol. 19 (2), 2012, pp. 117 – 133.

[3] International Crisis Group, "Somalia and the Gulf Crisis", Report 260/Africa, June 5, 2018, https: //www. crisisgroup. org/africa/horn – africa/somalia/260 – somalia – and – gulf – crisis.

二　中东大国军事介入的典型事例与表现

非洲之角不仅控制着尼罗河的源头，也是中东国家通往东部和中部非洲的大门，更是连接欧洲和亚洲的重要地理枢纽。2011 年"阿拉伯之春"的爆发令中东大国开始重新扩展自己的战略利益版图，紧邻阿拉伯半岛的非洲之角自然成为中东大国影响力和军事力量角逐的竞技场。2015 年也门冲突和 2017 年海湾地区冲突爆发，加速了中东"两大派系"在非洲之角的军事存在和安全参与。

（一）"两大派系"同盟转换

也门冲突直接导致非洲之角国家与伊朗同盟破裂。与伊朗在非洲之角展开竞争，是以沙特和阿联酋为首的海湾国家参与非洲之角和平与安全事务的重要战略目标。伊朗与沙特间对抗的影响在中东地区政治中不言而喻，但是两者间激烈对抗所带来的溢出效应早已超越中东地区，蔓延至非洲之角。20 世纪 90 年代伊始，沙特鲜有参与非洲之角事务，而是全神贯注地抗衡伊朗在海湾地区的势力。但同时期的伊朗，面对美国及其海湾盟友对它的政策孤立和经济制裁，开始向非洲之角渗透，与非洲之角国家建立了强有力的政治、经济和军事关系。20 世纪 90 年代，伊朗的区域对手纷纷指责伊朗将苏丹作为扩展其在北非和撒哈拉以南非洲影响力的重要跳板。为了反击伊朗同苏丹结盟，沙特、埃及、以色列等先后同厄立特里亚结盟，通过干涉苏丹同厄立特里亚之间的意识形态争端来对抗伊朗。厄立特里亚为遏制苏丹伊斯兰主义的输出，同乌干达结盟，与肯尼亚、吉布提和也门保持良好关系来共同对付苏丹。并且，阿拉伯世界出现了对伊朗与苏丹同盟关系的担忧，认为伊朗会利用苏丹在非洲之角区域推进政治伊斯兰的发展，这引发了对伊斯兰主义政权和世俗化政权的争论。事实上，伊朗加强同苏丹的关系更多的是从战略利益角度出发，以对抗其区域宿敌——埃及和沙特及其背后的美国。由于红海海域的战略地位越来越重要，沙特、以色列等中东国家迅速卷入非洲之角内部冲突。[1] 特别是 2001

---

① Jeffrey Lefebvre, "Post-Cold War Clouds on the Horn of Africa: The Eritrea-Sudan Crisis", *Middle East Policy*, September 1995, pp. 43 – 46, https://onlinelibrary.wiley.com/doi/abs/10.1111/j.1475 – 4967.1995.tb00206.x.

年"9·11"事件后，美国集中力量加紧在非洲之角部署军力，以推进"全球反恐战争"，这为伊朗在非洲之角增强政治和军事影响力提供了机会，与苏丹加强了军事合作，并与厄立特里亚形成战略同盟。① 伊厄同盟为伊朗在亚丁湾和红海区域的海军部署提供了可能。伊朗还加强了同厄立特里亚和吉布提的政治、经济合作。伊朗在非洲之角影响力与日俱增令沙特感到了恐慌，"阿拉伯之春"和也门冲突最终激起了沙特与伊朗在非洲之角争夺地位与影响力的战斗。沙特随后采取外交手段，并联合阿联酋，试图削弱伊朗在非洲之角的影响力。② 也门冲突最终导致非洲之角国家纷纷向沙特一边倒。

2015年也门冲突爆发，也门冲突本身就是沙特和伊朗之间的一场代理人战争，却对非洲之角产生了连锁反应。沙特及其盟友对也门冲突的干预意在将伊朗所支持的胡塞武装从亚丁港赶走，以免其每天经过曼德海峡的石油遭受胡塞武装破坏。为此，沙特及其盟友在吉布提、厄立特里亚和索马里沿海地区部署军力。非洲之角国家成为"两大派系"斡旋的对象。厄立特里亚和苏丹过去是伊朗的盟友，但现在纷纷改变了立场，成为沙特的盟友，吉布提和索马里也向沙特频频示好。

厄立特里亚曾是伊朗在非洲之角的强大盟友。在沙特及其海湾盟友对也门采取集体军事行动时，与也门毗邻的厄立特里亚放弃了与伊朗的同盟转而支持沙特一派。厄立特里亚长期支持伊朗发展核武器，厄立特里亚国家领导人曾多次在不同场合表示发展核能是伊朗的合法权利。与西方关系紧张的厄立特里亚一直扩大与伊朗的经济、政治和外交合作，伊朗成为厄立特里亚的好伙伴。2008年，厄立特里亚与伊朗签署了贸易和投资协议，伊朗表示愿意支持厄立特里亚的能源和基础设施建设项目。另外，伊朗和厄立特里亚还同意加强双边政治和军事关系。海湾国家表示，厄立特里亚在伊朗建有军事基地并允许伊朗进入其领海和阿萨布港，这引起了包括以色列、沙特在内的许多中东国家的担忧。这些国家指控伊朗利用其与厄立特里亚的关系向也门胡塞武装、伊斯兰抵抗运动组织哈马斯和巴勒斯坦走

① Jeffrey Lefebvre, "Iran in the Horn of Africa: Outflanking U. S. allies", *Middle East Policy*, Vol. 19, No. 2, 2012, pp. 117 – 133.

② Alieu Manjang, "Beyond the Middle East: Saudi-Iranian Rivalry in the Horn of Africa", *International Relations and Diplomacy*, Vol. 5, No. 1, 2017, pp. 46 – 60.

私武器，但厄立特里亚予以否认。此前，因被指向索马里派遣 2000 名士兵以支援当地与基地组织有关的武装分子叛乱，厄立特里亚于 2009 年受到联合国的制裁。

近年来，受长期制裁的厄立特里亚经济发展缓慢、外交上孤立无援，为打破区域孤立的状况、寻求更多发展机遇和投资资源，厄立特里亚转而同沙特结盟。厄立特里亚在也门行动中同意将其阿萨布港作为沙特—阿联酋军事干预的海空物流枢纽。此前，因阿联酋和吉布提产生外交争端，吉布提将沙特和阿联酋军队驱逐出境。① 考虑到非洲之角对沙特的战略重要性，沙特和阿联酋就将目光投向了厄立特里亚。因此，厄立特里亚同海合会成员国签订了一项安全和军事伙伴协议，为海湾国家在厄立特里亚建立军事基地提供便利，同意它们将厄立特里亚作为可能的军事行动基地。在该协议框架内，阿联酋与厄立特里亚缔结了一项 30 年的租用协定，将关闭的阿萨布深水港和附近的阿萨布机场作为其在厄立特里亚的军事基地。作为对厄立特里亚签署协议的回报，海湾国家同意向厄立特里亚提供一揽子财政援助，翻新厄立特里亚阿斯马拉国际机场、建设新的基础设施，并增加对厄立特里亚的能源供应。②

苏丹与伊朗的结盟曾经给了伊朗参与苏丹安全事务的机会。苏丹曾长期同伊朗进行武器交易，还请伊朗帮助培训苏丹情报部门的人员并帮助苏丹建立自己的军工企业。作为回报，苏丹允许伊朗内生产武器。沙特为加紧向苏丹施压，于 2014 年 3 月冻结了与苏丹的银行交易，严重影响了苏丹现金流动，对苏丹脆弱的经济造成了严重打击。最终，苏丹于 2014 年 9 月关闭了在喀土穆的伊朗文化中心，这标志着苏丹与伊朗同盟的破裂，苏丹开始投靠沙特。2015 年 3 月，苏丹加入沙特领导的联盟，在也门打击什叶派胡塞武装。这一事件发生的时候，苏丹已经在国内达尔富尔地区、南科尔多凡省和青尼罗省打击叛乱。苏丹在 2015 年 10 月向也门部署了 350—700 人的地面部队。作为回报，沙特向苏丹提供了 10 亿美元以增加苏丹的外汇储备。

① Alex Mello and Michael Knights, "How Eritrea became a major UAE military base", TesfaNews, September 2, 2016, https://www. tesfanews. net/west - of - suez - for - the - united - arab - emirates/.

② "Arab coalition expands into the Horn of Africa", Foreign Policy Diary, http://www. liveleak. com/view? i =36a_ 1446820766#3k38s8SbpxADOBVv. 99.

吉布提也曾经与伊朗保持着友好关系。2009年伊朗同吉布提签署了五项经济合作协议，为换取伊朗的经济援助和贸易协议，吉布提同意伊朗将其作为中转港口，向对岸也门的胡塞武装运送武器。鉴于吉布提的特殊地理位置，沙特不断进行威逼利诱，2016年1月吉布提断绝与伊朗的外交关系，转而向沙特示好。吉布提允许海湾国家使用其领空，并同意收容也门冲突的难民。同时，沙特国王萨勒曼人道主义救援中心（KSRelief）在吉布提向也门难民提供救援。

索马里北部与亚丁湾接壤，正处于伊朗的主要航运路线之上，因此得到伊朗的相应援助。近年来，伊朗将海军安排在索马里附近的亚丁湾海域，以遏制周边的海盗活动来保护伊朗的航运。尽管伊朗一直试图在索马里获得更稳固的立足点，但是两国之间时有摩擦发生，索马里政府一再指责伊朗支持索马里的伊斯兰叛乱组织。几乎全是逊尼派穆斯林的索马里人也与沙特有着长期的交往关系。沙特是伊斯兰教最神圣的地区，也是成千上万索马里难民和学生的家园。随着索马里政府加强对伊斯兰叛乱组织的打击，索马里和沙特的关系不断发展。作为回报，索马里支持沙特在也门的军事介入。2015年4月7日，索马里外交部长表示，沙特联军可以使用索马里领空、领海和领地对也门胡塞武装进行袭击。2016年1月，索马里断绝与伊朗的关系，并以伊朗插手沙特内政、威胁沙特国家安全为由，要求伊朗外交官在72小时内离开索马里。在这一行动之后，索马里从沙特得到了5000万美元的援助。阿联酋在索马里东北部的邦特兰地区培训海警，并计划在索马里兰地区建立军事基地。"索马里兰共和国"也表示愿意同沙特和阿联酋结盟，双方签署了一项为期25年的柏培拉国际机场租赁合约。阿联酋迪拜世界港口公司还签下了柏培拉港30年的管理权合同。但是，2019年9月阿联酋突然宣布取消在索马里兰柏培拉港建军事基地的计划。①

（二）索马里危机隐患

海湾地区冲突加剧，索马里不安全风险上升，恐怖主义活动蔓延至索

---

① Jama Farah，"UAE cancelled the construction of military base in Berbera"，Horn Diplomat，March 4，2020，https：//www.horndiplomat.com/2020/03/04/uae－cancelled－the－construction－of－military－base－in－berbera/.

马里周边国家。自 2017 年 2 月法马约赢得索马里总统选举以来，法马约领导的索马里政府遇到了一系列挑战：一是选举期间索马里国内曾对法马约寄予了很高期望，他曾承诺重建安全部队、改革国家机构、打击腐败和实现国家统一，现实却是实施各项改革举步维艰。二是区域邻国埃塞俄比亚、肯尼亚与索马里的关系历来脆弱，加之埃塞俄比亚在尼罗河水域修建复兴大坝以及对南苏丹问题持不同见解，令埃塞俄比亚与埃及的关系紧张，并有可能随时波及索马里的安全，法马约需谨慎处理与邻国关系①。三是中东域外势力在索马里的军事存在导致索马里内部派系的斗争，海湾国家与卡塔尔、土耳其的对抗都导致索马里内部争端升级。索马里政府与"索马里兰共和国"之间的敌意有增无减。

多年来索马里接受了来自中东国家的大量援助和基础设施投资。2017年 6 月 5 日，海湾局势再陷困顿，以沙特和阿联酋为首的海合会断绝与卡塔尔的外交关系，对卡塔尔实行陆海空全面封锁，海湾地区冲突爆发。②保持中立的索马里受到了来自沙特和阿联酋阵营要求索马里与卡塔尔断交的巨大压力，阿联酋指责法马约当选前曾接受了卡塔尔的资助。阿联酋认为索马里在海湾地区冲突中与卡塔尔关系紧密，为了进一步对抗卡塔尔，阿联酋无视索马里政府，加紧同"索马里兰共和国"方面联系。阿联酋还在索马里境内销售木炭和武器，支持索马里境内的恐怖主义活动，并直接与索马里联邦各州打交道，争取投资项目。阿联酋的"霸道"行为令索马里政府深感不满。③ 阿联酋还有意拉近索马里兰与以色列之间的关系，加强二者在政治与安全层面的交流与合作。④

---

① Zakaria Yusuf and Abdul Khalif，"The regional risks to Somalia's moment of hope"，Commentary/Africa，International Crisis Group，February 22，2017，https：//www. crisisgroup. org/africa/horn – africa/somalia/regional – risks – somalias – moment – hope.

② Al Jazeera Centre for Studies，"Qatar's resilience：A model of resisting blockade and the power of small states"，June 5，2018，http：//studies. aljazeera. net/en/publications/2018/06/qatars – resilience – model – resisting – blockade – power – small – states – 180605095522961. html.

③ 卡迈勒丁·谢赫·穆罕默德·阿纳比：《索马里的土耳其军事基地及其对区域参与者的影响》（原文为阿拉伯语），半岛电视台研究中心，2017 年 10 月 9 日，http：//studies. aljazeera. net/mritems/Documents/2017/10/9/7370824513eb441b97f5eebc4986baf4_ 100. pdf。

④ Corrado Cok，"Israel's Comeback in the Horn of Africa"，Fair Observer，November 17，2020，https：//www. fairobserver. com/region/africa/corrado – cok – horn – of – africa – isreal – normalization – sudan – ethiopia – eritrea – somaliland – security – news – 12388/.

　　不同于其他域外国家重视扩大政治和安全影响力，土耳其更加注重为索马里提供人道主义救援和建设医院、学校等慈善项目，外加共同的宗教信仰，土耳其赢得了索马里社会的普遍认可。① 近年来，随着两国友好关系的发展，土耳其试图通过双边贸易和安全合作来平衡阿联酋等海湾国家的影响力，例如，修建军事基地，培训军队和警察，充当索马里政府与"索马里兰共和国"的调解人。2017 年 10 月，位于索马里的土耳其最大海外军事基地投入使用。索马里成为继卡塔尔之后第二个接纳土耳其军事基地的国家，共有约 200 名土耳其教官在该基地帮助索马里部队进行军事培训。土耳其多次在伊斯坦布尔举办"索马里和解会议"以调解索马里政府与"索马里兰共和国"的紧张关系，还不断提高对索马里的经济援助和商业投资。② 土耳其对非贸易额已从 21 世纪初的 30 亿美元增长至 2019 年的 260 亿美元③；其中 2016 年土耳其在非洲的直接投资总额约为 60 亿美元，对索马里的直接投资则达到约 1 亿美元。④ 但是，土耳其军事基地的建立也间接加剧了索马里不稳定的局势：一是作为非洲之角最有影响力之一的埃塞俄比亚，以及中东国家沙特、阿联酋和伊朗等对索马里问题感兴趣的区域国家都会为土耳其在索马里影响力的提升而感到不安，进而调整各自的地缘政策。二是各方势力利用索马里内部各派别的纷争，特别是分离主义的斗争必将进一步破坏索马里的稳定，成为阻挠国家统一的障碍。直至今日，索马里仍处于四分五裂的政治动荡当中，索马里兰、邦特兰等单方面宣布"独立"的地区与索马里政府间不断爆发武装冲突。三是恐怖主义、极端组织"青年党"和海盗等会利用极端民族主义情绪煽动新一轮暴力犯罪和武装冲突，并对邻国埃塞俄比亚和肯尼亚的安全造成威胁。

---

　　① Mehmet Özkan, "Turkey's Involvement in Somalia: Assessment of a State-Building in Progress", Istanbul: SETA, 2014.

　　② 卡迈勒丁·谢赫·穆罕默德·阿纳比：《索马里的土耳其军事基地及其对区域参与者的影响》（原文为阿拉伯语），半岛电视台研究中心，2017 年 10 月 9 日，http://studies. aljazeera. net/mritems/Documents/2017/10/9/7370824513eb441b97f5eebc4986baf4_ 100. pdf。

　　③ Joséphine Dedet, "Turkey moving to become a major player in Africa", The Africa Report, February 18, 2021, https://www. theafricareport. com/66735/turkey – moving – to – become – a – major – player – in – africa/? utm_ source = newsletter_ tar_ daily&utm_ campaign = newsletter_ tar_ daily_ 19_ 02_ 2021&utm_ medium = email&utm_ content = top_ stories_ article_ 2.

　　④ Hürriyet Daily News, "Turkey plans to enhance investments in Somalia", February 23, 2016, http://www. hurriyetdailynews. com/turkey – plans – to – enhance – investments – in – somalia – 95577.

中东乱象蔓延至索马里令多次遭受恐怖袭击的肯尼亚深感忧虑。2018 年 5 月，肯尼亚总统肯雅塔表示，非洲之角并不太平，非盟在索马里的维和行动不能因中东国家间争斗而减少。"索马里仍然处于困境之中，索马里政府力量被各方域外势力所削弱，各方势力不仅破坏了索马里民族的统一，而且对索马里既有的发展成果构成威胁。"[①] 肯尼亚首都及与索马里接壤的东北部地区频繁遭受"青年党"袭击。为应对来自索马里"青年党"的恐怖主义袭击，埃塞俄比亚加强了对恐袭风险较高地区的监控，并采取主动出击的方式抓捕和围剿恐怖主义分子和极端主义分子。2018 年 9 月 15 日，为挫败"青年党"准备偷袭非盟多国部队在埃塞俄比亚驻军的计划，埃塞俄比亚军方对部分索马里城镇发动空袭，共击毙约 70 名"青年党"武装分子。[②]

（三）埃厄、吉厄关系缓和

在卡塔尔"退群"背景下，埃厄、吉厄关系大幅度改善，沙特与阿联酋发挥了重要调解作用。2018 年 7 月 9 日埃厄两国结束了长达 20 年的敌对状态，实现了关系正常化，受到了非洲之角民众和国际社会的一致赞誉，其中沙特和阿联酋扮演了调解人角色。随着近年来也门冲突不断升级、厄立特里亚被沙特领导的联军设为后勤基地、阿联酋在吉布提和索马里遭遇战略挫折、埃塞俄比亚总理阿比上台后寻求区域政治突围等一系列因素的影响，沙特和阿联酋意识到参与非洲之角安全事务对于维护阿拉伯半岛稳定，特别是伊朗在非洲之角的影响力不断提升的情况之下，具有重要的战略意义。沙特和阿联酋也看到，一方面埃塞俄比亚作为非洲人口第二大国以及世界经济增速最快的国家之一，其经济发展的潜能不容小觑；另一方面，厄立特里亚的港口对于寻找出海口的埃塞俄比亚至关重要，海湾国家意识到两国的基础设施建设具有巨大发展潜力，促进埃厄关系改善有利于海湾国家扩大在非洲之角的影响力。

2018 年 6 月 15 日，即开斋节的第一天，埃厄关系出现转机。当日阿布扎比王储飞往埃塞俄比亚，阿联酋与埃塞俄比亚签署了 30 亿美元的协议，以推动埃塞俄比亚与厄立特里亚关系发展。其中 10 亿美元作为与阿布扎比

[①]　Seth Frantzman，"Is Middle Eastern rivalry good for Africa?" The National Interest，November 28，2018，https：//nationalinterest. org/feature/middle－eastern－rivalry－good－africa－37362.

[②]　AP News，"Report：Ethiopian airstrike kills 70 al-Shabaab in Somalia"，September 15，2018，https：//www. apnews. com/82277815f2924e5c97ea1c471c95a61a.

发展基金协议的一部分直接拨给了埃塞俄比亚国家银行,以帮助埃塞俄比亚摆脱硬通货短缺之苦。剩下的 20 亿美元将用于对埃塞俄比亚的直接投资,重点是把该国的伯乐·莱米工业园区发展成一个经济中心。① 阿布扎比王储的访问是阿联酋参与非洲之角和平与安全事务的一个重要里程碑。

2018 年 9 月 7 日,厄立特里亚、埃塞俄比亚和索马里的外交部长访问吉布提,厄立特里亚外长的到访为实现吉厄关系正常化开辟了道路。10 天之后,在沙特国王萨勒曼的主持下,吉布提与厄立特里亚两国总统在吉达举行会晤,这是继埃厄 2018 年 7 月达成和平协议后非洲之角和平进程的又一新成果。在过去 20 年中,吉布提和厄立特里亚一直存在边界争议,2008 年曾爆发冲突,在卡塔尔的调解下两国于 2010 年签订了和平协议,但关系一直紧张。

卡塔尔曾一直扮演吉厄两国关系调解人的角色,直到 2017 年 6 月,因为在也门冲突中卡塔尔被指背叛沙特领导的联军,沙特、阿联酋等纷纷同卡塔尔断交,并对卡塔尔实施禁运,再次引发海湾地区冲突。沙特和阿联酋在与卡塔尔断交前,吉布提和厄立特里亚分别发表声明支持沙特领导的联军②,这直接导致卡塔尔分别与吉、厄盟友关系的破裂,随后卡塔尔撤回其为监督吉厄两国边界争端而派驻的 400 名维和人员。③

2018 年埃厄关系和吉厄关系先后迎来正常化,增加了非洲之角和平的希望。2018 年 9 月 8 日,联合国秘书长古特雷斯发表声明表示非洲之角国家间建立睦邻友好关系,有利于该地区恢复和平与稳定,为非洲之角以及更广泛区域树立了榜样。④ 同年 11 月 14 日,联合国安理会一致通过决议,取消对厄立特里亚武器禁运、旅行禁运、资产冻结和其他定向制裁。埃厄关系解冻将提升厄立特里亚对海湾国家的军事战略意义,厄立特里亚有望

---

① Theodore Karasik, "Ethiopia clears a vital path to the Red Sea", Arab News, July 12, 2018, http://www. arabnews. com/node/1337711.

② Africa Research Bulletin, *Djibouti-Eritrea Ties Resumed*, John Wiley & Sons Ltd. , September 1st – 30th, 2018.

③ International Crisis Group, "The United Arab Emirates in the Horn of Africa", Briefing 65/Middle East & North Africa, November 6, 2018, https: //www. crisisgroup. org/middle – east – north – africa/gulf – and – arabian – peninsula/united – arab – emirates/b65 – united – arab – emirates – horn – africa.

④ 《联合国秘书长欢迎非洲之角四国建立睦邻友好关系的积极步骤》,联合国新闻网,2018 年 9 月 8 日,https: //news. un. org/zh/story/2018/09/1017281。

成为海湾国家重要的军事合作伙伴。

（四）苏丹陷入混乱

中东国家在苏丹擅长于通过密谋、互派间谍等方式削弱敌对势力的安全力量，它们在煽动达尔富尔危机、苏丹和南苏丹矛盾方面发挥了很大作用。[1] 诚然，苏丹国内形势和南苏丹内战也为中东国家介入提供了条件。苏丹反政府武装组织，如"苏丹解放运动""苏丹人民解放军—北方局""苏丹革命阵线"等，是造成当前苏丹安全形势紧张的重要因素，苏丹和南苏丹交界地区仍存在武装冲突发生的可能性。

苏丹既从土耳其的投资中受益，又被迫置于中东混乱的旋涡中。随着2017年6月以来海湾地区冲突愈演愈烈，土耳其意识到加强土耳其—卡塔尔战略轴心、发展与苏丹和索马里等潜在盟友的关系，符合土耳其的利益。这样的战略方针很可能会影响土耳其与红海主要利益攸关方——埃及、沙特和以色列的长期关系。但是在也门冲突爆发之后，土耳其看到非洲之角域外军事势力不断增加，非洲之角俨然已成为地区权力博弈中一个更加关键的舞台。[2] 因此，出于经济和战略意图，土耳其还是选择参与到非洲之角复杂的权力斗争当中。[3]

2017年10月美国取消对苏丹制裁之后，作为卡塔尔盟友的土耳其大举加强与苏丹及其邻国索马里的进出口贸易，并在苏丹取得了重大成功。土耳其在苏丹有大量投资，包括在喀土穆修建机场、在苏丹港修建自贸区，以及建设发电站，投资棉花生产、粮仓和肉品加工等私营部门。2018年以来，苏丹政治局势基本稳定，但经济形势较为不稳，受货币贬值、物价上涨影响，苏丹多地特别是达尔富尔地区出现了物资短缺、社会安全风险攀升的现象。苏丹政府迫切需要发展贸易和开展经济合作。同年11月，苏丹与土耳其签订多项双边贸易合作协议。土耳其承诺在未来五年内，将

---

[1] Elnour Hamad, "Sudan and Iran: A journey of rapprochement in light of the current Arab landscape", a research paper of the Arab Center for Research and Policy Studies, 2013.

[2] Mustafa Gurbuz, "Turkey's challenge to Arab interests in the Horn of Africa", Arab Center Washington DC, February 22, 2018, http://arabcenterdc.org/policy_ analyses/turkeys – challenge – to – arab – interests – in – the – horn – of – africa/.

[3] Ahval News, "Turkey being drawn into Red Sea power struggle", February 26, 2018, https://ahvalnews.com/red – sea/turkey – being – drawn – red – sea – power – struggle.

土苏贸易额从 5 亿美元提升至 100 亿美元，并购买了苏丹萨瓦金岛的开发权。萨瓦金曾经是 15 世纪至 19 世纪奥斯曼帝国在红海地区的一个重要军事港口，如今土耳其重获萨瓦金的开发权，不但可以将该港口用于军事目的，而且还将为前往麦加的穆斯林朝圣者提供乘船到达吉达港的便利，进而从萨瓦金的旅游业中获益。土耳其也加紧同苏丹开展军事防御合作，计划在苏丹建立军事训练中心，以帮助苏丹增强安全防范能力。①

土耳其在红海地区的存在令土耳其和埃及间关系更加紧张，土耳其被埃及指责与穆斯林兄弟会交往甚密。2017 年 11 月，埃及当局逮捕了 29 名涉嫌为土耳其从事间谍活动的人。土耳其与苏丹政府的友好关系对埃及来说是最敏感的，特别是如果土苏之间转变为军事伙伴关系，对埃及将是致命一击。埃及和苏丹之间的争端有着历史根源，苏丹多次向联合国提出申诉，要求埃及从埃苏边境争议地区撤出。埃及指责苏丹庇护流亡的穆斯林兄弟会成员，苏丹则指责埃及向达尔富尔反政府武装提供支持。

三　中东大国参与的正面效应与负面效应

非洲之角的和平与安全有利于巩固阿拉伯半岛战略外围圈的稳定，参与和支援非洲之角和平与安全事务则有助于中东大国寻求新的同盟伙伴。中东大国的存在给非洲之角的和平与稳定带来了一些积极影响：中东大国联合非洲之角国家打击海盗和极端组织、恐怖主义取得一定效果；为非洲之角国家提供军事援助和培训在一定程度上提升了非洲之角国家安全防御能力和作战水平；促进非洲之角原敌对国家埃厄和吉厄关系缓和、对区域其他国家具有启示作用。特别是埃厄和吉厄关系融冰，给非洲之角区域的稳定与安全带来福祉，对非洲之角其他冲突问题的解决方式提供了智慧与方案，如索马里问题、南苏丹内战，以及区域恐怖主义、海盗、极端主义问题和人口贩卖等。

但是，中东大国在非洲之角国家开展军事援助与和平安全建设是以打击和牺牲竞争对手利益、拆散旧同盟重组新同盟为目的，并非以解决非洲之角武装冲突、打击恐怖主义和极端主义为最终目标。这直接导致中东大

① Seth Frantzman, "Is Middle Eastern rivalry good for Africa?" The National Interest, November 28, 2018, https：//nationalinterest. org/feature/middle – eastern – rivalry – good – africa – 37362.

国参与非洲之角和平与安事务的消极影响远远超过积极影响。

第一，中东大国的角逐虽然给非洲之角国家带来了商业投资和军事培训等切实利益，却也增加了不稳定因素，为非洲之角实现和平与安全埋下了隐患。很多非洲之角国家领导人通过武力等政治手段走向了权力的中心，执政后只能像"商业冒险"一样巩固自己的威权统治①，政治基础不稳固。非洲之角国家出现了"见风使舵"、谁给好处就为谁说话的现象。厄立特里亚和苏丹脱离与伊朗同盟关系，转而投靠海湾国家以寻求经济援助，引发国内民众不满。海湾国家及其背后盟友美国仅从自身利益出发，对非洲之角安全和发展进行所谓的"战略谋划"，是带有新殖民主义色彩的行为。尽管非洲之角国家都具有很大的经济发展潜能，但在西方及其中东盟友的频繁介入和共同束缚下，也很难实现和平的可持续发展，这种依附于域外军事力量的和平是不符合非洲之角民众利益的，必然面临挑战。②

第二，中东大国在非洲之角争夺影响力是中东断层线向该地区的延伸，已导致非洲之角国家内部出现新的紧张关系。一些非洲之角国家领导人已经意识到问题所在，开始重新调整对邻国和域外大国的外交政策，索马里就是例证。索马里一直善于驾驭各方域外势力间关系，却也助长了内部派系斗争。中东大国介入索马里的和平与安全事务导致"越参与越乱"的现象。阿联酋担心自己会输给卡塔尔和土耳其这两大地缘政治对手，因此加大了对索马里反对派和州政府的支持以保护自身利益和项目投资。因为索马里不少州长期依赖阿联酋的援助和投资，阿联酋越过索马里政府，加强了同部分索马里州政府的直接联系，并与"索马里兰共和国"开展港口租借合作，完全无视索马里领土完整的要求。一些索马里州政府发表声明，支持沙特和阿联酋联盟在海湾地区冲突中的立场，攻击了法马约政府的中立态度。③索马里学者委员会呼吁索马里政治家脱离域外势力的干涉、

---

① Alex de Waal, "Response to Kidane Mengisteab's Review of The Real Politics of the Horn of Africa: Money, War and the Business of Power", *Perspectives on Politics*, Vol. 15（3）, 2017, pp. 816–817.

② Abayomi Azikiwe, "The search for an elusive peace in the Horn of Africa", Pambazuka News, August 18, 2018, https://www.pambazuka.org/human–security/search–elusive–peace–horn–africa.

③ International Crisis Group, "Somalia and the Gulf Crisis", Report 260/Africa, June 5, 2018, https://www.crisisgroup.org/africa/horn–africa/somalia/260–somalia–and–gulf–crisis.

防止社会分裂，并呼吁域外势力尊重索马里主权。[①] 2018 年 4 月，索马里在联合国安理会上要求国际社会谴责阿联酋干涉索马里内政。

第三，海湾国家参与非洲之角和平与安全事务是中东大国间影响力争霸的外溢效应。尽管非洲之角的重要性不言而喻，中东大国更加关注的则是自己的战略核心利益。它们在多个国家间充当和平调解人，绝不仅仅是为了争取非洲之角盟友支持那么单纯，也不仅仅是为了保护曼德海峡通往红海的石油航线安全那么简单，而是针对该区域土耳其、伊朗的行动和影响力开展"派别斗争"，但它们忽视了自己的战略周边——非洲之角国家的利益诉求。[②] 尽管沙特和阿联酋等海湾国家积极参与非洲之角安全事务的调解工作，在某些地方帮助非洲之角国家弥补分歧，但它们的主要动机依然是增强自身影响力，牺牲和打击土耳其、伊朗、卡塔尔等竞争对手的利益。中东"两大派系"的零和竞争只能迫使非洲之角国家选边"站队"，并扰乱非洲之角国家的内政、加剧地方冲突，改变地区国家间的权力平衡。长此以往，非洲之角不安全因素的增加必然给贪图获取短期利益的中东大国带来损失。

第四，尽管中东大国在非洲之角直接参与打击恐怖主义行动，试图从源头上控制和打击极端组织和海盗，但中东"两大派别"却忽视了乱象丛生的阿拉伯半岛，特别是也门地区，给一海之隔的非洲之角海盗和极端组织创造了一个新的无人管理的发展空间。尽管 2018 年 12 月 13 日，也门冲突双方签署协议同意在荷台达停火并撤军，但双方破坏协议的行为不断发生，实现双方全面和解还有待观察。也门地区的权力真空给近年来藏匿在索马里山区的"青年党"和备受打击的索马里海盗，以及日渐壮大的也门阿拉伯半岛基地组织的发展提供了生存空间。在中东大国各方势力的争夺下，也门将可能成为新的恐怖主义和极端主义基地，这将给极力寻求和平

---

① Middle East Monitor, "Scholars call for Somalia to be protected from foreign interference", January 1, 2018, https：//www. middleeastmonitor. com/20180101 - scholars - call - for - somalia - to - be - protected - from - foreign - interference/.

② The Arabs and the Horn of Africa, "The Dialectic between Proximity and Belonging", Doha： Arab Center for Research and Policy Studies（ACRPS）, 2013, https：//www. dohainstitute. org/en/ BooksAndJournals/Pages/The_ Arabs_ and_ the_ Horn_ of_ Africa_ The_ Dialectic_ between_ Proximity_ and_ Belonging. aspx.

与稳定的非洲之角国家的发展蒙上一层阴影。恐怖主义、极端组织和海盗对于极力在非洲之角施展拳脚的中东大国来说，无疑是未来一个不得不面对的巨大挑战。①

第五，中东大国对非洲之角安全事务"跃跃欲试"的态度，令区域大国埃塞俄比亚一直心存担忧。作为非洲之角最有影响力之一的国家以及非盟总部所在地，埃塞俄比亚在对外政策上一直追随非盟的不干涉他国内政和相互尊重主权原则，并在 2017 年海湾地区冲突中保持了中立态度。吉布提与厄立特里亚先后从卡塔尔阵营转为支持沙特联军，埃塞俄比亚对中东大国在非洲之角扩大代理人的行为感到忧虑。埃厄边界争议曾令内陆国埃塞俄比亚只能依赖吉布提的港口来发展进出口贸易，吉布提的稳定对埃塞俄比亚经济发展至关重要。因此，域外军事力量在吉布提的部署也促使埃塞俄比亚继续加强与吉布提的关系。沙特领导的联军在也门冲突爆发以来，利用厄立特里亚和吉布提港口对也门发动袭击，厄立特里亚也在海湾国家帮助下不断发展军事和经济。虽然埃厄关系好转，但是埃塞俄比亚依然对中东大国参与区域安全事务保持警惕。中东大国介入索马里事务加剧了索马里不稳定局势，这必然会对埃塞俄比亚产生巨大影响，索马里已在埃塞俄比亚欧加登地区发动多起动乱，埃塞俄比亚将会进一步加强对索马里安全的守卫。② 但是，2020 年底埃塞俄比亚爆发了提格雷军事冲突，埃塞俄比亚疲于应对国内危机，再加上"复兴大坝"等因素制约，给了中东大国在非洲之角安全事务上发挥作用的可乘之机。③ 另外，随着 2020 年以色列先后与阿联酋、巴林、苏丹和摩洛哥四个阿拉伯国家实现关系正常化，未来以色列对非洲之角安全事务的影响力也不容易忽视。早在 2019

---

① Afyare Elmi, Said Mohamed, "The Role of the GCC Countries in Ending Piracy in the Horn of Africa", research paper of Arab Center for Research and Policy Studies (ACRPS), 2016, https://www.dohainstitute.org/en/ResearchAndStudies/Pages/The_ Role_ of_ the_ GCC_ Countries_ in_ Ending_ Piracy_ in_ the_ Horn_ of_ Africa.aspx.

② Thembisa Fakude, "Understanding the foreign policy of Ethiopia towards the Gulf countries", Al Jazeera Centre for Studies, December 31, 2017, http://studies.aljazeera.net/mritems/Documents/2017/12/31/f52d338f52924033ada81555f4f75538_ 100.pdf.

③ Abdeta Dribssa Beyene, "The Horn of Africa and the Gulf: Shifting power plays in the Red Sea", The Africa Report, November 16, 2020, https://www.theafricareport.com/50499/the-horn-of-africa-and-the-gulf-shifting-power-plays-in-the-red-sea/.

年9月，埃塞俄比亚总理阿比就成功访问了以色列，并与内塔尼亚胡总理签署了联合声明，有意促进两国在贸易、军事、技术援助方面的合作。[①]

整体上非洲之角国家自主维和能力有限，再加之非洲之角的地缘战略地位日益重要，造成了域外势力对该地区的地缘争夺和军事介入。联合国在该区域的维和特派团未能取得成功，其中联合国驻南苏丹特派团令联合国在该区域的维和行动陷入被动。美国虽然因"黑鹰坠落"事件短暂退出过该区域，但自"9·11"事件后，美国拉开了全球范围内"反恐战争"的帷幕，作为打击恐怖主义和海盗活动最前线的非洲之角，其区域战略地位再次显现。美国历任政府对非洲之角的军事介入和战略重视虽有起伏却没有完全消失，特别是随着中国、俄罗斯、中东大国等在非洲之角影响力的增强，美国重新表现出了对该区域的强烈兴趣。欧盟领导下的西欧国家也依然是该区域安全事务的重要域外影响力，英国、德国和法国等西方大国重新返回该区域。与此同时，俄罗斯对非洲政策开始转向，积极参与并重视与非洲之角区域国家在安全领域的合作，令其他区域竞争者和战略对手感到不安。

历史上，中东大国就同非洲之角区域联系密切。非洲之角重要的地理位置决定了其对中东大国的地缘重要性。无论是冷战期间还是冷战后，中东大国都积极开展在该区域的地缘竞争。特别是2011年，"阿拉伯之春"爆发后，紧邻非洲之角的阿拉伯半岛动荡不安，非洲之角逐渐成为中东大国间争权夺利的新的竞技区域。近十年来，"阿拉伯之春"的余波依旧影响着中东地区局势，加剧了中东大国地区争斗和博弈，并造成中东国家乱局向非洲之角地区外溢，促使连接非洲之角和阿拉伯半岛、横跨红海的新地区正在形成。[②] 中东大国日渐成为该区域安全事务的重要玩家，除了斡旋和调解非洲之角武装冲突外，参与金融外交和港口争夺也给非洲之角带来了极大的不安全性。一方面，非洲之角武装冲突的国内因素直接影响了该地区的对外关系。例如，苏丹和南苏丹内战的走向就决定了中东国家与

---

① Corrado Cok, "Israel's Comeback in the Horn of Africa", Fair Observer, November 17, 2020, https：//www. fairobserver. com/region/africa/corrado – cok – horn – of – africa – isreal – normalization – sudan – ethiopia – eritrea – somaliland – security – news – 12388/.

② 张春：《三大转型牵动非洲之角局势》，中国社会科学院西亚非洲研究所网站，2019 年 12 月 4 日，http：//iwaas. cssn. cn/xslt/fzlt/201912/t20191204_ 5052988. shtml。

非洲之角区域的关系。另一方面，西方国家的重返和中东大国的角逐，增加了区域安全局势的不稳定性，并造成区域内和区域国家内部武装冲突紧张局势恶化。近年来对于打造所谓的多边主义机制——"红海论坛"（Red Sea Forum）的呼声高涨，部分西方国家和中东大国意欲借此制衡各方在红海区域内对非洲之角的战略争夺。①

众多域外势力的存在是非洲之角军事化程度日益增强的根本原因。外部因素的不稳定性，再加之内部政治、经济、文化和社会矛盾的共同作用，导致冷战后非洲之角武装冲突难以彻底解决。无论是西方大国还是中东大国参与非洲之角和平与安全事务，都是以维护本国在非利益为根本出发点，这直接决定了它们无力，也不可能真正帮助非洲之角国家消除武装冲突困扰、实现和平与发展。

———————————

① Charles Onyango-Obbo, "East Africa must Fear Rallying of World Powers, Militaries in Red Sea Arena", The East African, April 20, 2019, https：//www. theeastafrican. co. ke/oped/comment/East – Africa – must – fear – rallying – of – world – powers/434750 – 5080848 – 99nd7b/index. html.

第五章　非洲之角武装冲突的内部管理与解决方式

本章分别从非盟、伊加特和非洲传统冲突解决方式出发，探寻非洲之角武装冲突内部管理方式的效果。通过检验区域和次区域组织冲突管理的作用和存在的问题，提出利用非洲传统冲突解决方式和冲突管理智慧的想法。以埃塞俄比亚奥罗莫族、南苏丹丁卡族和索马里族的冲突管理方式为例，探寻非洲传统冲突解决机制的潜力。

第一节　内部管理机制发挥的作用

本节梳理了非盟维护地区安全的具体框架和措施，以及伊加特区域组织的维和行动，对非洲之角内部管理机制的作用和存在的问题进行了分析。

一　非洲联盟维护地区安全的作用

自非洲大陆独立以来，非洲国家尚未完全摆脱殖民主义，依然饱受外部军事介入之苦。20世纪90年代冷战结束之后，非洲之角区域经历了大大小小各种类型的武装冲突，导致成千上万的平民百姓丧失生命或流离失所。从次区域角度来说，非洲之角内部一直在积极寻求建立武装冲突管理机制。自2000年以来，非洲通过区域和次区域组织努力解决非洲之角武装冲突，并取得了一定进展。非盟尽管在促进非洲之角国家和平与人类安全方面做出了一定贡献，但是在应对非洲之角武装冲突的各项法律和政策工具的实施和体制上依然存在弱点，再加上非洲之角国家普遍存在的贫困和经济脆弱，特别是依赖前宗主国的经济体制和国家内部固有的政治和社会矛盾，导致该区域武装冲突管理效果并不理想。

（一）非盟和平与安全框架概况

非盟的前身是成立于 1963 年 5 月 25 日的非洲统一组织（简称"非统"），其成立是为了响应泛非主义思想以保护非洲大陆的统一与独立。1999年 9 月，非统第四届特别首脑会议通过了《苏尔特宣言》（*Sirte Declaration*），并决定成立非盟。2000 年 7 月，第 36 届非统首脑会议通过了《非洲联盟章程草案》。2001 年 3 月，非统召开一次特别首脑会议，正式签署了《非洲联盟章程》，同年 7 月，第 37 届非统首脑会议决定非统正式向非盟过渡。2002 年 7 月 9—10 日，非盟举行了第一届首脑会议，并宣布正式取代非统。[1] 《非洲联盟章程》是非盟成立的重要文件，其序言承认了非洲武装冲突阻碍发展的事实，表达了对非洲大陆统一集体行动的追求，并认识到和平、安全与稳定是执行非洲发展与一体化议程的先决条件。根据《非洲联盟章程》，非盟的和平与安全目标应该是捍卫其成员国的主权、领土完整和独立，促进非洲大陆的和平、安全与稳定，并协调现有的和未来即将成立的区域经济共同体之间的关系。《非洲联盟章程》的原则包括制定非洲大陆的共同防御政策，通过首脑会议决定的手段和平解决武装冲突、禁止使用武力威胁、任何成员国不得干涉另一国的内政。[2] 在许多方面，《非洲联盟章程》和《非统宪章》没有根本不同。例如，两者都强调主权平等、不使用武力与和平解决争端的原则，并且都包含"对不干预成员国事务的一般承诺"。但是，与非统明显不同的是，非盟采取了"通过其法律框架和制度采取干预主义的立场"，即《非洲联盟章程》包括在某些情况下的集体干预权，这反映了从非统到非盟的范式转变。[3] 《非洲联盟章程》赋予非盟在特殊情况下，即战争罪、灭绝种族罪和危害人类罪发生时，负有"保护的责任"，非盟在特定情况下有权干预成员国，并且成员国可要求非盟以恢复和平与安全的名

---

[1] 中华人民共和国驻非盟使团：《非盟概况》，中华人民共和国外交部网站，http：//au. fm-prc. gov. cn/chn/。

[2] Hiruy Wubie, Zelalem Tsegaw, "Objectives and Principles of the African Union", Abyssinia Law, February 2012, https：//www. abyssinialaw. com/about – us/item/381 – objectives – and – principles – of – the – african – union.

[3] Dan Kuwali, "Chapter 3：Squaring the Circle：The Role of the African Peace and Security Architecture", in *The Palgrave Handbook of Peacebuilding in Africa*, edited by Tony Karbo and Kudrat Virk, Cham：Palgrave Macmillan, 2018, p. 45.

义对恐怖主义、颠覆政权和政府违宪变更等，进行干预、谴责和拒绝，这超越了传统的国家主权和不干涉原则。[1]

非盟的各项法律文件和机制设置都体现了其在非洲大陆武装冲突管理中将发挥更加具体的作用。2002 年 7 月的非盟大会开幕会上通过了《关于建立非洲联盟和平与安全理事会的议定书》（简称"议定书"），该议定书于 2003 年 12 月生效。和平与安全理事会（Peace and Security Council）将负责与预防、管理和解决非洲各地冲突有关的任务和战略决策。自 2004年和平与安全理事会首次举行会议以来，已决议并部署了非盟驻达尔富尔特派团和非索特派团两项维和行动。该理事会还下设了"促进非洲和平、安全与稳定蓝图"的非洲和平与安全架构（African Peace and Security Architecture），其中包括大陆早期预警系统（CEWS）、贤人委员会、非洲快速反应部队（ASF）与和平基金。[2] 非洲和平与安全架构是基于社会经济正义、人权与民主、和平与安全三大支柱的一个规范和政策框架。该框架以多项法律和政策工具为支撑，包括《非洲联盟章程》《关于建立非洲联盟和平与安全理事会议定书》以及《非洲共同防御与安全政策》。非洲和平与安全架构建立在以下假设之上：非洲大陆的区域机制，包括伊加特在内的区域共同体，负有促进非洲和平、安全与稳定的关键责任。[3] 非盟委员会主席在非洲和平与安全架构中扮演着重要的冲突管理者角色。与联合国秘书长类似，非盟委员会主席主要负责将问题提请和平与安全理事会、贤人委员会或其他有关各方注意，并确保决议实施和后续行动的开展。

建立非洲快速反应部队的目的，是使和平与安全理事会能够根据《非洲联盟章程》履行其在部署维和特派团和进行干预方面的职责。非洲快速反应部队是非洲和平与安全架构的最关键要素之一，该部队将保证在武装冲突危机情况下提供迅速而有力的回应。非洲快速反应部队可向 5 个次区域——非洲北部、南部、东部、西部和中部派遣军事力量，每支快速反应

① Ben Kioko, "The right of intervention under the African Union's Constitutive Act: From non-interference to non-intervention", *IRRC*, Vol. 85, No. 852, December 2003, pp. 807 – 824.

② Thomas Kwasi Tieku, "The African Union", in *Responding to Conflict in Africa: The United Nations and Regional Organizations*, edited by Jane Boulden, New York: Palgrave Macmillan, 2013, pp. 33 – 50.

③ African Union, "The Peace & Security Council", https://au.int/en/psc.

部队都达到了 3000—4000 人的规模，这总共为非盟提供了 15000—20000 人的待命能力；并且快速反应部队拥有 300—500 名军事观察员、240 名警官组成的警备队，可为当地提供人道主义援助、重新安置解除武装人员和武装分子等。非洲快速反应部队可在以下任务场景中完成相应使命：向政治特派团提供军事建议；参与非盟观察员特派团与联合国维和特派团共同部署；参与独立的非盟观察员特派团任务；参与传统的维和或预防性部署任务；参与复杂的多边维和行动；开展和平执行或非洲快速反应部队框架文件所指的干预任务。①

和平与安全理事会期望与非洲的区域与次区域组织在预防、管理和解决冲突方面建立紧密的工作关系。但在"议定书"中，未就和平与安全理事会与包括伊加特在内的次区域机制之间如何开展合作和发展工作关系进行详细探讨。并且非洲大陆的地理区域、区域经济组织、区域一体化组织等存在大量身份重叠问题，作用和功能相互消减。例如，肯尼亚和乌干达既是东非共同体、东部和南部非洲共同市场的成员国，又是伊加特的成员。由于区域组织身份的模糊、功能相互重叠，非盟难以发挥各个次区域组织的作用以推动整个大陆安全架构的有效运作。② 非盟的和平与安全机制虽然被视为"不断发展的"，但仍面临诸多挑战。首先，非盟委员会决策权依然受到部分成员国的影响，部分成员国保留了在非盟一级的最终决策权，如在向次区域派遣维和部队方面享有很大的自由度。其次，部分成员国参与的政治意愿不强，例如，苏丹经常破坏非盟首脑会议共同商定的集体行动，公开追求自身战略大于集体战略。再次，非盟的和平与安全机制显示出严重的能力不足。非盟的许多成员没有履行其财政义务，因此增加了非盟对西方捐助者的依赖，造成了非盟可持续性和所有权的争议。③ 此外，冷战后非洲之角武装冲突长期升级、加剧，对非盟维和行动的要求

---

① Thomas Kwasi Tieku, "The African Union", in *Responding to Conflict in Africa: The United Nations and Regional Organizations*, edited by Jane Boulden, New York: Palgrave Macmillan, 2013, pp. 33 – 50.

② Dan Kuwali, "Chapter 3: Squaring the Circle: The Role of the African Peace and Security Architecture", in *The Palgrave Handbook of Peacebuilding in Africa*, edited by Tony Karbo and Kudrat Virk, Cham: Palgrave Macmillan, 2018, pp. 52 – 53.

③ Patrick Chabal et al. edited, *Theories of Conflict and Approaches to Conflict Prevention*, Leiden & Boston: Brill Press, 2005, pp. 75 – 80.

也越来越高。①

非洲和平与安全架构的基础就是集体主义安全范式，即基于集体主义社会解决冲突的方式，使非盟的每个成员国在泛非主义精神下能团结一致对维护非洲的和平与安全负责，防止任何外来势力干涉其事务并保护非洲国家免受域外军事干预。《非洲联盟章程》和"议定书"中都包含一些保护非洲国家免受其他国家军事干预的条款，同时为非洲国家在有或没有目标国同意的情况下，集体介入彼此内部事务留出了空间，介入的措施包括调解、谴责、取消非盟成员国资格、经济制裁以及作为最后手段的军事干预。例如，因厄立特里亚向索马里从事破坏稳定活动的武装团体提供支持，破坏了索马里和解进程，非盟呼吁联合国安理会对厄立特里亚实施制裁。因此，2009 年 12 月 23 日联合国安理会援引非盟的呼吁，通过第 1907号决议对厄立特里亚实施了制裁，包括武器禁运、政治和军事领导人的旅行限制和冻结其资产等。② 对厄立特里亚政府采取的制裁措施说明了区域机构与国际机构之间可能存在合作。但是，非盟、西非国家经济共同体、南部非洲发展共同体或其他非洲区域组织都未对厄立特里亚采取任何其他措施，只有伊加特暂停了厄立特里亚的成员资格。因此，实际上非盟的杠杆作用极其小，实施制裁一没有经验，二缺乏"有效性"。非盟未能严格根据《联合国宪章》和国际法，在用尽和平解决争端的一切手段并充分考虑到此类制裁的短期和长期影响之后，再考虑制裁；即使制裁非盟也应严格在指定的时间范围内实施，应有有力的法律依据，应在实现目标后立即取消制裁，制裁也应明智，并有针对性地减轻其可能产生的危害性。非洲国家边界宽松，相互依存度有限，地方性和系统性腐败严重，再加上成员国之间不成文的"兄弟情谊"规则，使非盟难以获得实施制裁所需的必要的国内和地区政治支持，非盟为了增强实施制裁的能力，也向联合国安理会咨询制裁的指导方针。

---

① Dan Kuwali, "Chapter 3: Squaring the Circle: The Role of the African Peace and Security Architecture", in *The Palgrave Handbook of Peacebuilding in Africa*, edited by Tony Karbo and Kudrat Virk, Cham: Palgrave Macmillan, 2018, pp. 47 – 49.

② UN, "Security Council Imposes Sanctions on Eritrea over Its Role in Somalia, Refusal to Withdraw Troops Following Conflict with Djibouti", December 23, 2009, https://www.un.org/press/en/2009/sc9833.doc.htm.

非盟还将人类安全也纳入了和平与安全架构以构筑泛非和平与安全。《非洲联盟章程》规定每个非洲人都有"和平生活的权利",为此非盟于2002年7月在南非德班通过谅解备忘录,将安全的定义从传统国家安全问题扩展到社会的所有方面,包括个人、家庭与社会的经济、政治和社会安全,并同意为共同的人类利益向非洲每个政府提出特定的行为准则。① 自2001年由加拿大"干预和国家主权国际委员会"(ICISS)提出"保护的责任"概念,到2005年联合国大会通过《世界首脑会议成果》(第60/1号决议),"保护的责任"已经成为联合国法律文件的重要内容和国际习惯法的重要部分。② 非洲国家也十分关注"保护的责任"概念的发展,但鉴于此概念的局限性,和有关"保护的责任"引发以政权更迭为目的的军事行动或新殖民主义方面的争议,非盟于2005年提出《恩祖韦尼共识》并重申了"保护的责任"的三个支柱,即国家保护公民的责任、国际社会帮助国家保护其公民的责任,以及国际社会有责任保护那些无法或不愿保护其公民的国家的公民。不同于西方国家对"保护的责任"的理解,《恩祖韦尼共识》首先强调要将决定何时、何地以及如何进行干预的权力移交给区域组织,认为联合国大会和联合国安理会往往远离冲突现场,可能无法有效并适当地理解冲突局势的性质和发展。非盟认为,区域组织是最有能力对武装冲突进行适当评估的机构,应该有权在和平与安全决定方面采取行动。其次,《恩祖韦尼共识》指出要重申"保护的责任"与政权更迭之间的联系以强调国家保护公民的义务,不应以此为借口破坏任何国家主权独立和领土完整。最后,《恩祖韦尼共识》认为区域组织的有效干预应得到联合国安理会的批准,并且联合国应该承担为此类行动提供资金的责任。③

(二)非盟维护非洲之角安全的作用

非盟驻达尔富尔特派团在达尔富尔地区维和行动的影响有限,现在该

---

① Tony Karbo, "Chapter 1: Introduction: Towards a New *Pax Africana*", in *The Palgrave Handbook of Peacebuilding in Africa*, edited by Tony Karbo and Kudrat Virk, Cham: Palgrave Macmillan, 2018, pp. 3 – 4.

② 郭冉:《"保护的责任"的新发展及中国的对策》,《太原理工大学学报》(社会科学版)2012年第30卷第51期。

③ Thomas Kwasi Tieku, "The African Union", in *Responding to Conflict in Africa: The United Nations and Regional Organizations*, edited by Jane Boulden, pp. 33 – 50.

特派团任务期结束，已于 2007 年 10 月与联合国/非盟驻达尔富尔混合行动合并。① 非索特派团则于 2007 年 2 月在西方国家支持下成立，主要任务包括协助索马里过渡联邦政府、人道主义救援等，并且帮助索马里政府军对抗索马里极端组织"青年党"日益成为非索特派团的重要任务。无论是非盟还是其前身非统都致力于结束非洲大陆的恐怖主义、极端组织危害，此处以非盟反恐机制和非索特派团在维护非洲之角安全方面所发挥的作用为例，来分析非盟反恐特点。

目前非洲大陆，特别是非洲之角地区的恐怖主义和极端组织活动范围扩大已是不争的事实，但是非盟的反恐机制效率有限难以发挥战略作用，并且具有以下几个特点。首先，非盟反恐机制是建立在已有的非统反恐平台经验基础之上的，包括各项共识和法律文件，从 1992 年 7 月非统国家元首在塞内加尔首都达喀尔通过第 213 号决议制止极端主义，到 1994 年 6 月首脑会议达成拒绝狂热和极端主义共识。其次，在非统的安全架构的基础上，必须注意到非盟同非统时期的反恐战略存在巨大差异。与非统一样，非盟重申成员国主权、领土完整和独立的原则。同时与非统不同之处在于，《非洲联盟章程》授权非盟在严重情况下，包括战争罪、种族灭绝罪和危害人类罪，进行干预，这为非盟在索马里部署非索特派团提供了法律依据。最后，非盟继承了非统在立法领域对反恐行为的严厉打击，但是缺乏配套的后续行动支持。例如，1999 年 7 月，非统在阿尔及尔通过《防止与打击恐怖主义公约》，该公约明确指出不应支持恐怖主义，这与《非洲联盟章程》观点一致。该公约试图从整体上解决恐怖主义问题，力求把重点放在以下三个核心领域：解决导致恐怖主义蔓延的结构性条件；加强成员国的能力建设，以增强其复原力；在打击恐怖主义的同时促进人权和法治。该公约还强调了次区域组织在打击恐怖主义方面的重要性。其理由是，这些次区域组织可以根据特定区域的特定文化和背景问题制定具体的反恐政策，这意味着索马里冲突属于伊加特的职权范围。非盟正式取代非统后，于 2002 年 7 月通过了《非洲共同国防和安全政策》并设立了一个非盟技术部门——非洲恐怖主义问题研究中心，这是打击非洲大陆恐怖主义威胁的重要里程碑。② 非洲恐怖主义问题研究中心的主要目的是对恐怖

① 2020 年 12 月 31 日，联合国/非盟驻达尔富尔混合行动也结束了其在该地区的维和行动。
② Hussein Solomon, *Terrorism and Counter-Terrorism in Africa: Fighting Insurgency from Al-Shabaab, Ansar Dine and Boko Haram*, Basingstoke: Palgrave Macmillan, 2015, pp. 105 – 114.

主义和恐怖主义团体的信息进行研究和分析，并在国际伙伴的协助下，通过组织培训时间表、会议和专题讨论会，开展研究和制定培训方案，以提高认识，防止和消除恐怖主义对非洲大陆的威胁。2002 年 9 月 14 日通过的《非盟预防和打击恐怖主义行动计划》是非盟反恐制度的又一突破。该计划旨在建立国家间和政府间合作，特别强调向恐怖分子"封锁"非洲边界。根据该计划，非盟可采取的具体措施包括增强身份证防伪功能、入境口岸应电脑化以监测旅客的出入境情况等。鉴于恐怖主义、腐败和洗钱之间存在关联，该计划还寻求国家立法以便对资助恐怖主义和洗钱行为进行定罪，并在成员国设立金融情报机构。但是同非统一样，非盟依然不能将法规条文的颁布正式转化为符合当地实际情况的反恐战略，基地组织的顽强和索马里"青年党"的坚强抵抗就证明了这一点。2014 年 6 月非盟和平与安全理事会在赤道几内亚举行首脑会议，对"青年党"、博科圣地和基地组织日益严重的恐怖威胁表示严重关切。[①]

非盟在非洲之角未能成功实施反恐机制的原因主要有三个。第一，一些国家元首缺乏打击恐怖主义威胁的政治意愿。比起恐怖主义威胁，部分非洲领导人更在意国内反政府武装对其政权稳定性的威胁。然而恐怖主义的动机是多种多样的，除了潜在的伊斯兰意识形态外，往往还与当地政治、经济和社会环境有关。特别是非洲之角国家治理缺乏、经济落后、社会矛盾重重，给恐怖主义和极端组织的产生和发展创造了条件，再加上边界漏洞百出极易造成恐怖主义从一国蔓延至周边邻国。非洲领导人缺乏政治意愿的表现之一，就是 2014 年 8 月非盟在肯尼亚内罗毕举行的第十一届非洲情报和安全服务委员会（CISSA）会议上，非盟重申了对恐怖主义和极端组织滋生的严重关切，特别关注了极端组织中青年的激进化和成员招募问题，但是只有 12 个非洲国家的警察局局长出席该会议并向非盟主席汇报了反恐制度的执行情况，非洲国家元首都未出席该会议。非洲领导人缺乏政治意愿的另一个表现就是，非盟成员国服从非盟相关规定的意愿不足。54 个独立的非洲国家的国家利益与以非盟为代表的非洲公民的集体利益之间存在着明显的紧张关系。尽管大多数非洲国家承认恐怖主义威胁

---

① Hussein Solomon, *Terrorism and Counter-Terrorism in Africa*: *Fighting Insurgency from Al-Shabaab*, *Ansar Dine and Boko Haram*, Basingstoke: Palgrave Macmillan, 2015, pp. 105 – 114.

具有跨国性质，但部分国家依然不愿意就此与非盟分享主权，这显然阻碍了非洲大陆打击恐怖主义的行动。非盟重申非统时期就通过的《防止与打击恐怖主义公约》来表达非洲打击恐怖主义的共同立场，并通过了打击恐怖主义的共同框架，但是非盟部分成员国依然拒绝与非盟合作，拒绝配合非盟调查、逮捕和拘留恐怖主义嫌疑人。并且，尽管非盟通过了《非洲共同国防和安全政策》，但部分成员国依然不愿意同非盟之间进行恐怖主义活动相关信息的共享。①

第二，非盟过度依靠次区域组织和域内大国，其军事介入目的受到外界质疑。索马里"青年党"曾指责非索特派团"不在索马里协助索马里人，而是为干预国的利益服务"。作为非索特派团的重要组成部分，埃塞俄比亚和肯尼亚对索马里的干预受到外界指责，这两个国家被指无心维护一个团结的索马里，而是试图从四分五裂的索马里获取长期利益。例如，肯尼亚被指试图在索马里朱巴河谷地区建立一个缓冲区，阻止大批索马里难民涌入肯尼亚。这些区域大国利用非索特派团作为掩护，将自身狭隘的国家利益考量投射到索马里。另外，"青年党"的发展是非洲恐怖主义集团日益区域化和国际化的典型案例，无论是该组织的人员招募、恐怖袭击地点选择还是资金来源都体现了恐怖活动全球化发展的趋势。并且，"青年党"还同非洲其他伊斯兰极端组织，比如博科圣地，加强了联系和合作，这也给次区域组织——西非经济共同体和伊加特之间开展合作提出了挑战。"青年党"与阿拉伯国家之间密切的资金网络，也对非盟同阿拉伯联盟之间的合作提出了需求。②

第三，非盟反恐政策失败与非洲之角国家机构缺乏治理能力有密切关系。虽然非盟可为集体和个别国家打击恐怖主义行动提供指导方针和战略，但是国家依然是打击恐怖主义的主体。完全依赖非洲之角国家进行反恐，这些国家又因缺乏治理能力而面临缺乏战略部署、资金来源和技术支持等方面的挑战。例如，部分非洲之角国家甚至没有有效的人口登记，这就给边界出入境管理带来不便，特别是给那些通过非法途径伪造护照和身

① Hussein Solomon, *Terrorism and Counter-Terrorism in Africa: Fighting Insurgency from Al-Shabaab, Ansar Dine and Boko Haram*, Basingstoke: Palgrave Macmillan, 2015, pp. 105 – 114.

② Hussein Solomon, *Terrorism and Counter-Terrorism in Africa: Fighting Insurgency from Al-Shabaab*, pp. 105 – 114.

份证件的恐怖分子可乘之机。国家机构的腐败助长了恐怖主义的快速发展。比如，在索马里就出现了国家储备的武器却落到了"青年党"士兵手里的荒唐事件。① 虽然非盟的反恐行动计划肯定涉及腐败问题，但这并不是非洲之角腐败官员为恐怖分子工作以换取某种经济回报的孤立事件，而是系统化和制度化的腐败，政府高级官员对国家或其公民没有任何忠诚。

2017 年，非盟共执行 4 次多边和平行动，是多边和平行动中人员部署最多的区域组织。2017 年非盟特派团人员部署数量较 2016 年下降了4.1%，实际数量从 22004 人减少到 21104 人，这是由于自 2011 年以来，非索特派团对"青年党"的军事攻势起到了一定遏制作用，但最关键的是欧盟缩减了对非索特派团的经费，所以经联合国安理会批准宣布缩减了非索特派团人员数量，2017 年约有 1000 人撤出索马里。但是非索特派团人员还是几乎占到非盟主导的和平行动人员部署的全部，非索特派团维和仍是 2017 年非盟规模最大的多边和平行动。② 但是这些数字并不能证明非索特派团在非洲之角的"成功"，相反非索特派团存在的部分问题反映了非盟在非洲之角反恐战略方面面临挑战。

首先，非索特派团不是非盟和平与安全机制的产物，协调方面受限。根据《联合国宪章》第八章规定，在联合国安理会的授权下，区域安排或机构可采取维和行动。因此，根据《联合国宪章》，非盟或任何打算采取维和行动的次区域组织都必须事先获得联合国安理会的授权。非索特派团属于经联合国安理会授权，由非盟运营的地区级维和特派团。一般来讲，非盟主要依靠次区域一级的各种区域共同体来维护各区域的安全与稳定，所以索马里危机本应该由伊加特及其安全部门来应对，但现实是伊加特在处理索马里武装冲突过程中存在局限性。③ 另外根据非洲和平与安全架构所提出的建立非洲快速反应部队的构想，将为包括非洲之角区域在内的非洲大陆热点地区快速部署区域待命旅提供支持。但由于缺乏资金和技术装

---

① Louis Charbonneau, "Exclusive: Somalia army weapons sold on open market-U. N. Monitors", Reuters, October 11, 2014, https://www.reuters.com/article/us - somalia - arms - un - idUSKCN0HZ22920141010.

② SIPRI, *SIPRI Yearbook 2018*（中文版），pp. 91 - 93.

③ Hussein Solomon, *Terrorism and Counter-Terrorism in Africa: Fighting Insurgency from Al-Shabaab*, pp. 105 - 114.

备支持，非洲快速反应部队组建已被推迟至少 3 次，发展缓慢。① 非索特派团除了维持过渡政府期间索马里国内安全，还帮助索马里政府军打击"青年党"行动。再加上伊加特有自己的资源动员策略，西方等外部势力在该区域的长期介入，都令非盟难以发挥协调区域内各项安全战略的作用。

其次，非盟长期的财政短缺制约了非索特派团在索马里打击"青年党"的彻底性。自 2007 年 2 月非索特派团成立以来，非盟就一直缺乏支付该特派团所需的庞大资金。非盟长期求助联合国、欧盟和各个西方国家提供财政援助，又依赖北大西洋公约组织、美国、法国和英国提供后勤和部署要求。出于对资金的考虑，联合国安理会批准自 2017 年 12 月起分阶段撤出非索特派团部队，计划在 2020 年撤出所有驻索马里的特派团人员，这一撤军举措遭到美国的强烈反对。美国指责非索特派团的撤出将导致索马里极端主义和自杀式爆炸袭击事件泛滥。英国非洲裔学者埃吉·奥莫罗格贝（Eki Omorogbe）表示，非盟必须改变严重依赖西方国家，特别是欧盟的财政支持的供资制度。由于这种供资制度缺乏强制性，非盟无法按时获得欧盟的财政支持，而联合国又不愿意用自己的资金资助由联合国安理会授权给非盟的维和行动，导致非索特派团在索马里的行动举步维艰。奥莫罗格贝认为非盟的维和行动必须加强自己成员国的资金支持程度，甚至包括实行强制性捐助来增强成员国支援集体维和的意识。②

最后，非索特派团部分行为引发索马里民众不满。2013 年，索马里总统哈桑·谢赫·马哈茂德（Hassan Shaikh Mohamud）要求非索特派团中的肯尼亚军队离开索马里，因为肯尼亚军队被指参与了在索马里领土上建立一个"朱巴兰自治国"的行动，再次突显了国家利益和集体利益之间的紧张关系。另外，非索特派团中约有 7000 名乌干达士兵，是特派团中最大的特遣队，但是有记录显示非索特派团中部分乌干达士兵被指从事出售武器、滥用职权等腐败活动，甚至有造成平民伤亡的武力行为，这使得非索特派团没能赢得索马里民众的心，反而将索马里民众推向了"青年党"一

---

① 王欲然：《非洲快速反应部队组建缓慢》（国际视点），《人民日报》2015 年 5 月 20 日第 21 版，http：//world. people. com. cn/n/2015/0520/c1002 - 27028380. html。

② Eki Yemisi Omorogbe, "Can the African Union Deliver Peace and Security?" *Journal of Conflict and Security Law*, Vol. 16, No. 1, 2011, pp. 42 - 44.

方，令索马里人对索马里政府和外国军队充满失望①。

二 伊加特区域组织行动的作用

（一）伊加特概况

伊加特自成立以来，已在非洲之角地区多起国家间和国家内部冲突中扮演了重要调解角色。该组织前身是由吉布提、埃塞俄比亚、肯尼亚、索马里、苏丹和乌干达于 1986 年设立的政府间干旱与沙漠化管理局（IGADD）②，以协调各成员国共同解决非洲之角区域内干旱和沙漠化问题。1993 年 9 月，厄立特里亚被该组织接纳为第七名成员。③ 政府间干旱与沙漠化管理局为区域内国家元首和政府首脑提供了一个定期论坛，使该区域领导人能够在区域范围内处理其他政治和社会经济问题，因此 1995 年 4 月举行的特别首脑会议发表宣言，决定扩大该组织成员国之间的合作领域，并正式更名为政府间发展组织（简称"伊加特"），秘书处设立在吉布提首都吉布提市，并修订了该组织协定④。2011 年，南苏丹加入，成为第八名成员。

《伊加特协定》阐明了该组织核心要务是保证所有成员国主权平等，不干涉成员国内政，通过对话和平解决国家间和国家内部冲突，维护地区和平、稳定与安全。伊加特承诺将促进次区域的和平与稳定，并在次区域内建立通过对话实现预防、管理和解决国家间和国家内部冲突的机制。政府间发展组织在冲突解决领域的主要任务，是敦促成员国集体维护地区和平、安全与稳定，成员国一致认同实现地区和平与安全是促进地区经济发展和社会进步的先决条件。因此，成员国承诺采取有效集体措施以消除威胁区域合作、和平与稳定的行为，建立和平解决分歧和争端的磋商与合作

---

① Hussein Solomon, *Terrorism and Counter-Terrorism in Africa*: *Fighting Insurgency from Al-Shabaab*, pp. 105 – 114.

② 又译为政府间抗旱与发展管理局，参见张春《伊加特与非洲之角的安全治理》，《西亚非洲》2016 年第 4 期。

③ 2007 年 4 月，厄立特里亚认为伊加特通过了许多有损地区和平与安全的决议，于是宣布退出该组织。

④ Kasaija Philip Apuuli, "IGAD's peace and security strategy: A panacea for long-term stability in the Horn of Africa region?" in *Regional Security in the post-Cold War Horn of Africa*, edited by Roba Sharamo and Berouk Mesfin, 2011, p. 347.

机制,同意在将成员国间争端提交给其他区域或国际组织之前,首先在伊加特——次区域机制内处理争端①。

伊加特主要机构包括国家元首和政府首脑会议(即"首脑峰会")、部长理事会、使节委员会和秘书处。首脑峰会通常每年召开一次,以协商一致的方式作出具体的会议决定,峰会的主要职能包括决策、指导和控制组织内部职能,决定合作的主要准则和方案,并为政治问题,特别是在预防、管理和解决冲突方面的问题提供指导方针和监管。部长理事会由各成员国外交部长和一名指定部长组成,以负责区域政治和安全事务后续工作,包括预防、处理和解决冲突及冲突后重建,监管人道主义行动,促进次区域和平与安全,并向组织提出建议等。部长理事会通常每年举行两次会议并作出相关的会议决定。使节委员会由成员国派驻该组织总部所在国的大使或全权大使组成,并向部长理事会负责。其职能主要是就如何促进执行秘书长实现部长理事会批准的工作计划提供咨询意见。使节委员会会议没有固定时间,根据必要性可随时举行,并在确保各方意见一致的情况下作出会议决定。由执行秘书长领导的秘书处是伊加特的执行机构,其主要任务是执行首脑峰会和部长理事会决定,就峰会和理事会决定和建议的事项拟定草案和协定,并协助各政策机构的政治和人道主义事务开展工作。从伊加特的组织结构来看,该组织决策机制呈金字塔式,最终决策由首脑峰会作出。②

(二) 缓解非洲之角武装冲突的作用

为扩大在区域内解决冲突方面的作用,伊加特分别在苏丹第二次内战、索马里内战和南苏丹内战中积极寻求调解,并最终促使 2005 年苏丹《全面和平协议》的签署,2004 年索马里"内罗毕和平进程"的成功达成和索马里过渡政府的成立,以及 2015 年南苏丹内战各方签署和平协议。但是,伊加特参与苏丹、索马里和南苏丹和平进程主要有两个特点,第

---

① Kasaija Philip Apuuli, "IGAD's peace and security strategy: A panacea for long-term stability in the Horn of Africa region?" in *Regional Security in the post-Cold War Horn of Africa*, edited by Roba Sharamo and Berouk Mesfin, 2011, pp. 347 – 348.

② Kasaija Philip Apuuli, "IGAD's peace and security strategy: A panacea for long-term stability in the Horn of Africa region?" in *Regional Security in the post-Cold War Horn of Africa*, edited by Roba Sharamo and Berouk Mesfin, 2011, pp. 347 – 376.

一，伊加特参与调解具有临时性；第二，强调政治调解，并且缺乏解决该区域冲突的全面安全框架。因此，本书从分析伊加特参与解决苏丹、索马里和南苏丹冲突矛盾的案例入手，进一步剖析伊加特斡旋、调解作用的成功之处与不足之处。

1. 苏丹

1983 年 5 月爆发的苏丹政府与苏丹人民解放运动/军之间的战争，被称作苏丹第二次内战，是 1955 年至 1972 年苏丹第一次内战的延续。实际上，苏丹南北方之间的分裂可以追溯到英埃共管时代，早在 20 世纪 30 年代，英国为南部苏丹制定了一部政策《封闭地区法令》（*Closed District Ordinance*），该政策是英国为帮助南部苏丹脱离北部苏丹以获得政治独立而制定出来的，这直接导致苏丹南北方分离主义的迅速发展，更从内部进一步分裂了当时的苏丹。[①] 历史上，为维护苏丹的和平与稳定，国际社会和次区域组织都做出了不懈努力，其中由伊加特组织的苏丹和平会议（简称"苏丹和会"）主要分为两个阶段：第一阶段从 1993 年 9 月至 2000 年 2 月，第二阶段从 2001 年 6 月至 2005 年 1 月。

（1）第一阶段

之前各类苏丹和会都以失败告终，这间接促使当时的政府间干旱与沙漠化管理局将其任务范围扩大到和平与安全领域。1993 年 9 月 7 日，政府间干旱与沙漠化管理局在亚的斯亚贝巴举行的首脑峰会上发起了"苏丹和平倡议"，成立了一个由埃塞俄比亚、厄立特里亚、肯尼亚和乌干达国家元首和政府首脑组成的"和平委员会"，肯尼亚前总统丹尼尔·阿拉普·莫伊（Daniel Arap Moy）担任和平委员会主席。和平调解过程则由这些国家的外交部长组成的"常设委员会"处理。另外，政府间干旱与沙漠化管理局主要的西方伙伴国家组成了"政府间干旱与沙漠化管理局合作伙伴论坛"（IGADD Partners Forum）[②]，并承诺支持政府间干旱与沙漠化管理局以及之后的伊加特的维和作用。这些西方国家——美国、挪威、荷兰、英国、意大利和加拿大在之后的二十多年中一直是政府间干旱与沙漠化管理

---

① Douglas Hamilton Johnson, *The Root Causes of Sudan's Civil Wars*, Oxford: James Currey Publishers, 2003, p. 12.

② 后更名为伊加特合作伙伴论坛（IGAD Partners Forum）。

局以及之后的伊加特的重要外部资金资助者。政府间干旱与沙漠化管理局常设委员会则被赋予了推动苏丹和平谈判进程、结束冲突的重任。①

1994 年 3 月，政府间干旱与沙漠化管理局常设委员会在肯尼亚内罗毕召开会议，提出谈判框架《原则宣言》（Declaration of Principles）。该宣言支持南部苏丹拥有独立自决权，并规定苏丹要为实现人口多样化的社会和政治平等而努力，这从根本上承认了苏丹政府在民主化和世俗化改革上的失败，因而遭到苏丹政府的强烈反对，但却受到苏丹人民解放运动/军的欢迎。为解决双方矛盾，同年 9 月在内罗毕召开第二次首脑峰会，以推进和平进程，但由于北部苏丹和南部苏丹仍然不能就《原则宣言》达成一致意见，双方分歧使得和平进程在接下来的 33 个月内陷入停顿状态。直到 1997 年 10 月，苏丹政府重回谈判桌，并于 1998 年 5 月决定接受《原则宣言》作为苏丹和平进程谈判的基础。然而，此时埃塞俄比亚—厄立特里亚战争的爆发再次降低了苏丹政府对伊加特和平倡议的热情。② 冲突双方于 2000 年 2 月开展了近一周的和平谈判，但仍然未能达成任何实质性协议。

除了伊加特以外，其他国家或区域组织发起的和平调解也陷入僵局，如"利比亚和埃及联合倡议"（JLEI）、由厄立特里亚发起的全国民主联盟（NDA）与苏丹政府间谈判，以及尼日利亚发起的和平倡议等。尽管这些倡议吸引了苏丹冲突各方的关注，但成效极其有限，伊加特仍然被视作处理苏丹冲突问题的最佳调解人。然而，伊加特在苏丹和平进程推进中始终面临两点局限性：第一，除了苏丹政府和苏丹人民解放运动/军外，伊加特未能将苏丹其他政治派别吸引到谈判桌前；第二，长期的资金短缺是困扰伊加特进一步发挥调解作用的重要因素。但是从积极的角度来看，伊加特在苏丹第一阶段和平进程中依然取得了不少成就，包括制定了谈判框架《原则宣言》、建立使节制度、达成资源分配协议和边界领土争端协议等。③

---

① James J. Hentz edited, *Routledge Handbook of Africa Security*, p. 222.

② Tim Murithi, "Inter-governmental Authority on Development on the Ground: Comparing Interventions in Sudan and Somalia", *African Security*, 2: 2 – 3, 2009, pp. 140 – 143.

③ Kasaija Philip Apuuli, "IGAD's peace and security strategy: A panacea for long-term stability in the Horn of Africa region?" in *Regional Security in the post-Cold War Horn of Africa*, edited by Roba Sharamo and Berouk Mesfin, 2011, p. 353.

（2）第二阶段

伊加特第二阶段调解开始于 2001 年 6 月，伊加特特别首脑峰会在内罗毕召开，峰会建议冲突双方就构成谈判障碍的悬而未决的问题进行认真对话。随后，拉扎罗·桑姆贝耶沃（Lazaro Sumbeiywo）中将被任命为伊加特驻苏丹和平进程特使，并制定了谈判议程。2002 年 7 月，冲突双方在肯尼亚马查科斯首次就自决权、政教分离等问题达成了《马查科斯议定书》，即关于苏丹共和国政府与苏丹人民解放运动/军间关系的议定文本，该议定书还涉及过渡进程、政府结构和建立评估和评价委员会（AEC）等问题，但是，推出后两个月就遭遇挫折。苏丹人民解放运动/军提出了国家政府、南苏丹政府和州政府三级政府权力分享结构，提议苏丹中央政府应选择一个不信仰伊斯兰教法的城市为首都，并就努巴山脉、阿卜耶伊等争议地区问题发表了提议，这些提议遭到苏丹政府的强烈反对，苏丹政府决定从马查科斯撤回谈判代表团。为此伊加特在双方之间进行斡旋，苏丹人民解放运动/军表示，同意由伊加特调解争议地区问题，但是苏丹政府仍强烈要求伊加特以 1956 年 1 月的边界划分作为和平谈判的基础。[①]

2002 年 10 月，冲突双方重新开始谈判并签署了关于停止敌对行动的谅解备忘录，在谅解备忘录上，双方还商定并签署了一份有关建立核查和监测小组的附录。[②] 该附录规定核查和监测小组有权前往冲突任何一方提出的有侵权行为的地区，并向伊加特和国际社会公开调查结果。在签署《马查科斯议定书》之后，苏丹共和国政府与苏丹人民解放运动/军又先后在肯尼亚奈瓦沙签订了五项协议，分别是 2003 年 9 月的《安全部署议定书》、2004 年 1 月的《财富共享议定书》、2004 年 5 月的《权力共享议定书》《关于解决南科尔多凡/努巴山脉和青尼罗州冲突的议定书》和《关于解决阿卜耶伊地区冲突的议定书》。2004 年 7 月，双方在奈瓦沙再次进行会谈，但双方就永久停火协议等问题的谈判又一次陷入僵局。在国际社会和伊加特等持续施压下，冲突双方终于同意于同年 10 月在内罗毕恢复和

① Kasaija Philip Apuuli, "IGAD's peace and security strategy: A panacea for long-term stability in the Horn of Africa region?" in *Regional Security in the post-Cold War Horn of Africa*, edited by Roba Sharamo and Berouk Mesfin, 2011, p. 353 – 354.

② Tim Murithi, "Inter-governmental Authority on Development on the Ground: Comparing Interventions in Sudan and Somalia", *African Security*, 2: 2 – 3, 2009, pp. 143 – 146.

谈。2005 年 1 月，冲突双方谈判代表团经过多回合磋商，最终在奈瓦沙签署《全面和平协议》，该协议纳入了之前在马查科斯和奈瓦沙签署的总共六项协议，就安全问题、资源分配、石油问题和权力下放等问题达成了一致意见。[1]

伊加特在第二阶段和平调解进程中，依然暴露出其调解的局限性：首先，伊加特和平调解缺乏包容性，未能将其他政治派别或社会组织容纳其中，后来的达尔富尔问题调解也印证了伊加特和平调解缺乏包容性。其次，尽管伊加特获得了进行调解的权力，但谈判结束后伊加特的作用却十分模糊。《全面和平协议》规定了伊加特将派特使前往评估和评价委员会，以监督协议的执行情况，但协议并未对特使进行任命，这直接导致伊加特没有可遵循的机制直接执行《全面和平协议》工作，并且该协议对有关财富共享制度的实施和落实存在障碍；正是由于伊加特缺乏后期监督作用，苏丹政府与苏丹人民解放军之间未能有效遵守《全面和平协议》中的停火协议，大量退伍士兵没能重新融入社会而是成为资源争夺、地方武装暴力和武器贩卖的源头。[2] 最后，伊加特秘书处在苏丹和平进程中的作用几乎为零，形同虚设。例如，苏丹和平进程资金主要来自肯尼亚政府和国际组织；桑姆贝耶沃特使直接向肯尼亚报告和平进程情况而非伊加特秘书处；和平进程秘书处工作人员向特使报告；观察员和大使、特使则对各自国家负责。

2. 索马里

自 1991 年巴雷政权被推翻后，国际社会都在进行积极探索以帮助索马里实现战后重建，先后共举行过 13 次索马里和解会议，但一直没有取得明显效果。伊加特自 1997 年起就启动了索马里和平进程，并于 2000 年向吉布提主办的阿尔塔会议（Arta Conference）提供了大量支持，阿尔塔会议促成了索马里过渡政府的成立。2002 年，伊加特在肯尼亚举行的索马

① UNMIS, "Comprehensive Peace Agreement", https：//unmis. unmissions. org/comprehensive - peace - agreement.

② Marina Ottaway, Amr Hamzawy, "The Comprehensive Peace Agreement", Carnegie Endowment for International Peace, January 4, 2011, https：//carnegieendowment. org/2011/01/04/comprehensive - peace - agreement - pub -42223.

里民族和解会议标志着索马里重建又向前迈进了一步。①

2002 年 1 月，第九届伊加特国家元首和政府首脑峰会在苏丹喀土穆举行。峰会通过了授权吉布提、埃塞俄比亚和肯尼亚三个国家组成索马里技术委员会共同协调索马里民族和解的决议，并重申伊加特对索马里统一和领土完整的尊重和承诺。峰会还决定在两个月内在内罗毕举行索马里和解会议，并由肯尼亚总统任索马里技术委员会主席，授权部长级委员会筹备和会，促请过渡政府和其他各方共同打击一切形式的恐怖主义，并呼吁国际社会与伊加特一道推进索马里和平与稳定。②

2002 年 2 月，在内罗毕举行的伊加特外交部长委员会会议就第 14 届索马里民族和解会议（SNRC）（简称"索马里和会"）筹备工作进行了商议。此次会议对索马里局势进行了回顾，并指出索马里的权力真空造成恐怖分子和极端组织泛滥，威胁到索马里及其邻国的国家安全。2002 年 10 月，由伊加特领导的索马里和会在肯尼亚埃尔多雷特举行，索马里各派别签署了《停止敌对行动宣言》（*Declaration on the Cessation of Hostilities*）。在埃尔多雷特举行的会议一直持续到次年 2 月，随后转移至姆巴加地继续举行，直到 2004 年 12 月，索马里和会才决定成立第一个过渡联邦政府内阁。③

此次索马里和会的召开分为三个阶段：第一阶段与议程设定有关，确立和平进程的所有权。第二阶段解决和解问题，包括起草《过渡联邦宪章》（*Transitional Federal Charter*）等。第三阶段涉及权力分享问题，包括成立过渡联邦机构（Transitional Federal Institutions）等核心问题。索马里和会的决策机制分为四个层次。第一层是伊加特国家元首和政府首脑峰会。在首脑峰会之下是第二层——伊加特部长理事会，由伊加特成员国外长组成，并担任首脑峰会的咨询机构。第三层是促进委员会，分别由吉布

① Mupenda T. Wakengela, "Keeping an elusive peace: AMISOM and the quest for peace in Somalia", in *Regional Security in the post-Cold War Horn of Africa*, edited by Roba Sharamo and Berouk Mesfin, 2011, p. 378.

② Kasaija Philip Apuuli, "IGAD's peace and security strategy: A panacea for long-term stability in the Horn of Africa region?" in *Regional Security in the post-Cold War Horn of Africa*, edited by Roba Sharamo and Berouk Mesfin, 2011, p. 356.

③ Tim Murithi, "Inter-governmental Authority on Development on the Ground: Comparing Interventions in Sudan and Somalia", *African Security*, 2: 2 – 3, 2009, p. 147.

提、厄立特里亚、肯尼亚和乌干达的特使组成，并与伊加特合作伙伴论坛紧密合作，代表伊加特维护和会的正常运行。第四层是伊加特秘书处，为委员会正常运作提供支持。索马里和会的实际决策分为三个层次。第一层是领导人委员会，该委员会由 24 名索马里领导人组成，他们在埃尔多雷特已签署了《停止敌对行动宣言》。第二层包括来自各个派别的正式邀请嘉宾，人数为 360—1000 人。最后一层包括由领导人委员会、伊加特促进委员会和观察员组成的全体会议，也是索马里和会的最高决策机构。全体会议的设立是为了听取最广泛的意见并达成共识。①

2004 年 10 月，优素福当选索马里临时总统。同年 11 月，阿里·穆罕默德·格迪（Ali Mohamed Ghedi）被任命为总理领导过渡联邦政府，格迪于同年 12 月任命了 27 名部长组成的内阁。由于索马里的安全局势恶化，索马里过渡联邦政府不得不在肯尼亚办公，直到 2005 年 6 月，在肯尼亚的巨大压力下，优素福总统才将政府搬迁回索马里。但是当时的索马里军阀实际控制了整个国家，过渡联邦政府根本无法对国家实施有效控制和接管。另外，过渡联邦政府内部也出现了一个由总统和总理领导，另一个由议员和内阁成员组成的两大对立阵营。两大对立阵营在首都的选址和是否邀请维和部队支持过渡联邦政府方面存在巨大分歧，以摩加迪沙为大本营的议员和内阁成员担心总统会利用维和部队来平定他们在摩加迪沙的地盘。因此，"流亡归来"的过渡联邦政府未能行使对国家的控制权，反而加剧了索马里的混乱局面。②

赢弱的索马里过渡联邦政府步履蹒跚。直到 2008 年初，在联合国的协调下，索马里过渡联邦政府与索马里反对派的新一轮磋商会议在吉布提举行。2009 年 1 月，在吉布提举行的新一届民族团结过渡政府总统选举中，艾哈迈德当选为新总统，这也标志着由伊加特领导的第 14 届索马里和会谈判的结束。2012 年，伊加特的发展理事会表示要制裁索马里，因该

---

① Kasaija Philip Apuuli, "IGAD's peace and security strategy: A panacea for long-term stability in the Horn of Africa region?" in *Regional Security in the post-Cold War Horn of Africa*, edited by Roba Sharamo and Berouk Mesfin, 2011, p. 357.

② Kasaija Philip Apuuli, "IGAD's peace and security strategy: A panacea for long-term stability in the Horn of Africa region?" in *Regional Security in the post-Cold War Horn of Africa*, edited by Roba Sharamo and Berouk Mesfin, 2011, pp. 357 – 358.

国过渡议会于 2011 年底罢免了议长谢里夫·哈桑·谢赫·亚丁（Sharif Hassan Sheikh Aden）[1]，并重新选举了新的议长马多贝·努诺（Madobe Nunow），伊加特指责这是对索马里和平进程的破坏，根据《坎帕拉协议》和《过渡联邦宪章》的要求，索马里过渡政府在过渡期延期的一年中不得对国家领导人提出动议。

　　整体上，伊加特领导的索马里和会有五大特点。第一，伊加特组织的和平谈判采用了阿尔塔会议期间提出的"族群权力共享"方式。索马里是多族群国家，又称"宗族国家"[2]，"族群权力共享"方式可促进和平进程并保障索马里各个族群间权利平等。第二，伊加特在和平谈判前就对索马里具体情况进行详细调查，确保了冲突各方在和会谈判中能够快速达成共识。第三，索马里和会谈判分阶段进行，每个阶段都有明确的议事主题、协议、调查结果和声明，以推进下一阶段谈判顺利进行。第四，伊加特促进委员会过于专注权力共享，而忽视了和解的作用，未能给冲突各方提供面对面调解和和解的机会。第五，伊加特缺乏后续行动机制来监测索马里和平进程的执行情况。与参与苏丹和平进程类似，伊加特在索马里一完成和平谈判、建立政府就退居二线，未能有效监督索马里和平进程的执行情况，使得前期努力浪费。

　　伊加特在苏丹和索马里冲突调解中的积极作用，最终促使伊加特成员国首脑于 2004 年委派伊加特秘书处制定《伊加特和平与安全战略》（*IGAD Peace and Security Strategy*）。2005 年 3 月，伊加特秘书处在苏丹首都喀土穆召开《伊加特和平与安全战略》计划启动大会，后续研讨会则分别于 2007 年 7 月在肯尼亚蒙巴萨、2008 年 2 月在吉布提和同年 5 月在乌干达恩德培市先后召开，来自政府和民间的代表出席了该系列研讨会，并陆续确定了《伊加特和平与安全战略》计划主题，包括伊加特成员国的边界划分、区域内跨境经济合作、内陆国出海口、跨境水资源管理，以及跨境反恐合作等，经过系列磋商所产生的文件被称作"2010—2014 年伊加特和平与安全战略"。尽管各成员国已经签署该计划，但该计划尚未得到伊加特

---

① UN News, "Somalia: UN and partners urge leaders to end stand-off over Speaker", December 19, 2011, https://news.un.org/en/story/2011/12/398732 – somalia – un – and – partners – urge – leaders – end – stand – over – speaker.

② 具体请参见后文"索马里的传统冲突管理手段"相关内容。

相关机构的通过。①

3. 南苏丹

南苏丹内战源于苏丹人民解放军内部之间的分歧。2013 年 12 月 27 日，在南苏丹内战爆发后第 12 天，伊加特在肯尼亚内罗毕召开了国家元首和政府首脑峰会，共同商议对策。在此之前，伊加特部长理事会于该月 19 日对南苏丹首都朱巴进行了紧急访问，与南苏丹总统萨尔瓦·基尔·马亚尔迪特（Salva Kiir Mayardit）和其他人士就南苏丹安全局势进行了会谈。伊加特成员国乌干达在南苏丹内战后，随即向南苏丹部署了部队，但乌干达的做法受到了社会各界的质疑，联合国秘书长致电乌干达总统约韦里·卡古塔·穆塞韦尼（Yoweri Kaguta Museveni）要求他寻求政治解决方案而非使用武力。基于此，在内罗毕举行的首脑峰会作出了多项旨在处理和减轻冲突的决定，包括要求冲突各方接受监督、核查和维护稳定的机制，并采取措施以不迟于首脑峰会后四天进行面对面、包容各方的对话。首脑峰会警告说，如果各方在作出决定后四天内没有停止敌对行动，伊加特将考虑采取进一步措施，尤其呼吁联合国、非盟和整个国际社会支持伊加特的和平进程，并任命了三位特使来调解南苏丹冲突。②

继伊加特之后，非盟和平与安全理事会于 2013 年 12 月 30 日在冈比亚班珠尔举行了国家元首会议，要求南苏丹冲突各方"立即无条件停止一切敌对行动，进行无条件对话，并在尊重人权、法治、民主和宪法合法性以及拒绝使用武力的基础上解决当前冲突"。在非盟关于不容忍有罪不罚和侵犯人权的法律和规范下，和平与安全理事会要求非盟委员会主席紧急与非洲人权和人民权利委员会主席以及非盟其他相关机构协商设立一个委员会，以调查在南苏丹冲突期间发生的侵犯人权行为，并就确保南苏丹所有社区的问责制、和解与恢复的最佳方式和方法提出建议。该调查委员会获得了三个月的时间，之后将调查结果提交给理事会。③

---

① James J. Hentz edited, *Routledge Handbook of Africa Security*, p. 221.

② Kasaija Phillip Apuuli, "IGAD's Mediation in the Current South Sudan Conflict: Prospects and Challenges", *African Security*, 8: 2, 2015, pp. 120 – 145.

③ Peace and Security Council of AU, "Communique of Peace and Security Council 411th Meeting at the Level of Heads of State and Government", December 30, 2013, https: //www. peaceau. org/uploads/ psc – com – 411 – south – sudan – 30 – 12 – 2013. pdf.

在非盟、伊加特和各区域国家施加压力的情况下，冲突各方在亚的斯亚贝巴开始了和平谈判。2014 年 1 月 23 日，签署了两项具有里程碑意义的协议，分别是南苏丹共和国政府与苏丹人民解放运动/军—反对派之间的《停止敌对行动协定》和《被拘留者地位协定》，后一个协定专门解决因政变而被拘留者的问题。但是各方未能遵守相关协定，同年伊加特在非盟第 22 届峰会例会上敦促冲突各方能够按照协定规定成立核查和监测机制（VMT），确保冲突双方武装团体和盟军能够逐步撤离。在非盟峰会结束之后，由来自伊加特成员国和号称"三驾马车"——挪威、英国和美国的军事和民政专家，以及其他合作伙伴组成的伊加特技术团队访问了南苏丹首都朱巴，以启动核查和监测机制，但由于南苏丹的安全状况不佳，该计划并未按照设想进行。伊加特提议将部署保护和威慑力量作为启动核查和监测机制的一部分，以向核查和监测机制人员提供安全保障。2014 年 5月 9 日，基尔和马沙尔签署了一项协议，以解决南苏丹的危机。根据该协议，基尔和马沙尔首次同意建立民族团结过渡政府，并实现包容各方的和平进程。尽管如此，基尔后来声称他是在埃塞俄比亚总理海尔马里亚姆的胁迫下才签署了该协议，随后双方撕毁和平协议再次爆发武装冲突。伊加特的调解陷入僵局。为了加大调解力度，伊加特于 2015 年 3 月引入"伊加特＋"扩大了西方国家对南苏丹冲突调解的参与度①。

伊加特在南苏丹冲突调解中借鉴了其在苏丹和索马里冲突调解方面的经验，一方面通过政治对话促进区域和平，另一方面是在南苏丹冲突调解中依靠《2010—2014 年伊加特和平与安全战略》（IPSS，简称"和平与安全战略"）。和平与安全战略将促进非洲之角区域的和平与稳定，并在该区域建立预防和管理机制，并通过对话解决国家间和国家内部的冲突。在此之前，伊加特已于 2003 年建立了冲突预警和响应机制（CEWARN）②。冲突预警和响应机制在预警跨界牧民冲突方面取得了有限成功，但在处理国家之间的"硬性冲突"方面表现不佳。和平与安全战略要求各国政府以为

① Kasaija Phillip Apuuli, "IGAD's Mediation in the Current South Sudan Conflict: Prospects and Challenges", *African Security*, 8:2, 2015, pp. 120–145.

② Katja H. Christensen, "IGAD as a Pioneer in Regional Conflict Prevention in Africa", a minor field study in Ethiopia, 2009 sponsored by the Swedish International Development Cooperation Agency in collaboration with the Department of Peace and Conflict Research at Uppsala University, 2009, p. 9.

公民提供和平与安全为主要责任，目的是使伊加特秘书处能够履行非盟赋予的责任，为非洲之角发展和维持强大的和平与安全秩序作出积极贡献，促进该区域民主、良治和经济发展，以及社会和经济一体化。但是和平与安全战略的执行也面临受区域国家外交关系亲疏影响、财政资源紧张和与其他区域组织和平与安全战略重叠等问题。例如，伊加特的和平与安全战略与2007年东非共同体的和平与安全战略重叠。东非共同体和伊加特都就小型及轻型武器扩散问题起草了相关协议，造成次区域组织间重复工作、浪费资源。①

总体来看，伊加特在调解非洲之角区域冲突中能力薄弱，存在以下几个共同问题。

第一，从伊加特组织机构结构来看，虽然伊加特在吉布提设有秘书处，但是秘书处与伊加特各成员国之间严重脱节。在解决苏丹、索马里和南苏丹冲突等区域问题时，伊加特成员国始终独立于秘书处而自己采取行动，而秘书处所发挥的实际作用很小。虽然成员国利用伊加特的名义发起调解的倡议，但对于伊加特秘书处或整个伊加特领导层而言，这些倡议并不对伊加特秘书处负责，而是对伊加特单个成员国负责而已。无论是苏丹和平进程还是南苏丹冲突调解进程都没有充分利用伊加特相关机构来执行调解任务，而是依赖个别成员国的调解，这造成伊加特机构在调解过程中的缺失，并最终导致整个南苏丹调解或其他和平进程没有方向。例如，南苏丹的调解进程再次暴露了伊加特秘书处与位于埃塞俄比亚的南苏丹调解办公室之间的脱节。伊加特特使不用向伊加特秘书处报告南苏丹冲突局势，而是向派驻部队的乌干达政府报告情况。

第二，同非盟一样，伊加特始终无法摆脱财政赤字，缺乏有效资金支持其进行各项和平调解。伊加特内部成员国经常拖欠会费，只能长期依赖西方国家的资金支持。例如，2005年伊加特因缺乏资金支持而无法使伊加特索马里特派团（IGASOM）投入运营，这也令索马里各武装派别深知伊加特无力指挥干预它们的行动，因此未能如约遵守2014年1月23日签署的停止敌对行动协议的相关条款，给索马里和平进程蒙上阴影。同样在调

---

① GIZ, "Promotion of peace and security in the East African Community (EAC)", https：//www. giz. de/en/worldwide/15668. html.

解南苏丹冲突中，伊加特时常陷入财政赤字。2016年伊加特迎来了组织成立30周年，但是伊加特对域外参与者的资金依赖性有增无减。目前美国、英国、欧盟、土耳其和阿联酋是其主要资助者。伊加特对外部资金的强烈依赖，造成该组织受制于出资者的利益导向，这也成为该地区外部力量的"影响渠道"。

第三，在调解过程中，伊加特没有使冲突各方停战的影响力，所以导致冲突各方对伊加特调解过程存在明显漠视和怀疑，这注定了伊加特的调解过程极其坎坷①。在南苏丹冲突调解过程当中，伊加特缺乏威慑力和制裁力度，几次需要引进"外援"推动和平进程，除了联合国和非盟等国际和区域组织外，伊加特还加大了西方国家在处理非洲安全问题中的比重。

第四，伊加特作为冷战后非洲大陆的一个次区域组织，迫切渴望能够发挥维护地区和平与安全的作用，但是由于伊加特的和平与安全调解需要联合国安理会的批准，所以它无法制定自己独立的和平与安全政策。非洲之角的和平与安全挑战已根植于全球反恐战争中，无论伊加特是否充当大国的盟友，非洲之角国家也都嵌入到全球安全动态中了。地缘战略利益也已渗透到非洲之角区域动态中，使国家在安全问题上相互对立。肯尼亚和埃塞俄比亚入侵索马里，以及最初乌干达卷入南苏丹内战，就可以说明这一点。因此伊加特需要从全球大国博弈中解放出来，以便独立有效地将其任务授权转化为政策。②

第二节　武装冲突的传统解决方式

在索马里，一直流传着一句古老谚语，"*Cir tarraaray rag tashaday waa tolikaraa，taako labadeede*"③，其字面意义是沿着陡峭的磋商之路，善意之

---

① Kasaija Phillip Apuuli，"IGAD's Mediation in the Current South Sudan Conflict：Prospects and Challenges"，pp. 120 – 145.

② Redie Bereketeab，"Regional economic communities and peacebuilding：The IGAD experience"，*South African Journal of International Affairs*，2019，p. 9.

③ 系索马里语，属于闪含语系库希特语族，在索马里、埃塞俄比亚、苏丹、肯尼亚等地区广泛使用。

人可修补天空的漏洞。① 谚语本身不仅反映了古代索马里人的传统智慧，体现了协调与磋商是索马里传统冲突解决机制的重要环节，更展现了"非洲方式解决非洲问题"的内涵与精髓所在，即非洲人民要用自己的方式与智慧来解决非洲纷繁复杂的现实问题。历史上，非洲之角曾经历过无休止的战乱和大规模的暴力武装冲突，大量平民和士兵由此失去了生命，国家财产和基础设施严重受损，国家重建举步维艰。随着苏联解体、冷战结束，美苏逐渐淡出对非洲之角区域的影响，非洲之角地区的武装冲突数量并未减少，外部介入该区域冲突解决的效果并不明显，这对区域内部武装冲突管理提出了更高要求。为此，非盟《2063 年议程》集中表达了非洲民众用非洲方式推动建设非洲和平与安全、构建非洲和平安全框架的强烈愿望以及"2020 年消弭非洲枪声"倡议的强烈呼声。"非洲方式解决非洲问题"倡议的提出，既体现了非洲人民对西方强行军事介入和干涉非洲国家安全问题的强烈反对，也体现了非洲民众对建设自己的冲突管理机制的坚定决心和反对西方霸权主义重回非洲、推动非洲复兴的坚定信念。② 本节将围绕"非洲方式解决非洲问题"倡议，以埃塞俄比亚奥罗莫族、南苏丹丁卡族和索马里族的冲突管理方式为例，对非洲之角传统冲突管理方式进行概述。

一 埃塞奥罗莫族冲突解决方式

埃塞俄比亚是多民族联邦制国家，全国约有 80 多个民族，共由 9 个民族州和两个自治行政区组成，总人口数超过 1 亿 8 百万。其中奥罗莫族是埃塞俄比亚最大民族，人口超 3600 万，约占总人口的 34.4%，其次为阿姆哈拉族，占比 27%，之后依次为索马里族占比 6.2%、提格雷族占比 6.1%、锡达摩族占比 4% 等。③ 奥罗莫族主要分布在埃塞俄比亚的中部和

---

① Ali Jimale Ahmed, "African Solutions for African Problems: Limning the Contours of a New Form of Connectivity", a transcript of the speech at the 10th anniversary of the Hargeysa International Book Fair in July 2017, http://www. warscapes. com/opinion/african – solutions – african – problems.

② Laurie Nathan, "African Solutions to African Problems: South Africa's Foreign Policy", September 2013, http://www. up. ac. za/media/shared/Legacy/sitefiles/file/46/1322/17295/welttrends92themanathansdafrikaafrikanischeunionsicherheitspolitikdiplomatie. pdf.

③ Central Intelligence Agency, The World Factbook, Africa: Ethiopia, https://www. cia. gov/library/publications/resources/the – world – factbook/geos/et. html.

南部，在肯尼亚和索马里部分地区也有分布。① 奥罗莫族虽然人口众多，但是在以阿姆哈拉族为主体的埃塞俄比亚一直处于边缘地位，曾被阿姆哈拉人戏称为"盖拉人"。② 从 18 世纪初期到 19 世纪末期，奥罗莫族是一个独立自由的民族，拥有自己的国家和政治体制"盖达体制"③，他们以此维护社会公平和解决冲突、分歧，并在此期间形成了自己的和平观（Nagaa Oromoo）④，不仅吸纳其他民族文化的精髓，更倡导人与人之间、民族与民族之间的平等与和平共处，有效促进了这一时期奥罗莫族与周边民族的融合⑤。

（一）奥罗莫族的"盖达体制"渊源与介绍

埃塞俄比亚因民族众多、民族矛盾复杂，至今仍保留了多种传统冲突解决机制和习惯法。其中，尤以奥罗莫族的"盖达体制"备受关注。有关盖达体制的研究是非洲传统冲突管理机制研究中成果最为丰富的，被视作最有可能维护埃塞俄比亚可持续发展的传统智慧。⑥ 尽管受后来基督教和伊斯兰教传入以及西方殖民主义的外来影响，盖达体制冲突解决方式在历经几个世纪之后，依然为当代冲突解决提供了启示。最早记录下盖达体制的是一位名叫巴赫瑞（Abba Bahrey）的埃塞俄比亚僧侣。1593 年，巴赫瑞在自己的著作《盖拉族的历史》中记载了有关 16 世纪奥罗莫族的基本情况。

19 世纪到 20 世纪的旅行家、外交官和社会科学家都将盖达体制视作奥罗莫族一种独特的民主政治体制。盖达体制将全国上下扭成一股力量，形成一个协调系统，为人民之间相互理解提供共同的政治基础。奥罗莫族的这种文化传统防止了权力落入战争头子和独裁者的手中，创造了一个权力相互制衡的体制，也为解决冲突、实现冲突向和解转化提供了重要方

---

① 罗圣荣：《埃塞俄比亚奥罗莫人问题的由来与现状》，《世界民族》2015 年第 1 期。

② 盖拉，Gala，又译"加拉"，阿姆哈拉语，意为奴隶。

③ 盖达，Gada 或者 Gadaa，奥罗莫语，字面意义是年代，盖达体制是 16 世纪埃塞俄比亚奥罗莫族一种传统的社会分层体制，是基于民主原则、举行民主选举的政治制度和社会组织形式。

④ Nagaa，奥罗莫语，意为所有人的和平、和谐、平衡、秩序和正义。

⑤ Tsega Etefa, *Integration and Peace in East Africa：A History of the Oromo Nation*，New York：Palgrave Macmillan，2012.

⑥ E. Watson, "Inter institutional alliances and conflicts in natural resources management：Preliminary research findings from Borana, Oromiya region, Ethiopia", Marena research project, working paper No. 4, 2001.

式。盖达体制不仅体现了奥罗莫族的世界观和价值观，更展现了奥罗莫族追求人的平等、社会公德以及与非奥罗莫族之间和平共处的可贵精神。①

奥罗莫族的民族精神可以概括为平等主义的集体主义。盖达体制通过相互制衡的方式防止冲突发生。在盖达体制下，男人被编入两套体系中，每套体系又被划分成 5 个类别。第一套体系是年龄体系，通常按照年龄进行编排，即划分年龄组，每 8 岁划分为一级，共划分成 5 级，一个男人自 8 周岁起进入该体系，在每级都需要承担特定的职责和完成特定的任务，才能进入下一级，直至 48 岁完成所有任务。至此可进入退休阶段，但是仍然要作为长老为族群提供咨询和调解冲突事件。由于奥罗莫族是一夫多妻制，子女与父母间年龄差距比较大，所以这种以 8 岁为一代人划级的体系可以为社会源源不断地提供人力资源，又可以有效防止父子同时进入治理阶层。这 5 级的称谓及其主要职责分别为：一级（8—16 岁）是艾提马克（Iti Mako），主要负责照顾牲畜和送信；二级（16—24 岁）是戴柏乐（Daballe），主要负责放牧和寻找新的贸易机会；三级（24—32 岁）是佛罗（Folle），主要职责是护卫奥罗莫族的安全；四级（32—40 岁）是贡达拉（Qondala），在这一阶段，作为储备军的同时还需要学习管理的规律和原理、结婚和选拔官员；五级（40—48 岁）是鲁巴（Luba），即长老，在这一阶段进入治理阶层，负责处理司法问题，扮演外交官、裁决人和议员的角色，特别是要处理个人、族群间冲突并行使司法职责。第二套体系就是鲁巴体系，在该体系下奥罗莫族的男人被划分成 5 个团体。根据家庭，每个男人出生时即属于一个团体，无论哪个团体都要完成第一套体系 5 级的任务。因此，盖达体制是一个相互作用的有机统一体，通过划分团体来构建社会秩序，并为每个年龄阶段的发展提供安排。②

（二）"盖达体制"冲突解决手段与效果

奥罗莫族传统冲突管理方式根据以下三种冲突水平运用不同手段：第一，预防为主，防止社会和暴力冲突的爆发；第二，当冲突爆发时，防止

---

① I. William Zartman edited, "Chapter 6: Indigenous Processes of Conflict Resolution in Oromo Society", in *Traditional Cure for Modern Conflicts: African Conflict "Medicine"*, Boulder & London: Lynne Rienner Publishers, 2000.

② I. William Zartman edited, "Chapter 6: Indigenous Processes of Conflict Resolution in Oromo Society".

冲突升级；第三，当冲突升级时，通过引入长老制度（*Jarsa Biya* 或 *Jaarsa Biyyaa*)① 对冲突双方进行调解。奥罗莫族冲突解决过程中的主要思想支柱，包括努力解决问题、追求真理、追求公正、实施惩罚和实现和解，这些思想意识促成了奥罗莫族的政治结构即"盖达体制"、宗教风俗、社会结构（长老制度）和和解机制的构建，与此同时，这些机制的形成也为奥罗莫族冲突管理提供了一条超越区域划分和族群划分的道路。

如果冲突预防失败了，盖达体制则启动其他机制以防止冲突进一步升级，并在寻求真相的基础上保障冲突解决的公正性。作为奥罗莫族冲突管理的重要方式，盖达体制会采用"长老制"，长老们采纳习惯法或宗教法作为判决依据，并通过 13 个步骤来解决冲突问题，直至最终实现和解。所依据的习惯法和宗教法都是不成文法，依靠奥罗莫族代代口头相传，长老们则依靠传统宗教信仰体系来保障判决的最终实施和执行。② 族群一旦得知因暴力事件造成任何一名奥罗莫族人伤亡，就会采取 13 个步骤来启动盖达体制。第一步，施暴者和受害者的家族成员都会尽力防止暴力事件升级，以避免引发暴力循环；第二步，选择合适的长老，挑选长老不仅是族群的职责所在，所选长老还要具备奥罗莫族的五大思想意识，即努力解决问题、追求真理、追求公正、实施惩罚和实现和解；第三步，被选拔出的长老和盖达体制代表首次会晤时交换意见和制定工作程序，并在他们当中选出一位法官；第四步，长老们会对冲突的性质、被践踏的法律和被违反的习俗进行反思，并对可以解决冲突的法律和习俗进行深入思考；第五步，长老们会同冲突双方分别会面，这一步至关重要，其目的是控制双方的情绪和程序进展，这与奥罗莫族防止冲突升级和保持文明的处世哲学相吻合；第六步，在会见了冲突双方后，长老们会接见证人；第七步，长老们会再次休会以对尚有争议的地方进行讨论；第八步，进入裁决环节，法官会引用奥罗莫族祈祷时的一段祈祷文来表达他们的努力终将结出硕果，并请冲突双方接受裁决结果，共同推动最终的和平与和解；第九步，法官会敦促施暴者承认自己的不法行为；第十步，法官会恳请受害一方宽恕施

---

① *Jarsa Biya* 或 *Jaarsa Biyyaa*，奥罗莫语，意为长老制度、族群长老。

② Francis Kariuki, "Conflict Resolution by Elders in Africa: Successes, Challenges and Opportunities", Semantic Scholar, 2015, p. 7, https://pdfs.semanticscholar.org/13e9/8c834f154a3b5c753f0005480169dfbec9f2.pdf.

暴者以实现和解；第十一步是处罚管理，对当事人进行公开处罚；第十二步，为冲突各方提供法律和宗教服务以消除他们内心愤怒和不良情绪；第十三步，对受害者家属进行善后处理，如提供抚恤金、解决死者配偶和子女抚养问题等。①

盖达体制采用"长老制"不仅有效发挥了和谈在冲突解决当中的重要作用，更通过13个步骤抑制住冲突双方的愤怒、逐步化解双方矛盾，并在处罚和善后等步骤上体现了人文关怀和奥罗莫族的传统智慧。整体而言，盖达体制冲突解决机制所采用的和平方式包括自由讨论、调解、达成妥协、谈判等。② 盖达体制选拔出来的长老们，不仅受到族内的尊重，更是冲突调解值得信赖的调解人和裁决人，因此出于对长老们和宗教信仰的尊重，调解后的冲突双方不会再寻求报复。现在，盖达体制在处理埃塞俄比亚奥罗莫族族群内部矛盾，以及与非奥罗莫族间冲突方面依然发挥了良好作用，特别是对于争夺水资源、土地资源等自然资源冲突的管理起到了调解作用。③ 以奥罗米亚州阿瓦什河流域和博洛南地区为例，当地长老通过盖达体制已成功平息多起因争夺水资源、土地资源而引发的族群冲突，取得了良好成效并引发了学界关注。有非洲学者表示，盖达体制在处理族群冲突方面的成效应当引起埃塞俄比亚政府的重视，应该加强成文法与习惯法治理体系的双向配合与联系。在埃塞俄比亚部分地区，习惯法的影响力和重要性要远超成文法，特别是在处理和解决族群冲突方面。成文法与习惯法的结合不仅有利于埃塞俄比亚不同民族间的跨文化了解、加强对彼此民族习俗和价值观的尊重，更有利于民族团结、推动整个埃塞俄比亚社会的经济社会发展。④

① I. William Zartman edited, "Chapter 6: Indigenous Processes of Conflict Resolution in Oromo Society", in *Traditional Cure for Modern Conflicts: African Conflict "Medicine"*.

② Eskedar Girum, "The Role of Traditional Conflict Management Institution among the Aleltu Oromo Community: The Case of Jaarsa Biyyaa", The St. Mary's University proceeding of the 2nd Multidisciplinary Research Seminar, 2010, http://repository. smuc. edu. et/handle/123456789/2348.

③ Nigusie Angessa Bedasa, Jeylan Wolyie Hussein, "Challenges in Managing Land-Related Conflicts in East Hararghe Zone of Oromia Regional State, Ethiopia", *Society & Natural Resources*, 31: 3, 2018.

④ Desalegn Chemeda Edossa et al., "Indigenous systems of conflict resolution in Oromia, Ethiopia", International workshop on "African Water Laws: Plural Legislative Frameworks for Rural Water Management in Africa", January 26 – 28, 2005, Johannesburg, South Africa.

二　南苏丹丁卡族冲突管理原则

南苏丹系多民族国家，共有大小民族 64 个，总人口约 1056 万，其中丁卡族为南苏丹最大民族，约占总人口的 35.8%，其次为努尔族，约占 15.6%。①"伸出援手/接触"原则（reaching out principle）是丁卡族习惯法中对冲突解决所规定的最普遍原则。无论是从是非角度还是从智慧角度来说，"伸出援手/接触"原则必须以宽宏大量和不计前嫌为基本立场，否则就不是慷慨让步而是软弱和委曲求全。但是如果让步不能得到重视，不满一方可以向对手发出警告。所以，丁卡族部落间所举行的和平会议就以谨慎的武力为后盾，并以努力弥合关系、恢复和谐为目标。虽然"伸出援手/接触"原则适用于处理所有人与人之间所产生的冲突事件，但该原则主要适用于冲突双方领导人展开接触或联系。丁卡族团结与和谐的价值观，以及重视调解在冲突管理或冲突解决中的重要性受到了人类学家和法律专家等学者的关注。丁卡族"伸出援手/接触"原则强调，只有当冲突双方深入探讨、分析和评估冲突问题之根源所在，并就冲突矛盾达成公平、正义的解决方案，才真正实现冲突的解决。②"伸出援手/接触"原则的精神就在南苏丹酋长制中得到了良好体现。

（一）酋长与酋长法庭

作为重要的调解人，酋长和其他传统地方权威，如长老、宗教领袖、宗族首领等，在南苏丹地方司法和冲突解决机制中一直都扮演着关键角色。其中，早在殖民统治者到来之前，宗教领袖，特别是南苏丹丁卡族的传统宗教领袖——长矛大师（bany biith）③，不仅是解决族裔内部矛盾和调解宗族间冲突的好手，更有效防止了冲突各方武装暴力进一步升级④，而

① Central Intelligence Agency, The World Factbook, Africa：South Sudan, https：//www. cia. gov/library/publications/the - world - factbook/geos/od. html.

② I. William Zartman edited, "Chapter 7：Reaching Out：A Dinka Principle of Conflict Manage-ment", in *Traditional Cure for Modern Conflicts：African Conflict "Medicine"*, Boulder & London：Lynne Rienner Publishers, 2000.

③ 系丁卡语。

④ Belay Tefera Kibret, "Conflicts, Conflict Resolution Practices and Impacts of the War in South Su-dan", *International Journal of School and Cognitive Psychology*, S2：013, October 2015, p. 6, ht-tps：//www. longdom. org/open - access/conflicts - conflict - resolution - practices - and - impacts - of - the - war - in - south - sudan - 2469 - 9837 - S2 - 013. pdf.

将酋长制纳入本地政府管理制度体系中则要追溯至殖民统治时期。作为 19
世纪末英埃共同统治下的苏丹的一部分，南苏丹就将参与酋长法庭（chief
courts）和地方冲突解决机制的管理型酋长，或行政酋长（bany alath）① 引
入地方管理。虽然酋长制带有殖民主义渊源，但受现代政府与立法现状的影
响，现代酋长的身份和酋长制结构都发生了巨大改变。根据南苏丹现代地方
政府法案规定，酋长属于"半自治"身份，并受命参与习惯法和习惯法法庭
的司法活动。根据不同地区的习俗，酋长或承袭继承制，或由选举产生，但
无论产生方式如何，酋长都要对自己所属族群全体成员负责并承担义务。例
如，2011 年南苏丹宣告独立前，北加扎勒河州的乌韦勒东县的丁卡族有 3 个
级别的行政酋长，分别是执行酋长、次酋长和戈尔领导②；到 2011 年南苏
丹独立后，根据地方政府法案规定，又补充增加了最高酋长这一级别。自
2005 年以来，南部苏丹的临时宪法和过渡宪法，以及其他各种法规都共同
巩固了酋长法庭和习惯法作为南部苏丹司法的重要组成部分。③

　　酋长制与当地传统社会与政治体制——牛营（wuot）紧密相连，其中
戈尔领导主要根据血缘关系领导父系亲属一支，而执行酋长和次酋长则领
导来自不同亲属关系的群体。乌韦勒东县以及北加扎勒河州其他地区的丁
卡族酋长主要承袭继承制，而其他地区的酋长则多由族群选举产生，例
如，琼莱州的洛乌努尔族（Lou Nuer）酋长。无论对丁卡族来说还是对努
尔族而言，酋长服务于族群的能力都是被推选的重要考量因素，酋长要以
身作则起到模范带头作用，遵守社会规范，对待族群成员要诚实、无偏见
并积极帮助他们维护族裔和平与和谐；而酋长的职责包括参与酋长法庭解
决纠纷、参与和平进程、收税、分发食品救援，以及充当政府与族裔之间
的联系人。④

---

① 系丁卡语，管理型酋长或行政酋长在南苏丹北加扎勒河州（Northern Bahr el-Ghazal State）
广泛存在。

② 分别是 alama thith，alama chol 和 nhom gol，系丁卡语。

③ Naomi Ruth Pendle，"Politics，prophets and armed mobilizations：competition and continuity over
registers of authority in South Sudan's conflicts"，*Journal of Eastern African Studies*，p. 8.

④ Belay Tefera Kibret，"Conflicts，Conflict Resolution Practices and Impacts of the War in South Su-
dan"，*International Journal of School and Cognitive Psychology*，S2：013，October 2015，p. 6，ht-
tps：//www. longdom. org/open－access/conflicts－conflict－resolution－practices－and－impacts－of－
the－war－in－south－sudan－2469－9837－S2－013. pdf.

在南苏丹，酋长和其他传统地方权威经常参与不同形式的地方司法活动，包括非正式集会、酋长法庭的正式听证会等，他们都是冲突解决机制的重要参与者。一般情况下，酋长法庭和非正式司法活动主要用于解决族裔内部冲突。长老、宗族首领、酋长等都在家族、村庄等基层召开非正式的司法审判以求解决冲突，只有当非正式司法审判对冲突解决无效时，才将冲突案件移交至正式的法庭或县法庭审理。酋长法庭的案件审理以习惯法为依据，南苏丹约90%的族裔内部冲突纠纷都是在这种习惯法法庭接受审理的，因此酋长法庭是南苏丹司法的重要组成部分。[①]

南苏丹各地的酋长法庭结构与酋长法庭实践都有很大不同，各个帕亚姆[②]的酋长法庭各具特色。根据地方政府法案规定，酋长和酋长法庭统一由地方政府机构管理，但未对酋长的角色和具体工作领域进行规定，而是由地方决策机构——县立法会来制定相关规定。然而实际上，南苏丹全国范围内很多县级行政区都没有县立法会，也因此未对酋长的角色和工作领域加以规定。但是依照传统和惯例，酋长多在族群成员、地方政府官员和其他地方政治领域相关人员之间进行协调。在酋长法庭上，酋长多采用恢复和谐、惩罚而非刑罚的司法判决来促进冲突各方的和解，从而保持族裔内部的稳定与和谐。酋长法庭受理的案件包括农牧民因牲畜归属权而引发的冲突、过失杀人以及族裔内部暴力和土地所有权问题等。通过参与地方司法，酋长和其他传统地方权威可有效防止家族间、宗族间和族群间纷争上升为武装冲突。

另外，族群间冲突解决主要在特殊法庭、族群间会议和和平进程中实现。特殊法庭是正式的冲突解决机构，而其他冲突解决机制的形式则更为松散，例如，族群间会议、和平对话、和平会议等。有的冲突解决机制仅需酋长出席，而有的则受到国际组织、非政府组织的支持，并且当地基层组织、教会领袖、妇女领导和青年代表也会参与。引发族群间矛盾甚至武装暴力冲突的原因，主要包括牧区、可耕地和水源争夺，掠夺牲畜，政治关系紧张等。南苏丹的族群间会议有着悠久的历史传统。英埃共同统治时期就为每年旱季随着牲畜迁徙而碰面的不同族群举行定期会议，各族群代

---

① Belay Tefera Kibret, "Conflicts, Conflict Resolution Practices and Impacts of the War in South Sudan".

② *Payam*，帕亚姆是南苏丹仅次于县级行政区的行政区划单位，又译作"乡"，人口数量一般超过25000人。

表会在每年牲畜迁徙之前会面，并探讨草场和水资源获取问题，以及迁徙路线和时刻表。①

（二）传统冲突解决方式应用与效果

丁卡族与其他族群相处时经常被指责好战、暴力。例如，丁卡族与努尔族之间因争夺牛、牧场和水源而爆发的冲突、战争不计其数，两族间争端和矛盾最早可以追溯至远古时期，努尔族甚至将丁卡族视作盗牛的"窃贼"。② 但是，丁卡族始终相信"成"（cieng）文化价值观和规劝力在恢复社会团结与和谐中的作用。作为动词，"成"在丁卡语中意为生活在一起；作为名词，"成"的意思是道德、行为习惯、规则和法律。"成"强调通过劝说和说服的力量，维护人的尊严、正直和荣誉，以实现道德秩序、团结协作与社会和谐。③ "成"的文化价值观体现了丁卡族"伸出援手/接触"原则的内涵，即一种以人为本的人际关系和相处之道。2007 年，仍处于过渡期的苏丹因阿卜耶伊归属权等问题，陷入了苏丹南北方和平进程困境中。为化解南北危机，2008 年，南部苏丹北加扎勒河州的马勒瓦勒丁卡族，与北部苏丹南科尔多凡州的米塞里亚族举行了和平会议。历史上，马勒瓦勒丁卡族与米塞里亚族因联姻而关系紧密，但又常因争夺草场和水源而发生暴力冲突。英埃共同统治时期，双方就举行过年会以协调冲突矛盾，但随着 20 世纪 70 年代酋长制在苏丹的废除，两族间关系受到了负面影响；再加之苏丹第二次内战期间，双方政见不合，④ 两族间关系不断恶化。但是 20 世纪 90 年代，在没有外界支援的情况下，米塞里亚族商人推动了地方级别和谈，促使了双方边境互市与和平市场的开放。自和平市场开放以来，马勒瓦勒丁卡族与米塞里亚族成立了和平委员会以调解商人间

① Belay Tefera Kibret, "Conflicts, Conflict Resolution Practices and Impacts of the War in South Sudan", *International Journal of School and Cognitive Psychology*, S2：013, October 2015, p. 6, https：//www. longdom. org/open – access/conflicts – conflict – resolution – practices – and – impacts – of – the – war – in – south – sudan – 2469 – 9837 – S2 – 013. pdf

② ［英］E. E. 埃文思－普里查德：《努尔人：对一个尼罗特人群生活方式和政治制度的描述》，褚建芳译，商务印书馆 2017 年版，第 185—191 页。

③ Francis Mading Deng, *The Dinka of the Sudan*, Prospect Heights：Waveland Press, Inc. , 1984, pp. 13 – 14.

④ 米塞里亚族部分青年人加入了木然哈利（*Murahaleen*）民兵组织对北加扎勒河州发动袭击，而多数马勒瓦勒丁卡族同苏丹人民解放运动一道共同对抗木然哈利与苏丹政府。

矛盾与冲突。丁卡族始终认为，"被武力打败的人还会回来，而被言语打败的人是不会再回来的"，相信劝说的力量要比武力更持久。调解人在个人和团体之间进行劝说，在解决外部侵略对抗和内部暴力事件中发挥了重要作用。[①]

2008年初，苏丹南北方政府和传统权威人士都一致同意推进马勒瓦勒丁卡族与米塞里亚族双方和平进程并召开和平会议。同年11月，和平会议在乌韦勒举行，会议致力于促进北加扎勒河州和南科尔多凡州之间的和解、稳定、重构与可持续发展。参加会议的有来自两族的酋长、青年和妇女代表、苏丹南北方政府官员、其他州代表以及外国政府和国际组织代表。和平会议上，马勒瓦勒丁卡族与米塞里亚族就旱季草场和水源问题、归还绑架妇女和儿童、赔偿被害人等问题达成了协议。但是这种本地的和平进程依然受到国家整体政治进程的巨大影响，因此有关边界划分和阿卜耶伊争议地区归属问题都未在此次和平会议上被论及。然而，根据同年4月双方的和平倡议，北加扎勒河州和南科尔多凡州之间边境又再次开放，两边的季节性迁移放牧和经济贸易又重新恢复，马勒瓦勒丁卡族同米塞里亚族间的冲突与对抗也暂时性地停止了。[②]

三 索马里的传统冲突管理手段

索马里联邦共和国，总人口数约1126万，民族构成主要以索马里族为主，约占总人口数的85%，其余15%包括班图人、阿拉伯人和其他民族。整体而言，索马里人为同质民族，有着共同的游牧文化传统、宗教信仰和统一的语言。除了分布在索马里境内以外，在埃塞俄比亚、肯尼亚、吉布提等非洲之角国家还居住着不少索马里族人。由于长期内战和持续动荡，自1988年索马里内战爆发至1991年初，索马里陷入"国家崩溃"，之后索马里一直处于无政府或弱政府状态。武装冲突、干旱、洪水、食物

---

① I. William Zartman edited, "Chapter 7: Reaching Out: A Dinka Principle of Conflict Management", in *Traditional Cure for Modern Conflicts: African Conflict "Medicine"*, Boulder & London: Lynne Rienner Publishers, 2000.

② Martina Santschi, "Chapter 4: Traditional Authorities, Local Justice and Local Conflict Resolution Mechanisms in South Sudan", in *Is Local Beautiful? Peacebuilding between International Interventions and Locally Led Initiatives*, edited by Sara Hellmüller and Martina Santschi, Bern: Springer, 2014.

短缺、缺乏经济资源和就业机会导致索马里人民流离失所、无家可归。继叙利亚、阿富汗之后，索马里成为全球排名第三的难民来源国。截至2016年，有超过110万索马里难民居住在肯尼亚、埃及、埃塞俄比亚、吉布提、乌干达等国家的难民营里，另有超过110万索马里境内难民居无定所、无处安置。① 作为索马里的主体民族，索马里族又分为六大族群，在大族群之下又分为几十个小族群，在这些小族群之下又细化为宗族、氏族、世族，等等，使得索马里成为一个复杂而充满矛盾与冲突的多族群国家，也就是上文提到的"宗族国家"。索马里这种完全建立在血缘关系之上的族群关系和族群结构导致地方民族主义的最终形成。②

（一）索马里族四大传统冲突解决手段

以游牧民族族群结构为基础的索马里，早在西方殖民主义者到来之前，族群内部和族群之间就长期充斥着武装冲突和世族仇杀。索马里族传统冲突管理机制十分丰富，其中，血偿集团③、族群长老、赫尔习惯法和希尔议会（shir）既是索马里族鲜明的社会结构和文化实践，又是索马里族四大冲突解决方法。

第一，血偿集团。索马里的地方民族主义是导致索马里长期深陷危机的重要原因之一。以血缘关系为基础的族群划分是索马里族内部身份认同的重要识别标志，从大族群到小族群再到宗族、氏族、世族等不断细化的血缘身份是流动的，但最稳定的血缘关系结构基本单位则是血偿集团。索马里族的血偿集团一般由几百到几千名亲近亲属组合而成，如果集团内某一成员犯下罪行或是成为受害者，则由集团而不是个人负责集体支付赔款或接受赔偿。④

---

① Central Intelligence Agency, The World Factbook, Africa: Somalia, https://www.cia.gov/library/publications/resources/the-world-factbook/geos/so.html.

② 江淳:《索马里部族初探》,《世界知识》1981 年第 15 期。

③ blood compensation 或者 diya-payment，又译为"血案赔偿集团"，具体参见江淳《索马里部族初探》,《世界知识》1981 年 15 期；还有译作"血族复仇集团"，具体参见龙原《索马里青年党何以如此猖狂?》,《中国社会科学报》2015 年 7 月 29 日第 1 版。非洲许多民族都有这种类似偿付血仇的传统制度，如南苏丹努尔族就存在对血仇的偿付，称作血仇制度，具体参见〔英〕E. E. 埃文思-普里查德《努尔人:对一个尼罗特人群生活方式和政治制度的描述》，褚建芳译，商务印书馆 2017 年版，第 222 页。

④ I. William Zartman edited, "Chapter 12: Traditional Conflict Management in Contemporary Somalia", in Traditional Cure for Modern Conflicts: African Conflict "Medicine".

第二，族群长老。族群长老是索马里族传统冲突管理机制的主要参与者。族群长老通常为族群中所选出的男性长老，也包括族群内的宗教领袖和酋长。长老并非世袭的，而是根据其协调、调解、辩论、聪明才智等基本能力进行选拔，选出最为足智多谋、虔诚、值得信赖和尊重的调解人。长老们是代表族群的谈判专家，他们通常在调解分歧、达成协议方面扮演着重要角色。直到现在，小到地方上的财物偷盗、大到索马里地区内族群冲突都离不开长老们的调解。

第三，赫尔习惯法。在缺乏成文法执行力度的地方，习惯法是一种社会常规，是索马里族血偿集团内或之间建立规范和履行责任的依据。与卢旺达的盖卡卡法庭类似，索马里赫尔习惯法由族群内受尊重的长老们执行，是索马里族的传统司法体制和和解机制。赫尔习惯法吸收了沙里亚法，即伊斯兰教法的多个方面，但又被伊斯兰团体视作对伊斯兰教法的背离。赫尔习惯法作为索马里族传统族群冲突调解的社会常规，并无任何政治强制力度以推动和谈的最终执行，但是赫尔习惯法确实为索马里无政府状态下冲突解决提供了一定可预测性、信任建设和合作基础。赫尔习惯法不仅明确包含了对族人权利、义务和职责的划分，也对族群间有关资源、家庭事务和犯罪等冲突问题处理达成了基本协议，这些冲突调解协议通过代代口头相传，最终成为索马里习惯法判例的重要组成部分。[1]

第四，希尔议会。希尔议会是索马里族传统部落议会，通过谈判保障了传统索马里族冲突调解更加民主和开放。索马里族内同属一个世族的成年男性都可以参加希尔议会，希尔议会也会召开两个或两个以上世族间的长老会议。通常情况下，希尔会议十分冗长，所有出席会议的人员都有权利表达自己的观点。讨论是希尔会议的重要环节，在最终协议达成之前会议成员要探讨出冲突爆发的真正根源。一般会议选址就设在部落的中央并向所有人开放，以保证族群内达成共识。希尔议会最终达成的协议在索马里族内具有最高的政治合法性和法律拘束力。[2]

---

① I. William Zartman edited, "Chapter 12：Traditional Conflict Management in Contemporary Somalia".

② I. William Zartman edited, "Chapter 12：Traditional Conflict Management in Contemporary Somalia".

（二）索马里族传统冲突解决方式应用与效果

由于索马里族牢固的血缘关系，每个索马里族人都分属于一个血偿集团，不同血偿集团间的政治和社会关系都由赫尔习惯法所界定。在现代社会，赫尔习惯法主要在索马里农村地区，特别是现代政治体制影响力较弱的地区适用，索马里乡村80%—90%的民事和刑事案件都依靠习惯法进行裁决，但是随着赫尔习惯法适用性的不断扩展，其在城市处理各类纠纷裁决、冲突和解方面也发挥着越来越重要的作用。另外，伊斯兰教是索马里的国教，全国穆斯林人口占总人口的99%，索马里穆斯林都严格遵守伊斯兰教法。1991年西亚德政权被推翻后，索马里陷入无政府状态，随后伊斯兰教法法庭被建立起来以裁定国内层出不穷的民事和刑事案件。索马里法律渊源和司法体系都体现了赫尔习惯法和伊斯兰教法之间的紧密关系。目前，索马里伊斯兰教法法庭的主要职责就是逮捕不法之徒、通过民事和刑事法律裁定案件以及监禁罪犯。伊斯兰教法法庭在裁决时所采纳的"苏鲁决议原则"（suluh）就强调伊斯兰教法法庭、赫尔习惯法和国家相关法律法规要结合、相互补充从而达成冲突各方都能接受的最终决议并实现和解①。

尽管索马里于1991年陷入无政府状态，随即全国陷入无休止的武装冲突当中，但是索马里的部分区域依然维持了和平而非冲突状态。相比于索马里南部地区而言，索马里兰的传统冲突调解机制获得了巨大的成功。索马里兰地区重视长老们在冲突调解当中的协调作用、推行权力共享，这与索马里其他地区武装派别不断分化、冲突面积不断扩大形成了鲜明对比。尽管长老们并没有实际军权，主要依靠道德劝说对冲突双方或多方进行劝解，但是长老们仍被视作索马里冲突的"内部—局部调解人"（insider-partial media-tors），他们是族群内、不同族群间以消除不和、仇恨为己任的裁决人和调解人。索马里兰地区长老们在处理长期冲突时引用了"全部宽恕"的原则（xalay dhalay）②，该原则主要应用于族群间长期仇恨而引发的冲突，其冲突成本与赔偿金额早已无法估量。该原则的运用有效平息了索马里兰地区

---

① Muhammed Hamid Muhammed, "Future Possibilities for Transitional Justice in Somalia", *Üniversitepark Bülten*, Vol. 7, No. 2, 2018.

② 索马里语，字面意为"他生于昨日"。

长期族群仇恨引发的武装冲突，也体现了长老们对植根于伊斯兰教法的伊斯兰教核心思想之一——宽恕的认识和运用①。

另外，索马里族的主要生活聚集区不仅仅局限在索马里境内，作为非洲大陆一个典型的跨境民族，索马里族分布在非洲东北部、非洲之角区域多个国家境内。其中在肯尼亚东北部生活的索马里族人数超过 200 多万，成为肯尼亚第六大族群。② 自殖民统治时期至冷战结束前，索马里族在肯尼亚一直处于边缘地位，对肯尼亚国家认同感较弱，一直寻求从肯尼亚分离出去回归索马里。但是随着索马里内战爆发，生活在肯尼亚境内的索马里族回归故里的愿望破灭。索马里境内危机重重再加之南苏丹内战导致肯尼亚边境地区武器扩散，肯尼亚北部地区族群内、族群间冲突和边境冲突不断。冷战结束后，肯尼亚国内政治格局发生了巨大变化，肯尼亚政府对索马里族的政策也发生了调整，肯尼亚索马里族逐渐找到了国家认同感。近年来恐怖主义、极端组织——索马里"青年党"在肯尼亚境内的迅速发展壮大，又加深了肯尼亚政府、肯尼亚其他族群同肯尼亚索马里族之间的矛盾。但是整体而言，近年来肯尼亚索马里族聚集区维持了基本和平，这与当地司法体制运用了索马里族传统冲突解决机制——赫尔习惯法和长老制有很大关系。目前，肯尼亚包括索马里族聚集区在内的广大边境地区都大胆采用了非洲传统冲突解决方式以维护地区和平稳定、加速经济发展，从而帮助不同族群聚集区同肯尼亚主流社会实现真正的民族融合。③

四 传统冲突解决机制隐藏潜力

冷战后，大量研究证明非洲民族传统冲突管理方式，在解决非洲武装冲突、实现"非洲方式解决非洲问题"方面有显著成效和巨大潜力，但是却鲜有人真正将民族传统方式运用到现代冲突解决机制当中。④ 作为区域

---

① Hudda Ibrahim, "The Role of the Traditional Somali Model in Peacemaking", *The Journal of Social Encounters*, Vol. 2 (1), 2018, https://digitalcommons. csbsju. edu/social_ encounters/vol2/iss1/5.

② 李鹏涛、盛志斌:《肯尼亚索马里人的由来与现状》,《世界民族》2018 年第 5 期。

③ Zacchaeus Mboche Wanyoike et al. , "The Effectiveness of Traditional Somali Justice-Based Conflict Management Mechanisms Influencing Peace-Building Strategies in Garissa County, Kenya", *The International Journal of Social Sciences and Humanities Invention*, Vol. 5, No. 9, 2018.

④ Henrietta Mensa-Bonsu, "'African Solutions for African Problems': Where is the Research?" keynote address delivered at the African Peacebuilding Network (APN) Grantee Training Workshop, LECIAD, University of Ghana, Accra, June 27, 2016.

人口超两亿、地理位置显赫的非洲之角，其近年来正呈现出和平与安全局势整体趋稳、局部热点问题频发、恐怖主义和族群冲突挑战不断、域外势力介入增强①等特点。非洲之角地区民族众多，民族数量远超 200 个，除了索马里民族结构较为单一以外，其他区域内国家都属于多民族国家，像埃塞俄比亚约有 80 个民族②，乌干达约有 65 个民族③，肯尼亚共有 44 个民族④。从埃塞俄比亚奥罗莫族、南苏丹丁卡族和索马里族三大传统冲突解决手段的案例可以看出，非洲之角国家应当努力从古代非洲传统冲突管理机制中汲取智慧。当前，西方国际关系理论、民族理论、安全理论依然在国际体系中占据绝对的话语权地位，但是非洲人民的发展道路应当由非洲人民自己说了算。非洲之角的和平与安全问题应当由非洲方式来解决。尽管并非所有非洲传统方式都是化解冲突、实现国家和区域和平稳定的"灵丹妙药"，但是非洲传统智慧在调解、和谈等方面的突出贡献，有利于维护非洲大陆的整体稳定，可为非洲经济和社会的可持续发展创造条件。

"非洲方式解决非洲问题"的提出，是非洲集体智慧的结晶，是在非洲集体哲学基础上形成的"和平观"的体现。非洲的集体哲学又称"乌班图"（Ubuntu）或"班图精神"，是西方社会崇尚的个人主义的对立面。乌班图概念本身源自南部非洲，但其与中部非洲和东部非洲的和平理念有共通之处⑤。班图哲学⑥本身是建立在"我的人性与你的人性密不可分"的原则之上的，即一个人就是一个通过其他人而来的人，一个由于他人而存在的人。与西方哲学弘扬的"我思，故我在"不同，班图哲学明确声明"因为我属于、我参与、我关心、我分享，我才成为人"，即一个人的自我

---

① 张梦颖、李新烽：《中东国家对非洲之角的介入与影响》，《国际问题研究》2019 年第 4 期。

② 《埃塞俄比亚国家概况》，中华人民共和国外交部网站，2019 年 8 月，https：//www. fmprc. gov. cn/web/gjhdq_ 676201/gj_ 676203/fz_ 677316/1206_ 677366/1206x0_ 677368/。

③ 《乌干达概况》，中华人民共和国外交部网站，2019 年 7 月，https：//www. fmprc. gov. cn/web/gjhdq_ 676201/gj_ 676203/fz_ 677316/1206_ 678622/1206x0_ 678624/。

④ 《肯尼亚国家概况》，中华人民共和国外交部网站，2019 年 7 月，https：//www. fm-prc. gov. cn/web/gjhdq_ 676201/gj_ 676203/fz_ 677316/1206_ 677946/1206x0_ 677948/。

⑤ James Ogude, Steve Paulson, Anne Strainchamps, "I Am Because You Are：An interview with James Ogude", June 21, 2019, https：//chcinetwork. org/ideas/i－am－because－you－are－an－in-terview－with－james－ogude.

⑥ 班图哲学的存在彻底否认了西方所谓非洲不存在黑人哲学的荒谬理论，具体参见艾周昌编《非洲黑人文明》，中国社会科学出版社 1999 年版，第 289—293 页。

意识是由自己与他人之间的关系塑造的①。用南非主教、反种族隔离制卫士德斯蒙德·图图（Desmond Tutu）的话来说就是，"一个胸怀乌班图的人，当别人受到羞辱，当别人受到折磨，或者当别人受到不公正待遇时，他就感到仿佛是他自己遭遇了不幸"。②

　　非洲传统冲突解决机制就是班图精神的体现，通过互补性获得团结，避免像西方文化一样强调个体差异而互相排斥，因此非洲传统的冲突解决机制被广泛运用于处理复杂冲突。一般而言，通过传统方式解决冲突需要参与者不以个人身份，而是以其从属的部落、氏族、村庄、血统等身份参与调解过程，并在长老的调解下进行公开的听证和讨论。与中国传统价值观相似，非洲传统冲突解决机制强调通过达成和解来维系相互关系，保持和谐。传统冲突解决机制不仅给冲突各方保留了颜面也是规避风险的举措。与西方冒险精神和赌徒文化不同，非洲传统冲突解决机制不主张对传统秩序发起挑战而使自己或人民暴露在冲突风险之下。非洲传统冲突解决机制是实现集体主义安全的重要方式。集体中的和平与秩序是集体主义安全关心的重点，也比个人主义更重视和谐社会的构建。③ 在非洲传统社会，以埃塞俄比亚奥罗莫族、南苏丹丁卡族和索马里族的冲突管理方式为例，冲突解决的手段主要包括调解、协调、谈判、和解、利用习惯法④准则来进行说服，以及司法以外的手段，包括宗教或神话，甚至迷信的手段。但是随着殖民主义的到来，非洲传统冲突解决手段受到了抑制，甚至部分传统冲突预防、管理和解决的方法已经消失。但必须认识到，外部介入所带来的无休止的军事战斗和法庭诉讼，并没有给包括非洲之角在内的非洲大陆带来长久和

①　Steve Paulson, "'I Am Because We Are': The African Philosophy of Ubuntu", June 22, 2019, https://www.ttbook.org/interview/i-am-because-we-are-african-philosophy-ubuntu.

②　Yonas Adaye Adeto, "Africa in the Global Security Governance: A Critical Analysis of Ethiopia's Role in the UN Peacekeeping Operations", *International Relations and Diplomacy*, Vol. 6, No. 1, April 2018, p. 5；图图有关乌班图精神、复仇和暴力的论证、非洲传统恢复性司法理念的介绍，请参见〔南非〕德斯蒙德·图图《没有宽恕就没有未来》，江红译，广西师范大学出版社 2014 年版。

③　I. William Zartman edited, "Chapter 10: Traditional Conflict Management in Africa and China", in *Traditional Cure for Modern Conflicts: African Conflict "Medicine"*.

④　有关非洲习惯法的概述和司法程序，请参见洪永红、夏新华等《非洲法导论》，湖南人民出版社 2000 年版；何勤华、洪永红主编《非洲法律发达史》，法律出版社 2006 年版；洪永红等《当代非洲法律》，浙江人民出版社 2014 年版。

平，相反非洲有自己独特的方式来实现和平与建立信任。①

肯尼亚已故学者阿里·马兹鲁伊（Ali Mazrui）在他的经典著作《迈向非洲治下的和平：思想与抱负研究》（*Towards a Pax Africana：A Study of Ideology and Ambition*）中，概述了非洲帝国经验中某些长期意识形态的影响及其结果，也表达了"非洲治下的和平"（Pax②Africana）的核心，即"非洲方式解决非洲问题"。马兹鲁伊提出的基本问题是，在所有域外大国和国际机构都撤出之后，谁负责保障非洲实现和平？正如马兹鲁伊所暗示的，非洲人的雄心壮志是实现非洲和平议程，这种和平应该由非洲人自己来保证。非洲治下的和平不是一个旨在强迫所有人遵守非洲和平原则和规范的想法，而是通过让非洲国家为建立和维持这种和平做出自己应有的贡献，以保障非洲大陆的集体安全。换句话说，马兹鲁伊认为非洲治下的和平，就是非洲人用自己的智慧和各项资源来确保非洲大陆和平的一种方式，这其中涉及谁参与（国籍）和在哪里参与（管辖权）等问题。③ 马兹鲁伊曾表示，非洲人的武器采购应仅用于保护其免受域外侵害，而不能被广泛用于内部相互之间的武装对抗。④ 非洲传统智慧中的调解方式和和平观就是对政治手段和法律手段的有益补充。正如苏丹学者奥马尔·阿卜杜拉齐兹·阿里·穆罕默德（Omer Abdelaziz Ali Mohamed）所言，非洲国际关系学界对冲突解决和冲突管理的大量研究都基于西方理论，无论是非洲学界还是国际社会都缺乏对非洲传统冲突管理机制的有益探寻。⑤

非洲研究领域的专家和学者都承认，非洲之角区域国家的大多数人民依然遵照传统民族习惯和准则来生活，不仅占区域各国主体的农村人口是如此生活，而且城市居民和精英阶层也通过民族传统来维系与乡村之间的

① Adeyinka Theresa Ajayi, Lateef Oluwafemi Buhari, "Methods of Conflict Resolution in African Traditional Society", *African Research Review*, Vol. 8 (2), Serial No. 33, April 2014, pp. 149 – 153.

② 拉丁语，字面意为"和平"。

③ Ali A. Mazrui, "Chapter 2：Towards a Concept of 'Pax Africana'", in *The Palgrave Handbook of Peacebuilding in Africa*, edited by Tony Karbo and Kudrat Virk, Cham：Palgrave Macmillan, 2018, pp. 29 – 44.

④ Tony Karbo, "Chapter 1：Introduction：Towards a New *Pax Africana*", in *The Palgrave Handbook of Peacebuilding in Africa*, edited by Tony Karbo and Kudrat Virk, Cham：Palgrave Macmillan, 2018, pp. 3 – 28.

⑤ 笔者 2019 年 9 月与苏丹巴赫里大学政治系助理教授奥马尔·阿卜杜拉齐兹·阿里·穆罕默德的邮件往来谈到。

联系。在政治层面上，民族传统依然在非洲之角国家的政治生活中扮演着十分重要的角色，这也为民族传统冲突管理方式的运用提供了广泛基础。民族传统冲突管理策略已经被非洲大陆其他国家所运用，特别是运用在那些传统统治者仍然受到尊重的国家里，像塞拉利昂的门德族，就通过传统秘密社团充当文化裁决人来解决冲突问题。因此，充分挖掘和发挥非洲之角民族传统冲突管理方式在非洲之角现代国家和平与安全治理中的潜力任重而道远。

第三节　非洲传统智慧的现代运用

尽管非盟和伊加特加强了对非洲之角区域反恐、打击武装叛乱组织等相关方面的法律制定和维和行动，但是非洲之角区域和次区域组织依然存在制度上限制、财政紧缺和冲突治理力度严重不足等现实问题。限于非洲之角国家安全治理能力不足，建立区域集体安全机制的初衷和尝试是值得鼓励的，但目前最现实的问题——财政赤字却成为区域集体安全机制发展的重要障碍，这也给西方大国和中东国家施展"金融外交"提供了可乘之机。非洲之角国家主导自己安全事务的意愿受到了严重挑战。早在西方殖民主义者到达非洲之前，非洲之角传统冲突管理方式就在发挥良好作用。对传统冲突解决机制的借鉴是对非洲传统文化和历史、传统智慧和文明的尊重，也是"非洲方式解决非洲问题"的最优选择。

鉴于非洲传统冲突解决机制的优势和潜力，针对如何在现代社会正确运用非洲传统智慧解决非洲冲突问题以预防和避免冲突爆发或升级的建议如下：

第一，从理念上继承非洲传统的集体和平观——班图精神的核心内涵，团结一致努力构建和恢复社会和谐。南非肯尼亚裔学者詹姆斯·乌古德（James Ogude）表示，不同于现代暴力执法方式，班图精神通过开展冲突各方间平等对话增强基层民众间交流以实现社会团结。尽管西方个人主义给非洲现代社会的价值观带来很大冲击，但是班图精神所提倡的相互依存和共同责任的价值观在现代社会依然延续了下来。虽然传统冲突解决方式多应用于解决族群内部或族群之间的冲突问题，但其所采用的调解等非暴力介入的和平方式依然适用于现代社会体制。随着非洲城市化的发展，越来越多的非洲人从乡村搬到亚的斯亚贝巴、内罗毕等城市生活,共同的班图精神促使这些"新城市人"逐渐形成了新的聚落——一个个相互支持、责任共担的城市社群或网络。① 目前,任何现代社会所达成的和平条约或协议都存在漏洞和可规避的方式,因此,要想真正实现非洲的和平,必须依赖班图精神以实现社会的共同利益,通过基于本土价值观②的调解、和解等传统方式协调冲突各方关系依然是促进当代社会恢复和谐的首要选择。

第二,从形式上继承非洲传统冲突解决机制,发挥长老或决策者在冲突管理方面的作用。西方司法体制强调个人主义、惩罚性或输赢二元对立的冲突解决范式,而非洲的长老制度侧重于恢复社会冲突各方间的和谐与社会纽带③。在现代非洲乡村地区传统长老制度依然流行。虽然各个民族之间长老制度略有不同,但究其机理都是尊重、信任和发挥长老在调解冲突中起到号召和决策等关键作用,实现社会和谐。同理,在现代城市社会中,尽管传统的族群集体生活方式被打破,族群长老的角色在城市生活中被逐渐淡化,但是政府政策制定者和城市民间调解组织都不同程度地替代了"长老"的地位并取代了"长老"的决策者身份。④ 有效发挥政策制定者在国家间冲突调解中的作用和民间调解组织在国内冲突解决方面的优势,也是对传统长老制度的现代继承和延续。

第三,加强传统冲突解决方式与现代社会冲突管理之间的结合。非洲传统冲突解决机制并不完美,传统方式在现代冲突解决方面的运用也面临一定程度的挑战和困境,特别是在运用传统方式解决现代冲突时面临法律地位等方面的争议。西方殖民主义所造成的非洲法律体系的不统一,令现

---

① James Ogude, Steve Paulson, Anne Strainchamps, "I Am Because You Are: An interview with James Ogude", June 21, 2019, https://chcinetwork.org/ideas/i – am – because – you – are – an – interview – with – james – ogude.

② Afyare Abdi Elmi, Abdullahi Barise, "The Somali Conflict: Root Causes, Obstacles, and Peace-building Strategies", *African Security Review*, 15.1, p. 51.

③ Francis Kariuki, "Conflict Resolution by Elders in Africa: Successes, Challenges and Opportunities", Semantic Scholar, 2015, p. 14, https://pdfs.semanticscholar.org/13e9/8c834f154a3b5c753f0005480169dfbec9f2.pdf.

④ I. William Zartman edited, "Chapter 14: Conclusions: Changes in the New Order and the Place for the Old", in *Traditional Cure for Modern Conflicts: African Conflict "Medicine"*.

代非洲国家普遍缺乏关于传统冲突解决方式的明确政策和法律条文。殖民主义时期，西方国家把为传统冲突解决提供规范框架的非洲习惯法视作"低劣的司法体系基础"。殖民主义者为了限制非洲习惯法的使用，发明了所谓的"与正义和道德相抵触"的概念，这一概念在独立后的许多非洲国家中依然存在。例如，《肯尼亚宪法》第159条第3款就明确限制传统冲突解决机制在肯尼亚的使用，该条款禁止在以下几个条件下使用传统冲突解决机制：与宪法第4章《权利法案》相抵触；与正义和道德相抵触；导致与正义和道德相抵触结果；与宪法或其他任何成文法相抵触[1]。

因此，非洲国家迫切需要制定明确的法律和政策框架以适用于传统方式解决冲突问题，协调传统冲突解决方式与现代法律机制之间的关系，做到取长补短、优势互补，并在诉诸现代法律手段之前给予传统方式解决冲突的优先权，还要积极发挥非盟、伊加特等区域和次区域组织和国家力量之间在传统与现代冲突管理结合方面的合作，形成一种综合、全面的冲突解决机制。

---

① Francis Kariuki, "Conflict Resolution by Elders in Africa: Successes, Challenges and Opportunities", Semantic Scholar, 2015, p. 15, https://pdfs.semanticscholar.org/13e9/8c834f154a3b5c753f0005480169dfbec9f2.pdf.

结　语

2020年是冷战结束30周年。2020年也曾是非盟"消弭枪声"倡议的目标年①。纵观冷战后非洲之角的30年，这里究竟是更和平了，还是更不安全了？无论是从埃厄恢复邦交关系来看，还是从吉厄关系破冰来说，非洲之角地区的确迎来了和平的曙光，但是索马里的泥淖、南苏丹的不确定性和埃塞俄比亚的民族问题说明，这里依然是武装冲突的实验室，域外军事势力的集结地，流离失所者回不去的家园和恐怖主义、极端组织滋生的温床。非洲之角武装冲突管理和安全局势依然面临挑战。

非洲之角国家在区域集体安全机制建设上缺乏政治意愿。非盟、伊加特等区域和次区域组织，在非洲之角维和行动上进行了有益尝试，特别是非盟在建立可持续和平相关法律和体制框架方面取得了一些进步。在联合国无法及时部署维和人员的情况下，非盟已开展了在索马里、苏丹达尔富尔地区等几项复杂的维和行动。但是非盟面临着维和行动筹资难和后勤能力不足的重大挑战，非盟成员国未能充分履行其成员义务，非洲主要资金支援者依然是世界银行、欧盟和西方大国，这也给西方国家在非洲之角安全事务中发挥作用提供了机会。并且，在非盟的"非洲和平与安全架构"下，冲突爆发后的被动式维和行动对非洲之角武装冲突的作用十分有限，冲突的预警和预防工作依然不到位，区域内组织和动员能力不强。非盟仍然依赖于联合国等外部行为体在维和行动方面的人力和物力支援，这给非盟独立维护非洲之角和平与安全造成了困扰。伊加特也面临同样挑战：次区域组织和成员国国家机构孱弱，无法协调区域内安全政策和计划；人力

---

① 根据2021年2月6—7日非盟第34届首脑峰会的决议，非盟已将"消弭枪声"倡议的实施期限从2020年延长至2030年，每两年还会对倡议的总体路线图实施情况进行定期审核。

和机构能力有限无法进行结构化转型；财政资源不足限制机构安全政策的落实和维和行动的开展；次区域组织成员身份重叠，导致各个区域组织机构"形同虚设"。

　　非盟与伊加特等区域和次区域组织间的合作与协作能力尚不足，未能利用各自优势建立协同机制增强互补性。特别是在涉及跨国冲突方面，比如恐怖主义袭击或小型及轻型武器的偷运等问题上，非盟、伊加特以及非洲之角国家间缺乏统一的协调机制，造成遇到问题相互推诿。尼日利亚学者博拉吉·欧米特拉（Bolaji Omitola）曾表示，非洲国家应当在提高自主维和能力和维护安全形势上重视普通民众的力量，建立以人民为基础的安全框架，在加强军队、警察管理和训练的同时，充分发挥民兵和治安队等草根民众在反恐、防止暴力冲突和武器偷运中的作用。① 而且非洲冲突预防机制建设亟待加强。虽然非盟和伊加特等区域和次区域组织有冲突预防的目标和理想，但现实是预防手段和预防力量尚有很大不足。如果预防手段不能在早期冲突萌芽阶段有效介入，那么一旦等到武装冲突彻底爆发，所造成的损失就无法挽回。预防冲突作为干预手段还涉及预防行动的合法性问题，所以还面临来自政治和外交层面的挑战。

　　非洲之角对和平建设能力的重视度存在差异。非洲之角的和平建设未能取得良好结果，与非洲之角的和平建设尝试未能彻底解决非洲之角冲突根源，包括区域内安全治理较弱、贫困、不平等、包容性发展等问题有紧密关系。在新冠肺炎疫情暴发前，非洲原定有 20 个国家会在 2020 年举行全国大选，其中，埃塞俄比亚和索马里都计划在该年大选。后来随着新冠肺炎疫情在非洲大陆的不断蔓延，埃塞俄比亚、索马里等国家都相继推迟了选举日期。2021 年包括埃塞俄比亚、索马里、吉布提和乌干达在内的 17 个非洲国家将迎来总统或议会选举。但是以往"逢选必乱"的阴影犹存，非洲之角无疑将成为域内和域外关注的热点地区。埃塞俄比亚和索马里内部矛盾的累积和安全形势的不稳定给这片区域能否实现平稳过渡打上了大大的问号。自 2020 年 11 月 4 日，埃塞俄比亚北部提格雷州的提格雷

　　① Bolaji Omitola, "Chapter 6: War on Terror in Africa from Below: Challenges and Prospects of People's Participation", in *Regenerating Africa: Bringing African Solutions to African Problems*, edited by Mammo Muchie et al., Pretoria: Africa Institute of South Africa, 2016.

人民解放阵线武装人员袭击了该国国防军以来，双方军事冲突持续，邻国厄立特里亚也遭到提格雷人民解放阵线的火箭弹袭击，导致该地区冲突升级，并蔓延至苏丹等邻国；同月 29 日，索马里政府指控肯尼亚干涉其选举和内政，召回了驻肯大使、驱逐了肯驻索大使，并于 12 月 14 日宣布与肯尼亚断绝外交关系。正如肯尼亚非洲政策研究所所长彼得·卡戈万加（Peter Kagwanja）所表示的，西方所谓的"民主和平论"范式在非洲之角的移植是彻底失败的，该理论是建立在"民主国家不会彼此开战"这一脱离实际的假设之上的。正是因为"民主和平论"范式的失败，给了外部干预非洲之角区域一个机会，也给非洲之角区域内部强制性政权更迭提供了一个理由。①

冷战结束 30 年，除了肯尼亚，其余非洲之角国家仍然位列 2020 年联合国 47 个世界最不发达国家（least developed countries）名单当中②。该区域社会经济发展不平衡、贫困、通货膨胀严重、失业率居高不下已成为和平建设的重要障碍。大批失业青年成为反政府武装、极端组织招募的对象，而反叛组织的壮大又加剧了武装冲突升级和扩散，形成了"不发展—不安全"的恶性循环。2020 年初国际货币基金组织发布的《世界经济展望》预测，2020 年到 2021 年撒哈拉以南非洲经济增速将从 3.3% 提高到 3.5%。但这一预测要比 2019 年 10 月发布的 2020 年撒哈拉以南非洲经济增速低 0.1 个百分点，比 2021 年低 0.2 个百分点。国际货币基金组织增速预测的下调不仅反映了对东非洪灾等气候灾害的悲观预期，也是对埃塞俄比亚经济不稳定状况的预判。③ 因全球经济受新冠肺炎疫情的严重冲击，2020 年 10 月，国际货币基金组织《世界经济展望》再次下调全球经济增长预测，其中，2020 年撒哈拉以南非洲经济增长预测仅为 -3%。④ 联合国国际移民组织发布的

① Peter Kagwanja, "Hail democracy, but long live autocracy in the Horn", Daily Nation, January 11, 2020, https://www.nation.co.ke/oped/opinion/Hail - democracy - - but - long - live - autocracy - in - the - horn/440808 - 5414828 - sx96os/index.html.

② UNCTAD, The Least Developed Countries Report 2020, https://unctad.org/webflyer/least - developed - countries - report - 2020#tab - 2.

③ IMF, World Economic Outlook Update, January, 2020, pp.2 - 5, https://www.imf.org/en/Publications/WEO/Issues/2020/01/20/weo - update - january2020.

④ IMF, World Economic Outlook, October, 2020, https://www.imf.org/en/Publications/WEO/Issues/2020/09/30/world - economic - outlook - october - 2020.

第 33 期《东非和非洲之角新冠肺炎疫情情况报告》显示，截至 2020 年 11 月 24 日，东非和非洲之角地区新冠肺炎确诊病例数量持续增加，已有 22.3 万人确诊、3533 人死亡、14.5 万人康复。其中，埃塞俄比亚新冠肺炎确诊人数最多，约 10.6 万人确诊。在此次全球新冠肺炎大流行中，非洲之角并不是非洲大陆疫情最为严重的地区，而且区域各国都采取了严格的疫情防控措施。但是，疫情严重冲击了非洲之角区域社会经济的发展，再加之蝗灾和洪灾等自然因素的共同影响，造成了该地区粮食短缺、饥荒、难民数量增加，引发抢劫、社会骚乱，进一步加剧了该地区武装冲突激增的可能性。联合国难民署的数据显示，非洲之角区域内约 100 个难民营和安置点虽未发生大规模疫情，但限于疫情检测设备和医疗设施的匮乏，约有 460 万难民、810 万国内流离失所者仍处于危险之中。①

外部介入是非洲之角武装冲突解决难以实现的重要干扰项。长期以来，非洲之角国家间对抗局面的形成是受冷战美苏争霸国家间利益划分和冷战后美国霸权主义与世界多极化格局到来影响的。随着近年来各方域外势力的涌入，特别是中东国家介入该地区安全事务，非洲之角地区和平与安全状态将处于持续动态变化中，面临着传统武装冲突与恐怖主义、极端主义袭击等非传统安全威胁的相互夹击。以美国为首的西方国家以打击恐怖主义为由在非洲之角区域安全框架中扮演着重要角色。经历了冷战结束、全球反恐战争开启等变动的非洲之角，正面临着来自西方民粹主义崛起的冲击和挑战，并且还深受中东乱象的影响。中东国家将也门冲突和海湾地区冲突的恶果带到了非洲之角，不仅提升了该地区军事化的程度，也进一步加重了非洲之角地区分化，重新点燃了敌对势力的怒火，更为恐怖主义活动和极端组织行为的蔓延创造了条件。如果域外势力打着"保护的责任"推行新干涉主义，将外部介入转变为外部干预，必将给非洲之角地区带来巨大灾难。

非洲之角武装冲突内部管理的限制与机遇。一方面，现在非洲国家越来越重视对非洲和平与安全问题的自主决定权。受制于经验缺乏和资金匮

---

① UNHCR, "UNHCR East and Horn of Africa, and the Great Lakes Region COVID – 19 External Update #25 (01 – 31 December 2020)", January 19, 2021, https：//reliefweb. int/report/sudan/unhcr – east – and – horn – africa – and – great – lakes – region – covid – 19 – external – update – 25 – 01 – 31.

乏，非盟和伊加特等非洲区域和次区域组织虽然有自己的解决和平与安全问题的议程和方式，但非洲国家却因决定权问题与联合国安理会、欧盟及其他国家时常产生摩擦①，这也对非盟等区域和次区域和平与安全政策的具体落实造成了负面影响。另一方面，非洲之角传统冲突解决机制在解决族群争端和社区矛盾方面已经发挥了显著作用。传统的调解、和解等非暴力手段为冲突各方提供了获得双赢结果的机会，而且有利于各方短期和长期利益，有利于建立和维持可持续和平。

非洲传统智慧和冲突解决机制应当也必须受到尊重。长期以来，无论是西方殖民统治，还是有关非洲文明"外来说"的含米特假设和"欧洲中心论"，非洲的文明和历史被西方社会视为"一片荒芜"。"非洲"这一概念，是欧洲人的发明创造，是欧洲人折射"他者"和自身形象的棱镜，或者说是西方跨大西洋奴隶贸易的产物，是服务于西方殖民侵略的工具。而"部落"这一概念的提出，一方面是西方忽略非洲人身份的复杂性，对非洲人身份和生活所下的简单定义；另一方面，也是西方对非洲进行殖民侵略的道德借口。相对于欧洲的"民族国家"，西方社会将非洲社会组织称作"部落"，就是在暗示非洲政体的"落后"，暗示其文化未受启蒙运动启发，其技术未受现代科学滋养，其宗教崇尚封建迷信而非精神追求。显而易见，"部落"这种对非洲人简单而粗暴的划分更便于欧洲殖民者对非洲殖民地进行统治和管理，但却为非洲的不平等和冲突埋下了隐患，滋生了种族主义观念。非盟《2063年议程》对恢复非洲文化和遗产的号召，就体现了非洲民众对非洲传统文明复兴的倡议②。作为以"班图精神"为内核的非洲传统冲突解决手段，展现了非洲人追求非暴力和平与维护和平的文明观。

早在西方殖民者到达之前，非洲传统社会就有了调解、谈判等管理冲突的办法。非洲传统社会的调解和谈判之所以能够平息冲突，就在于其积极协调冲突各方的利益，能够给犯错一方改过自新的机会以恢复社会的和谐和凝聚力。不同于西方的审判或判决，非洲传统社会强调通过一切手段

---

① 达乌德：《非洲大陆对和平安全的认知与和平安全治理机制建设》，《国际社会科学杂志》（中文版）2019 年第 12 期。

② African Union，*Agenda 2063：The Africa We Want*，Final Edition，popular version，April 2015.

恢复和谐，对于冲突中犯错一方要采取接纳而非排斥的态度。并且，非洲传统社会强调集体主义或共同责任，任何挑起冲突事端的人或群体，其所属集体的成员都有责任避免冲突的发生，或遏制冲突的升级和扩大。对冲突的共同责任成为解决冲突的基础。因此，非洲传统冲突管理机制的实施依赖于群体关系和共同价值观的存在，这也是传统手段能够被广泛应用于调解冲突与争端的原因。① 在现实实践中，传统对维持非洲社会的稳定和共同性作出了重大贡献，但是还没有受到非洲政策制定者和国际社会的广泛重视。特别是在非洲价值观受到冲击的当代，重新恢复传统手段的作用，是恢复非洲人对自己文明的自信，更是恢复非洲大陆在自己解决安全问题过程中占据主导地位的表现。

今天，非洲之角民众已然认识到，区域的和平进程不仅需要正确处理区域内部冲突的根源，需要协调和整合非盟和伊加特成员间分工，需要同包括中国在内的国际社会开展平等合作，需要发挥民间组织及个人、妇女和青年维护和平的力量，更需要非洲传统冲突解决手段的广泛运用。非洲国家在处理和平与安全事务方面越来越强调非洲自主权的重要性，处理和解决非洲问题的能力也日渐提升，还愈加重视非洲本土化手段和内生性制度在现代非洲社会的价值，无论是传统的习惯法还是酋长制度都体现了非洲人民的政治哲学与和平观，以及对平等原则和达成共识机制的不懈追求。②

随着中国"一带一路"建设项目在非洲的成功落地，中非安全共筑不仅是中非关系紧密相连的具体表现，更成为构建中非命运共同体的重要一环。中国对非洲维护和平和建设和平的大力支持，是发展中国家团结一致和南南合作的典范。中国总体国家安全观的五大要素之一，就是以促进国际安全为依托。自 2012 年第五届中非合作论坛提出中非和平安全合作伙伴倡议以来，中非在和平与安全领域合作日益频繁。2018 年 9 月，习近平主席在中非合作论坛北京峰会上明确提出，实施包括和平安全行动在内的"八大行动"，与非洲一起携手打造安全共筑的中非命运共同体。③ 2019 年

① I. William Zartman edited，"Chapter 14：Conclusions：Changes in the New Order and the Place for the Old"，in *Traditional Cure for Modern Conflicts：African Conflict "Medicine"*.

② 李安山：《世界历史与非洲发展的互动：探源与辨析》，《西亚非洲》2020 年第 2 期。

③ 徐辉：《打造安全共筑的中非命运共同体》，人民网，2018 年 10 月 25 日，http://military.people.com.cn/n1/2018/1025/c1011-30361774.html.

7 月，以"携手合作，共筑安全"为主题的首届中非和平安全论坛在北京举行，中国代表和非洲国家代表一起参与了此次盛会，为构建安全共筑的中非命运共同体献计献策。[①] 不同于西方国家的进攻性、征服欲和武力手段[②]，中国与非洲国家的传统和平观都强调通过集体主义来恢复社会和平与和谐，中国所主张的用谋略、迂回和忍耐[③]来解决冲突问题的价值观，与非洲传统智慧所倡导的和平谈判和调解的方式不谋而合。中国作为非洲方式解决非洲问题的坚定支持者，始终支持非洲人民用自己的方式消除不安全因素，以实现非洲大陆的繁荣与发展。

愿这片土地如非盟时任轮值主席马塔梅拉·拉马福萨[④]所言，"没有战火与枪声"。

---

① 郭媛丹：《首届中非和平安全论坛在京开幕》，环球网，2019 年 7 月 15 日，https：//world. huanqiu. com/article/9CaKrnKlxgw。

② Martin Jacques, *When China Rules the World*：*The Rise of the Middle Kingdom and the End of the Western World*, London：Allen Lane, 2009.

③ 军事史学家约翰·基根（John Keegan）表示，中国人的战争理论强调适度，会寻求法律和习俗来控制武力冲动。具体参见［英］约翰·基根《战争史》，林华译，中信出版社 2018 年版，第 478 页。

④ 2020 年南非总统拉马福萨任非盟轮值主席国主席，具体参见王曦《南非总统拉马福萨将出席第 33 届非盟首脑会议 并担任轮值主席国主席》，中国新闻网，2020 年 2 月 7 日，http：//www. chinanews. com/gj/2020/02 - 07/9082953. shtml；2021 年 2 月 6 日，刚果民主共和国总统齐塞克接替拉马福萨，担任新一届非盟轮值主席。

参考文献

中文参考文献

专著和译著

艾周昌编：《非洲黑人文明》，中国社会科学出版社1999年版。

关培凤：《非洲边界和领土争端解决模式研究》，社会科学文献出版社2017年版。

何勤华、洪永红主编：《非洲法律发达史》，法律出版社2006年版。

洪永红、夏新华等：《非洲法导论》，湖南人民出版社2000年版。

洪永红等：《当代非洲法律》，浙江人民出版社2014年版。

胡文秀：《外国内部武装冲突与和平解决》，中国社会科学出版社2014年版。

黄亚英等编：《国际法》，清华大学出版社2008年版。

李安山：《非洲民族主义研究》，中国国际广播出版社2004年版。

李伯军：《联合国集体安全制度面临的新挑战——以武力打击索马里海盗为视角》，湘潭大学出版社2013年版。

李少军、李开盛等：《国际安全新论》，中国社会科学出版社2018年版。

卢静、曲博编：《当前国际安全体系转型》，世界知识出版社2014年版。

莫翔：《当代非洲安全机制》，浙江人民出版社2013年版。

宋微：《被搅动的战略底端：冷战后美国对撒哈拉以南非洲政策及效果评估（1990—2016）》，中国商务出版社2018年版。

王帆、卢静编：《国际安全概论》（第二版），中国人民大学出版社2016年版。

王丽玉：《国际罪行——索马里海盗：挑战国际法》，黑龙江教育出版社

2011 年版。

张伊宁等编：《中外关于马克思、恩格斯、列宁、斯大林军事理论研究》，
　　重庆出版社 2007 年版。

赵晓春等编：《国际安全治理的理论与实践》，时事出版社 2018 年版。

中共中央党史和文献研究院编：《习近平关于总体国家安全观论述摘编》，
　　中央文献出版社 2018 年版。

邹瑜等编：《法学大辞典》，中国政法大学出版社 1991 年版。

［埃及］艾哈迈德·赛义德·纳贾尔：《尼罗河流域国家水资源关系展
　　望》，杨玉鑫译，中国社会科学出版社 2019 年版。

［德］李峻石：《何故为敌：族群与宗教冲突论纲》，吴秀杰译，社会科学
　　文献出版社 2017 年版。

［德］马克斯·韦伯：《经济与社会》（上卷），林荣远译，商务印书馆
　　1997 年版。

［法］夏尔·卢梭：《武装冲突法》，张凝等译，中国对外翻译出版公司
　　1987 年版。

［美］肯尼思·华尔兹：《国际政治理论》，信强译，上海人民出版社 2017
　　年版。

［美］肯尼思·华尔兹：《人、国家与战争——一种理论分析》，倪世雄等
　　译，上海译文出版社 1991 年版。

［美］理查德·内德·勒博：《国家为何而战？——过去与未来的战争动
　　机》，陈定定等译，上海人民出版社 2014 年版。

［美］玛莎·费丽莫：《国际社会中的国家利益》，袁正清译，浙江人民出
　　版社 2001 年版。

［美］萨义德·A. 阿德朱莫比：《埃塞俄比亚史》，董小川译，商务印书馆
　　2009 年版。

［美］塞缪尔·亨廷顿：《第三波：20 世纪后期的民主化浪潮》，欧阳景根
　　译，中国人民大学出版社 2013 年版。

［美］塞缪尔·亨廷顿：《文明的冲突与世界秩序的重建》（修订版），周
　　琪等译，新华出版社 2009 年版。

［美］赛斯·D. 卡普兰：《修复脆弱的国家：发展的新范例》，颜琳译，民
　　主与建设出版社 2015 年版。

［美］斯蒂芬·范·埃弗拉：《战争的原因：权力与冲突的根源》，何曜译，上海世纪出版集团 2014 年版。

［美］斯科特·巴雷特：《合作的动力：为何提供全球公共产品》，黄智虎译，上海世纪出版集团 2012 年版。

［美］小约瑟夫·奈、［加拿大］戴维·韦尔奇：《理解全球冲突与合作：理论与历史》（第十版），张小明译，上海人民出版社 2018 年版。

［美］许田波：《战争与国家形成：春秋战国与近代早期欧洲之比较》，徐进译，上海人民出版社 2018 年。

［美］伊多·奥伦：《美国和美国的敌人：美国的对手与美国政治学的形成》，唐小松、王义桅译，上海人民出版社 2004 年版。

［美］詹姆斯·M. 伯兰德：《解读恐怖主义——恐怖组织、恐怖策略及其应对（第三版）》，王震译，上海社会科学院出版社 2018 年版。

［南非］德斯蒙德·图图：《没有宽恕就没有未来》，江红译，广西师范大学出版社 2014 年版。

［瑞典］斯特凡·I. 林德伯格：《非洲的民主与选举》，程迈译，译林出版社 2017 年版。

［英］E. E. 埃文思 - 普里查德：《努尔人：对一个尼罗特人群生活方式和政治制度的描述》，褚建芳译，商务印书馆 2017 年版。

［英］巴里·布赞、［丹］奥利·维夫：《地区安全复合体与国际安全结构》，潘忠岐等译，上海人民出版社 2009 年版。

［英］理查德·雷德：《现代非洲史》（第二版），王毅、王梦译，上海人民出版社 2013 年版。

［英］马丁·梅雷迪思：《非洲国——五十年独立史》（上、下册），亚明译，世界知识出版社 2011 年版。

［英］米凯拉·容：《我不是为你打仗——世界背弃一个非洲小国》，延飞译，云南大学出版社 2010 年版。

［英］约翰·基根：《战争史》，林华译，中信出版社 2018 年版。

著作章节

邓延庭：《非洲国家边界变动与中国的应对措施》，张宏明主编《非洲黄皮书：非洲发展报告 No. 17 （2014—2015）》，社会科学文献出版社 2015

年版。

黎文涛、王磊：《非洲地缘政治重组与安全评估》，张宏明主编《非洲黄皮书：非洲发展报告 No. 17（2014—2015）》，社会科学文献出版社 2015 年版。

李新烽：《南苏丹：浴火而生，百废待兴》，张宏明主编《非洲黄皮书：非洲发展报告 No. 14（2011—2012）》，社会科学文献出版社 2012 年版。

李新烽：《南苏丹内战及其发展趋势》，张宏明主编《非洲黄皮书：非洲发展报告 No. 16（2013—2014）》，社会科学文献出版社 2014 年版。

刘中伟：《第三章：德国对非洲政策及中德在非洲关系》，张宏明主编《大国经略非洲研究》（上册），社会科学文献出版社 2019 年版。

邵峰：《全球恐怖主义与反恐怖斗争（2011—2012）》，李慎明、张宇燕主编《国际形势黄皮书：全球政治与安全报告（2013）》，社会科学文献出版社 2012 年版。

邵峰：《全球恐怖主义与反恐怖斗争（2012—2013）》，李慎明、张宇燕主编《国际形势黄皮书：全球政治与安全报告（2014）》，社会科学文献出版社 2014 年版。

邵峰：《全球恐怖主义与反恐怖斗争（2017—2018）》，张宇燕主编《国际形势黄皮书：全球政治与安全报告（2019）》，社会科学文献出版社 2019 年版。

邵峰：《全球恐怖主义与反恐怖斗争（2018—2019）》，张宇燕主编《国际形势黄皮书：全球政治与安全报告（2020）》，社会科学文献出版社 2020 年版。

王洪一：《中国如何应对非洲安全形势的挑战》，张宏明主编《非洲黄皮书：非洲发展报告 No. 18（2015—2016）》，社会科学文献出版社 2016 年版。

徐进、周蓓：《全球重大武装冲突与军事形势评估（2018—2019）》，张宇燕主编《全球政治与安全报告（2020）》，社会科学文献出版社 2020 年版。

袁武：《西方新干预主义在非洲的动向及中国的对策》，张宏明主编《非洲黄皮书：非洲发展报告 No. 17（2014—2015）》，社会科学文献出版社 2015 年版。

张春：《大国对非洲合作态势的转变》，张宏明主编《非洲黄皮书：非洲发
　　展报告 No. 18（2015—2016）》，社会科学文献出版社 2016 年版。

朱伟东：《第二章：英国对非洲政策及中英在非洲关系》，张宏明主编《大
　　国经略非洲研究》（上册），社会科学文献出版社 2019 年版。

　　论文和译文

阿里·穆萨·伊耶：《非洲新的政治挑战——再论非洲内生式民主体制》，
　　杨桃译，《国际社会科学杂志》（中文版）2016 年第 4 期。

毕健康、陈丽蓉：《索马里难民治理的困局及出路》，《西亚非洲》2017 年
　　第 6 期。

陈冲：《机会、贪婪、怨恨与国内冲突的再思考——基于时空模型对非洲
　　政治暴力的分析》，《世界经济与政治》2018 年第 8 期。

陈杰：《萨勒曼执政以来沙特的外交转型：志向、政策与手段》，《阿拉伯
　　世界研究》2020 年第 1 期。

崔戈：《美国非洲战略在其国家安全战略中地位的演变》，《亚非纵横》
　　2014 年第 1 期。

达乌德：《非洲大陆对和平安全的认知与和平安全治理机制建设》，《国际
　　社会科学杂志（中文版）》2019 年第 12 期。

关培凤：《外部干预与索马里——埃塞俄比亚边界争端》，《西亚非洲》
　　2018 年第 3 期。

郭冉：《"保护的责任"的新发展及中国的对策》，《太原理工大学学报》
　　（社会科学版）2012 年第 30 卷第 51 期。

江淳：《索马里部族初探》，《世界知识》1981 年第 15 期。

李安山：《世界历史与非洲发展的互动：探源与辨析》，《西亚非洲》2020
　　年第 2 期。

李恪坤、楼春豪：《印度洋安全治理：现状、挑战及发展路径》，《国际问
　　题研究》2019 年第 1 期。

李鹏涛、盛志斌：《肯尼亚索马里人的由来与现状》，《世界民族》2018 年
　　第 5 期。

李新烽、邓延庭、张梦颖：《非洲安全的晴雨表和观测站》，《中国社会科
　　学报》2019 年 12 月 12 日国际月刊第 5 版。

龙原:《索马里青年党何以如此猖狂?》,《中国社会科学报》2015 年 7 月 29 日第 1 版。

卢凌宇:《"怨恨"、"机会"与国内冲突的发生——基于索马里内战的个案研究》,《国际论坛》2015 年第 17 卷第 5 期。

卢凌宇:《战争与撒哈拉以南非洲国家建设》,《世界经济与政治》2018 年第 11 期。

罗建波:《理想与现实:非盟与非洲集体安全机制的建构》,《外交评论》2006 年总第 90 期。

罗圣荣:《埃塞俄比亚奥罗莫人问题的由来与现状》,《世界民族》2015 年第 1 期。

邵威:《血腥战争撕裂非洲之角》,《当代军事文摘》2007 年第 3 期。

王楚乔:《武装冲突的主体及分类——读卡塞斯著〈国际法〉有感》,《社会科学(全文版)》2016 年第 2 期。

王磊:《"非洲的柏林墙"倒塌了——埃塞俄比亚与厄立特里亚关系转圜》,《世界知识》2018 年第 8 期。

王磊:《中东国家在"非洲之角"动作频频》,《世界知识》2018 年第 11 期。

邢广梅:《国际武装冲突法及其相关概念辨析》,《西安政治学院学报》2008 年第 21 卷第 2 期。

阎学通:《历史的继续:冷战后的主要国际政治矛盾》,《现代国际关系》2000 年第 6 期。

颜琳:《国际正义与武装组织的治理困境——以国际刑事法院与上帝抵抗军为例》,《世界经济与政治》2014 年第 3 期。

姚桂梅、郝睿:《美国"重返非洲"战略意图与影响分析》,《人民论坛》2019 年 9 月(下)。

张春:《非洲之角政治转型及中国的政策选择》,《现代国际关系》2020 年第 3 期。

张春:《伊加特与非洲之角的安全治理》,《西亚非洲》2016 年第 4 期。

张海冰:《从"非洲契约"看德国对非洲政策的转型》,《西亚非洲》2019 年第 2 期。

张梦颖:《俄罗斯大踏步重返非洲》,《世界知识》2019 年第 12 期。

张梦颖、李新烽：《中东国家对非洲之角的介入与影响》，《国际问题研究》2019 年第 4 期。

张永宏、程实：《撒哈拉以南非洲本土冲突解决机制：特点、作用边界及发展趋势》，《西亚非洲》2020 年第 1 期。

张永蓬：《非洲之角的国际关系即安全合作新态势》，《人民论坛》2019 年第 32 期。

郑先武：《政府间发展组织与苏丹和平进程》，《国际观察》2011 年第 4 期。

周瑾艳：《德国与非洲安全合作的新动向及发展趋势》，《西亚非洲》2017 年第 5 期。

［美］彼得·施雷德：《摆脱枷锁——冷战结束后的美国对非政策》，杜小林等译，《西亚非洲》1997 年第 5 期。

［美］斯科特·斯特劳斯：《大战终结：撒哈拉以南非洲政治暴力变化的模式》，王学军译，《西亚非洲》2013 年第 6 期。

新闻和网络资料

白林：《马沙尔宣誓就任南苏丹过渡联合政府第一副总统》，新华网，2020 年 2 月 23 日，http：//www. xinhuanet. com//world/2020 - 02/23/c_ 1125612849. htm。

郭媛丹：《首届中非和平安全论坛在京开幕》，环球网，2019 年 7 月 15 日，https：//world. huanqiu. com/article/9CaKrnKlxgw。

联合国网站：《1990—1999 年联合国维持和平行动》，https：//www. un. org/chinese/events/peacekeeping60/1990s. shtml。

联合国网站：《2000—2008 年联合国维持和平行动》，https：//www. un. org/chinese/events/peacekeeping60/2008. shtml。

联合国网站：《联阿安全部队情况介绍》，https：//peacekeeping. un. org/zh/mission/unisfa。

联合国网站：《联合国宪章第七章》，https：//www. un. org/zh/sections/un - charter/chapter - vii/index. html。

联合国网站：《南苏丹特派团情况介绍》，https：//peacekeeping. un. org/zh/mission/unmiss。

联合国新闻网：《联合国秘书长欢迎非洲之角四国建立睦邻友好关系的积极步

骤》，2018 年 9 月 8 日，https：//news. un. org/zh/story/2018/09/1017281。

联合国新闻网：《联合国难民署欢迎埃塞俄比亚新难民法给予难民更多权利》，
　　2019 年 1 月 18 日，https：//news. un. org/zh/story/2019/01/1026912。

刘品然、刘晨：《美国将调整驻非美军以应对大国竞争》，新华网，2020 年 2
　　月 14 日，http：//www. xinhuanet. com//2020 – 02/14/c_ 1210473550. htm。

王曦：《南非总统拉马福萨将出席第 33 届非盟首脑会议 并担任轮值主席国
　　主席》，中国新闻网，2020 年 2 月 7 日，http：//www. chinanews. com/gj/
　　2020/02 – 07/9082953. shtml。

王欲然：《非洲快速反应部队组建缓慢（国际视点）》，《人民日报》2015 年
　　5 月 20 日第 21 版，http：//world. people. com. cn/n/2015/0520/c1002 –
　　27028380. html。

新华网：《习近平在 2018 年中非合作论坛北京峰会开幕式上的主旨讲话
　　（全文）》，2018 年 9 月 3 日，http：//www. xinhuanet. com//world/2018 –
　　09/03/c_ 129946128. htm。

新华网： 《习近平在中非合作论坛约翰内斯堡峰会上的总结讲话（全
　　文）》，2015 年 12 月 6 日，http：//www. xinhuanet. com/world/2015 – 12/
　　06/c_ 1117367230. htm。

徐辉：《打造安全共筑的中非命运共同体》，人民网，2018 年 10 月 25 日，
　　http：//military. people. com. cn/n1/2018/1025/c1011 – 30361774. html。

杨教：《美国败走索马里内幕》，《文汇报》2000 年 8 月 4 日，转载于人民
　　网，http：//www. people. com. cn/GB/channel2/702/20000804/173065. ht-
　　ml。

张春：《三大转型牵动非洲之角局势》，中国社会科学院西亚非洲研究所网站，
　　2019 年 12 月 4 日，http：//iwaas. cssn. cn/xslt/fzlt/201912/t20191204_
　　5052988. shtml。

中国一带一路网：《索马里——"一带一路"沿线国家和与中国签订"一
　　带一路"相关合作协议的国家》，https：//www. yidaiyilu. gov. cn/gbjg/
　　gbgk/64505. htm。

中华人民共和国常驻联合国代表团：《吴海涛大使在"消弭非洲枪声——
　　联合国与区域组织合作"高级别公开辩论会上的发言》，中华人民共和
　　国外交部网站，2019 年 2 月 27 日，https：//www. fmprc. gov. cn/ce/ce-

un/chn/hyyfy/t1642880. htm。

中华人民共和国外交部网站：《埃塞俄比亚国家概况》，2019 年 8 月，ht-tps：//www. fmprc. gov. cn/web/gjhdq_ 676201/gj_ 676203/fz_ 677316/1206_ 677366/1206x0_ 677368/。

中华人民共和国外交部网站：《肯尼亚国家概况》，2019 年 7 月，https：//www. fmprc. gov. cn/web/gjhdq_ 676201/gj_ 676203/fz_ 677316/1206_ 677946/1206x0_ 677948/。

中华人民共和国外交部网站：《乌干达概况》，2019 年 7 月，https：//www. fmprc. gov. cn/web/gjhdq_ 676201/gj_ 676203/fz_ 677316/1206_ 678622/1206x0_ 678624/。

中华人民共和国驻非盟使团：《非盟概况》，中华人民共和国外交部网站，http：//au. fmprc. gov. cn/chn/。

驻埃塞俄比亚使馆经商处：《美国务卿蓬佩奥将访问埃塞》，中华人民共和国商务部网站，2020 年 2 月 6 日，http：//www. mofcom. gov. cn/article/i/jyjl/k/202002/20200202934220. shtml。

外文参考文献

专著

Adar, Korwa G. and John G. Nyuot Yoh edited, *Somalia Peace Process：Challenges and Future Prospects for the Reconstruction and Restoration of Legitimacy*, Pretoria：Africa Institute of South Africa, 2006.

Angom, Sidonia, *Women in Peacemaking and Peacebuilding in Northern Uganda*, Cham：Springer International Publishing, 2018.

Arnold, Matthew and Matthew LeRiche, *South Sudan：From Revolution to Independence*, Oxford：Oxford University Press, 2013.

Asante, Molefi Kete, *The History of Africa：The Quest for Eternal Harmony* (Second Edition), New York&London：Routledge, 2015.

Baak, Melanie, *Negotiating Belongings：Stories of Forced Migration of Dinka Women from South Sudan*, Rotterdam：Sense Publishers, 2016.

Bahadur, Jay, *Deadly Waters：Inside the Hidden World of Somalia's Pirates*,

London: Profile Books, 2011.

Ball, Jennifer, *Women, Development and Peacebuilding in Africa: Stories from Uganda*, Cham: Palgrave Macmillan, 2019.

Bereketeab, Redie edited, *State Building and National Identity Reconstruction in the Horn of Africa*, Cham: Palgrave Macmillan, 2017.

Berridge, W. J. and*Hasan al-Turabi: Islamist Politics and Democracy in Sudan*, Cambridge: Cambridge University Press, 2017.

Boulden, Jane edited, *Responding to Conflict in Africa: The United Nations and Regional Organizations*, New York: Palgrave Macmillan, 2013.

Cesari, Jocelyne, *What Is Political Islam?* Boulder & London: Lynne Rienner Publishers, 2018.

Chabal, Patrick et al. edited, *Theories of Conflict and Approaches to Conflict Prevention*, Leiden & Boston: Brill Press, 2005.

Clapham, Christopher, *The Horn of Africa: State Formation and Decay*, London: Hurst & Company, 2017.

Clunan, Anne L. and Harold A. Trinkunas edited, *Ungoverned Spaces: Alternatives to State Authority in an Era of Softened Sovereignty*, Stanford: Stanford University Press, 2010.

Collier, Paul, *The Bottom Billion: Why the Poorest Countries are Failing and What Can Be Done About It*, Oxford: Oxford University Press, 2007.

Deng, Francis Mading, *The Dinka of the Sudan*, Prospect Heights: Waveland Press, Inc., 1984.

Deutsch, Morton, Peter T. Coleman and Eric C. Marcus edited, *The Handbook of Conflict Resolution: Theory and Practice (Second Edition)*, San Francisco: Jossey-Bass A Wiley Imprint, 2006.

Dias, Alexandra Magnólia, *State and Societal Challenges in the Horn of Africa: Conflict and Processes of State Formation, Reconfiguration and Disintegration*, Lisbon: CEA-IUL, 2013.

Dunigan, Molly et al. edited, *Characterizing and Exploring the Implications of Maritime Irregular Warfare*, Santa Monica: RAND Corporation, 2012.

de Waal, Alex, *The Real Politics of the Horn of Africa: Money, War and the*

Business of Power, Cambridge: Polity Press, 2015.

Epstein, Helen C. , *Another Fine Mess: America, Uganda, and the War on Terror*, New York: Columbia Global Reports, 2017.

Etefa, Tsega, *Integration and Peace in East Africa: A History of the Oromo Nation*, New York: Palgrave Macmillan, 2012.

Fukuyama, Francis, *The End of History and the Last Man*, Tampa: Free Press, 1992.

Harris, Geoff edited, *Achieving Security in Sub-Saharan Africa: Cost Effective Alternatives to the Military*, Pretoria: Institute for Security Studies, 2004.

Hentz, James J. edited, *Routledge Handbook of Africa Security*, Abingdon: Routledge, 2014.

Huntington, Samuel P. , *The Third Wave: Democratization in the Late Twentieth Century*, Norman: University of Oklahoma Press, 1993.

Jacques, Martin, *When China Rules the World: The Rise of the Middle Kingdom and the End of the Western World*, London: Allen Lane, 2009.

Johnson, Douglas Hamilton, *The Root Causes of Sudan's Civil Wars*, Oxford: James Currey Publishers, 2003.

Johnson, Hilde F. , *South Sudan: The Untold Story from Independence to Civil War*, London & New York: I. B. Tauris, 2016.

Juma, Monica et al. edited, *Compendium of Key Documents Relating to Peace and Security in Africa*, Pretoria: Pretoria University Law Press, 2006.

Kaawa-Mafigiri, David and Eddy Joshua Walakira edited, *Child Abuse and Neglect in Uganda*, Cham: Springer International Publishing, 2017.

Kacsó, Zsuzsanna, *Civilian Conflict Management: The Role of Scenario Building in the Structural Prevention of Electoral Violence*, Cambridge: Cambridge Scholars Publishing, 2014.

Karal, Dilek, *Ethico-political Governmentality of Immigration and Asylum: The Case of Ethiopia*, Cham: Palgrave Macmillan, 2019.

Karbo, Tony and Kudrat Virk edited, *The Palgrave Handbook of Peacebuilding in Africa*, Cham: Palgrave Macmillan, 2018.

Kithinji, Michael Mwenda et al. edited, *Kenya After 50: Reconfiguring Historical*,

Political, *and Policy Milestones*, New York: Palgrave Macmillan, 2016.

Laakso, Liisa and Petri Hautaniemi edited, *Diasporas*, *Development and Peace-making in the Horn of Africa*, London: Zed Books, 2014.

Leonard, Emma and Gilbert Ramsay edited, *Globalizing Somalia*: *Multilateral*, *International*, *and Transnational Repercussions of Conflict*, New York & London: Bloomsbury Publishing Inc., 2013.

Lewis, I. M., *A Modern History of the Somali*: *Nation and State in the Horn of Africa* (Fourth Edition), Athens: Ohio University Press, 2002.

Magu, Stephen M., *Great Powers and US Foreign Policy towards Africa*, Cham: Palgrave Macmillan, 2019.

Malwal, Bona, *Sudan and South Sudan*: *From One to Two*, Basingstoke: Palgrave Macmillan, 2015.

Maphosa, Sylvester Bongani et al. edited, *Building Peace from Within*: *An Examination of Community-Based Peacebuilding and Transitions in Africa*, Pretoria: Africa Institute of South Africa, 2014.

Markakis, John, *National and Class Conflict in the Horn of Africa*, Addis Ababa: Shama Books, 2012.

Massoud, Mark Fathi, *Law's Fragile State*: *Colonial*, *Authoritarian*, *and Humanitarian Legacies in Sudan*, Cambridge: Cambridge University Press, 2013.

Materu, Sosteness Francis, *The Post-Election Violence in Kenya*: *Domestic and International Legal Responses*, Hague: Asser Press, 2015.

Merwe, Justin van der et al. edited, *Emerging Powers in Africa*: *A New Wave In the Relationship?*, Cham: Palgrave Macmillan, 2016.

Muchie, Mammo et al. edited, *Regenerating Africa*: *Bringing African Solutions to African Problems*, Pretoria: Africa Institute of South Africa, 2016.

Munson, Robert B., *Peacekeeping in South Sudan*: *One Year of Lessons from Under the Blue Beret*, New York: Palgrave Macmillan, 2015.

Namuggala, Victoria Flavia, *Childhood*, *Youth Identity*, *and Violence in Formerly Displaced Communities in Uganda*, Cham: Palgrave Macmillan, 2018.

Nichols, Lionel, *The International Criminal Court and the End of Impunity in Kenya*, Cham: Springer International Publishing, 2015.

Nordquist, Myron H. et al. , *The Law of the Sea Convention: US Accession and Globalization*, Leiden: Martinus Nijhoff Publishers, 2012.

O'Kane, David and Tricia Redeker Hepner edited, *Biopolitics, Militarism, and Development: Eritrea in the Twenty-first Century*, New York & Oxford: Berghahn Books, 2009.

Olomojobi, Yinka, *Frontiers of Jihad: Radical Islam in Africa*, Ibadan: Safari Books Ltd. , 2015.

Osman, Idil, *Media, Diaspora and the Somali Conflict*, Cham: Palgrave Macmillan, 2017.

Otunnu, Ogenga, *Crisis of Legitimacy and Political Violence in Uganda*, 1979 to 2016, Cham: Palgrave Macmillan, 2017.

Plaut, Martin, *Understanding Eritrea: Inside Africa's Most Repressive State*, Oxford: Oxford University Press, 2016.

Reid, Richard J. , *Frontiers of Violence in North-East Africa: Genealogies of Conflict Since c. 1800*, Oxford: Oxford University Press, 2011.

Riggan, Jennifer, *The Struggling State: Nationalism, Mass Militarization, and the Education of Eritrea*, Philadelphia: Temple University Press, 2016.

Rotberg, Robert I. edited, *Battling Terrorism in the Horn of Africa*, Washington D. C. : Brookings Institution Press, 2005.

Schmidt, Elizabeth, *Foreign Intervention in Africa: From the Cold War to the War on Terror*, New York: Cambridge University Press, 2013.

Sharamo, Roba and Berouk Mesfin edited, *Regional Security in the post-Cold War Horn of Africa*, Pretoria: Institute for Security Studies, 2011.

Shilaho, Westen K. , *Political Power and Tribalism in Kenya*, Cham: Palgrave Macmillan, 2018.

Siebels, Dirk, *Maritime Security in East and West Africa: A Tale of Two Regions*, Cham: Palgrave Macmillan, 2020.

Smith, Andrew W. M and Chris Jeppesen edited, *Britain, France and the Decolonization of Africa: Future Imperfect?* London: UCL Press, 2017.

Solomon, Hussein, *Terrorism and Counter-Terrorism in Africa: Fighting Insurgency from Al-Shabaab, Ansar Dine and Boko Haram*, Basingstoke: Palgrave

Macmillan, 2015.

Sørbø, Gunnar M. and Abdel Ghaffar M. Ahmed edited, *Sudan Divided: Continuing Conflict in a Contested State*, New York: Palgrave Macmillan, 2013.

Tareke, Gebru, *The Ethiopian Revolution: War in the Horn of Africa*, New Haven & London: Yale University Press, 2009.

Thomas, Edward, *South Sudan: A Slow Liberation*, London: Zed Books, 2015.

Vaughan, Christopher et al. edited, *The Borderlands of South Sudan: Authority and Identity in Contemporary and Historical Perspectives*, New York: Palgrave Macmillan, 2013.

Verhoeven, Harry, *Water, Civilisation and Power in Sudan: The Political Economy of Military-Islamist State Building*, Cambridge University Press, 2015.

Weldemichael, Awet Tewelde, *Piracy in Somalia: Violence and Development in the Horn of Africa*, Cambridge: Cambridge University Press, 2019.

Woldemariam, Michael, *Insurgent Fragmentation in the Horn of Africa: Rebellion and Its Discontents*, Cambridge: Cambridge University Press, 2018.

Woodward, Peter, *The Horn of Africa: State, politics and international relations*, London & New York: I. B. Tauris Publishers, 2002.

—, *US Foreign Policy and the Horn of Africa*, Aldershot & Burlington: Ashgate Publishing Limited, 2006.

—, *Crisis in the Horn of Africa: Politics, Piracy and the Threat of Terror*, London: I. B. Tauris, 2013.

Worger, William H. et al. edited, *A Companion to African History*, Hoboken: Wiley Blackwell, 2019.

Zartman, I. William edited, *Traditional Cures for Modern Conflicts*, London: Lynne Rienner Publishers, Inc. 2000.

论文

Abdullah, Al Bu-Ainnain Khaled, "The GCC and Piracy: An Arab Solution", Briefing Paper for the Conference Global Challenges, Regional Responses: Forging a Common Approach to Maritime Piracy, Dubai, April 18 – 19, 2011.

Adeto, Yonas Adaye, "Africa in the Global Security Governance: A Critical Analysis of Ethiopia's Role in the UN Peacekeeping Operations", *International Relations and Diplomacy*, Vol. 6, No. 1, April 2018.

Ahmed, Ali Jimale, "African Solutions for African Problems: Limning the Contours of a New Form of Connectivity", http: //www. warscapes. com/opinion/african – solutions – african – problems, February 6, 2018.

Ajayi, Adeyinka Theresa and Lateef Oluwafemi Buhari, "Methods of Conflict Resolution in African Traditional Society", *African Research Review*, Vol. 8 (2), Serial No. 33, April, 2014.

Bedasa, Nigusie Angessa and Jeylan Wolyie Hussein, "Challenges in Managing Land-Related Conflicts in East Hararghe Zone of Oromia Regional State, Ethiopia", *Society & Natural Resources*, 31: 3, 2018.

Bedasso, Biniam E., "Ethnicity, intra-elite differentiation and political stability in Kenya", *African Affairs*, Volume 114, Issue 456, July 2015, https: // academic. oup. com/afraf/article/114/456/361/24562.

Bereketeab, Redie, "Regional economic communities and peacebuilding: The IGAD experience", *South African Journal of International Affairs*, 2019.

Berglund, Christofer and Emil Aslan Souleimanov, "What is (not) asymmetric conflict asymmetric conflict? From conceptual stretching to conceptual structuring", *Dynamics of Asymmetric Conflict*, Vol. 13, No. 1, 2020.

Botha, Anneli and Mahdi Abdile, "Radicalisation and Al-Shabaab Recruitment in Somalia", ISS Paper 266, 2016.

Bueger, Christian, "Doing Europe: agency and the European Union in the field of counter-piracy practice", *European Security*, 25: 4, 2016.

Burgess, Stephen, "Has the US Military in the Horn of Africa been a Force that Embraces Strategic Knowledge and Perspective in Countering Violent Extremism and Assisting with Sustainable Development?" US Air War College, 2013, https: //apps. dtic. mil/dtic/tr/fulltext/u2/a583596. pdf.

—, "The United States in the Horn of Africa: The Role of the Military", *ASPJ Africa & Francophonie*, 1st Quarter, 2015.

Cliffe, Lionel, "Regional dimensions of conflict in the Horn of Africa", *Third World Quarterly*, Volume 20, Issue 1, 1999.

Collier, Paul, Anke Hoeffer and Dominic Rohner, "Beyond Greed and Grievance: Feasibility and Civil War", Oxford Economic Papers 61, 2009.

Collier, Paul, Anke Hoeffer, "On Economic Causes of Civil War", *Oxford Economic Papers* 50, 1998.

—, "Greed and Grievance in Civil War", *Oxford Economic Papers* 56, 2004.

Collier, Paul, "International Political Economy: Some African Applications", *Journal Of African Economies*, Volume 17, AERC Supplement 1, 2008.

de Waal, Alex, "Horn of Africa and Red Sea Synthesis Paper", London School of Economics and Political Science, 2017.

—, "Response to Kidane Mengisteab's Review of The Real Politics of the Horn of Africa: Money, War and the Business of Power", *Perspectives on Politics*, Vol. 15 (3), 2017.

Elmi, Afyare Abdi and Abdullahi Barise, "The Somali Conflict: Root Causes, Obstacles, and Peace-building Strategies", *African Security Review*, 15.1, 2006.

Griffiths-Fulton, Lynne, "Small Arms and Light Weapons in the Horn of Africa", The Ploughshares Monitor Summer, Volume 23, Issue 2, 2002, https://ploughshares.ca/pl_ publications/small – arms – and – light – weapons – in – the – horn – of – africa/.

Hamad, Elnour, "Sudan and Iran: A journey of rapprochement in light of the current Arab landscape", a research paper of the Arab Center for Research and Policy Studies, 2013.

Ibrahim, Hudda, "The Role of the Traditional Somali Model in Peacemaking", *The Journal of Social Encounters*, Vol. 2 (1), 2018, https://digitalcommons. csbsju. edu/social_ encounters/vol2/iss1/5.

Juncos, Ana E. and Steven Blockmans, "The EU's role in conflict prevention and peacebuilding: four key challenges", *Global Affairs*, 4: 2 – 3, 2018.

Kagwanja, Peter, "Hail democracy, but long live autocracy in the Horn", Daily Nation, January 11, 2020, https://www. nation. co. ke/oped/opinion/Hail – democracy – – but – long – live – autocracy – in – the – horn/440808 – 5414828 – sx96os/index. html.

Kaleab, Sigatu Tadesse, "No Peace No War: The Ethiopian-Eritrean Conflict", AARMS, Vol. 18, No. 1, 2019.

Kariuki, Francis, "Conflict Resolution by Elders in Africa: Successes, Challenges and Opportunities", Semantic Scholar, 2015, https://pdfs. semanticscholar. org/13e9/8c834f154a3b5c753f0005480169dfbec9f2. pdf.

Kibret, Belay Tefera, "Conflicts, Conflict Resolution Practices and Impacts of the War in South Sudan", *International Journal of School and Cognitive Psychology*, S2: 013, October 2015, https://www. longdom. org/open - access/conflicts - conflict - resolution - practices - and - impacts - of - the - war - in - south - sudan - 2469 - 9837 - S2 - 013. pdf.

Kilroy, Walt, "The Evolution of Civilian Protection in Peacekeeping Mandates: the Reality of UNMISS Operations in South Sudan", *Irish Studies in International Affairs*, Vol. 29, 2018.

Kioko, Ben, "The right of intervention under the African Union's Constitutive Act: From non-interference to non-intervention", IRRC, Vol. 85, No. 852, December 2003.

Lefebvre, Jeffrey, "Post-Cold War Clouds on the Horn of Africa: The Eritrea-Sudan Crisis", *Middle East Policy*, September 1995, https://onlinelibrary. wiley. com/doi/abs/10. 1111/j. 1475 - 4967. 1995. tb00206. x.

—, "Iran in the Horn of Africa: Outflanking U. S. allies", *Middle East Policy*, Vol. 19 (2), 2012.

Love, Roy, "Economic Drivers of Conflict and Cooperation in the Horn of Africa: A Regional Perspective and Overview", AFP Briefing Paper of Chatham House, December 2009/01.

Manjang, Alieu, "Beyond the Middle East: Saudi-Iranian Rivalry in the Horn of Africa", *International Relations and Diplomacy*, Vol. 5 (1), 2017.

Medani, Khalid Mustafa, "The Horn of Africa in the shadow of the Cold War: understanding the partition of Sudan from a regional perspective", *The Journal of North African Studies*, Vol. 17, No. 2, 2012.

Mengisteab, Kidane, "Critical Factors in the Horn of Africa's Raging Conflicts", Discussion Paper 67 of Nordic Africa Institute at Uppsala, 2011.

Menkhaus, Ken, "Political Islam in Somalia", *Nouveux Mondes*, Number 1, Volume Ⅸ, Spring 2002, https://mepc. org/journal/political – islam – somalia.

Murithi, Tim, "Inter-governmental Authority on Development on the Ground: Comparing Interventions in Sudan and Somalia", *African Security*, 2: 2 – 3.

Murphy, Ray, "The United Nations Mission in South Sudan and the Protection of Civilians", *Journal of Conflict & Security Law*, Vol. 22, No. 3, December 12, 2017.

O'ultürk, Mehmet Cem, "Russia's Renewed Interests in the Horn of Africa as a Traditional and Rising Power", *Rising Powers Quarterly*, Volume 2, Issue 1, 2017.

Omorogbe, Eki Yemisi, "Can the African Union Deliver Peace and Security?" *Journal of Conflict and Security Law*, 16 (1), 2011.

"Pastoralism and Conflict in the Horn of Africa and the Sahel", documents of *Population and Development Review*, 2018.

Pendle, Naomi Ruth, "Politics, prophets and armed mobilizations: competition and continuity over registers of authority in South Sudan's conflicts", *Journal of Eastern African Studies*.

Runde, Daniel, "Trump Needs to Close the Deal in the Horn of Africa: A lasting peace between Ethiopia and Eritrea would be an enormous strategic win for the West", *Foreign Policy*, July 12, 2018, https://foreignpolicy. com/2018/07/12/trump – needs – to – close – the – deal – in – the – horn – of – africa/.

Soril, Mirjam E. , Nils Petter Gleditsch and Havard Strand, "Why Is There So Much Conflict in the Middle East?" *Journal of Conflict Resolution*, Vol. 49, No. 1, February 2005.

Themnér, Lotta, Peter Wallensteen, "Armed Conflicts, 1946 – 2012", *Journal of Peace Research*, 50 (4).

Wanyoike, Zacchaeus Mboche et al. , "The Effectiveness of Traditional Somali Justice-Based Conflict Management Mechanisms Influencing Peace-Building Strategies in Garissa County, Kenya", *The International Journal of Social Sci-*

ences and Humanities Invention, 5（09）, 2018.

Watson, E., "Inter institutional alliances and conflicts in natural resources management: Preliminary research findings from Borana, Oromiya region, Ethiopia", Marena research project, working paper No. 4, 2001.

Yusuf, Semir, "Drivers of Ethnic Conflict in Contemporary Ethiopia", Monograph 202 of Institute for Security Studies, December 2019.

报告

Aapenguo, Clement Mweyang, "Misinterpreting Ethnic Conflicts in Africa", Africa Security Brief No. 4, April 30, 2010, https://africacenter. org/publication/misinterpreting – ethnic – conflicts – in – africa/.

ACLED, "ACLED Regional Overview-Africa（8 – 14 December 2019）", December 14, 2019, https://reliefweb. int/report/democratic – republic – congo/acled – regional – overview – africa – 8 – 14 – december – 2019.

Africa Research Bulletin, "Djibouti-Eritrea ties resumed", John Wiley& Sons Ltd. , September 1st – 30th 2018.

African Union, *Agenda* 2063: *The Africa We Want*, Final Edition, popular version, April 2015.

Amnesty International, *The Hidden US War in Somalia: Civilian Casualties from Air Strikes in Lower Shabelle*, 2019, https://www. amnestyusa. org/wp – content/uploads/2019/03/The – Hidden – U. S. – War – in – Somalia. pdf.

Arms Control Association, "Small Arms and Light Weapons: Controlling the Real Instruments of War", an article adapted from a chapter in *Light Weapons and Civil Conflict: Controlling the Tools of Violence* edited by Jeffrey Boutwell and Michael Klare, 1998, https://www. armscontrol. org/act/1998_ 08 – 09/mkas98.

Counter Extremism Project, *Al-Shabab Report*, 2019, https://www. counter-extremism. com/threat/al – shabab.

Estelle, Emily, "Ethiopia's Strategic Importance: US National Security Interests at Risk in the Horn of Africa", American Enterprise Institute, September 12, 2018.

European Union Committee of the House of Lords, "Combating Somali Piracy: the EU's Naval Operation Atalanta: Report with Evidence", 12th Report of Session 2009 – 10.

Fidan, Hakan and Bülent Aras, "The Return of Russia-Africa Relations", *bilig*, Number 52, Winter/2010.

Global Public Affairs of the U. S. Department of State, "Senior State Department Officials Previewing Secretary Pompeo's Travel to Germany, Senegal, Angola, Ethiopia, Saudi Arabia, and Oman", Special Briefing, February 10, 2020, https://translations.state.gov/2020/02/10/senior – state – department – officials – previewing – secretary – pompeos – travel – to – germany – senegal – angola – ethiopia – saudi – arabia – and – oman/.

Graduate Institute of International and Development Studies, "Economic Impact of Armed Violence", Small Arms Survey, http://www.smallarmssurvey.org/armed – violence/social – and – economic – costs/economic – impact – of – armed – violence.html.

—, *Small Arms Survey* 2014: *Women and Guns*, Cambridge: Cambridge University Press, 2014.

Heidelberg Institute for International Conflict Research, *Conflict Barometer 2019*, https://hiik.de/conflict – barometer/current – version/? lang = en/.

Humanitarian Foresight Think Tank, "East Africa and the Horn in 2022: An Outlook for Strategic Positioning in the Region", Humanitarian and Development Programme, IRIS, March 2017.

IMF, *The Federal Democratic Republic of Ethiopia: Poverty Reduction Strategy Paper Annual Progress Report*, IMF Country Report No. 04/37, February 2004, https://www.imf.org/external/pubs/ft/scr/2004/cr0437.pdf.

—, *World Economic Outlook Update*, January, 2020, https://www.imf.org/en/Publications/WEO/Issues/2020/01/20/weo – update – january2020.

—, *World Economic Outlook*, October, 2020, https://www.imf.org/en/Publications/WEO/Issues/2020/09/30/world – economic – outlook – october – 2020.

Institute for Economics & Peace, *Global Peace Index* 2020: *Measuring Peace in a Complex World*, Sydney, June 2020, pp. 8 – 9, https://www.visionofhumanity. org/wp – content/uploads/2020/10/GPI_ 2020_ web. pdf.

——, *Global Terrorism Index* 2020: *Measuring the Impact of Terrorism*, Sydney, November 2020, p. 8, https: //visionofhumanity. org/wp – content/uploads/ 2020/11/GTI – 2020 – web – 1. pdf.

International Crisis Group, "Somalia and the Gulf Crisis", Report 260/Africa, June 5, 2018, https: //www. crisisgroup. org/africa/horn – africa/somalia/ 260 – somalia – and – gulf – crisis.

Melvin, Neil, "Managing the New External Security Politics of the Horn of Africa Region", SIPRI, April 2019.

——, "The Foreign Military Presence in the Horn of Africa Region", SIPRI, April 2019.

——, "The New External Security Politics of the Horn of Africa Region", SIPRI Insights and Peace and Security, No. 2019/2, April 2019.

Mo Ibrahim Foundation, *African Governance Report*: *Agendas* 2063 & 2030: *Is Africa on Track?* 2019, https: //mo. ibrahim. foundation/sites/default/files/ 2019 – 10/African_ Governance_ Report_ 2019. pdf.

Muhammed, Muhammed Hamid, "Future Possibilities for Transitional Justice in Somalia", *Üniversitepark Bülten*, 7 (2), 2018.

Özkan, Mehmet, "Turkey's Involvement in Somalia: Assessment of a State-Building in Progress", Istanbul: SETA, 2014.

Peace and Security Council of AU, "Communique of Peace and Security Council 411th Meeting at the Level of Heads of State and Government", December 30, 2013, https: //www. peaceau. org/uploads/psc – com – 411 – south – sudan – 30 – 12 – 2013. pdf.

Ploch, Lauren, "Countering Terrorism in East Africa: The U. S. Response", U. S. Congressional Research Service, 2011.

Research and Evidence Facility (REF), "Migration and Conflict in the Horn of Africa: A Desk Review and Proposal for Research", London and Nairobi: EU Trust Fund for Africa (Horn of Africa Window), March 15, 2017.

SIPRI, *SIPRI Yearbook* 2018, Oxford: Oxford University Press, 2018.

Small Arms Survey, "Evolving Traditional Practices: Managing Small Arms in the Horn of Africa and Karamoja Cluster", *Armed Actors Issue Brief*, Number 3, June, 2014.

Stuart Yikona, *Pirate Trails: Tracking the Illicit Financial Flows from Pirate Activities off the Horn of Africa*, Washington: World Bank Publications, 2013.

TANA Forum, "Information of HOA Countries", IPSS, 2019, www. tanaforum. org.

TANA Forum Secretariat, "TANA Papers 2019: A Collection of Policy Briefs", IPSS, Addis Ababa University, 2019.

The Arabs and the Horn of Africa, "The Dialectic between Proximity and Belonging", Doha: Arab Center for Research and Policy Studies (ACRPS), 2013, https: //www. dohainstitute. org/en/BooksAndJournals/Pages/The_ Arabs_ and_ the_ Horn_ of_ Africa_ The_ Dialectic_ between_ Proximity_ and_ Belonging. aspx.

UNCTAD, *The Least Developed Countries Report 2020*, https: //unctad. org/webflyer/least – developed – countries – report – 2020#tab – 2.

UNDP, "2020 Human Development Index Ranking", in *Human Development Report 2020—The next frontier: Human development and the Anthropocene*, New York: UNDP, 2020, http: //hdr. undp. org/sites/default/files/hdr2020. pdf.

UNHCR, "UNHCR East and Horn of Africa, and the Great Lakes Region COVID – 19 External Update #25 (01 – 31 December 2020)", January 19, 2021, https: //reliefweb. int/report/sudan/unhcr – east – and – horn – africa – and – great – lakes – region – covid – 19 – external – update – 25 – 01 – 31.

—, *South Sudan Regional Refugee Response Plan: January* 2019 – *December* 2020, May 2019.

—, 2019 *Planning Summary of Subregion: East and Horn of Africa*, June 5, 2019.

—, 2018 *End-Year Report of Subregion: East and Horn of Africa*, November 6, 2019.

United States Institute of Peace, *Special Report: Terrorism in the Horn of Africa*, January 2004, https: //www. usip. org/sites/default/files/sr113. pdf.

U. S. Department of State Archive, "Security Assistance in Africa", https: //

2001 – 2009. state. gov/t/pm/c17671. htm.

U. S. Department of State Publication at the Bureau of Counterterrorism, *Country Reports on Terrorism 2011*, April 2012.

World Peace Foundation, "AMISOM Short Mission Brief", 2017, https：// sites. tufts. edu/wpf/files/2017/07/Somalia – brief. pdf.

网络资料

Africa Research Bulletin, "Horn of Africa：Risks on all fronts", November 1st – 30th, 2020, https：//onlinelibrary. wiley. com/doi/epdf/10. 1111/j. 1467 – 825X. 2020. 09736. x.

—, "Somalia：Al-Shabaab Forces Target Youth", February 6, 2017, https：// onlinelibrary. wiley. com/doi/abs/10. 1111/j. 1467 – 825X. 2017. 07476. x.

African Union, "The Peace & Security Council", https：//au. int/en/psc.

Ahmed, Ali Jimale, "African Solutions for African Problems：Limning the Contours of a New Form of Connectivity", a transcript of the speech at the 10th anniversary of the Hargeysa International Book Fair in July 2017, http：// www. warscapes. com/opinion/african – solutions – african – problems.

Ahmed, Hadra, "Deadly Grenade Attack at Ethiopian Prime Minister's Rally", *The New York Times*, June 23, 2018, https：//www. nytimes. com/2018/ 06/23/world/africa/ethiopia – explosion – abiy. html.

Ahval News, "Turkey being drawn into Red Sea power struggle", February 26, 2018, https：//ahvalnews. com/red – sea/turkey – being – drawn – red – sea – power – struggle.

Al Jazeera, "Somalia hotel attack：Security forces kill 5 al – Shabab fighters", December 11, 2019, https：//www. aljazeera. com/news/2019/12/somalia – hotel – attack – security – forces – kill – 5 – al – shabab – fighters – 191211053950669. html.

Al JazeeraCentre for Studies, "Israeli Penetration into East Africa Objectives and Risks", September 29, 2016, https：//studies. aljazeera. net/en/reports/ 2016/09/israeli – penetration – east – africa – objectives – risks – 160929102604246. html.

—, "Qatar's resilience: A model of resisting blockade and the power of small states", June 5, 2018, http://studies. aljazeera. net/en/publications/2018/06/qatars – resilience – model – resisting – blockade – power – small – states – 180605095522961. html.

Allison, Simon, "Conflict is still Africa's biggest challenge in 2020", Institute for Security Studies, January 6, 2020, https://issafrica. org/iss – today/conflict – is – still – africas – biggest – challenge – in – 2020.

Aluwaisheg, Abdel Aziz, "Gulf nations can help harness Horn of Africa's 'wind of hope'", Arab News, September 17, 2018, http://www. arabnews. com/node/1373411.

AP News, "Report: Ethiopian airstrike kills 70 al-Shabaab in Somalia", September 15, 2018, https://www. apnews. com/82277815f2924e5c97ea1c471c95a61a.

Arab News, "Eritrea leader visits Ethiopia on Saturday in historic thaw", July 13, 2018, http://www. arabnews. com/node/1338126/world.

—, "Saudi Arabia, Red Sea and Gulf of Aden states reach agreement for cooperation", December 12, 2018, http://www. arabnews. com/node/1419711/saudi – arabia.

Associated Press in Mogadishu, "US-born 'Jihadist Rapper' Omar Hammami Reportedly Killed in Somalia", *The Guardian*, September 12, 2013, https://www. theguardian. com/world/2013/sep/12/jihadist – rapper – omar – hammami – killed.

Azikiwe, Abayomi, "The search for an elusive peace in the Horn of Africa", Pambazuka News, August 18, 2018, https://www. pambazuka. org/human – security/search – elusive – peace – horn – africa.

Baraaz, Tamara, "Illegal Organ Harvesting Is Rampant in Egypt, and Refugees Are the Main Target", Haaretz, September 22, 2018, https://www. haaretz. com/middle – east – news/egypt/. premium. MAGAZINE – illegal – organ – harvesting – is – rampant – in – egypt – and – refugees – are – the – main – target – 1. 6492013.

BBC News, "'Somali link' as 74 World Cup fans die in Uganda blasts", July 12, 2010, https://www. bbc. com/news/10593771.

—, "In Prison with Al-Shabab: What Drives Somali Militants?" October 5,

2013, https: //www. bbc. com/news/world – africa – 24379013.

—, "Kenya attack: 147 dead in Garissa University assault", April 3, 2015, https: //www. bbc. com/news/world – africa – 32169080.

—, "Ethiopia violence: Facebook to blame, says runner Gebrselassie", November 2, 2019, https: //www. bbc. com/news/world – africa – 50276603.

Beyene, Abdeta Dribssa, "The Horn of Africa and the Gulf: Shifting power plays in the Red Sea", The Africa Report, November 16, 2020, https: // www. theafricareport. com/50499/the – horn – of – africa – and – the – gulf – shifting – power – plays – in – the – red – sea/.

Blanchard, Lauren Ploch, "The September 2013 Terrorist Attack in Kenya: In Brief", U. S. Congressional Research Service, November 14, 2013, https: //fas. org/sgp/crs/row/R43245. pdf.

Bulos, Nabih, "Saudi Arabia hopes naval exercises in the Red Sea lead to greater clout in East Africa", January 12, 2019, http: //www. latimes. com/ world/middleeast/la – fg – saudi – arabia – red – sea – 20190112 – story. html.

Burke, Jason, " 'These changes are unprecedented': how Abiy is upending Ethiopian politics", The Guardian, July 8, 2018, https: //www. theguardian. com/world/2018/jul/08/abiy – ahmed – upending – ethiopian – politics# maincontent.

Carboni, Andrea, "Regional Overview: Africa 8 – 14 December 2019", ACLED, https: //www. acleddata. com/2019/12/16/regional – overview – africa – 8 – 14 – december – 2019/.

Central Intelligence Agency, The World Factbook, Africa: Ethiopia, https: // www. cia. gov/library/publications/resources/the – world – factbook/geos/ et. html.

—, The World Factbook, Africa: Somalia, https: //www. cia. gov/library/ publications/resources/the – world – factbook/geos/so. html.

—, The World Factbook, Africa: South Sudan, https: //www. cia. gov/library/publications/the – world – factbook/geos/od. html.

Charbonneau, Louis, "Exclusive: Somalia army weapons sold on open market- U. N. Monitors", Reuters, October 11, 2014, https: //www. reuters. com/

article/us – somalia – arms – un – idUSKCN0HZ22920141010.

Cok, Corrado, "Israel's Comeback in the Horn of Africa", Fair Observer, November 17, 2020, https://www.fairobserver.com/region/africa/corrado – cok – horn – of – africa – isreal – normalization – sudan – ethiopia – eritrea – somaliland – security – news – 12388/.

Dedet, Joséphine, "Turkey moving to become a major player in Africa", The Africa Report, February 18, 2021, https://www.theafricareport.com/66735/ turkey – moving – to – become – a – major – player – in – africa/? utm_ source = newsletter_ tar_ daily&utm_ campaign = newsletter_ tar_ daily_ 19_ 02_ 2021&utm_ medium = email&utm_ content = top_ stories_ article_ 2.

Duale, Mo and Jama Farah, "Somaliland, Somalia presidents meet in Addis Ababa", Horn Diplomat, February 11, 2020, https://www.horndiplomat.com/ 2020/02/11/somaliland – somalia – presidents – meet – in – addisababa/.

EIU, "US military expansion in Africa", August 15, 2014, http://country. eiu.com/article.aspx? articleid = 1192183503&Country = Ethiopia&topic = Politics.

—, "Obama's groundbreaking visit to East Africa", July 28, 2015, http:// country.eiu.com/article.aspx? articleid = 63384790&Country = Ethiopia&topic = Politics.

—, "Donald Trump and Sub-Saharan Africa", November 9, 2016, http://country.eiu.com/article.aspx? articleid = 1924797376&Country = Ethiopia&topic = Politics.

—, "US economic sanctions on Sudan lifted at last", October 17, 2017, http://country.eiu.com/article.aspx? articleid = 575985041&Country = Sudan&topic = Politics.

—, "The US retreat from Africa", March 15, 2018, http://country.eiu.com/ article.aspx? articleid = 1766522560&Country = Ethiopia&topic = Politics.

Emerging African Entrepreneurs, "The African Growth and Opportunity Act (AGOA)", https://www.emergingafricanentrepreneurs.com/the – african – growth – and – opportunity – act – agoa/.

European Union, "EU 2014 Chairmanship Contact Group on Piracy off the Coast of Somalia", May 14, 2014, https://eeas. europa. eu/delegations/tajikistan/8457/eu – 2014 – chairmanship – contact – group – on – piracy – off – the – coast – of – so-malia_ nl.

—, "Supporting European security and defense with existing EU measures and procedures", October 2015, https://www. europarl. europa. eu/RegData/etudes/STUD/2015/534993/EXPO_ STU（2015）534993_ EN. pdf.

Fabricius, Peter, "Somalia Shoots Itself in the Foot", Institute for Security Stud-ies, January 11, 2019, https://issafrica. org/iss – today/somalia – shoots – itself – in – the – foot.

Fakude, Thembisa, "Understanding the foreign policy of Ethiopia towards the Gulf countries", Al Jazeera Centre for Studies, December 31, 2017, http://studies. aljazeera. net/mritems/Documents/2017/12/31/f52d338f52924033ada81555f4f75538_ 100. pdf.

Farah, Jama, "UAE cancelled the construction of military base in Berbera", Horn Diplomat, March 4, 2020, https://www. horndiplomat. com/2020/03/04/uae – cancelled – the – construction – of – military – base – in – berber-a/.

Felter, Claire, "Somaliland: The Horn of Africa's Breakaway State", Council on Foreign Relations, February 1, 2018, https://www. cfr. org/back-grounder/somaliland – horn – africas – breakaway – state.

Fiquremarian, Serekebrhan, "African solutions to African problems", Institute for Security Studies, September 18, 2008, https://issafrica. org/iss – to-day/african – solutions – to – african – problems.

Fleshman, Michael, "Small arms in Africa", *Africa Renewal*, December 2011, https://www. un. org/africarenewal/magazine/december – 2011/small – arms – africa.

Foreign Policy Diary, "Arab coalition expands into the Horn of Africa", http://www. liveleak. com/view? i = 36a_ 1446820766#3k38s8SbpxAD0BVv. 99.

Frantzman, Seth, "Is Middle Eastern rivalry good for Africa?" The National In-terest, November 28, 2018, https://nationalinterest. org/feature/middle – eastern – rivalry – good – africa – 37362.

Freear, Matt, "Special Feature: America's Dual Track for Somalia and the Case of Kismayo", American Security Project, November 15, 2012, https://www.americansecurityproject.org/special – feature – americas – dual – track – for – somalia – and – the – case – of – kismayo/.

Garowe Online, "Somalia: Muse Bihi elected as the 5th President of Somaliland", November 21, 2017, https://www.garoweonline.com/en/news/somaliland/somalia – muse – bihi – elected – as – the – 4th – president – of – somaliland.

Gettleman, Jeffrey and Michael R. Gordon, "Pirates' Catch Exposed Route of Arms in Sudan", *The New York Times*, December 8, 2010, https://www.nytimes.com/2010/12/09/world/africa/09wikileaks – tank.html.

Girum, Eskedar, "The Role of Traditional Conflict Management Institution among the Aleltu Oromo Community: The Case of Jaarsa Biyyaa", The St. Mary's University proceeding of the 2nd Multidisciplinary Research Seminar, 2010, http://repository.smuc.edu.et/handle/123456789/2348.

GIZ, "Promotion of peace and security in the East African Community (EAC)", https://www.giz.de/en/worldwide/15668.html.

Griffiths-Fulton, Lynne, "Small Arms and Light Weapons in the Horn of Africa", The Ploughshares Monitor Summer, Volume 23, Issue 2, 2002, https://ploughshares.ca/pl_ publications/small – arms – and – light – weapons – in – the – horn – of – africa/.

Gurbuz, Mustafa, "Turkey's challenge to Arab interests in the Horn of Africa", Arab Center Washington DC, February 22, 2018, http://arabcenter-dc.org/policy_ analyses/turkeys – challenge – to – arab – interests – in – the – horn – of – africa/.

Herman, Steve, "Sweeping change to US policy for Africa announced", VOA, December 13, 2018, https://www.voanews.com/a/sweeping – change – to – us – policy – for – africa – announced – /4699693.html.

Hilse, Gwendolin, "Africa: Germany Welcomes Developments On Horn of Africa", all Africa Global Media, July 20, 2018, https://allafrica.com/stories/201807200614.html.

Humanitarian Aid, "Act Now to Prevent Desert Locust Catastrophe in Horn of Africa: UN Agencies", UN News, February 10, 2020, https://news. un. org/en/story/2020/02/1057071.

Hürriyet Daily News, "Turkey plans to enhance investments in Somalia", February 23, 2016, http://www. hurriyetdailynews. com/turkey – plans – to – enhance – investments – in – somalia – 95577.

ICC International Maritime Bureau, "Maritime Piracy Incidents Down in Q3, yet Gulf of Guinea Remains a Hot Spot", https://www. icc – ccs. org/index. php/ 1282 – maritime – piracy – incidents – down – in – q3 – yet – gulf – of – guinea – remains – a – hot – spot.

—, "Piracy and Armed Robbery against Ships: Report for the Period of 1 January – 30 June 2018", 2018, https://www. icc – ccs. org/reports/2018 – Q2 – IMB – Piracy – Report. pdf.

IEA Kenya, "How much oil? Why East Africa's bounty is neither significant nor exceptional", The East African, June 11, 2018, https://www. theeastafrican. co. ke/business/Why – East – Africa – oil – is – neither – significant – nor – exceptional – /2560 – 4606134 – kfoqmvz/index. html.

International Crisis Group, "The United Arab Emirates in the Horn of Africa", Briefing 65/Middle East & North Africa, November 6, 2018, https://www. crisisgroup. org/middle – east – north – africa/gulf – and – arabian – peninsula/united – arab – emirates/b65 – united – arab – emirates – horn – africa.

—, "Managing Ethiopia's Unsettled Transition", February 21, 2019, https://www. crisisgroup. org/africa/horn – africa/ethiopia/269 – managing – ethiopias – unsettled – transition.

—, "A Major Step Toward Ending South Sudan's Civil War", February 25, 2020, https://www. crisisgroup. org/africa/horn – africa/south – sudan/major – step – toward – ending – south – sudans – civil – war.

International Labour Organization, ILOSTAT Database, https://data. worldbank. org/indicator/SL. UEM. 1524. ZS? locations = ZG.

IOM, *Migration in Sudan: A Country Profile 2011*, 2011, https://publications. iom. int/system/files/pdf/mpsudan_ 18nov2013_ final. pdf.

Ismail, Yacqub, "France's Strategic Footprint in East Africa", International Policy Digest, June 4, 2019, https://intpolicydigest.org/2019/06/04/france－s－strategic－footprint－in－east－africa/.

Kagwanja, Peter, "Hail democracy, but long live autocracy in the Horn", Daily Nation, January 11, 2020, https://www.nation.co.ke/oped/opinion/Hail－democracy－－but－long－live－autocracy－in－the－horn/440808－5414828－sx96os/index.html.

Karasik, Theodore, "Ethiopia clears a vital path to the Red Sea", Arab News, July 12, 2018, http://www.arabnews.com/node/1337711.

Karim, Umer, "How Turkey and UAE's involvement in the Horn of Africa is changing the region", December 11, 2017, https://eaworldview.com/2017/12/turkey－uae－involvement－horn－africa－changing－region/.

Kariuki, Francis, "Conflict Resolution by Elders in Africa: Successes, Challenges and Opportunities", Semantic Scholar, 2015, https://pdfs.semanticscholar.org/13e9/8c834f154a3b5c753f0005480169dfbec9f2.pdf.

Kelemen, Michele, "U. S. diplomat to Africa says the Horn of Africa is now full of hope after peace deal", November 16, 2018, https://www.npr.org/2018/11/16/668737648/u－s－diplomat－to－africa－says－the－horn－of－africa－is－now－full－of－hope－after－peace－d.

Kelly, Stephen, "Abyei Holds the Key to Peace in Sudan", Commentary of RUSI, December 21, 2010, https://rusi.org/commentary/abyei－holds－key－peace－sudan.

Kimenyi, Mwangi S. and John Mukum Mbaku, "The limits of the new 'Nile Agreement'", Brookings, April 28, 2015, https://www.brookings.edu/blog/africa－in－focus/2015/04/28/the－limits－of－the－new－nile－agreement/.

Lobakeng, Remofiloe, "African solutions to African problems: a viable solution towards a united, prosperous and peaceful Africa?" an occasional paper of the Institute for Global Dialogue (IGD) associated with the University of South Africa, October 2017, https://www.igd.org.za/send/3－occasional－papers/606－african－solutions－to－african－problems－a－viable－solution－

towards – a – united – prosperous – and – peaceful – africa.

Magdy, Samy, "UN to halt joint UN-AU peacekeeping in Darfur by year's end", The Telegraph, December 23, 2020, https：//www. thetelegraph. com/news/article/ UN – to – halt – joint – UN – AU – peacekeeping – in – Darfur – by – 15823897. php.

Malley, Robert, "10 Conflicts to Watch in 2020", International Crisis Group, December 27, 2019, https：//www. crisisgroup. org/global/10 – conflicts – watch – 2020.

Maruf, Harun, "US Military Pulls Last Troops From Somalia", GlobalSecurity. org, January 17, 2021, https：//www. globalsecurity. org/military/library/news/2021/01/mil – 210117 – voa02. htm.

Mello, Alex and Michael Knights, "How Eritrea became a major UAE military base", TesfaNews, September 2, 2016, https：//www. tesfanews. net/west – of – suez – for – the – united – arab – emirates/.

Mergo, Teferi, "The War in Tigray Is a Fight Over Ethiopia's Past and Future", Foreign Policy, December 18, 2020, https：//foreignpolicy. com/2020/12/ 18/the – war – in – tigray – is – a – fight – over – ethiopias – past – and – future/.

Middle East Monitor, "Scholars call for Somalia to be protected from foreign interference", January 1, 2018, https：//www. middleeastmonitor. com/20180101 – scholars – call – for – somalia – to – be – protected – from – foreign – interference/.

Mohamed, Hamza, "Al Shabab claims Somalia plane bomb attack", Al Jazeera, February 13, 2016, https：//www. aljazeera. com/news/2016/02/al – shabab – claims – somalia – bomb – plane – attack – 160213130832329. html.

Nathan, Laurie, "African Solutions to African Problems：South Africa's Foreign Policy", September 2013, http：//www. up. ac. za/media/shared/Legacy/ sitefiles/file/46/1322/17295/welttrends92themanathansdafrikaafrikanischeuni onsicherheitspolitikdiplomatie. pdf.

Naval News, "Europe Extends Operation Atalanta For Another 2 Years", January 4, 2021, https：//www. navalnews. com/naval – news/2021/01/europe – extends – operation – atalanta – for – another – 2 – years/.

NDTV, "14 Dead, All Terrorists Killed in Nairobi Hotel Complex Attack", Janu-

ary 16, 2019, https：//www. ndtv. com/world – news/kenya – hotel – attack –
president – kenyatta – says – all – nairobi – attackers – killed – 1978437.

Ogude, James, Steve Paulson and Anne Strainchamps, "I Am Because You
Are：An interview with James Ogude", June 21, 2019, https：//chcinet-
work. org/ideas/i – am – because – you – are – an – interview – with – james –
ogude.

Onyango-Obbo, Charles, "East Africa must Fear Rallying of World Powers,
Militaries in Red Sea Arena", The East African, April 20, 2019, https：//
www. theeastafrican. co. ke/oped/comment/East – Africa – must – fear – rall-
ying – of – world – powers/434750 – 5080848 – 99nd7b/index. html.

Osman, TalalSaad and Simon Jennings, "Abyei Dispute Threatens Sudan Ac-
cords", Institute for War & Peace Reporting, October 11, 2012, https：//
iwpr. net/global – voices/abyei – dispute – threatens – sudan – accords.

Ottaway, Marina and Amr Hamzawy, "The Comprehensive Peace Agreement",
Carnegie Endowment for International Peace, January 4, 2011, https：//
carnegieendowment. org/2011/01/04/comprehensive – peace – agreement –
pub – 42223.

Patinkin, Jason, "How to Use Facebook and Fake News to Get People to Murder
Each Other", BuzzFeed News, January 15, 2017, https：//www. buzzfeed-
news. com/article/jasonpatinkin/how – to – get – people – to – murder – each –
other – through – fake – news – and.

Paulson, Steve, "'I Am Because We Are'：The African Philosophy of Ubuntu",
June 22, 2019, https：//www. ttbook. org/interview/i – am – because – we –
are – african – philosophy – ubuntu.

Pflanz, Mike, "At last, a court to try Somali pirates", The Chirstian Science
Monitor, July 8, 2010, https：//www. csmonitor. com/World/Africa/2010/
0708/At – last – a – court – to – try – Somali – pirates.

Reuters, "Attempted Coup Leaves Ethiopia's Army Chief and 3 Senior Officials
Dead", The New York Times, June 23, 2019, https：//www. nytimes. com/
2019/06/23/world/africa/ethiopia – army – chief – coup. html.

Reuters, "Ethiopia says national election to be held in June", December 25,

2020, https：//www. reuters. com/article/ethiopia – election – idUSK-BN28Z0NN.

Sen, Ashish Kumar, "Finally, peace in the Horn of Africa?" Atlantic Council, July 9, 2018, https：//www. atlanticcouncil. org/blogs/new – atlanticist/finally – peace – in – the – horn – of – africa/.

Shlnn, David, "U. S. Policy towards the Horn of Africa", International Policy Digest, October 13, 2011, https：//intpolicydigest. org/2011/10/13/u – s – policy – towards – the – horn – of – africa/.

SIPRI, "Global Arms Industry：US Companies Dominate the Top 100；Russian Arms Industry Moves to Second Place", December 10, 2018, https：//www. sipri. org/media/press – release/2018/global – arms – industry – us – companies – dominate – top – 100 – russian – arms – industry – moves – second – place.

Taylor, Peter, "On the Trail of Al-Shabab's Kenyan Recruitment 'Pipeline'", BBC News, September 29, 2013, https：//www. bbc. com/news/world –24263357.

The Ministry of Foreign Affairs of the Russian Federation, "Foreign Policy Concept of The Russian Federation：Approved by President of the Russian Federation：Approved by President of the Russian Federation Vladimir Putin on November 30, 2016", December 1, 2016, http：//www. mid. ru/en/foreign_ policy/official_ documents/ – /asset_ publisher/CptICkB6BZ29/content/id/2542248.

UN, "Security Council Imposes Sanctions on Eritrea over Its Role in Somalia, Refusal to Withdraw Troops Following Conflict with Djibouti", December 23, 2009, https：//www. un. org/press/en/2009/sc9833. doc. htm.

—, "Somalia-UNOSOM II", https：//peacekeeping. un. org/en/mission/past/unosom2backgr2. html.

UN News, "Somalia：UN and partners urge leaders to end stand-off over Speaker", December 19, 2011, https：//news. un. org/en/story/2011/12/398732 – somalia – un – and – partners – urge – leaders – end – stand – over – speaker.

—, "UN Chief Expresses 'Full Confidence' in Top Somalia Official Following Government Explusion", January 4, 2019, https：//news. un. org/en/story/2019/01/1029842.

UN Refugees and Migrants, "Global Compact on Refugees", https：//refugeesmigrants. un. org/refugees - compact.

UN Security Council, "Unanimously adopting resolution 2444 (2018), Security Council lifts sanctions on Eritrea, renews arms embargo against Somalia", November 14, 2018, https：//reliefweb. int/report/eritrea/unanimously - adopting - resolution - 2444 - 2018 - security - council - lifts - sanctions - eritrea.

UNHCR, "First Darfur Refugee Returns from Chad", April 20, 2018, https：// www. unhcr. org/news/briefing/2018/4/5ad9a4604/first - darfur - refugee - returns - from - chad. html.

—, "UNHCR appoints Ambassador Mohamed Affey as Special Envoy for the Horn of Africa", October 9, 2018, https：//www. unhcr. org/afr/news/press/ 2018/10/5bbc7a0b4/unhcr - appoints - ambassador - mohamed - affey - as - special - envoy - for - the - horn - of. html.

—, "Desperate Journeys: Refugees and Migrants Arriving in Europe and at Europe's Borders", January-December 2018, https：//www. unhcr. org/desperatejourneys/.

—, "Violence in Sudan's Darfur forces thousands to flee", January 28, 2020, https：//www. unhcr. org/news/briefing/2020/1/5e2ff3bd4/violence - sudans - darfur - forces - thousands - flee. html.

UNMIS, "Comprehensive Peace Agreement", https：//unmis. unmissions. org/ comprehensive - peace - agreement.

Whitlock, Craig and Greg Miller, "U. S. building secret drone bases in Africa, Arabian Peninsula, officials say", *The Washington Post*, September 20, 2011, https：//www. washingtonpost. com/world/national - security/us - building - secret - drone - bases - in - africa - arabian - peninsula - officials - say/2011/09/20/gIQAJ8rOjK_ story. html.

Wilson, Tom, "Ethiopian ethnic violence has forced almost 3m to flee homes", *Financial Times*, May 26, 2019, https：//www. ft. com/content/0fa7e73e - 7afe - 11e9 - 81d2 - f785092ab560.

Woldemariam, Michael and Alden Young, "What Happens in Sudan Doesn't Stay in Sudan", Foreign Affairs, July 19, 2019, https：//www. foreignaffairs. com/

articles/africa/2019 – 07 – 19/what – happens – sudan – doesnt – stay – sudan.

Wubie，Hiruy and Zelalem Tsegaw，"Objectives and Principles of the African U-nion"，Abyssinia Law，February 2012，https：//www. abyssinialaw. com/a-bout – us/item/381 – objectives – and – principles – of – the – african – union.

Yusuf, Abdi， "Trump's Withdrawal From Somalia Is a Security Threat. Biden Should Reverse It"，Foreign Policy，January 13，2021，https：//foreign-policy. com/2021/01/13/trump – somalia – troop – withdrawal – security – threat – biden – reverse/.

Yusuf, Zakaria and Abdul Khalif， "The regional risks to Somalia's moment of hope"，Commentary/Africa，International Crisis Group，February 22，2017，https：//www. crisisgroup. org/africa/horn – africa/somalia/regional – risks – somalias – moment – hope.

卡迈勒丁·谢赫·穆罕默德·阿纳比：《索马里的土耳其军事基地及其对区域参与者的影响》（原文为阿拉伯语），半岛电视台研究中心，2017年10月9日，http：//studies. aljazeera. net/mritems/Documents/2017/10/9/7370824513eb441b97f5eebc4986baf4_ 100. pdf。

后　记

　　2013 年 12 月 12 日，北京国贸，初雪降至，大地肃穆。是日下午，我受邀前往南非驻华大使馆在中国大饭店举行的南非前总统纳尔逊·曼德拉追思会。犹记得当时在现场的留言簿上，我无意中看到了一位前来悼念的南非民众留下的一句曼德拉名言——"我向往一个内部和平的非洲"。时至今日，这句话依然萦绕在我的脑际，触动着我的心弦，以至于引导我真正走进了非洲安全研究领域，更鼓励我在对非学术科研中刻苦认真、勤勉攀登。2017 年 9 月，我阔别工作岗位、重返校园攻读博士学位，由此开始了这段非洲国际关系专业的学术旅程。

　　这本著作正是在博士论文基础上修改完成的，其中的部分内容已发表在《国际问题研究》《世界知识》《中国社会科学报》等报刊。考虑到冷战后非洲之角武装冲突的动态发展特点，我在保留学位论文框架和结构的基础上，对书中的相关事例和数据进行了补充和更新，所更新的材料日期均截至 2021 年初。对于书中的不足与纰漏之处，恳请读者朋友批评指正。

　　回望 2020 年博士毕业之际，全球正饱受新冠肺炎疫情的肆虐。直到今日，全球疫情与非洲大陆的疫情发展也时时刻刻牵动着世界人民的心。非洲的传统安全与非传统安全研究仍亟待每一位非洲学人奋发图强、勇攀高峰！

　　在此，我要衷心感谢中国社会科学院研究生院西亚非洲研究系主任李新烽教授、导师朱伟东教授，北京大学国际关系学院李安山教授和中国人民大学国际关系学院刘青建教授对我悉心指导，学生无以为报，唯有心怀感恩，继续在学术道路上砥砺前行。感谢埃塞俄比亚大学约纳斯·阿德耶教授、尼日利亚拉各斯大学尼中发展研究院奥卢费米·萨布教授和拉各斯大学孔子学院阿德托罗·班沃博士在论文资料和思路启发上为我提供了及时帮助。还要感谢中国社会科学出版社陈雅慧编辑的大力支持和辛勤劳动，才使得拙著的出版得以顺利进行。

　　最后，感谢我的父母和家人，你们是我开始这场学术旅程的动力之源，你们在我背后的默默付出和大力支持才成就了今天的我，谨以此书献给你们！

张梦颖

2021 年 3 月于中国非洲研究院